신들의 전쟁

신들의 전쟁

1판 1쇄 발행 2018년 2월 20일

지은이   김동훈
펴낸이   윤혜준
편집장   구본근
고 문   손달진

펴낸곳   도서출판 폭스코너
출판등록   제2015-000059호(2015년 3월 11일)
주소   서울시 마포구 성미산로 16길 32 (우03986)
전화   02-3291-3397 팩스 02-3291-3338
이메일   foxcorner15@naver.com
페이스북   www.facebook.com/foxcorner15

종이 광명지업(주) 인쇄 수이북스 제본 국일문화사

ISBN 979-11-87514-15-2 03690

신들의 전쟁

VS

세상을 뒤흔든 스포츠 라이벌

김동훈 지음

폭스코너

게보린과 펜잘,
트리오와 퐁퐁 같은 라이벌이라면…

인류 최초의 라이벌은 '신의 사랑'을 놓고 경쟁했던 카인과 아벨이다. 하지만 하나님의 사랑을 독차지한 동생 아벨을 형 카인이 시기했고, 결국 이들의 라이벌 관계는 형이 동생을 살해하는 비극으로 끝났다.

역사 속에도 라이벌은 많다. 김유신과 계백, 최영과 이성계, 김구와 이승만, 김대중과 김영삼까지 맞수들은 서로 치열하게 경쟁하며 한국사에 큰 족적을 남겼다. 죽을 때까지 처절하게 싸운 앙숙도 있고, 서로 잡아먹을 듯이 으르렁대다가도 때로는 힘을 합친 라이벌도 있다.

라이벌은 같은 분야에서 같은 목적을 가지고 서로 겨루는 '맞수'다. 노르웨이 탐험가 로알 아문센(Roald Amundsen)과 영국의 로버트 스콧(Robert Falcon Scott)은 인류 최초의 남극점 정복을 놓고 경쟁했다. 20세기 후반 한국의 재계에선 삼성 창업주 이병철과 현대 창업주 정주영이 시장에서 '총성 없는 전쟁'을 펼쳤다. 가요계에선 남진과 나훈아, 이미자와 패티킴, 그리고 H.O.T와 젝스키스가 치열하게 경쟁했다.

그뿐인가. 게보린과 펜잘, 후시딘과 마데카솔처럼 라이벌은 우리 주변에서 흔히 발견할 수 있다. 트리오와 퐁퐁은 서로 경쟁하며 주방세제의 혁명을 가져왔다.

라이벌(Rival). 라틴어로 강(江)을 뜻하는 '리부스(rivus)'와 강물을 함께 사용하는 주민들을 뜻하는 '리발리스(rivalis)'에서 유래된 단어다. 인간의 욕망은 끝이 없기에 강물을 함께 사용하다 보면 더 많이 차지하기 위해 경쟁하면서도 결국은 공생한다. 그게 바로 라이벌이다. 그래서 라이벌은 그저 섬멸의 대상인 적(enemy)과는 다르다.

승패가 명확히 갈리는 스포츠 세계에선 유난히 라이벌이 많다. 민족 갈등까지 내재된 레알 마드리드와 FC 바르셀로나의 '엘 클라시코(El Clásico)'는 축구 그 이상이다. '한·일전은 가위바위보도 져선 안 된다'는 말도 있다. 김일은 스승을 배신한 안토니오 이노키에게 이를 갈았다. '아니의 군대'로 불린 아놀드 파머의 극성팬들은 필드에서 잭 니클라우스를 쫓아다니며 자극했다.

상대가 너무 싫어 끔찍한 일도 일어난다. 메이저리그 '120년 라이벌' 샌프란시스코 자이언츠와 LA 다저스 사이에선 타자가 포수의 뒤통수를 가격했고, '피겨 스타' 토냐 하딩은 폭력을 사주해 라이벌 낸시 캐리건을 피습했다.

비정한 승부의 세계이지만 라이벌은 순기능이 더 많다. 긴장의 끈을 늦출 수 없다. 나태했다간 상대의 얼굴이 떠오른다. 라이벌은 승부욕을 불태우며 자신을 채찍질하는 동력이 된다. 아사다 마오는 은퇴식 때 "김연아가 있었기에 더 노력했다"고 했다. 김연아 역시 "아사다가 없었다면 지금의 내가 없었을 것"이라고 했다. 하일성과 허구연은 훗날 "서로에게 지지 않으려고 더 노력했다"고 똑같이 고백했다.

라이벌전은 팬들의 심장을 뛰게 한다. 로저 페더러와 라파엘 나달은 똑같이 재기에 성공해 다시는 볼 수 없을 것 같던 멋진 라이벌전을 이어갔다. 라이벌의 끝은 석양에 물든 노을처럼 아름답다. 노모 히데오가 LA 다저스를 떠나자 박찬호는 "노모의 빈 로커가 너무나 허전하다"며 아쉬워했다. 요한 크루이프의 별세 소식에 프란츠 베켄바워는 한동안 큰 충격에 빠졌다. 그는 크루이프를 향해 "나의 좋은 친구이자 형제였다"고 애도했다. 라이벌은 기쁨과 환희, 슬픔과 좌절로 점철돼 있다.

나는 쌍둥이로 태어났다. 따라서 숙명적으로 라이벌과 함께 살아간다고 해도 과언이 아니다. 하지만 크루이프의 말처럼 그는 나의 좋은 친구이자 형제다. 그런데 비단 나뿐이겠는가. 누구나 주변엔 서로 자극을 주고받고, 더욱 발전하는 동력이 되는 라이벌이 있다. 라이벌을 극복하느냐, 라이벌에게 순응하느냐. 우리 인생의 갈림길에서 그 해답은 바로 라이벌에 있는지 모른다.

매주 토요일 저녁, 서울 여의도 KBS 라디오 스튜디오로 달려가 마이크 앞에서 〈스포츠 라이벌의 세계〉를 소개한 지 어언 5년이 넘었다. 라이벌이 쌓이고 쌓이면서 언제부턴가 책으로 내자 마음먹고 있던 차에, 오랜 후배인 폭스코너 출판사의 윤혜준 대표가 동기를 부여해줬다. 그리고 '라이벌'이란 아이템을 처음 선사해준 KBS 이유진 작가에게도 새삼 고마움을 전한다. 방송에서 '라이벌'을 주제로 함께 호흡을 맞췄던 KBS 이창진,

최시중, 오승원 아나운서와 권진숙, 김경순, 신미경 작가에게 감사의 마음을 전한다. 끝으로 책 쓰느라 연휴를 비롯해 휴일조차 제대로 함께하지 못한 가족들에게 이 책으로 대신 용서를 구한다.

2018년 연두(年頭)에
김동훈

일러두기

·이 책의 모든 기록은 2018년 1월 17일 현재 기준으로 작성된 것으로, 현역 선수 및 팀의 경우 새로운
경기 및 시즌 진행에 따라 기록이 달라질 수 있으니 참고하시기 바랍니다.

차례

세계의 라이벌, 세기의 라이벌

조선의 라이벌, 한국의 라이벌

3부 끝나지 않는, 끝날 수 없는 영원한 라이벌

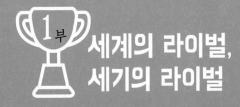

1부 세계의 라이벌, 세기의 라이벌

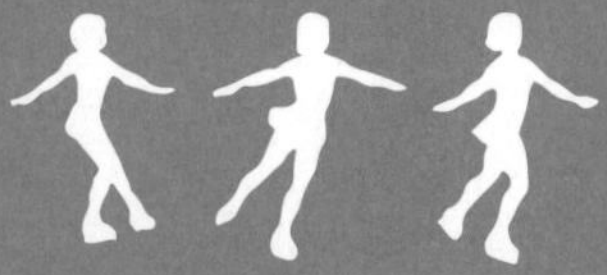

1 동갑내기 닮은꼴 라이벌, 김연아 vs 아사다 마오

숨소리도 들리지 않는 적막감 속에 눈길조차 애써 외면했다. 팽팽한 긴장감만이 빙상장을 감쌀 뿐이었다. 숙명의 라이벌 김연아와 아사다 마오. 그들이 생애 최고의 라이벌 대결을 펼친 무대는 2010 밴쿠버 겨울올림픽이다. 결전을 하루 앞둔 2010년 2월 23일(이하 한국시간) 캐나다 밴쿠버 퍼시픽 콜리시움 아이스링크는 차가운 빙판만큼 라이벌 간에 싸늘함이 감돌았다.

둘의 신경전은 선수시절 내내 이어졌다. 2007년 3월, 일본 도쿄에서 열린 세계선수권대회를 앞두고 아사다가 도쿄체육관에서 훈련하던 중이었다. 이때 김연아가 체육관에 모습을 나타냈고 이에 아사다는 화들짝 놀라고 말았다. 김연아에 맞서 '필살기'를 연습하던 중이었던 아사다는 극도의 보안 유지를 위해 훈련을 중단했다. 그녀는 이 대회 석 달 전이던 2006년 12월 시니어 그랑프리 파이널에서 김연아에게 패배한 뒤 자존심에 큰 상처를 입었다. 그래서 명예회복을 위해 세계선수권대회를 앞두고 약 3개월

간 '숨바꼭질 연습'을 하고 있었다. 아사다가 새 프로그램을 보이면 곧바로 상대(김연아) 코치진도 분석에 돌입해 그 이상의 기술을 추가할 가능성이 컸다. 김연아는 아사다의 연습을 지켜본 뒤 현지 언론과 가진 인터뷰에서 애써 무관심한 듯 "능숙하네요"라고 짤막하게 대답하는 데 그쳤다.

그로부터 2년 뒤 세계선수권대회를 앞두고 이번에는 '김연아 연습 방해설'이 터졌다. 김연아가 국내 한 방송사와의 인터뷰에서 연습하는 데 외국 선수들로부터 방해를 받았다고 말한 내용이 발단이 됐다. 외국 선수는 곧 일본 선수였고, 그의 라이벌 아사다가 표적이 됐다. 누리꾼들 사이에선 동영상까지 퍼져나갔고, 한국팬들의 분노가 극에 달했다. 마침 당시는 한국과 일본이 제2회 월드베이스볼클래식 정상을 놓고 치열하게 경쟁하던 때였다. 아사다가 해명에 나섰다. 세계선수권대회 여자 싱글 2회 연속 우승에 도전하던 그녀는 "모든 선수는 상대 선수가 다가오면 자연스럽게 피하기 마련이다. 나 역시 연습 도중에 다른 선수와 부딪친 적은 없었다. 의도적인 진로 방해는 있을 수 없다"며 '김연아 연습 방해설' 보도를 강하게 부정했다.

《타임》지가 선정한 역대 피겨스케이팅 최고의 라이벌

동갑내기 '맞수' 한국의 김연아와 일본의 아사다 마오. 세계 피겨스케이팅 역사상 이들처럼 치열한 라이벌이 또 있었을까? 어쩌면 둘은 태어날 때부터 맞수의 운명을 타고났는지도 모른다. 두 선수는 1990년생 동갑내기 백말띠다. 생일도 김연아가 9월 5일, 아사다가 9월 25일로 불과 20일 차이밖에 나지 않는다. 선수시절 키와 몸무게도 김연아 164센티미터, 47 킬로그램, 아사다 163센티미터, 47킬로그램으로 엇비슷했다.

김연아와 아사다가 나타나기 전까지 세계 피겨스케이팅 역사상 최고 의 라이벌은 여자 싱글의 경우, 토냐 하딩과 낸시 캐리건(이상 미국), 남자 싱 글은 브라이언 보이타노(미국)와 브라이언 오서(캐나다)가 꼽혔다. 하딩과 캐 리건은 하딩의 전 남편이 캐리건을 피습한 사건으로 전 세계를 깜짝 놀라 게 하기도 했다. 보이타노와 오서는 1988년 캘거리 겨울올림픽에서 나란 히 금메달과 은메달을 차지했는데, 이 경기는 당시 '브라이언 전쟁'으로 불 리며 피겨 역사상 최고의 명승부로 손꼽히고 있다. 아깝게 금메달을 놓친 오서는 김연아가 2010 밴쿠버 겨울올림픽에서 금메달을 딸 때 코치를 맡 아 큰 화제를 불러일으켰다.

주니어 시절부터 숱하게 라이벌 대결을 펼친 김연아와 아사다 마오는 2010년 밴쿠버 겨울올림픽에서 최절정의 맞수 대결을 펼쳤고, 금메달과 은메달로 명암이 엇갈렸다. 김연아와 아사다는 미국의 《타임》지가 밴쿠버 겨울올림픽이 끝난 뒤 선정한 '역대 피겨스케이팅 최고의 라이벌 10선'에 서 단연 1위로 꼽혔다. 하딩과 캐리건은 2위, 보이타노와 오서는 3위였다.

김연아와 아사다는 어릴 적부터 '될성부른 떡잎'이었다. 공교롭게도 둘 다 언니를 따라 피겨스케이팅을 배웠다. 김연아는 경기도 부천에서 태어 나 일곱 살 때 처음 스케이트를 탔다. 타고난 점프력과 리듬감을 앞세워 초등학교 때 이미 중·고등학교 언니들을 따돌리고 국내 대회 우승을 독 차지해 '피겨 신동'으로 불렸다. 열두 살 때 다섯 가지 기술(러츠·플립·살코· 토루프·루프)의 트리플 점프(공중 3회전 점프)를 모두 완성하면서 단숨에 세계 무대에서 통할 재목으로 주목받았다.

아사다는 일본 아이치 현 나고야에서 태어났다. '마오'라는 이름은 아버지가 일본의 여배우 다이치 '마오'의 팬이어서 지었다고 한다. 아사다의 언니 아사다 마이 또한 피겨스케이팅 선수 출신인데, 2006년 4대륙선수권대회(유럽을 제외한 나머지 대륙)에서 6위에 오를 만큼 뛰어났다. 하지만 비교적 일찍 선수 생활을 접고 아이스쇼와 경기 해설자로 활동하고 있다. 아사다가 존경하는 피겨스케이터는 같은 나고야 출신의 이토 미도리로 그 선수의 의상을 물려받아 입고 경기에 출전하기도 했다.

아사다는 다섯 살 때 스케이트를 시작했고, 열두 살 때 처음 트리플 악셀(공중 3회전 반 점프)을 뛰었다. 열네 살이던 2004년에는 핀란드 헬싱키에서 열린 2004~2005년 주니어 그랑프리 파이널에서 주니어 여자선수로는 처음으로 트리플 악셀 점프에 성공하며 주목을 받았다.

두 선수는 '노비스(novice)', 즉 열세 살 이하 어린이 시절부터 2014년 소치 겨울올림픽까지 12년 동안 빙판 위에서 최고 자리를 놓고 라이벌 대결을 펼쳤다. 한·일 두 나라를 대표하는 두 선수는 주니어 때부터 끊임없이 국제대회에서 우승을 다투면서 세계 피겨팬들의 관심을 받아왔다.

주니어 시절부터 시니어 데뷔 초반까지는 김연아보다 아사다의 성적이 조금 더 좋았다. 아사다는 여자선수로는 쉽지 않은 트리플 악셀을 앞세워 주니어 시절 김연아보다 앞선 성적표를 받았다. 아사다의 필살기라고 할 수 있는 트리플 악셀은 항상 회전수가 부족하다는 지적이 있었다. 하지만 당시 심판들의 관대하고 느슨한 판정으로 정확한 트리플 콤비네이션 점프를 앞세운 김연아가 손해를 봤다는 지적도 있다. 사실 아사다의 점프 회전수는 늘 논란이 됐는데, 2010년 밴쿠버올림픽에서도 여자선수 최초로 3개의 트리플 악셀에 성공했다고 해서 기네스북에 등재되기도 했지만, 회

전수가 부족한 게 아니냐는 논란이 제기되기도 했다.

두 선수가 시니어 무대에서 처음 맞대결을 펼친 것은 2006년 12월 러시아 상트페테르부르크에서 열린 그랑프리 파이널이었다. 김연아는 고관절 부상 중에도 놀라운 집중력을 보이면서 우승을 차지했고, 아사다는 프리스케이팅에서 치명적인 실수를 저질러 은메달에 머물렀다.

이듬해인 2007년 3월, 일본 도쿄에서 열린 세계선수권대회에서는 아사다가 설욕에 성공하는데, 김연아가 당시 최고점을 기록하는 좋은 경기를 펼치고도 프리스케이팅에서 잦은 점프 실수를 범하면서 안도 미키와 아사다 마오에 이어 3위에 만족해야 했다. 아사다는 이 대회에서 은메달을 따내면서 김연아와의 시니어 무대 맞대결 전적 1승 1패를 만들었다.

아사다는 김연아가 고관절 부상 때문에 시련을 겪는 사이 우승을 휩쓸었다. 김연아는 2008년 3월 스웨덴 예테보리 세계선수권대회를 앞두고 고관절 부상이 심해지면서 심각한 위기에 봉착했다. 진통제를 맞고 경기에 출전하는 투혼을 펼쳤지만 2007년에 이어 다시 동메달에 만족해야 했다. 반면 아사다는 이 대회에서 금메달을 따낸 것을 비롯해 2007~2008시즌에만 5개 대회에 출전해 4개 대회 우승을 휩쓸었다. 김연아는 부상 중에도 아사다가 우승하지 못한 그랑프리 파이널에서 금메달을 따내는 불굴의 의지를 보여줬다.

2008년 세계선수권대회는 고관절 부상도 있었지만 판정 논란으로 김연아가 억울하게 금메달을 놓친 대회다. 아사다는 프리스케이팅에서 트리플 악셀을 시도하다가 미끄러지면서 크게 넘어지고 말았는데, 다시 일어나 트리플 플립(전진하다가 점프 직전 뒤로 돌면서 오른발로 토를 찍고 점프해 공중 3회전한 뒤 오른발로 착지하는 기술)을 뛰기 위한 자세까지 들어가는 데 무려 10초의 시간이 흘렀다. 하지만 아사다는 프리스케이팅에서 감점이 1점에 불과했다. 반면 김연아는 프리스케이팅 1위를 차지하고도 이탈리아의 카롤리나 코스트너한테도 뒤지면서 동메달에 그치고 말았다. 이 대회가 끝난 뒤 북미 지역 언론들은 아사다와 코스트너를 비롯한 유럽 선수들의 점수가 높게 나왔다고 거세게 비판했다.

이때까지는 김연아가 맞대결 전적에서 아사다에게 뒤졌는데, 그 이후에는 김연아의 전성시대가 이어졌다. 부상 여파로 2008년까지는 맞대결에서 3승 5패로 뒤졌지만, 2009년 4대륙선수권대회에서 아사다를 꺾은 데이어서 연이어 치러진 2009 세계선수권대회에서는 여자 싱글 최초로 200점을 넘는 점수로 우승을 차지하면서 맞대결 전적도 5승 5패로 균형을 맞췄다. 이어 2009년 10월 그랑프리 1차대회에서도 당시 역대 최고 점수인 210.03점을 받으면서 아사다와의 맞대결에서 마침내 6승 5패로 역전에 성공하게 된다.

2010년 밴쿠버올림픽 전까지 6승 6패 '팽팽'

두 선수 간 맞대결의 하이라이트는 뭐니 뭐니 해도 밴쿠버 겨울올림픽이다. 이때까지 맞대결 전적도 6승 6패로 팽팽했다.

2010년 2월 24일 열린 쇼트프로그램에서 아사다가 먼저 연기를 펼쳤고, 73.78이라는 개인 최고 점수를 세운다. 아사다의 지도자인 타티아나 타라소바 코치는 옆에 있던 김연아를 의식한 듯, 격렬한 몸짓으로 아사다의 연기에 환호성을 내질렀다. 하지만 김연아는 침착하게 〈007 제임스 본드 메들리〉를 연기하면서 78.50점으로 순식간에 아사다의 기록을 넘어섰다.

하지만 4.72점 차이는 프리스케이팅에서 충분히 역전이 가능한 점수였다. 이틀 뒤인 2월 26일에 열린 프리스케이팅에서는 김연아가 먼저 연기를 펼쳤다. 그리고 150.06이라는 경이적인 점수를 기록했다. 최종 합계 228.56점. 여자 피겨 싱글 역사상 최고 점수였다. 아사다는 상기된 표정으로 링크에 들어섰지만 김연아의 최고 점수를 의식한 듯 실수를 연발하며 최종 합계 205.50점에 그쳤다. 아사다 역시 200점이 넘는 고득점을 올렸지만 김연아에게 무려 23.06점이나 뒤져 은메달에 머물고 말았다.

밴쿠버올림픽 이후 김연아가 은퇴 여부를 놓고 고민할 때 아사다도 모친상을 당하면서 깊은 슬럼프에 빠졌다. 2011년 12월 9일, 아사다의 어머니가 간경변으로 세상을 떠났다. 어머니의 병환이 깊어지자 아사다는 세계선수권대회 6위라는 참담한 성적을 기록했고, 어머니 사망 직후에는 자신의 필살기인 트리플 악셀을 포기하면서 그랑프리 파이널에 나서지 못했다. 하지만 아사다는 이듬해인 2012~2013시즌 완전히 재기에 성공했다. 트리플 악셀을 다시 시도하면서 4년 만에 그랑프리 파이널 정상을 탈환했고, 4대륙선수권대회 우승도 거머쥐었다.

밴쿠버올림픽 이후 소치올림픽 전까지 김연아와 아사다는 두 차례 더 맞대결을 펼쳤다. 2011년 3월, 러시아 모스크바 세계선수권대회에서 김연아가 2위, 아사다가 6위를 차지했고, 이어 2년 뒤인 2013년 3월, 캐나다 세계선수권대회에서는 김연아가 역대 두 번째로 높은 218.31점으로 우승, 아사다는 196.47점으로 3위에 올랐다.

두 선수에게 2014 소치 겨울올림픽은 생애 마지막 올림픽 출전이었고 마지막 맞대결 무대였다. 두 선수의 각오는 비장했다. 하지만 나란히 자국

대회에서 열린 올림픽 최종 리허설 무대에서 희비가 엇갈렸다. 김연아는 2014년 1월, 종합선수권대회에서 자신의 역대 두 번째로 높은 227.86점으로 우승을 차지하며 올림픽 2연패에 대한 기대감을 한껏 높였다. 특히 첫날 쇼트프로그램에서 무려 80.60점을 받았다. 이는 4년 전 밴쿠버올림픽 때 받았던 78.50점을 뛰어넘는 놀라운 성적이었다. 국내 선수권대회에서 받은 기록이다 보니 국제빙상경기연맹 공인기록으로 인정받지는 못했지만, 비공인 세계 최고 기록이 아닌가 싶을 정도로 엄청난 기록이었다. 김연아는 실수 없는 완벽한 연기와 점프로 직전 대회인 골든 스핀 오브 자그레브보다 한층 나아진 경기를 펼쳤다. 그녀는 경기가 끝난 뒤 "긴장하지 않으려고 했고, 점프가 잘됐다. 차분하게 잘 이어나가 높은 점수가 나온 것 같다. 올림픽에서도 오늘처럼 깨끗한 연기를 한다면 좋은 결과가 나올 것이라 생각한다"며 한껏 고무됐다.

반면 아사다는 소치올림픽 리허설 무대에서 주춤했다. 2013년 12월 22~23일 소치올림픽 대표선발전을 겸해 열린 일본선수권대회에서 여전히 점프 불안을 드러내며 3위에 그쳤다. 일본에 세 장이 주어진 소치올림픽 출전권은 따냈지만 자신의 주 무기인 트리플 악셀을 잇따라 실패하는 등 불안한 모습을 보였다. 하지만 일본선수권대회 부진이 아사다의 경쟁심을 자극했다는 분석도 나온다. 일본 언론들은 "일본선수권대회 이후 동기부여가 됐다"며 "최근 허리를 치료하면서 휴식을 취하게 했는데 선수 자신의 의지가 매우 강하다"고 전했다. 아사다는 크리스마스이던 그해 12월 25일 후원사인 일본항공(JAL) 행사에 참석해 "가장 좋은 색의 메달(금메달)을 일본에 가져오고 싶다"며 소치올림픽 금메달에 대한 의지를 공개적으로 드러냈다.

피겨스케이팅 여자 싱글 역사상 최고의 라이벌로 꼽히는
김연아(위)와 아사다 마오. 두 선수는 똑같이 1990년 9월
생이다.

마침내 2014년 2월 19일과 20일 소치올림픽 여자 피겨 싱글 경기가 펼쳐졌다. 그러나 김연아는 아쉽게도 홈 텃세와 심판의 석연찮은 채점으로 러시아의 신예 아델리나 소트니코바에게 금메달을 내주고 은메달에 머물렀다. 아사다는 중압감을 이기지 못하고 쇼트프로그램에서 수차례 넘어지면서 55.51점이라는 참혹한 점수를 받았고, 결국 6위에 그치며 눈물을 흘렸다.

김연아와 아사다의 역대 전적은 10승 6패, 김연아의 우세로 마감됐다. 주니어 시절에는 1승 2패로 뒤졌지만, 시니어 무대에서 9승 4패로 아사다를 압도했다. 2010년 밴쿠버올림픽 직전까지 6승 6패로 팽팽했지만 그 이후 은퇴할 때까지 김연아가 4연승을 거뒀다. 현역시절 아사다는 최고의 기량을 가지고도 번번이 큰 대회에 약한 징크스를 드러냈다. 반면 김연아는 큰 무대일수록 긴장을 덜 하는 '강심장'의 면모를 유감없이 보여줬다.

김연아는 소치올림픽까지 현역 선수로 출전한 모든 대회에서 3위 이내에 입상해 피겨스케이팅 여자 싱글 부문에서 최초로 '올포디움(all podium)'이라는 대기록을 달성했다. 김연아는 소치올림픽이 끝난 뒤 미련 없이 빙판을 떠났다. 한편 미련이 남았던 아사다는 2018 평창올림픽까지 야심차게 도전하겠다는 뜻을 밝혔다. 하지만 야망은 중도에 멈추고 말았다.

2017년 4월 12일, 일본 도쿄 시내의 한 호텔에서 열린 아사다 마오의 은퇴 기자회견에는 취재진으로 인산인해를 이뤘다. 《마이니치신문》 등 일본 언론에 따르면, 이날 기자회견장에는 400명이 넘는 취재진과 45대 이상의 텔레비전 카메라가 몰려들었다고 한다. 아사다는 "먼 미래에 평창올림픽 출전 포기를 결심한 나 자신을 용서할 수 있을까, 라는 생각도 했다"
며 끝까지 미련을 감추지 못했다.

그녀는 김연아에 대해 "훌륭한 선수였고, 서로 경쟁하며 성장하는 데
큰 자극이 됐다"고 말했다. 마지막 인사를 할 때는 눈에서 눈물이 흘러내
렸다. 김연아도 아사다에 대해 자극제가 됐다는 비슷한 말을 해왔다.

둘은 2018 평창올림픽 때 홍보대사와 중계방송 해설가로 다시 만날 가
능성이 있다. 빙판을 떠난 두 사람이 펼치는 제2의 인생은 어떤 모습일지
기대가 된다.

김연아		아사다 마오 (淺田眞央)
1990년 9월 5일	출생	1990년 9월 25일
10승 6패	맞대결 전적	6승 10패
2009년 세계선수권대회 금메달 2010년 밴쿠버올림픽 금메달 2013년 세계선수권대회 금메달 2014년 소치올림픽 은메달	주요 입상 경력	2005년 세계주니어선수권 금메달 2008년 세계선수권대회 금메달 2010년 밴쿠버올림픽 은메달 2014년 소치올림픽 6위

2 남자 피겨 '브라이언 전쟁', 브라이언 보이타노 vs 브라이언 오서

1988년 2월 19일, 캐나다 캘거리 새들돔 경기장. 마침내 '브라이언 전쟁'이 시작됐다. 둘의 이름은 브라이언 보이타노(미국)와 브라이언 오서(캐나다). 공교롭게도 같은 이름을 가진 두 사람은 19일 쇼트프로그램과 21일 프리스케이팅에서 남자 피겨 싱글 역사상 최고의 라이벌 대결을 펼쳤다.

첫날 쇼트프로그램 결과는 보이타노가 1위, 오서가 2위였다. 하지만 그 차이는 근소했고, 이틀 후 프리스케이팅 결과에 따라 메달 색깔이 결정되는 상황이었다. 먼저 보이타노가 연기를 펼쳤다. 캐나다 페어스케이팅 챔피언 출신의 안무가 산드라 베이직을 고용해 예술 연기를 가다듬은 보이타노는 철저하게 올림픽에 맞춰 대비했고, 그 결실은 롱프로그램인 〈나폴레옹〉으로 발현됐다. 보이타노는 프리스케이팅에서 자신의 장기인 타노 트리플 러츠(오른손을 위로 올리고 도약해 구사하는 공중 3회전 점프)를 성공시켰을 뿐만 아니라, 곧바로 이어진 트리플 악셀과 트리플 플립 등 모든 점프를 완벽하게 구사했다. 중간 순위 1위였고, 큰 환호와 박수가 쏟아졌다.

보이타노가 오서보다 먼저 연기를 펼친 것이 승부의 결정타였다. 아무래도 먼저 연기를 펼치는 쪽이 나중에 연기하는 선수보다 마음이 편한 법이다. 뒤에 연기하는 선수는 경쟁자의 점수를 넘어서야 한다는 압박감이 있기 마련이니까.

보이타노에 이어 오서가 링크에 섰다. 첫 과제인 트리플 러츠를 성공시킨 오서는 트리플 악셀＋더블 토룹(왼발로 토를 찍고 점프해 공중 2회전한 뒤 왼발로 착지하는 기술) 콤비네이션 점프도 무난하게 소화했다. 하지만 그다음이 문제였다. 트리플 플립(오른발로 토를 찍고 점프해 공중 3회전한 뒤 오른발로 착지하는 기술)을 구사했지만 착지가 불안했다. 다행히 그 뒤 나머지 과제는 모두 무난히 수행했다. 곧 점수가 발표됐는데, 오서의 얼굴엔 아쉬움이 가득했다. 점수 차는 불과 0.1점. 트리플 플립에서 나온 실수가 치명적이었다. 경기를 마친 오서는 트리플 플립의 실수는 인정했지만 예상보다 점수가 적게 나온 점에 대해 아쉬움을 떨치지 못했다.

0.1점 차의 승부, '브라이언 전쟁'

브라이언 오서는 캐나다 온타리오, 브라이언 보이타노는 미국 캘리포니아가 고향이다. 나이는 오서가 두 살 많다. 1961년 12월 18일 태어난 오서는 겨울 스포츠 강국인 캐나다에서 자연스럽게 스케이트를 배웠다. 다섯 남매 중 막내인 그는 열세 살 때 이사한 집 뒤에 있던 스케이트장이 운명을 바꿔놓았다. 그곳에서 만난 더글러스 리 코치에게 피겨스케이팅을 본격적으로 전수받아 선수의 길로 접어들었다. 점프를 배우며 쓰러지고 넘어져도 오뚝이처럼 다시 일어났고, 온갖 크고 작은 부상을 극복하며 마침내 캐나다 최고 유망주로 주목받았다. 1963년 10월 22일생인 보이타노는 어린 시절 내성적인 성격이었지만 스케이트를 탈 때는 180도 다른 모습으로 변신했다.

둘의 첫 맞대결은 1978년 세계주니어피겨선수권대회였다. 오서는 열일곱 살, 보이타노는 열다섯 살이었다. 보이타노는 어린 나이에 동메달을 따내며 일약 미국 피겨스케이팅의 기대주로 떠올랐다. 그러나 오서는 이미 1977년 캐나다 주니어 챔피언에 등극한 뒤였지만, 이 대회에서 4위에 그치고 말았다. 어쨌든 이때의 맞대결은 앞으로 10년간 펼쳐질 '숙명의 대결'의 서막에 불과했다.

이 대회를 계기로 '소년' 오서와 보이타노는 눈부시게 성장했다. 오서는 1980년부터 본격적으로 시니어 무대에 데뷔해 캐나다에서는 지존으로 군림했다. 이때부터 무려 여덟 차례에 걸쳐 캐나다선수권대회 정상에 올랐다.

오서보다 두 살 어린 보이타노는 1982년 시니어 첫 무대인 국제빙상연맹(ISU) 피겨 그랑프리 시리즈 '스케이트 캐나다'에서 우승하며 두각을 나타냈다. 그랑프리 시리즈란, 한 시즌 동안 스케이트 아메리카(미국), 스케이트 캐나다(캐나다), 로스텔레콤 컵(러시아), 트로피 드 프랑스(프랑스), 컵 오브 차이나(중국), NHK 트로피(일본) 등 6개 대회를 치른 뒤 상위 여섯 명의 선수가 마지막으로 그랑프리 파이널 대회를 갖는 것을 말한다.

그런데 오서와 보이타노 앞에는 커다란 산이 가로막혀 있었다. 당시 세계 최강자였던 스캇 해밀턴(Scott Scovell Hamilton, 미국)이 바로 그 산이었다. 보이타노는 1982년과 1983년 전미선수권대회에서 해밀턴에 이어 연속 2위에 머물렀다. 캐나다에서는 적수가 없었던 오서 역시 세계 정상에 오르기 위해선 반드시 해밀턴을 넘어서야 했다.

1984년 사라예보 겨울올림픽 당시 해밀턴은 26세, 오서는 23세, 보이타노는 21세였다. 해밀턴에겐 사실상 마지막 올림픽 무대였고, 그는 강력한 우승 후보였다. 오히려 은메달을 누가 따느냐가 더 큰 관심사였다. 은메달의 주인공은 오서였다. 반면 보이타노는 6위에 그쳤다.

'포스트 해밀턴'은 오서일까, 보이타노일까

해밀턴이 사라예보 겨울올림픽에서 금메달을 딴 걸 끝으로 은퇴를 선언하면서, 과연 '포스트 해밀턴'은 누가 될지 관심이 모아졌다. 강력한 후보는 오서와 보이타노, 그리고 러시아 카잔 출신의 알렉산더 파데예프(Alexander Fadeyev)였다. 파데예프는 보이타노보다도 한 살 어린 스무 살의 떠오르는 샛별이었다.

해밀턴 은퇴 이후 첫 메이저대회였던 1985년 세계선수권대회는 과연 세 선수 중 누가 우승할지 귀추가 주목되는 무대였다. 결과는 뜻밖에도 파데예프가 금메달의 주인공이 됐고, 은메달은 오서, 동메달은 보이타노에게 돌아갔다. 하지만 파데예프는 반짝 우승에 그치고 말았을 뿐, 그 이후 세계선수권대회 우승은 보이타노(1986년·1988년)와 오서(1987년)가 양분했다.

사실 이즈음 오서와 보이타노는 1988년 캘거리올림픽 금메달을 목표로 착실히 준비하는 과정이었다. 오서는 1984년 사라예보 대회에서 올림픽 사상 처음으로 트리플 악셀을 성공시킨 선수였다. 오서의 트리플 악셀은 아무도 넘볼 수 없는 '명품'이자 승리의 '필살기'였다.

보이타노에게도 오서를 넘어서기 위한 필살기가 필요했다. 사실 보이타노는 힘과 기술을 갖춘 최고의 스케이터였지만, 예술적인 부문에선 다소 떨어졌다. 결국 보이타노는 안무가 베이직에게 집중적으로 안무를 전수받았다. 1986년 세계선수권대회 우승은 첫 결실이었다. 그러나 1987년 세계선수권대회에서 오서는 보이타노를 제치고 금메달을 따냈다. 보이타노는 파데예프처럼 쿼드러플(4회전) 토룹 점프를 시도했지만, 이 점프가 실패하면서 은메달에 머물고 말았다.

보이타노가 해밀턴의 바통을 이어받을 미국 선수로 성장하자 미국 피겨계는 흥분했다. 하지만 정작 해밀턴은 자신의 후계자로 오서를 꼽았다. 1984년 사라예보 겨울올림픽 금메달을 끝으로 은퇴한 뒤 프로로 전향한 해밀턴은 오서의 시대가 올 것으로 예상하면서 "내가 앞으로 계속 경기를 한다면 오서를 얼마나 이길 수 있을까"라고 말할 정도였다.

마침내 1988년 2월 21일, 캐나다 캘거리 새들돔에서 남자 싱글 역사상 최고의 명승부가 펼쳐졌다. 캘거리 겨울올림픽 피겨스케이팅 남자 싱글, 브라이언 오서와 브라이언 보이타노가 펼친 이른바 '브라이언 전쟁'은 역대 피겨스케이팅 사상 최고의 명승부로 손꼽힌다.

보이타노보다 두 살 많은 스물일곱 살에 생애 두 번째 올림픽에 도전한 오서는 훗날 자신의 저서에서 "사라예보는 금메달 욕심이 없었지만 캘거리 때는 달랐다. 누구보다 금메달을 향한 열망이 강했다"고 회고했다. 오서는 보이타노와 파데예프라는 강력한 경쟁자가 있었지만 4년 전의 올림픽 은메달리스트이고, 더욱이 자신의 모국 캐나다에서 열리는 대회였다. 무엇보다도 오서는 올림픽이 열리기 불과 3개월 전, 강력한 라이벌인 보이타노를 올림픽이 펼쳐지는 캘거리 새들돔에서 이미 승리한 경험이 있었다. 1987년 시즌 그랑프리 시리즈 '스케이트 캐나다'에서 보이타노를 꺾고 캐나다 홈팬들의 열광적인 환호와 함성을 들었던 터였다. 상대 전적도 주니어 시절까지 포함해 오서가 이때까지 5승 2패로 앞서 있었다. 오서는 캐나다 국민들의 스타였다. 캘거리 겨울올림픽에서 개최국 캐나다 선수단의 기수로 참여할 정도로 온 국민의 기대를 한 몸에 받고 있었다.

두 선수의 라이벌 대결 이전 시대에 피겨스케이팅은 여성적인 스포츠였다. 하지만 둘은 이런 고정관념을 바꿔놓았다. 빙판을 빠른 속도로 질주한 뒤 그 스피드와 탄력으로 힘껏 솟아올라 빙그르 도는 회전은 보는 이들을 매료시키기에 충분했다. 특히 두 사람은 여자 싱글에선 상상할 수 없는 파워와 큰 스케일로 좌중을 압도했다. 하지만 스포츠 세계는 비정하게도 승부를 가려야 했고, 결과는 0.1점 차 보이타노의 승리로 막을 내렸다.

오서는 후계자 양성, 보이타노는 영화 출연

올림픽 금메달은 하늘이 내린다고 했던가. 하늘은 불과 0.1점 차로 보이타노를 선택했다. 보이타노는 캘거리올림픽에 이어 그해 세계선수권대회에서도 우승하며 오서와의 역대 전적을 4승 5패로 좁혔다. 반대로 오서 입장에서 보면 10년간 라이벌 대결에서 5승 4패로 보이타노를 앞섰지만 가장 중요한 올림픽 무대에선 땅을 치고 말았다.

둘은 1988년 시즌을 끝으로 나란히 은퇴했다. 은퇴와 함께 곧바로 프로로 전향한 오서는 1990년대 중반까지 아이스쇼 연출가와 기획자로 활동했다. 캐나다 토론토에서 가끔 유망주들을 지도할 때도 있었지만 공식

브라이언 오서(왼쪽)와 브라이언 보이타노가 1988년 캘거리 겨울올림픽에서 열연을 펼치고 있다.

적으로 키우는 제자는 없었다. 그런데 2006년 당시 주니어 선수였던 김연아를 만났고, 본격적으로 호흡을 맞추며 2010년 밴쿠버올림픽 여자 싱글에서 금메달의 영광을 함께했다. 오서는 자신이 이루지 못한 올림픽 금메달의 꿈을 제자를 통해 실현했다.

보이타노는 은퇴 이후 1984년과 1988년 겨울올림픽 여자 피겨 싱글 2회 연속 금메달리스트인 1980년대 '섹시 피겨여왕' 카타리나 비트(독일)와 함께 아이스쇼인 〈아이스 온 카르멘(Ice on Carmen)〉에 출연하는 등 대중에게 자주 얼굴을 내비쳤다. 그러던 중 1993년 피겨선수로는 환갑이나 다름없는 서른의 나이에 다시 현역 선수로 복귀, 1994년 릴리함메르 올림픽에서 6위에 오르기도 했다. 2005년 개봉된 영화 〈아이스 프린세스〉에는 미국의 피겨 스타였던 미셸 콴과 함께 실제 본인 역으로 출연했고, 2007년 개봉한 영화 〈블레이즈 오브 글로리〉에도 카메오로 출연했다.

오서와 보이타노, 30년 전에 둘이 벌였던 '브라이언 전쟁'은 남자 피겨의 묘미가 고스란히 담긴 아름다운 승부였다.

브라이언 오서 (Brian Ernest Orser)		브라이언 보이타노 (Brian Anthony Boitano)
1961년 12월 18일	출생	1963년 10월 22일
캐나다 온타리오	고향	미국 캘리포니아
1984년 사라예보올림픽 은메달 1987년 세계선수권대회 금메달 1988년 캘거리올림픽 은메달	주요 입상 경력	1986년 세계선수권대회 금메달 1988년 캘거리올림픽 금메달 1988년 세계선수권대회 금메달
5승 4패	맞대결 전적	4승 5패

3 '악녀가 된 신데렐라'와 '콩쥐가 된 백설공주', 토냐 하딩 vs 낸시 캐리건

노르웨이 릴레함메르 겨울올림픽을 불과 37일 앞둔 1994년 1월 6일. 미국 미시건 주 디트로이트에 있는 한 빙상장에서 미국 피겨스케이트 여자 싱글의 떠오르는 스타, 낸시 캐리건(Nancy Ann Kerrigan)이 연습을 끝내고 탈의실로 가던 중이었다. 그때 정체불명의 괴한이 나타나 캐리건의 무릎을 몽둥이로 내리쳤다. 캐리건은 비명을 지르며 쓰러지고 말았다. 그런데 며칠 후 있은 경찰의 수사 발표는 캐리건의 비명 소리만큼이나 세계를 경악하게 만들었다.

사건이 일어난 지 8일 뒤 용의자 세 명의 정체가 드러났다. 캐리건을 피습한 괴한의 정체는 바로 캐리건의 라이벌 토냐 하딩(Tonya Maxine Harding)의 전 남편 제프 길룰리였다. 또 하딩의 전 매니저 브라이언 신그리피스와 범행에 사용된 차량을 운전했던 길룰리의 친구도 공범으로 체포됐다. 며칠 뒤 수배 중이던 하딩의 전 남편 길룰리가 자수하면서 이들 세 명은 모두 기소됐다. 뛰어난 실력과 미모로 '국민 요정'이라 불리던 하딩이 피습을 사주했다는 사실은 전 세계에 큰 충격을 안겨주었다.

'악녀가 된 신데렐라' 토냐 하딩과 '콩쥐가 된 백설공주' 낸시 캐리건. 스포트라이트를 받던 두 피겨 스타의 기구한 사연은 지금도 세간에 회자되고 있을 정도다. 한때 실력과 미모를 겸비한 선수들이었지만 세상은 둘을 뛰어난 피겨선수로서가 아닌 테러사건의 가해자와 피해자로 기억한다.

하딩은 1970년 11월 12일 미국에서 태어난 1990년대 미국 최고의 피겨 스타였다. 키 157센티미터의 아담하고 가냘픈 몸매로 남성들의 인기를 독차지했다. 실력도 출중했다. 1991년 전미 피겨스케이팅대회에서 정상에 올랐고, 같은 해 월드컵 챔피언십에서 준우승을 차지했다. 또 1992년 알베르빌 겨울올림픽에서 4위에 오르기도 했다.

낸시 캐리건 역시 비슷한 시기에 미국 최고의 피겨 스타였다. 그녀는 하딩보다 한 살 많은 1969년 10월 13일생으로, 하딩이 4위를 차지했던 1992년 알베르빌 겨울올림픽에서 동메달을, 그리고 테러사건 직후에 열린 1994년 릴레함메르 겨울올림픽에서 은메달을 땄다.

'악녀가 된 신데렐라'와 '콩쥐가 된 백설공주'

두 선수를 미국뿐만 아니라 전 세계적으로 유명하게 만든 건 바로 하딩의 캐리건 피습사건이다. 캐리건의 피습 이후 하딩은 올림픽 출전권이 걸린 전미 피겨선수권대회에서 무난히 우승을 차지해 릴레함메르올림픽 행티켓을 따냈다. 반면 테러를 당한 캐리건은 대회에 출전할 수 없었다. 하지만 이후 경찰 조사를 통해 하딩이 연루된 사실이 드러나자, 그동안 뛰어난 실력과 미모로 인기가 높았던 그녀는 이때부터 '신데렐라'에서 '악녀'로 추락했다.

사실 하딩은 심리적으로 매우 불안한 상태였다. 하딩은 실력뿐 아니라 뛰어난 미모로 팬들의 많은 사랑을 받았는데 라이벌 캐리건이 등장하면서 '악녀'로 돌변했다. 경기 도중 드레스의 후크가 고장 났다고 재경기를 요구하고, 스케이트 날을 핑계 삼아 경기를 포기하기도 했다. 당시 하딩은 이혼한 남편과의 불화로 마음고생을 하고 있었는데, 10대 때 전 남편 길룰리에게 성폭행을 당하고 자살까지 시도했던 사실이 뒤늦게 알려지기도 했다. 뿐만 아니라 그녀의 어머니가 어린 시절 하딩을 모질게 학대한 사실도 드러났다. 하딩의 증언에 따르면, 어머니는 그녀가 스케이트를 잘 못 탔다는 이유로 머리카락을 잡고 화장실로 끌고 가 엉덩이에 멍이 들 만큼 매질을 하기도 했다. 하딩은 네 살 때부터 피겨에 재능을 보였지만 탐욕스러운 어머니와 포악한 남편 때문에 정신은 피폐해졌다.

피해자 캐리건은 은메달, 가해자 하딩은 8위

테러사건의 피해자와 가해자인 두 선수는 극적으로 릴레함메르 겨울올림픽에 나란히 출전했다. 하딩은 증거 불충분으로 석방돼 올림픽에 출전할 수 있었고, 피습을 당해 다리 부상으로 올림픽 티켓을 딸 수 없었던 캐리건은 미국 국민들의 열정적인 응원에 힘입어 출전권을 양보한 후배 덕에 극적으로 올림픽에 나갈 수 있었다.

두 선수는 본의 아니게 릴레함메르올림픽에서 가장 큰 스포트라이트

토냐 하딩(뒤)과 낸시 캐리건. 두 선수 간의 피습사건은 훗날 영화로도 만들어졌다.

를 받으며 은반 위에 섰다. 당시 여자 싱글 우승 후보는 발레리나 같은 가녀린 몸매로 예술적 표현 연기에서는 타의 추종을 불허하던 우크라이나의 옥사나 바이울(당시 16세), 세계 최고의 점프 높이와 테크닉을 자랑하던 쉬르야 보날리(당시 21세), 중국의 강호 루 첸(당시 17세), 바이울을 꺾고 독일 컵을 따낸 10대 테크니션 탄야 스제프첸코(당시 17세) 등이었다. 여기에 '백만 볼트의 미소'를 자랑하는 관록의 카타리나 비트(당시 28세)도 있었다.

결국 캐리건은 부상을 딛고 옥사나 바이울에 이어 은메달을 목에 걸었다. 반면 하딩은 8위에 그치고 말았다.

하딩은 릴레함메르올림픽이 끝나고 자신의 죄를 인정했다. 그리고 사회 봉사 500시간과 벌금 16만 달러에 보호관찰 3년을 선고받았다. 뿐만 아니라 1994년 내셔널챔피언 타이틀을 박탈당하고 미국스케이팅연맹에서 영구 제명당했다.

현역시절 언론과 팬들은 하딩을 신데렐라, 캐리건을 백설공주에 비유하곤 했다. 그러나 하딩은 신데렐라처럼 은반에 등장했지만 한순간의 잘못된 판단으로 미국의 국민 요정에서 악녀로 낙인찍히고 말았다. 반면 피해자 캐리건은 동정을 받는 '콩쥐'가 됐고 말이다.

1998년 미국의 한 방송은 하딩과 캐리건을 한자리에 초대하는 데 성공했다. 두 선수는 테러사건 이후 4년 만에 어색하게 만났는데, 하딩은 미국 대표팀에서 훈련했던 추억을 얘기하면서도 이제 서로 가는 길이 다르니 연관 짓지 말라고 선을 그었다. 캐리건 역시 하딩을 용서한다거나 이해한다는 말을 하지 않았다.

하딩은 2008년에 테러사건의 전말을 담은 책을 펴냈는데, "이 사건에 남편이 연루된 것을 알고 FBI에 신고하려고 했다. 그런데 세 남자가 나를 차에 태우고 산으로 끌고 가 머리에 총을 겨누면서 입을 다물라고 협박했다"고 말했다. 물론 이 말의 진위 여부는 밝혀지지 않았다.

그런데 그 이후 두 선수의 가족에게 모두 불행한 일이 일어났다. 장애인이었던 하딩의 아버지는 어머니와 이혼을 했고, 하딩 역시 어머니와의 인연을 끊었다. 캐리건에게는 더욱 충격적인 소식이 전해졌다. 2010년 1월, 캐리건의 오빠가 친아버지를 살해하는 일이 일어난 것이다. 하딩의 사주를 받아 캐리건을 테러했던 하딩의 전 매니저 신그리피스는 2007년, 마흔 살의 젊은 나이에 세상을 떠났다.

세 아이의 엄마가 된 캐리건, 아들 하나를 둔 하딩

두 선수는 은퇴 이후의 삶도 주목받았다. 하딩은 서른네 살 때인 2003년 프로복서로 대중들 앞에 나타나 큰 화제를 모았다. 키 157센티미터의 작은 체구인 하딩이 피겨 요정에서 사각의 파이터, 링의 여전사로 180도 변신해 팬들 앞에 나타난 것이다. 하딩은 프로에 데뷔하자마자 한 대회에서 우승하면서 세인들을 다시 한 번 깜짝 놀라게 했다. 그 뒤 하딩은 카레이서로 또다시 이미지를 바꿨지만 이후 세간의 기억 속에서 사라졌다.

그러던 중 2017년 1월, 하딩의 근황이 언론에 소개돼 눈길을 끌었다. 미국 언론《스플래시닷컴》은 하딩의 근황을 사진과 함께 단독 보도했다. 워싱턴 주 교외에 위치한 자택에서 촬영된 이 사진에서 그녀는 커피를 마시며 담배를 피우는 모습으로 카메라를 응시하고 있었다. 하딩은 조셉 프라이스와 재혼해 아들 한 명을 두고 있으며, 여전히 언론은 물론 세간의 시선을 피하며 살고 있다.

이에 반해 피해자였던 캐리건은 미국 국민들의 동정 속에 하딩과는 반대의 길을 걸었다. 세 아이의 엄마가 됐고, 피겨스케이팅계에 남아 방송해설자로 제2의 인생을 살고 있다. 또 시각장애인인 어머니를 돌보면서 시각장애인을 돕는 재단을 설립해 운영하고 있다. 그녀는 2014년 《USA 투데이》와의 인터뷰에서 "20년 전에 일어난 사건이지만 다시는 회상하고 싶지 않은 과거"라며 "이 사건과 관련된 사람 누구에게나 정말 끔찍한 시간이었다"고 털어놓은 바 있다.

이 사건은 2017년 미국에서 〈아이, 토냐(I, Tonya)〉라는 영화로 만들어져 큰 화제를 모으기도 했다. 24년의 세월이 흘러 캐리건은 마흔아홉 살, 하딩은 마흔여덟 살의 중년이 됐지만 둘은 여전히 끔찍한 기억 속에서 살고 있다.

4 오른손 황제와 왼손 천재, 로저 페더러 vs 라파엘 나달

2008년 7월 7일(한국시간), 비 내리는 영국 런던 윔블던 테니스경기장에서 믿기지 않는 세기의 명승부가 펼쳐졌다. 2008 윔블던 테니스대회 남자 단식 결승에서 나달이 페더러를 상대로 1, 2세트를 6 대 4, 6 대 4로 비교적 가볍게 따낼 때만 해도 승부는 일찌감치 판가름 날 것이라 예상됐다. 나달은 생애 처음으로 잔디 코트인 윔블던대회 우승이 손에 잡히는 듯했다. 그런데 비 때문에 경기가 중단됐고, 나달의 상승 흐름이 끊기고 말았다. 분위기를 가져온 페더러는 3, 4세트를 타이브레이크(tie break, 듀스 상황에서 경기가 무한정 지속되는 걸 막기 위해 게임 카운트가 6 대 6 또는 8 대 8일 때, 1게임을 먼저 득점한 쪽을 승자로 하는 규정)까지 가는 혈투 끝에 7 대 6(7-5), 7 대 6(10-8)으로 따내면서 세트스코어 2 대 2를 만들었다.

그리고 마지막 5세트. 나달이 앞서가면 페더러가 역전했고, 페더러가 이기는가 싶으면 나달이 뒤엎는 예측 불허의 승부가 끝 모르게 펼쳐졌다. 마침내 게임스코어 6 대 6 동점. 타이브레이크에서는 2점 차가 나야 경기가 끝난다. 3, 4, 5세트 연속 타이브레이크를 펼친 두 선수는 지칠 대로 지쳐 있었다. 그리고 마침내 나달이 9 대 7로 마지막 게임을 따내면서 길고 긴 승부에 마침표를 찍었다. 나달은 코트에 벌러덩 드러누워 감격을 만끽했고, 이내 두 선수는 뜨거운 포옹으로 명승부 뒤 진한 우정을 나눴다.

방송으로 이 경기를 해설한 1980년대 테니스 스타 존 매켄로는 연신 "역사상 최고의 경기"라며 찬사를 아끼지 않았고, 관중들과 시청자들은 한참 동안이나 흥분을 가라앉히지 못했다. 이날 경기 시간은 엄청났다. 2번이나 비 때문에 경기가 중단되면서 7시간 넘게 걸렸고, 실제 경기 시간만 4시간 48분이나 소요되는 혈투를 벌였다.

'오른손 황제' 로저 페더러(스위스)와 '왼손 천재' 라파엘 나달(스페인). 세계 테니스 역사상 두 선수만큼 치열한 라이벌은 없었다. 1970년대 중반부터 약 10년간 세계 코트를 지배한 지미 코너스(미국)와 비외른 보리(스웨덴)도 존 매켄로(독일)가 등장하면서 그랜드슬램을 양분하지 못했다. 1990년대 미국의 두 영웅 피트 샘프라스와 앤드리 애거시는 라이벌이었지만, 그랜드슬램 결승에서는 2번밖에 만나지 못했다(1995년과 2002년 US 오픈에서 2번 모두 샘프라스가 이겼다).

반면 페더러와 나달은 2005년부터 2010년까지 6년 동안 열린 24개의 4대 메이저대회 중에서 21개 대회의 우승을 나눠 가졌다. 두 선수 이외의 다른 선수가 우승을 차지했던 경우는 3번뿐이었다(2005년 호주 오픈 마라트 사핀, 2008년 호주 오픈 노박 조코비치, 2009년 US 오픈 후안 마르틴 델 포트로). 그리고 이 기간 동안 세계랭킹 1위와 2위는 언제나 페더러 아니면 나달이었다.

그러나 2011년 이후 둘은 노박 조코비치(세르비아), 앤디 머리(영국) 등에게 밀려 세계 정상의 자리에서 비켜서 있었다. 그런데 2017년, 둘은 극적으로 '동반 부활'했다. 누구나 둘의 시대가 저물었다고 생각했을 때 그 전보다 더욱 뜨거운 라이벌이 되어 돌아왔다. 세계랭킹 1, 2위에 나란히 복귀했고, 세계 4대 메이저 타이틀을 2개씩 양분했다. 한 해 동안 무려 네 차례나 펼친 맞대결은 세계 테니스팬들을 흥분시키기에 충분했다.

4대 메이저대회 우승, 페더러 19회 vs 나달 16회

로저 페더러는 1981년 8월 8일 스위스 바젤 출신이고, 라파엘 나달은 1986년 6월 3일 스페인 마요르카에서 태어났다. 재기에 성공한 2017년, 페더러가 서른여섯 살, 나달이 서른한 살이었다. 두 선수는 키(185센티미터)와 몸무게(85킬로그램)가 거의 비슷하다. 하지만 체구만 빼고 모든 면에서 대조적이다. 페더러는 오른손잡이, 나달은 왼손잡이다(나달은 테니스 외에 일상생활에선 오른손을 쓴다). 페더러는 한 손 백핸드를, 나달은 양손 백핸드를 구사한다. 페더러는 잔디 코트에 강하고, 나달은 클레이 코트(표면을 점토로 만든 코트)의 제왕이다. 페더러가 깔끔하고 도시적인 이미지를 지녔다면, 나달은 야생마처럼 터프하고 자연미가 넘친다.

페더러는 1998년 데뷔한 이래 지금까지 투어 통산 1,129승 249패로 승률 81.93퍼센트를 기록 중이고, 나달은 페더러보다 3년 늦은 2001년 데뷔했는데 지금까지 862승 183패로 82.49퍼센트의 승률을 기록하고 있다. 두 선수 모두 80퍼센트가 넘는 높은 승률을 올렸다.

페더러는 통산 95번 우승했고, 나달 역시 74번이나 정상에 올랐다. 이 가운데 페더러는 메이저대회에서만 19번 우승해 역대 최다 기록을 가지고 있다. 윔블던에서 8번, US 오픈 5번, 호주 오픈 5번, 프랑스 오픈 1번 등 모두 19번 정상에 올랐다. 2009년 마침내 나달을 꺾고 프랑스 오픈 정상에 오르면서 염원했던 '커리어 그랜드슬램(한 해 이상에 걸쳐 4대 메이저대회에서 모두 우승하는 것)'도 달성했다.

반면 나달은 메이저대회에서 16번 우승했는데, 그중 10번을 프랑스 오픈에서 차지했고, 윔블던 2번, US 오픈 3번, 호주 오픈에서 1번 정상에 올랐다. 또 페더러보다 1년 늦은 2010년 커리어 그랜드슬램도 달성했다.

페더러와 나달이 테니스 역사상 최고의 라이벌로 불리는 이유가 있다. 페더러는 테니스 역사상 최고의 선수로 꼽히는데, 메이저대회 최다 우승과 최장기간 세계랭킹 1위, 4개 메이저대회 모두 5회 이상 결승 진출, 10년 연속 윔블던 결승 진출 등 무수한 기록을 갖고 있기 때문이다.

하지만 페더러는 한 해에 4개 메이저대회를 모두 석권하는 '캘린더 그랜드슬램'은 달성하지 못했다. 바로 나달이 10번이나 우승을 독식한 프랑스 오픈 때문이었다. 페더러는 2004년, 2006년, 2007년 3번이나 프랑스 오픈을 제외한 3개 메이저대회를 휩쓸었다. 하지만 2006년과 2007년 프랑스 오픈 결승에서 나달에게 지면서 캘린더 그랜드슬램 달성에 실패했다. 2009년에야 프랑스 오픈에서 우승하면서 '커리어 그랜드슬램'을 달성하는 것으로 만족해야 했다. 그해 페더러는 호주 오픈과 US 오픈 우승은 하지 못했다.

반면 나달은 2010년, 만 스물네 살 때 US 오픈을 제패하면서 남자 테니스 역사상 최연소 커리어 그랜드슬램을 달성했다. 게다가 2008년 베이징 올림픽 남자 단식 금메달을 이미 목에 걸었기 때문에 앤드리 애거시에 이어 남자 테니스 역사상 두 번째로 '골든 커리어 그랜드슬램(한 해에 4대 메이저대회 우승은 물론, 올림픽에서도 금메달을 따는 것)'을 달성했다.

페더러의 세계랭킹 1위 기록을 깬 것도 나달이다. 페더러는 2004년 2월부터 2008년 8월까지 무려 237주 연속으로 세계랭킹 1위를 기록해 역대 최장기간 연속 1위 기록을 가지고 있다. 특히 302주 동안 세계랭킹 1위를 기록했다. 나달은 2005년 7월부터 160주 동안이나 페더러에 이어 세계랭킹 2위를 기록했는데 마침내 2008년 8월, 나달이 페더러를 제치고 세계랭킹 1위로 올라서면서 페더러의 연속 1위 기록이 깨지고 말았다.

앞에서도 말했지만 페더러는 잔디 코트에 강하고, 나달은 클레이 코트에 강하다. 페더러는 잔디 코트인 윔블던대회에서 8번 우승했고, 반대로 나달은 클레이 코트에서 벌어지는 프랑스 오픈에서 똑같이 10번 정상에 올랐다. 페더러는 잔디 코트인 윔블던대회 승률이 90퍼센트를 넘고, 나달 선수 역시 클레이 코트인 프랑스 오픈 승률이 90퍼센트를 웃돈다. 하드 코트(아스팔트나 콘크리트 등의 견고한 재질로 만든 코트)에서 벌어지는 US 오픈과 호주 오픈에서는 비슷한 성적을 냈다.

클레이 코트는 흙 위에서 경기를 펼치기 때문에 잔디 코트나 하드 코트와 달리 코트의 표면이 거칠고, 공의 속도가 느리다. 따라서 랠리(볼을 주거나 받거나 계속 치는 상태)가 길고, 강한 체력이 필요해 나달보다 다섯 살이나 많은 페더러가 불리하다.

맞대결 성적 나달 23승 15패, 그러나 뒤바뀐 천적 관계

두 선수의 역사적인 첫 맞대결은 2004년 마이애미 마스터스 오픈 3라

로저 페더러(왼쪽)와 라파엘 나달이 경기하는 모습. 테니스피플 사진 제공.

2006년 11월 한국을 방문해 친선경기를 펼친 라파엘 나달(왼쪽)과
로저 페더러가 기자회견을 마친 뒤 악수하고 있다.

운드(32강전)였다. 하드 코트였지만 나달은 세트스코어 2 대 0(6-3/6-3)으로 페더러에게 이겼다. 이 경기를 시작으로 2017년 10월 15일 상하이 마스터스까지 38번 맞대결을 펼쳐 나달이 23승, 페더러가 15승을 거뒀다.

나달은 페더러의 천적으로 군림했지만 최근엔 천적 관계가 뒤바뀐 모양새다. 페더러는 2017년 나달에게 4전 전승을 포함해 2015년 스위스 인도어 바젤대회 결승에서 나달을 제압한 것을 시작으로 5연승을 기록 중이다. 5연승 이전까지 페더러는 나달에 10승 23패로 밀렸지만 현재는 15승 23패로 간격을 많이 좁혔다.

38번 중 24번이나 결승에서 만난 페더러와 나달. 대회 시드가 랭킹 순으로 배정되기 때문에 오랫동안 랭킹 1, 2위를 나란히 지켰던 두 사람은 결승전 단골 매치업이었다. 정상에서 만난 24번 중 9번은 그랜드슬램 결승이었다. 2006년부터 2008년까지 두 선수는 프랑스 오픈과 윔블던 결승에서 3년 연속으로 만났다. 이후 2009년 호주 오픈 결승과 2011년 프랑스 오픈 결승, 그리고 6년 만인 2017년 호주 오픈 결승에서 맞대결을 펼쳤다. 그랜드슬램 결승 통산 전적은 나달이 6승 3패로 앞서 있다.

그런데 나달과 페더러의 역대 전적 중에서 클레이 코트를 빼면 승패는 뒤바뀐다. 나달은 클레이 코트에서 열린 15경기에서 13승 2패로 페더러를 압도했다. 페더러는 잔디 코트에 강했는데 잔디 코트에선 고작 3경기(2승 1패로 페더러 우위)밖에 맞대결이 열리지 않았다. 하드 코트에서는 스무 차례나 맞붙어 페더러가 11승 9패로 근소하게 앞서 있다. 메이저대회 결승에서 만난 9번 중 나달은 클레이 코트에서 열린 프랑스 오픈에서 4승을 따냈다. 잔디 코트에선 페더러가 2승 1패, 하드 코트에선 1승 1패로 팽팽했다.

9번의 그랜드슬램 결승 경기 중 절반 가까운 4경기는 5세트까지 가는 치열한 접전을 펼쳤다(2007, 2008 윔블던대회, 2009, 2017 호주 오픈).

두 선수는 마스터스 시리즈 결승에서도 12번이나 만났는데, 역사상 최고의 명승부였던 2008년 윔블던 결승전뿐만 아니라 2006년 로마 마스터스 결승에서도 엄청난 승부를 펼친 적이 있었다. 경기 시간만 따지면 2008년 윔블던 결승보다 17분이 더 긴 5시간 5분이 걸렸고, 풀세트 접전을 벌인 끝에 나달이 마지막 5세트 타이브레이크를 따내며 세트스코어 3 대 2[6 대 7(6-7), 7 대 6(7-5), 6 대 4, 2 대 6, 7 대 6(7-5)]로 이겼다.

2017년 거짓말처럼 '동반 부활'… 메이저 타이틀 2개씩 양분

2017년 세계 테니스계는 나란히 부활한 페더러와 나달의 라이벌 대결로 들뜬 한 해를 보냈다. 세계 4대 메이저대회 가운데 페더러는 호주 오픈과 윔블던대회에서, 나달은 프랑스 오픈과 US 오픈에서 각각 우승하며 타이틀을 사이좋게 2개씩 양분했다. 페더러가 1월 호주 오픈 결승에서 나달을 꺾고 우승했고, 이후 5~6월 열린 프랑스 오픈에서 나달, 7월 윔블던에서 페더러, 다시 8월 US 오픈에서 나달 순으로 사이좋게 메이저대회 타이틀을 챙겨갔다. 나달과 페더러가 한 해에 열린 4대 메이저대회 우승을 나눠 가진 것은 2006년과 2007년, 2010년에 이어 2017년이 네 번째였다. 2006년과 2007년에는 나달이 프랑스 오픈을 제패했고, 나머지 3개 대회 우승 트로피는 페더러가 품에 안았다. 2010년에는 반대로 페더러가 호주 오픈에서 우승했고, 나달이 프랑스 오픈, 윔블던, US 오픈을 석권했다. 하지만 3번 모두 한 사람이 3개, 나머지 한 사람이 1개의 타이틀을 가져간 반면, 2017년에는 우승컵을 똑같이 2개씩 나눠 가졌다.

　2000년대만 해도 남자 테니스계를 대표했던 두 선수는 한동안 메이저 대회 우승컵이 없었다. 페더러는 2012년 윔블던대회가, 나달은 2014년 프랑스 오픈이 마지막 메이저대회 우승이었다. 2016년에는 부상 때문에 부진하며 이제 둘의 시대가 저물었다는 평가를 받았다. 페더러는 무릎 부상으로 프랑스 오픈과 US 오픈에 출전하지 못했고 호주 오픈, 윔블던에서도 4강에 그쳤다. 2003년부터 10년간 이어온 메이저대회 우승도 2013년 이후 4년 연속 맛보지 못했다. 나달 역시 손목 부상 때문에 2016시즌 메이저대회 8강 진출에 실패했다. 나달이 메이저대회에서 8강에도 오르지 못한 시즌은 2004년 이후 12년 만이었다.

　하지만 두 선수는 2017년 약속이나 한 듯 나란히 재기에 성공했다. 둘은 시즌 랭킹과 상금 랭킹에서 모두 1, 2위를 되찾았다. 2017년 시즌 랭킹은 나달이 1위, 페더러가 2위이고, 상금 랭킹은 페더러가 1위, 나달이 2위다.

　특히 호주 오픈 결승에서 만나면서 2011년 프랑스 오픈 이후 무려 6년 만에 메이저대회 결승전 맞대결을 펼쳤다. 호주 오픈 결승에서는 무려 3시간 37분의 열전 끝에 페더러가 나달을 세트스코어 3 대 2(6 대 4, 3 대 6, 6 대 1, 3 대 6, 6 대 3)로 물리치고 2012년 윔블던대회 이후 무려 5년 만에 다시 메이저대회 정상에 올랐다.

　두 선수의 라이벌 대결은 언제쯤 끝날까? 2018년 새해 만 서른두 살인 나달이 만 서른일곱 살인 페더러의 메이저대회 통산 최다 19회 우승 기록을 넘어설 수 있을지 관심이 모아지고 있다. 나달은 페더러보다 3개 부족한 16개의 메이저 타이틀을 가지고 있다. 하지만 테니스팬들은 두 선수의 명승부를 조금 더 보고 싶어하는 게 사실.

2017년 10월, 둘의 가장 최근 맞대결인 상하이 마스터스 결승에서 승리한 페더러는 시상대에 선 나달을 향해 이렇게 말했다. "우리 둘 다 올해 (2017년) 이런 성적을 내리라고 생각하지 못했을 것이다. 앞으로도 이렇게 코트에 나란히 설 수 있기를 바란다."

로저 페더러 (Roger Federer)		라파엘 나달 (Rafael Nadal)
1981년 8월 8일	출생	1986년 6월 3일
스위스 바젤	고향	스페인 마요르카
2위	세계랭킹	1위
잔디 코트	강한 코트	클레이 코트
1,139승 250패 (승률 82%)	통산 전적	877승 186패 (승률 82.50%)
15승 23패	맞대결 전적	23승 15패
20회 (윔블던 8회, US 오픈 5회, 호주 오픈 6회, 프랑스 오픈 1회)	메이저대회 우승 횟수	16회 (윔블던 2회, US 오픈 3회, 호주 오픈 1회, 프랑스 오픈 10회)
96회	통산 우승	75회

※ 위의 표에는 2018 호주 오픈 테니스대회까지의 기록이 포함되어 있음.

5 축구 역사상 최고의 라이벌, 크리스티아누 호날두 vs 리오넬 메시

2017년 10월 24일(한국시간), 영국 런던의 팰러디엄에서 제2회 '더 베스트 FIFA 풋볼 어워즈' 시상식이 열렸다. 국제축구연맹이 2017년 최고의 활약을 펼친 축구선수를 선정하는 행사인데, 각 나라 국가대표팀 감독과 주장, 축구 전문기자를 대상으로 실시한 투표에서 호날두가 43.16퍼센트의 득표율로 메시(19.25퍼센트)를 제치고 영광을 안았다. 그런데 더 흥미로운 뒷얘기가 전해졌다. 호날두와 메시도 각각 자신들의 모국인 포르투갈과 아르헨티나 대표팀 주장 자격으로 투표에 참여했는데, 3순위 안에 상대방의 이름을 꼽지 않았다는 것이다. 이것만 봐도 라이벌 간의 신경전이 얼마나 치열한지 쉽게 이해가 된다.

크리스티아누 호날두(레알 마드리드)와 리오넬 메시(FC 바르셀로나). 같은 시대에 태어난 것을 원망해야 할 정도로 둘은 역사상 최고의 골잡이들이다. 그리고 당대 최고 자리를 다투는 '슈퍼 라이벌'이다. 둘은 하루가 멀다 하고 득점 경쟁을 펼치며 '장군', '멍군'을 불러댄다.

해마다 연말에 세계 최고의 축구선수에게 수여하는 발롱도르 상. 2008년부터 2017년까지 10년 동안 이 상은 두 선수가 똑같이 5번씩 양분했다. 축구 역사상 이 상을 4번 이상 받은 선수는 두 선수 외엔 없다. 챔피언스리그 득점왕도 최근 10년간 호날두가 6번, 메시가 5번 수상했다(공동 수상 1번).

막상막하 난형난제의 지구상 최고 골잡이들

메시와 호날두, 호날두와 메시. 둘 중 과연 누가 최고일까. 2016~2017시즌까지 호날두는 커리어 통산 719경기 529골(리그 통산 488경기 372골)과 포르투갈 대표팀에서 A매치 143경기 75골을 넣었다. 메시는 커리어 통산 615경기 518골(리그 통산 414경기 360골)과 아르헨티나 대표팀에서 A매치 118경기 58골을 기록했다.

프리메라리가 통산 최다골 기록을 살펴보자. 2016~2017시즌까지 메시는 382경기에서 349골로 역대 프리메라리가 개인 통산 최다골 기록을 가지고 있다. 2014년 11월 23일, 세비야전에서 1955년 텔모 사라가 작성했던 종전 251골 기록을 훌쩍 넘어섰다. 호날두는 프리메라리가 개인 통산 골이 메시에 64골 뒤진 285골(265경기)이다. 메시는 프리메라리가에서 성인 무대에 데뷔해 열네 시즌째 뛰고 있고, 호날두는 스포르팅(포루투갈)에서 데뷔해 프리미어리그(맨체스터 유나이티드)를 거친 뒤 프리메라리가에서 뛴 지 아홉 시즌밖에 되지 않았기 때문에 경기 수가 117경기나 적다. 하지만 호날두는 프리메라리가 178경기 만에 200골을 터뜨려 프리메라리가 역사상 가장 빨리 200골을 기록한 골잡이가 됐다.

프리메라리가에서 경기당 득점은 누가 많을까? 호날두(1.08골)가 메시 (0.91골)를 0.17골이나 앞선다.

통산 골 수는 어떨까? 우선 프로축구 공식 경기 통산 골 수는 호날두 가 529골, 메시가 518골로 호날두가 11골 앞서 있다. 그러나 호날두가 메 시보다 두 살 많고 또 성인 무대도 2년 먼저 뛰어든 점을 감안해야 한다.

그렇다면 평균 득점을 따져보자. 호날두는 통산 719경기, 메시는 615경 기를 뛰었는데, 호날두가 529골을 넣어 경기당 평균 0.74골, 메시는 518골 을 넣어서 경기당 0.84골이다. 메시가 호날두보다 경기당 0.1골 정도 많이 넣었다.

이렇게 차이가 나는 것은 호날두가 포르투갈의 스포르팅과 잉글랜드 프리미어리그의 맨체스터 유나이티드 시절엔, 지금처럼 득점력이 높지 않 았기 때문이다. 호날두는 두 구단에서 221경기를 뛰면서 87골을 넣어 경 기당 0.39골에 그쳤다.

챔피언스리그 골 기록은 어떨까? 호날두는 맨유 시절이던 2005~2006 시즌 챔피언스리그에서 첫 골을 넣은 뒤 레알 마드리드로 이적해 골 사냥 을 멈추지 않고 있다. 2011~2012시즌부터 무려 여섯 시즌 연속 두 자릿수 득점을 올렸고, 특히 2012~2013시즌부터는 5년 연속 득점왕에 올랐다.

메시는 호날두보다 두 살 어리지만 챔피언스리그 데뷔골을 넣었던 시점 은 2005~2006시즌으로 같다. 다만 141경기서 107골을 넣은 호날두(경기 당 0.76골)에 견줘 116경기 96골(경기당 0.83골)로 경기당 평균 골은 0.1골 뒤 진다.

호날두와 메시가 나타나기 전까지 챔피언스리그 역대 최다골 기록은 레알 마드리드의 '전설' 라울 곤잘레스가 보유한 71골(142경기)이었다. 그러나 호날두와 메시는 이를 비웃기라도 하듯 라울의 기록을 뛰어넘은 지 오래다. 챔피언스리그에서 두 선수의 골은 현역 최다골 3위 카림 벤제마의 93경기 51골(통산 5위)과 비교하면 얼마나 대단한지 알 수 있다. 벤제마의 경기당 평균 득점은 0.55골에 불과해 호날두, 메시와는 큰 차이를 보인다.

장애를 극복하고 혜성처럼 나타난 두 축구천재

공교롭게도 두 축구천재는 어렸을 때 하마터면 축구화를 벗을 뻔한 공통점이 있다.

호날두는 포르투갈 마데이라 섬 푼샬 인근의 산투안토니아에서 1985년 2월 5일에 태어났다. 요리사였던 아버지와 정원사였던 어머니 사이에서 2남 2녀 중 막내로 자랐다. 여덟 살 때 아마추어팀인 안도리나에서 본격적으로 축구를 시작했고, 열 살 때 나시오날로 이적한 뒤 열두 살 때는 포르투갈의 큰 클럽 중 하나인 스포르팅 리스본으로 이적했다.

메시는 1987년 6월 24일생으로 현재 만 서른 살이다. 아르헨티나 산타페 주 로사리오에서 공장 노동자인 아버지와 청소부로 일하던 어머니 사이에서 2남 1녀 중 둘째로 태어났다. 다섯 살 때, 아버지가 코치를 맡고 있었던 지역 클럽에서 축구를 시작했고, 여덟 살 때 고향 로사리오를 연고로 한 클럽팀 뉴웰스 올드 보이스에서 본격적으로 축구공을 찼다. 그런데 메시가 열한 살 때 성장호르몬 장애 선고를 받으며 그의 축구 인생에 큰 위기가 닥쳤다. 애당초 메시의 능력에 관심을 보였던 아르헨티나의 리버플레이트가 한 달에 900달러(약 100만 원)나 하는 치료비용을 감당할 수 없어 그를 포기했던 것이다. 그런데 FC 바르셀로나 유소년팀이 메시에게 관심을 가졌고, 구단 차원에서 메시의 치료비 지원을 약속하면서 메시와 가족들은 아르헨티나를 떠나 스페인에 정착했다.

호날두도 열다섯 살 때 심장에 문제가 있다는 진단을 받았고 강제로 축구를 그만둘 위기에 놓였다. 그러나 소속팀 스포르팅 구단에서 꾸준히 상태를 점검했고, 레이저 수술을 통해 병마에서 벗어날 수 있었다. 호날두는 열여섯 살 때부터 해외 클럽에서 주목을 받기 시작했다. 바로 잉글랜드 프리미어리그 리버풀의 전 감독인 제라르 울리에의 영입 대상이 된 것이다. 하지만 리버풀 구단이 주저하는 사이, 그가 열여덟 살이 된 2003년 1,240만 파운드(약 214억 원)를 받고 맨체스터 유나이티드로 이적하게 된다. 이것은 포르투갈 출신으로는 처음 있는 일로, 그 당시 수많은 화제를 모았다. 당시 호날두의 소속팀 스포르팅이 맨유를 상대로 3 대 1로 이겼는데, 이때 보였던 호날두의 활약에 감명받은 맨유 알렉스 퍼거슨 감독이 곧바로 스카우트에 나선 것이다.

메시는 FC 바르셀로나에서 차곡차곡 기량을 쌓았는데, 바르셀로나 역사상 가장 어린 나이였던 만 열일곱 살 114일 만에 프리메라리가에 출전했다. 또 바르셀로나 선수 중 가장 어린 열일곱 살 307일 만에 골을 넣었다. 메시의 바르셀로나 역사상 최연소 출장과 최연소 골 기록은 2007년 보얀 선수에 의해 깨졌는데, 공교롭게도 보얀의 골을 어시스트한 선수가 바로 메시다.

호날두는 2008~2009시즌까지 조지 베스트, 데이비드 베컴 등 맨체스터 유나이티드의 레전드들이 달았던 등번호 7번을 물려받고 뛰면서 맨유의 잉글랜드 프리미어리그 3연패를 이끌었다. 더욱이 2007년 잉글랜드 프리미어리그 올해의 선수에 이어서 2008년에는 국제축구연맹(FIFA) 올해의 선수와 발롱도르 상, 유럽축구연맹 올해의 선수까지 수상하며 세계 최고 선수의 반열에 올랐다. 그리고 이듬해 6월 11일, 호날두는 역사상 최고 이적료인 8,000만 파운드, 우리 돈 약 1,448억 원에 맨체스터 유나이티드에서 레알 마드리드로 둥지를 옮겼다.

프리메라리가에서 펼쳐진 '신들의 전쟁'

호날두의 레알 마드리드 행. 그것은 곧 세계 최고의 두 축구 스타가 스페인 프리메라리가에서 맞대결을 펼친다는 걸 뜻했다. 전 세계 축구팬들의 기대는 한 치도 어긋나지 않았다. 둘은 지금까지 아홉 시즌 동안 매 시즌 득점 1, 2위를 다투고 있기 때문이다.

가장 먼저 맞붙은 2009~2010시즌에는 메시가 34골을 터뜨려서 26골을 넣은 호날두를 제치고 득점왕을 차지했고, 소속팀 바르셀로나도 우승으로 이끌었다. 그러자 다음 시즌(2010~2011년)에는 호날두가 무려 40골을 넣으면서 31골의 메시를 제치고 득점왕에 올랐다. 호날두는 해트트릭(한 명의 선수가 한 경기에서 3득점을 하는 것)만 6번 달성할 정도로 폭발적인 득점력을 앞세워 역대 프리메라리가 한 시즌 최다골 기록도 세웠다.

하지만 한 시즌 최다골 기록은 곧바로 메시가 갈아치웠다. 메시는 바로 그다음 시즌(2011~2012년)에 호날두의 기록에 10골이나 더 보태면서 50골로 득점왕 자리를 되찾았다. 해트트릭도 한 시즌 동안 8번이나 달성하며 호날두의 6번 기록을 넘어섰다. 호날두도 자신의 한 시즌 통산 최다골

축구 역사상 최고의 선수이자 금세기 최고의 라이벌 크리스티아누 호날두(위)와 리오넬 메시.

인 46골이나 넣었지만 메시를 넘어서지 못한 채 팀을 우승시킨 데 만족해야 했다. 특히 메시는 이 시즌에 프리메라리가뿐 아니라 챔피언스리그 사상 1경기 최다인 5골, 챔피언스리그 4회 연속 득점왕, 유럽리그 사상 한 시즌 최다인 73골과 최다 공격포인트 101개를 기록했다. 또 한 해 동안 모든 대회를 통틀어 91골을 터뜨리며 1972년 게르트 뮐러(85골)의 기록을 40년 만에 갈아치웠다.

메시는 이어 2012~2013시즌에도 정규리그 21경기 연속골을 앞세워 46골로 34골의 호날두를 제쳤다. 이때까지만 해도 둘의 승부는 메시의 판정승으로 끝나는 듯했다. 하지만 부진에서 탈출한 호날두는 엄청난 파괴력으로 경쟁의 무게 추를 다시 자신 쪽으로 가져왔다. 호날두는 2013~2014시즌 31골로 28골의 메시를 제치고 득점왕 자리를 되찾았다. 이듬해 (2014~2015시즌)엔 48골로 43골의 메시를 제치고 2년 연속 득점왕에 올랐다. 하지만 소속팀 레알 마드리드는 메시의 FC 바르셀로나에게 우승을 내주고 준우승에 머물렀다. 2015~2016시즌 역시 호날두(35골)가 메시(26골)와의 골 경쟁에선 앞섰지만 우승은 FC 바르셀로나, 준우승은 레알 마드리드였다. 그런데 2015~2016시즌 득점왕은 메시도, 호날두도 아닌 40골을 넣은 메시의 팀 동료 루이스 수아레스(Luis Suárez)였다. 2016~2017시즌엔 레알 마드리드가 FC 바르셀로나를 2위로 밀어내고 패권을 되찾았지만, 득점왕 타이틀은 메시(37골)가 다시 가져왔다. 호날두(25골)는 수아레스(29골)에 밀려 3위에 머물렀다.

둘은 2009~2010시즌부터 8년 동안 정확히 4번씩 득점왕 경쟁에서 이겼다. 다만 득점왕 타이틀은 메시가 4번, 호날두가 3번 차지했다. 1번은 수아레스였다.

메시와 호날두가 리그를 지배하면서 그들의 소속팀 FC 바르셀로나와 레알 마드리드는 2004~2005시즌부터 2016~2017시즌까지 13년 동안 우승을 주고받고 있다. 이 기간 FC 바르셀로나는 우승 8번, 준우승 4번, 레알 마드리드는 우승 4번, 준우승 8번을 차지했다. 두 팀 외에 이 기간에 정상을 맛본 팀은 아틀레티코 마드리드(2013~2014시즌)가 유일하다.

엘 클라시코의 '두 앙꼬' 메시와 호날두

엘 클라시코(고전의 승부)란 레알 마드리드와 바르셀로나의 라이벌 대결을 부르는 말이다. 여기에 호날두와 메시가 가세하면서 엘 클라시코는 더욱 뜨거운 열기를 내뿜고 있다. 세계 최고의 두 축구 스타가 정면 대결하는 모습은 전 세계 축구팬의 심장을 뛰게 만든다.

사실 둘의 플레이 스타일은 확연히 다르다. 호날두는 측면 공격수지만 움직임은 스트라이커에 가깝다. 187센티미터의 큰 키에서 터지는 헤딩슛은 일품이고, 탁월한 위치 선정 능력, 상대 골키퍼를 공포에 떨게 하는 무회전 프리킥, 현란한 드리블과 강력한 중거리포, 총알 같은 스피드 등 모든 것을 갖췄다 해도 과언이 아니다.

메시는 몸에서 30센티미터 이내로 공을 붙이며, 상대 수비 숲을 헤집는 드리블이 정말 현란하다. 170센티미터도 안 되는 작은 키를 가졌지만 낮은 무게중심이 오히려 균형감각을 키웠고 여기에 발재간이 결합되면서 상대 수비 서너 명쯤은 거뜬히 무력화시키는 축구 역사상 최고의 드리블 능력을 선보이고 있다. 특히 왼발을 잘 쓰는데, 곧잘 2선으로 내려와 플레이메이커에 가까운 움직임을 선보이곤 한다.

메시와 호날두가 맞붙은 최초의 엘 클라시코는 2010년 11월 29일에 열렸다. 당시 경기장에는 두 선수를 보기 위해 무려 9만 8천여 명이 운집했다. 이후 두 선수는 지금까지 29번 맞붙었는데, 현재까지는 12승 7무 10패로 메시의 바르셀로나가 2번 더 이겼다.

맞대결 개인 기록을 보면 놀라운 사실을 발견할 수 있다. 29번의 맞대결에서 메시는 18골, 호날두는 17골을 넣었다. 경기당 0.6골 안팎의 높은 득점력이다. 다만 도움주기에서는 메시가 10개, 호날두가 1개로 메시가 훨씬 많다. 엘 클라시코에선 두 선수 모두 원정경기에 강했다. 메시는 통산 25골 중 홈 17경기 중 10골, 원정 19경기 중 15골을 넣었고, 호날두 역시 통산 17골 중 홈에서는 13경기 5골에 그쳤지만 원정에선 15경기 12골로 강했다.

호날두보다 다섯 시즌 먼저 프리메라리가에 뛰어든 메시는 25골로 엘 클라시코 역대 최다골 기록을 가지고 있다. 반면 호날두는 엘 클라시코에서 17골로 1950년대 레알 마드리드에서 활약한 알프레도 디 스테파노 (엘 클라시코 통산 18골)에 이어 3위, 레알 선수로는 2위를 기록 중인데 알프레도의 기록을 앞지르는 것은 시간문제다. 특히 호날두는 엘 클라시코 통산 최다인 6경기 연속골 기록을 수립했다.

호날두와 메시가 각각 자신들의 조국인 포르투갈과 아르헨티나 유니폼을 입고 맞붙는 광경도 흥미롭다. 둘의 국가대표 A매치 맞대결은 딱 2번 열렸다. 먼저 2011년 2월 10일, 스위스 제네바에서 맞대결을 펼쳤는데, 메시가 선제골을 돕자 호날두가 동점골을 터뜨렸다. 하지만 메시가 결승골로 응수하면서 결국 메시의 아르헨티나가 2 대 1로 이겼다. 두 번째 맞대결은 2014년 11월 19일 영국 맨체스터에서 열렸고, 이번에는 포르투갈이 1 대 0으로 이기면서 설욕에 성공했다. 하지만 두 선수는 전반 45분만 출전했고, 메시가 슈팅 2번, 호날두가 슈팅 1번을 날린 게 고작이었다. 3년 9개월 만에 펼쳐진 두 선수의 A매치는 다소 싱겁게 끝나고 말았다.

최근 10년간 발롱도르 상 양분한 메시와 호날두

세계 최고의 축구선수에게 수여하는 상이 FIFA 올해의 선수, 즉 발롱도르 상이다. 이 상은 2008년부터 2017년까지 두 선수가 정확히 5 대 5로 양분했다. 호날두가 2008년과 2013년, 2014년, 2016년, 2017년에 수상했고, 메시는 2009년부터 2012년까지 사상 최초로 4회 연속 발롱도르 상을 받은 뒤 2015년 1번 더 받았다. 메시의 5회 연속 수상을 막은 이가 바로 호날두이고, 호날두도 2013년부터 2017년까지 5회 연속 수상의 영예를 안을 뻔했지만 2015년 메시가 끼어드는 바람에 무산됐다.

챔피언스리그 득점왕 역시 2008년부터 2017년까지 두 선수가 나눠 가졌다. 연도별 득점왕과 연도별 발롱도르 수상자가 거의 정확히 일치하는데, 호날두는 2008년 먼저 챔피언스리그 득점왕에 올랐지만 메시가 2009년부터 2012년까지 4년 연속 득점왕의 영예를 안았다. 호날두는 이를 가로막으며 2013년부터 2017년까지 5회 연속 득점왕에 올랐다. 그런데 2015년은 메시, 후니오르 네이마르 세 선수의 공동 수상이었다. 따라서 호날두는 통산 6번, 메시는 통산 5번 챔피언스리그 득점왕에 오른 것이다.

메시와 호날두는 같은 시대에 세계 축구를 주름잡는 '맞수'로서 많은 이야깃거리를 만들어내고 있다. 두 선수가 동시대에 태어났다는 것은 축구팬들에겐 큰 행운이 아닐 수 없다. 결국 둘의 마지막 승자는 누가 먼저 은퇴하느냐에 따라 결정될 것이다. 2018년 현재 서른한 살의 메시가 서른세 살의 호날두보다 나이에서는 유리하다. 하지만 메시는 부상이 잦다는 게 문제다. 과연 역사상 최고의 지구촌 축구 스타는 누가 될까?

크리스티아누 호날두 (Cristiano Ronaldo)		리오넬 메시 (Lionel Messi)
1985년 2월 5일	출생	1987년 6월 24일
포르투갈 마데이라 섬 푼샬	고향	아르헨티나 산타페 주 로사리오
레알 마드리드(스페인)	소속팀	FC 바르셀로나(스페인)
529골	통산 득점	518골
0.74골	경기당 평균	0.84골
6회(공동 수상 1회) (2008, 2013, 2014, 2015, 2016, 2017년)	챔피언스리그 득점왕	5회(공동 수상 1회) (2009, 2010, 2011, 2012, 2015년)
5회 (2008, 2013, 2014, 2016, 2017년)	발롱도르 상 수상	5회 (2009, 2010, 2011, 2012, 2015년)

6 체조 여신의 금메달 대결, 넬리 킴 vs 나디아 코마네치

전광판에 '1.00'이라는 숫자가 나타났다. 순간 관중들은 의아해했다. 그리고 이내 이것이 10점 만점을 뜻하는 것임을 알고 모두가 경악했다.

전광판이 표기할 수 있는 최고 점수는 9.99. 환상적인 이단평행봉 연기를 막 마치고 내려온 열네 살 소녀가 받은 점수는 10점 만점이었다. 1976년 7월 18일(한국시간), 캐나다 몬트리올올림픽 체조경기장에서 세계 체조사상 첫 만점이 나온 순간이었다. 주인공은 루마니아의 나디아 코마네치. 그녀는 이후에도 이단평행봉과 평균대에서 6번이나 더 10점 만점을 받아냈다.

한데 코마네치에 가려 잘 알려지지 않았지만 구소련(러시아)의 넬리 킴 역시 이 대회에서 10점 만점을 기록했다. 그녀는 자신의 주 종목인 마루운동과 뜀틀에서 3번이나 10점 만점을 받으며 코마네치와 쌍벽을 이뤘다.

당시 체조계에서는 그 어떤 인간도 10점 만점이라는 완벽에 도달할 수 없다고 생각해 전광판은 9.99까지만 표기할 수 있었다. 그런데 코마네치와 넬리 킴은 둘이 합쳐 10번이나 인간의 한계를 넘어선 것이다.

넬리 킴과 나디아 코마네치. 두 선수는 1976년 몬트리올과 1980년 모스크바 등 2번의 올림픽에서 나란히 금메달 5개씩 따낸 20세기 최고의 여자 체조 라이벌이다. 코마네치가 이단평행봉과 평균대에서 10점 만점의 '신화'를 썼다면, 넬리 킴 역시 뜀틀(도마)과 마루에서 10점 만점을 받은 '여신'이었다. 넬리 킴이 마루운동에서 여자 선수 최초로 공중 2회전 돌기의 고난도 기술에 성공하자, 코마네치가 이단평행봉에서 2회전 뒤로 공중 돌기해 착지하는 기술로 맞섰다. 아버지가 한국인인 넬리 킴은 동양적인 미모로, 코마네치는 깜찍한 외모로 큰 인기를 끌었다.

세계 체조계를 발칵 뒤집어놓은 두 소녀

넬리 킴. 정식 이름은 넬리 블라디미로브나 킴이고, 한국 이름은 김경숙이다. 그녀는 1957년 7월 29일, 옛 소련(러시아)에서 고려인 2세 아버지와 카자흐스탄 타타르 족 어머니 사이에서 태어났다. 아버지가 석판 공장에서 일하게 된 1966년, 그녀 나이 아홉 살 때 지금의 카자흐스탄으로 이사하면서 그곳의 어린이·청소년 체조학교에 들어가 언니 이리나 킴과 남동생 알렉산드르 킴 등 삼 남매가 함께 체조를 배웠다.

나디아 코마네치는 넬리 킴보다 네 살 어리다. 1961년 11월 12일 루마니아 오네슈티에서 기계공이던 아버지와 역시 노동자였던 어머니 사이에서 태어났다. 하지만 체조를 시작한 시기는 비슷한데, 코마네치는 여섯 살이던 1967년, 벨라 카롤리 코치의 눈에 띄어 '카롤리 체조연구원'에 들어가면서 본격적으로 체조를 시작했다. 하루 4~5시간의 훈련과 음식 조절을 해가면서 체조 요정의 꿈을 키워갔다.

두각을 나타낸 시기도 비슷하다. 코마네치는 여덟 살이던 1969년, 루마니아 청소년체조선수권대회에 출전해 13위를 차지했고, 아홉 살이던 이듬해 같은 대회에서 우승하면서 루마니아 체조계를 깜짝 놀라게 했다.

넬리 킴도 비슷한 시기에 옛 소련 체조계를 발칵 뒤집어놓았다. 열두 살 때이던 1969년 옛 소련 국내 유소년체조대회에서 우승을 차지했고, 열네 살이던 1971년, 옛 소련 주니어선수권대회에서 개인종합 우승과 이단평행봉에서 금메달을 따내며 올림픽 기대주로 성장했다.

국제 무대에서도 앞서거니 뒤서거니 이름을 알렸다. 코마네치가 처음 참가한 국제대회는 뮌헨올림픽을 1년 앞두고 1971년에 열린 사회주의 국가연합 청소년체조선수권대회였는데, 이 대회에서 금메달 3개를 따냈다. 넬리 킴의 첫 국제 무대는 1971년에 열린 일본 주니치컵이었는데, 그 대회에서 우승하면서 스포트라이트를 받았다.

넬리 킴보다 네 살 어린 코마네치는 만 열두 살이던 1973년과 이듬해인 1974년 세계청소년대회에서 전 부문에 걸쳐 엄청난 활약을 펼침으로써 종합 우승을 차지했다. 넬리 킴은 1974년 10월 불가리아 바르나에서 열린 세계선수권대회에 출전해 단체전 우승에 기여하며 세계 최고의 선수로 첫발을 내딛었다. 세계 체조계는 유럽선수권을 5번이나 제패했던 당시 최고의 선수로 꼽히던 옛 소련의 류드밀라 투리스체바를 제치고 넬리 킴의 시대가 열렸다고 평가했다.

코마네치의 성장도 무서웠다. 바로 이듬해인 1975년, 만 열네 살에 노르웨이 시엔에서 열린 유럽선수권대회에 처음 출전해 이단평행봉과 평균대, 뜀틀, 개인종합까지 무려 4개의 금메달과 1개의 은메달(마루운동)을 따내며 역시 투리스체바를 압도한다는 평가를 받았다. 이에 질세라 넬리 킴은 같은 해 캐나다에서 열린 프레올림픽(올림픽이 열리기 1년 전에 그 경기시설이나 운영 등을 테스트하는 의미로 개최되는 비공식 경기대회)에서 뜀틀과 마루운동, 단체전까지 3관왕에 오르며 기염을 토했다.

이처럼 두 선수가 절정의 기량을 과시하자 1976년 몬트리올올림픽 무대에서 맞설 둘의 라이벌 대결에 전 세계의 관심이 모아졌다.

뜀틀과 마루운동은 넬리 킴, 평균대와 이단평행봉은 코마네치

예상대로 두 선수는 몬트리올올림픽에서 불꽃 튀는 라이벌 대결을 펼쳤다. 당시 두 선수의 라이벌 관계는 여자 체조를 넘어 몬트리올올림픽 최고의 흥행카드였다. 뮌헨올림픽 3관왕 올가 코르부트(옛 소련)와 뮌헨올림픽 개인종합 등 2관왕을 차지한 투리스체바는 뒷전으로 밀려났고, 이젠 넬리 킴과 코마네치의 시대가 온 것이다.

넬리 킴은 뜀틀과 마루운동, 그리고 단체전에서 3개의 금메달을 따냈다. 그녀는 동양적인 미모와 화려함, 품위 있고 열정적인 스타일로 관중들에게 큰 인기를 끌었다.

코마네치는 키 153센티미터, 몸무게 39킬로그램의 가냘픈 몸매로 이단평행봉과 평균대, 개인종합에서 3개의 금메달을 따냈다. 마루운동에서는 넬리 킴, 투리스체바에 이어 동메달을 따냈다. 단체전에서는 코마네치의 활약에도 넬리 킴이 이끄는 옛 소련에 밀려 루마니아는 은메달에 그쳤다. 그런데 두 선수가 당시 치열한 경합을 펼쳤던 이단평행봉에서는 넬리 킴이 판정에서 불이익을 받았다는 평가도 나왔다. 당시 미국체조협회장은 훗날 둘 다 뛰어났지만 넬리 킴의 연기가 더 나았다고 회고하기도 했다.

몬트리올올림픽은 코마네치가 올림픽 체조 역사상 최초로 10점 만점을 받아 엄청난 화제를 모았다. 사실 몬트리올올림픽 직전에 열린 1975년 유럽선수권에서 체조 역사상 처음으로 10점 만점을 받아 올림픽 무대에서의 만점을 예고했었다. 넬리 킴 역시 몬트리올올림픽에서 3번이나 10점 만점을 받았지만 코마네치의 '최초' 기록에 가려져야 했다.

넬리 킴은 코마네치와 금메달 수에서는 3개씩 같았지만 몬트리올올림픽 여자 체조 최고의 스타는 단연 코마네치였다. 하지만 몬트리올올림픽 이후에는 넬리 킴이 더 좋은 성적을 기록했다. 그녀는 1978년 프랑스 스트라스부르에서 열린 세계선수권대회에서 뜀틀과 마루운동, 단체전까지 3개의 금메달을 목에 걸었고, 개인종합에서 옛 소련팀의 후배 엘레나 무하나에 이어 은메달을 따냈다. 그리고 1979년 미국 포트워스에서 열린 세계선수권대회에서는 개인종합까지 석권하면서 최고의 전성기를 보냈다.

이 시기 코마네치의 부진은 경기 외적인 데 있었다. 부모의 이혼과 심한 사춘기를 겪으면서 몸무게가 10킬로그램이나 불어났다. 또 손이 감염되는 부상에 시달리기도 했다. 모두들 코마네치가 예전 기량을 되찾기 어려울 거라고 예상했지만, 코마네치는 1978년 프랑스 세계선수권대회 평균대에서 금메달을 따내며 재기의 발판을 마련했다. 뜀틀에서는 넬리 킴에 이어 은메달을, 단체전에서도 루마니아가 넬리 킴이 이끌던 옛 소련에 이어 은메달을 따내는 데 힘을 보탰다. 이어 이듬해인 1979년 미국 포트워스 세계선수권대회에서는 옛 소련을 물리치고 조국 루마니아를 단체전 금메달로 이끌었고, 같은 해 덴마크 코펜하겐에서 열린 유럽선수권대회에

서는 넬리 킴의 주 종목인 뜀틀과 마루운동, 개인종합까지 3관왕에 오르
며 완벽하게 재기에 성공했다.

모스크바올림픽 마루운동 9.95로 공동 금메달

코마네치가 예전 기량을 완전히 회복하면서 이제 세계 체조계는 1980
년 모스크바올림픽에서 또다시 맞붙게 될 두 선수의 대결에 시선이 모아
졌다. 당시 만 열아홉 살이던 코마네치에 견줘 넬리 킴은 여자 체조선수로
는 환갑이나 다름없는 만 스물세 살의 나이였다. 하지만 넬리 킴으로선 홈
그라운드의 이점이 있었다.

코마네치는 자신의 주 종목인 평균대에서 가볍게 금메달을 따냈다. 그
리고 넬리 킴의 주 종목인 마루운동에서 두 선수는 불꽃 튀는 접전을 펼
친 끝에 똑같이 9.95점을 받으면서 공동 금메달을 수상했다. 단체전과 개
인종합에선 1승 1패가 됐다. 개인종합에선 코마네치가 금메달, 넬리 킴이
은메달을 나눠 가졌고, 단체전에선 넬리 킴의 옛 소련이 금메달, 코마네치
가 이끌던 루마니아가 은메달을 따냈다.

결국 넬리 킴은 금메달 2개와 은메달 1개, 코마네치는 금메달 2개와 은
메달 2개로 자신들의 마지막 올림픽 무대를 화려하게 장식했다. 2번의 올
림픽에서 코마네치는 금메달 5개와 은메달 3개, 동메달 1개를, 넬리 킴은
금메달 5개와 은메달 1개를 가져갔다.

넬리 킴은 모스크바올림픽을 끝으로 은퇴를 선언했고, 코마네치는 이
듬해 자신의 조국 루마니아 부쿠레슈티에서 열린 유니버시아드대회에서

넬리 킴(위쪽)과 나디아 코마네치의 모습.
두 선수는 현역시절 올림픽에서
똑같이 금메달 5개씩을 따냈다.

개인종합과 이단평행봉, 뜀틀과 단체전 등 4관왕에 올랐다. 그녀는 부쿠레슈티 스포츠광장에서 수많은 사람들의 엄청난 환호 속에 공식 은퇴했다.

넬리 킴은 은퇴 후 아버지의 나라인 한국을 비롯해 이탈리아, 벨라루스 등에서 국가대표 코치를 지냈고, 올림픽과 세계선수권대회에서 체조 심사위원으로도 활약했다. 현재 벨라루스 국적을 갖고 있고, 미국에서 주로 활동하고 있다. 2014년 인천 아시안게임을 앞두고는 다시 한국을 방문해 손연재 등 리듬체조 선수들을 지도하기도 했다.

코마네치는 1989년 미국으로 망명한 뒤 1996년 미국 체조선수 출신인 버트 코너와 결혼해 오클라호마 주 노먼에서 남편과 함께 체조 아카데미를 운영하는 등 사업가로 성공했다. 또 자선활동에도 앞장서고 여행도 좋아해 모국의 여러 자선행사를 지지하기 위해 루마니아를 방문하기도 한다.

그녀들은 체조 역사상 가장 위대한 영웅들답게 체조 명예의 전당에도 나란히 헌액됐다. 1993년 코마네치가 올가 코르부트(1988년)에 이어 역사상 두 번째로 올랐고, 넬리 킴도 1999년 명예의 전당에 헌액됐다.

넬리 킴 (Nellie Kim, 김경숙)		나디아 코마네치 (Nadia Elena Comăneci)
1957년 7월 29일	출생	1961년 11월 12일
옛 소련	고향	루마니아
벨라루스	현 국적	미국
금메달 3개 (뜀틀, 마루, 단체)	1976년 몬트리올올림픽	금메달 3개 (평균대, 이단평행봉, 개인종합)
금메달 2개 (단체, 마루)	1980년 모스크바올림픽	금메달 2개 (평균대, 마루)

7 필드의 영웅과 위대한 골퍼, 아놀드 파머 vs 잭 니클라우스

1962년 6월 26일, US 오픈 골프대회 마지막 4라운드. 서른세 살의 베테랑 골퍼 아놀드 파머(Arnold Palmer)와 이제 막 프로에 데뷔한 스물두 살의 신출내기 잭 니클라우스(Jack William Nicklaus)가 드라마 같은 경기를 펼쳤다. 당시 파머는 이미 PGA 통산 33승에 메이저대회만 5번이나 우승한 천하무적이었다. 반면 니클라우스는 PGA 대회에 17번 출전했지만 단 한 차례 우승도 없었던 무명이었다.

마지막 4라운드에서 파머는 3타 차로 앞서 있었다. 그런데 마지막 18번 홀에서 파머의 3미터짜리 버디 퍼팅이 들어가지 않는 바람에 승부는 연장으로 접어들었다. 연장에서 파머를 응원하는 팬들인 이른바 '아니의 군대'는 더욱 극성스럽게 니클라우스를 압박했다. 하지만 니클라우스는 어린 나이답지 않은 침착함으로 마침내 메이저대회 생애 첫 우승을 기적 같은 역전 우승으로 일궈냈다.

세계 골프 역사상 최고의 라이벌은 누구일까. 닉 팔도와 그렉 노먼을 꼽는 이도 있을 것이고, 타이거 우즈와 필 미켈슨이 최고의 라이벌이라고 생각하는 이도 있을 것이다. 여자 골퍼 중에선 애니카 소렌스탐과 케리 웹의 맞수 대결을 떠올리는 이도 있을 것이다.

하지만 골프 역사상 최고의 라이벌은 '전설의 골퍼' 아놀드 파머와 잭 니클라우스를 꼽는 이들이 많을 것이다. 두 사람은 현역시절 흥미진진한 맞수 대결로 골프를 대중적인 스포츠로 끌어올리는 데 기여했고, 은퇴 후에는 골프 관련 사업으로 제2의 라이벌 대결을 펼쳤다.

두 사람은 미국프로골프(PGA) 투어에서 엄청난 성적을 거뒀다. 아놀드 파머는 통산 62승에 메이저대회 우승만 7번을 차지했다. 니클라우스의 성적은 더 대단하다. 통산 73승으로 파머보다 11승이 더 많고, 메이저대회에서는 지금도 깨지지 않은 무려 18승을 차지한 세계 골프 역사상 최고의 플레이어였다. 타이거 우즈가 통산 79승으로 두 사람의 통산 우승 횟수는 넘어섰지만 메이저대회 우승 기록은 여전히 니클라우스가 가지고 있다. 파머는 팬 친화적인 선수로 갤러리들에겐 마음속의 영웅이었다.

나이는 파머가 니클라우스보다 열한 살이나 더 많지만 전성기 때는 필드에서 서로 눈도 마주치지 않는 치열한 라이벌이었고, 은퇴 후에는 골프장 설계사업도 경쟁적으로 펼쳤다.

'최고의 스타 골퍼' 파머 vs '떠오르는 샛별' 니클라우스

아놀드 파머는 세계 골프 역사상 가장 멋진 골퍼였다. 부유했을 것 같은 외모와 달리 그는 요즘 표현으로 '흙수저'를 물고 1929년 9월 10일 미

국 펜실베이니아 주 피츠버그에서 태어났다. 소아마비로 다리를 저는 그의 아버지는 펜실베이니아의 한 골프장에서 티칭프로 겸 관리인으로 일했다. 파머는 세 살 때부터 아버지로부터 자연스럽게 골프를 배웠다. 어릴 적 그는 아버지와 함께 트랙터를 타고 다니며 일을 도왔다. 골프를 칠 때는 볼을 세게 때리라는 아버지의 가르침을 따라 현역시절 공격적인 플레이로 유명했다.

잭 니클라우스는 어렸을 때부터 만능 스포츠맨이었다. 니클라우스는 1940년 1월 21일 미국 오하이오 주 콜럼버스에서 태어났다. 그의 아버지는 자의식이 강한 약사였는데, 이 때문에 니클라우스도 언제나 자신이 최고라는 생각을 가지고 자랐다. 게다가 모든 스포츠에 재능을 보인 소년 니클라우스는 열 살 때 골프를 시작했다.

파머는 만 열여섯 살 때인 1955년 PGA에 데뷔한 뒤 1958년 메이저대회인 마스터스 골프대회에서 우승하며 주목을 받았다. 니클라우스는 만 열아홉 살 때인 1959년과 1961년 미국 아마추어 골프대회에서 잇따라 우승하며 주목받았다.

두 사람은 굉장히 상반된 면이 많았다. 파머는 공격적인 플레이를 하면서 파이팅을 외치는 스타일인 반면, 니클라우스는 강한 정신력으로 조용하게 집중하면서 플레이를 하는 스타일이었다. 파머의 샷은 낮은 드로 (draw) 구질이었고, 니클라우스는 높은 파워 페이드 구질이었다. 파머가 공격적으로 공을 치면 니클라우스는 차분하게 플레이를 하며 맞섰다. 파머는 자신에 차 있었고 잭은 확신에 차 있었다.

파머는 영화배우 뺨치는 잘생긴 외모와 부드러운 미소로 수많은 팬을 몰고 다녔다. 담배를 지그시 비껴 문 전성기의 그는 골프계의 제임스 딘이었다. 반면 니클라우스는 촌스럽게 생겼다고 해서 별명이 골든 베어였다. 1960년대 둘의 라이벌 관계가 시작됐을 때 파머는 최고의 스타 플레이어였고, 니클라우스는 떠오르는 샛별이었다. 구름 같은 갤러리를 몰고 다녔던 파머의 제왕 자리를 니클라우스가 호시탐탐 넘보는 상황이었다.

파머가 한창 인기를 누리고 있던 1960년대 초, 니클라우스가 나타나면서 PGA 투어는 파머와 니클라우스의 라이벌전으로 인기가 절정에 달했다. 니클라우스는 아마추어 신분이던 1961년 US 오픈에서 파머에 이어 2위를 차지했다. 그리고 니클라우스가 프로에 데뷔하자마자 1962년 6월에 열린 US 오픈에서 마침내 두 사람이 펼친 수많은 경기 중 최고의 명승부를 보여주었다. 3타 차로 앞서 우승을 눈앞에 두었던 파머가 마지막 18번 홀에서 3미터짜리 버디 퍼팅을 놓쳤고, 결국 연장에서 니클라우스가 역전 우승을 일궈냈다.

두 사람은 훗날 연장에 접어들자 파머가 니클라우스에게 "우승을 양보하라"고 농담을 건넸다고 털어놓았다. 겉으로는 여유가 있어 보였던 파머였지만 속으로는 "니클라우스가 괴물 같았다"고 했다. 파머는 이 대회에서 우승하지 못한 것이 평생 가장 아쉬운 기억이라고 고백하기도 했다.

통산 95승 금자탑 파머 vs 메이저대회 최다 18승 니클라우스

파머는 갤러리에게 다가가 이름을 묻고 다음에 다시 만났을 때 안부를 묻는 팬 친화적인 선수였다. 특히 1960년대 미국에 컬러 TV가 등장하고 스포츠 중계가 본격화했을 때 파머는 골프의 대중화에 엄청난 기여를 했다고 해도 틀린 말이 아니다.

니클라우스가 PGA 투어에 나타나면서 파머는 니클라우스에게 점차 밀렸다. 그런데 당시 아놀드 파머의 팬들이 굉장히 극성스러웠다. 파머의 애칭은 '아니'였는데, 파머의 골수팬들을 '아니의 군대'라고 지칭할 정도였다. 파머를 마치 총사령관처럼 추대하는 추종자들이었다. 아니의 병사들은 148명의 출전 선수 중 파머를 제외한 나머지 147명이 모두 적이었고, 오직 아니만이 당연히 우승을 해야 한다고 생각했다. 그런데 신출내기 니클라우스의 등장은 아니의 병사들에게 달갑지 않은 일이었고, 아니의 병사들은 두 패로 나뉘어 한 패는 파머를 따라다니며 성원했고, 한 패는 니클라우스를 따라다니며 끊임없이 야유를 보냈다. 하지만 니클라우스는 평정심을 잃지 않고 기어이 우승을 일궈내곤 했다.

파머와 니클라우스는 냉혹한 스포츠의 세계에서 치열한 승부를 펼친 라이벌이면서도 열한 살 나이 차이를 뛰어넘는 친구였다. 라운드 중에 파머가 손을 바지 주머니에 넣고 니클라우스를 툭 쳐서 장난을 걸면 니클라우스도 똑같은 방법으로 파머를 쳐서 갤러리들의 웃음을 자아내곤 했다.

파머는 1955년 프로에 데뷔한 이후 캐나다 오픈을 시작으로 프로 통산 95승의 금자탑을 쌓았다. PGA 투어에서는 통산 62승을 기록했다. 샘 스니드(미국·82승)와 타이거 우즈(미국·79승), 잭 니클라우스(미국·73승), 벤 호건(미국·63승)에 이어 다섯 번째로 많은 우승이다. 특히 파머는 1958년부터 2년 간격으로 네 차례 마스터스를 제패해 '오거스타의 사나이'라는 별칭을 얻었다. 메이저대회 통산 7승을 차지했지만 PGA 챔피언십을 제패하지 못해 그랜드슬램 작성은 실패했다. 1968년 PGA 투어 최초로 상금 100만 달러를 돌파했고, 1974년에는 세계 골프 명예의 전당에 올랐다.

반면 니클라우스는 PGA 투어 통산 73승에 메이저대회 우승은 무려 18번으로 아직도 깨지지 않고 있는 역대 최고 기록을 가지고 있다. 남자 프로골프 세계 4대 대회를 모두 석권하는 커리어 그랜드슬램을 3번이나 달성하며 '골프의 제왕'으로 불렸다. 1966년 만 스물여섯 살에 최연소 그랜드슬램을 달성했고, 1961년부터 1980년까지 19년 동안 바비 존스의 메이저대회 13승 기록을 뛰어넘어 17번 우승했다. 특히 1986년 만 마흔여섯 살의 나이에 최고령 마스터스 우승으로 통산 열여덟 번째 메이저대회 정상에 등극하며 많은 이들에게 감동을 선사했다. 파머와 마찬가지로 1974년 골프 명예의 전당에 헌액됐다.

두 선수의 전성기 때 우승 기록은 엄청났다. 파머는 1962년 스물한 차례 투어대회에 참가해 이 가운데 8번 우승을 차지했고, 1963년에는 스무 차례 투어대회에 출전해 7승을 기록했다. 니콜라우스 역시 최전성기 때인 1970년대 중반 엄청난 우승 행진을 이어갔다. 1972년 19번의 PGA 투어대회에 참가해 7승을 따냈고, 이듬해인 1973년에는 18개 대회 중 7승, 1975년에는 16개 대회에 출전해 5번이나 우승했다. 두 선수 모두 평균 3번 출전해 1번 넘게 우승한 셈이다.

기쁨은 나누고 슬픔은 위로하는 진한 우정

두 사람은 은퇴 후 사업으로도 제2의 라이벌전을 펼쳤다. 두 사람 모두 골프와 관련된 코스 디자인, 골프채, 골프 의류사업 등에서 활발하게 활동했다. 파머는 골프를 모르던 우리나라에서 색동 우산으로 먼저 이름을 알

아놀드 파머(왼쪽)와 잭 니클라우스는 열한 살이란 나이 차이에도 불구하고
골프 역사상 최고의 라이벌로 불린다.

렸다. 막연히 패션 브랜드인 줄 알았겠지만 이것이 스포츠 마케팅의 효시였다. 니클라우스 역시 자신의 이름을 딴 잭니클라우스라는 골프 브랜드로 이름을 알렸다. 골프 전적에서는 니클라우스가 앞섰다면 골프 사업에서는 파머가 니클라우스보다 앞섰다.

스포츠 스타들이 얼마나 벌어들였는지 수입을 집계해 보도하는 경영전문지 《포브스》 기사를 보면, 역대 수입에서 1위가 마이클 조던, 2위가 타이거 우즈에 이어 아놀드 파머(13억 5,000만 달러)가 3위, 잭 니클라우스(11억 5,000만 달러)가 4위를 기록했다. 두 사람 모두 1조 원이 넘는 엄청난 부를 챙긴 것이다. 파머는 골프장 설계와 음료수 등에서 받은 로열티가 많았고, 니클라우스는 코스 설계업에서 수입을 많이 올렸다. 특히 파머는 사업으로 번 돈으로 어린이와 여성을 위한 병원을 짓고 수많은 자선사업을 펼쳤다. 2004년에는 민간인 최고의 영예인 '대통령 자유의 메달'을 수상했고 의회에서 주는 금메달도 받았다.

두 사람은 오랜 선수 생활을 하는 동안 미운 정, 고운 정이 다 들었고, 은퇴 후에는 어느덧 진한 우정을 나누는 사이로 승화됐다. 1999년 파머의 아내가 사망했을 때 니클라우스는 플로리다에서 아들 개리 니클라우스의 PGA 퀄리파잉 스쿨 경기를 응원하고 있었다. 아들에게는 골프 인생이 걸린 중요한 시합이었다. 그러나 니클라우스는 부음 소식을 듣자마자 아내와 함께 펜실베이니아의 장례식에 참석해 파머를 위로했다. 니클라우스는 파머의 배려로 아들의 경기를 텔레비전을 통해 지켜볼 수 있었다. 이렇게 두 사람은 기쁨을 나누고 슬픔을 위로하는 친구이기도 했다.

파머와 니클라우스는 2012년 12월에 필드에서 조우해 큰 화제를 모았다. 미국 플로리다에서 열린 부자(父子) 골프 챌린지에서 여든세 살의 파머는 손자 윌 웨어스를, 일흔두 살의 니클라우스는 아들 개리 니클라우스를 각각 파트너로 데리고 나와 2인 1조로 경기를 펼쳤다. 니클라우스의 아들은 한때 PGA 투어에 참가한 선수 출신인 반면, 파머의 손자는 고등학생 신분이어서 상대가 되지 않았다. 아무튼 둘은 승부는 안중에도 없이 필드를 거닐며 옛 추억을 더듬느라 연신 싱글벙글거렸다. 니클라우스는 "우리는 전성기 때 상대를 이기려고 저마다 엄청난 노력을 한 라이벌 관계였다"며 "그래도 그때는 경기를 마치고 악수를 나누면서 '오늘 저녁은 어디서 먹을 거냐'고 묻곤 했었다"고 당시를 회상했다.

아놀드 파머는 2016년 9월 25일 고향 피츠버그의 한 병원에서 향년 87세를 일기로 심장병으로 숨을 거뒀다. 30년 이상 골프 관련 기사를 써온《골프채널》의 랜달 멜 기자는 "파머의 배려와 태도 덕분에 그가 팬들에게 받은 사랑이 우승 트로피 수보다 훨씬 더 많았다"고 썼다.

8 푸른 심장과 붉은 심장, 프랭크 램파드 vs 스티븐 제라드

잉글랜드 프리미어리그에는 '푸른 심장'(첼시)과 '붉은 심장'(리버풀)으로 불린 두 사나이가 있었다. 그 주인공은 프랭크 램파드와 스티븐 제라드. 잉글랜드의 두 캡틴 중 누가 더 뛰어난 선수인지 축구팬들 사이에선 두 선수가 은퇴한 지금까지도 논쟁이 끊이지 않고 있다.

두 선수는 첼시의 파란 유니폼과 리버풀의 빨간 유니폼까지 대비됐다. 게다가 똑같이 등번호 8번을 달고 같은 포지션에서 뛰면서 숱한 화제를 모았다. 그리고 현역선수 막바지에는 나란히 미국 무대로 옮겨 라이벌 대결을 이어갔다.

램파드는 1978년 6월 20일 영국 런던 롬퍼드에서 태어났고, 제라드는 1980년 5월 30일생으로 영국 머지사이드 주 리버풀이 고향이다. 둘 다 고향팀에서 전성기를 보냈다. 램파드는 런던을 연고로 하는 첼시에서 13년 동안 뛰면서 648경기 211골을 기록했다. 미드필더이면서도 스트라이커처럼 많은 골을 넣는다고 해서 '미들라이커'라는 신조어를 만들어내기도 했다. 제라드 역시 고향팀 리버풀에서만 17년 동안 708경기를 뛰며 186골을 넣었다. 또한 제라드도 공격력이 좋아 리버풀의 폭발적인 공격 축구를 이끌었다.

똑같이 등번호 8번 달고 라이벌 대결

프랭크 램파드는 열여섯 살 때인 1994년 웨스트햄의 유스팀에 입단하면서 비교적 늦게 축구를 시작했다. 당시 램파드의 아버지였던 프랭크 램파드 시니어는 웨스트햄의 주전 수비수였다. 늘 경기장에서 아버지가 뛰는 모습을 보며 자란 램파드는 자신도 웨스트햄 유니폼을 입고 뛰는 그날을 꿈꿨다. 램파드의 삼촌도 유명한 축구인인데, 토트넘과 퀸스 파크 레인저스(QPR)의 사령탑을 맡기도 했던 해리 래드냅 감독이다.

스티븐 제라드는 일곱 살 때인 1987년 리버풀 유스팀에 입단했고, 10년 뒤 만 열일곱 살 때 리버풀과 프로 계약을 맺고 성인팀에서 뛰게 됐다. 그리고 이듬해인 1998년 11월 셀타 비고와의 UEFA컵 경기에서 데뷔전을 치렀고, 곧이어 11월 29일 블랙번과의 경기에 교체 출전하면서 프리미어리그 데뷔전을 마쳤다. 그는 어린 나이였지만 빠르게 성장하면서 팀의 핵심 멤버로 자리를 잡았다. 이후 제라드는 2015년까지 무려 17년간 리버풀의 빨간 유니폼을 입었다.

램파드도 열일곱 살 때인 1995년 웨스트햄과 프로 계약을 체결했고, 열여덟 살 때인 이듬해 코벤트리 시티와의 경기를 통해 잉글랜드 프리미어리그에 데뷔했다. 이어 1998~1999시즌에는 웨스트햄을 구단 역사상 최고 순위인 5위까지 올려놓기도 했다.

하지만 램파드와 웨스트햄의 인연은 그리 길지 못했는데, 너무나 뛰어난 실력을 가지고 있다 보니 빅클럽에서 램파드를 눈여겨보게 됐고, 결국 2000~2001시즌이 끝난 후 첼시로 이적했다. 이로써 첼시의 푸른 유니폼을 입은 램파드와 리버풀의 제라드, 이 둘의 라이벌 대결이 시작됐다.

스티븐 제라드는 리버풀에서 만 스물한 살이던 2001년 리그컵과 FA컵, UEFA컵까지 트레블(3관왕)을 차지한 것을 시작으로 2005년 챔피언스리그 등 9번이나 우승컵을 들어올렸다. 특히 만 스물세 살에 불과했던 2003년부터 무려 12년간이나 리버풀의 주장을 맡았는데, 주장으로 소화한 경기 수만 473경기에 이른다. 자타가 공인한 팀의 리더이자 리버풀의 아이콘으로 자리매김했다.

램파드를 영입한 후에도 첼시는 3년 연속 우승권에 다가가지 못할 정도로 강팀은 아니었는데, 2004~2005시즌 주제 무리뉴 감독이 부임하면서부터 로만 아브라히모비치 구단주의 막대한 지원을 등에 업고 두 시즌 연속 리그를 제패했다. 당시 잉글랜드 프리미어리그는 맨체스터 유나이티드, 첼시, 아스널, 리버풀 등 '빅4'의 구도가 만들어졌다.

램파드도 첼시 중원의 핵심으로 눈부신 활약을 펼쳤는데 2003~2004시즌부터 2012~2013시즌까지 10년 연속 두 자릿수 득점을 올리는 등 미드필더로 뛰어난 득점 감각을 뽐냈다.

램파드가 활약하는 동안 첼시는 2011~2012시즌 챔피언스리그를 비롯해 프리미어리그 3번, FA컵 4번, 칼링컵 2번, 유로파리그 1번 등 모두 11번이나 우승컵을 들어올렸다.

첼시의 '푸른 심장' 프랭크 램파드(왼쪽)와 리버풀의 '붉은 심장' 스티븐 제라드.
둘은 똑같이 등번호 8번을 달고 똑같은 포지션에서 라이벌 대결을 펼쳤다.

스티븐 제라드의 축구 인생에서 최고의 순간은 역시 2005년 5월 챔피언스리그 결승전이다. 이 경기는 '이스탄불의 기적'이라는 이름으로 아직도 전 세계 축구팬들 사이에서 회자되고 있으며, 챔피언스리그 역대 최고의 결승전으로 평가받는다. 이날 리버풀은 AC 밀란에게 전반까지 0 대 3으로 끌려가다가 후반에만 3골을 만회하며 3 대 3 동점을 만들었고, 승부차기 끝에 승리하며 우승 트로피를 품에 안았다. 제라드는 후반 9분 추격의 포문을 여는 첫 번째 헤딩골을 터뜨리며 승리에 기여했고, 챔피언스리그 MVP까지 거머쥐었다.

프랭크 램파드에게도 '인생 경기'가 있었다. 그는 챔피언스리그에서 유독 불운했는데, 2007~2008시즌에는 맨체스터 유나이티드와의 결승전에서 존 테리의 승부차기 실축으로 우승컵을 놓쳤고, 이듬해인 2008~2009시즌에는 바르셀로나와의 4강전에서 톰 헤닝 오브레보 주심의 오심사건으로 결승 진출이 좌절됐다. 하지만 2011~2012시즌 바이에른 뮌헨과의 결승전에서 토마스 뮐러에게 선제골을 내주고 끌려가다가 디디에 드로그바의 동점골로 1 대 1 무승부를 이룬 뒤 승부차기에서 마침내 챔피언스리그 정상에 올랐다. 첼시 우승의 중심에는 '첼시의 푸른 심장' 램파드가 있었다.

두 선수가 잉글랜드 프리미어리그에서 세운 업적은 대단했다. 램파드는 1995~1996시즌 웨스트햄에서 데뷔한 이후 첼시와 맨체스터 시티, 그리고 데뷔 시즌에 잠시 스완지시티에 임대선수로 간 것까지 모두 4개 팀을 거치면서 20년 동안 618경기 178골을 터뜨렸다. 제라드는 리버풀 한 팀에서만 17년을 뛰었는데 프리미어리그의 504경기에서 120골을 넣었다. 여기에 컵대회 등을 포함하면 램파드는 통산 882경기에서 259골을 넣었고, 제라드는 708경기에서 186골과 102개의 도움주기를 기록했다. 득점력에서는 아무래도 공격력이 강했던 램파드가 조금 더 앞섰다.

램파드가 특별히 '첼시의 전설'로 불리는 이유가 있다. 램파드는 미드필더이면서도 첼시에서 뛴 13년 동안 211골을 넣었는데 이는 첼시 역사상 최다 득점자다. 미드필더이면서 스트라이커처럼 많은 골을 넣는다고 해서 붙은 별명이 '미들라이커'다. 램파드는 특히 중거리 슈팅으로 41골을 기록했는데 이 기록 역시 역대 잉글랜드 프리미어리그 최다골 기록이다. 프리미어리그 102개의 도움주기는 라이언 긱스에 이어 역대 도움주기 2위에 해당되는 기록이고, 프리미어리그 609경기 출장 기록은 역대 3위, 프리미어리그 100골-100도움주기 역시 긱스, 웨인 루니와 함께 딱 세 명만이 가지고 있는 대기록이다.

제라드 역시 '리버풀의 전설'로 불릴 만하다. 램파드는 첼시에서 13년을 뛰었지만 제라드는 리버풀에서만 17년, 유소년 시절을 포함하면 무려 27년 동안이나 리버풀의 붉은 유니폼을 입었다.

리버풀 소속으로 출전한 708경기는 리버풀 역사상 3위에 해당하고 186골은 리버풀 역대 득점 5위의 기록이다. 또 리버풀에서 주장으로 치른 경기 수가 2003년부터 2015년까지 13년 동안 무려 473경기인데, 이는 리버풀 역사상 최다 기록이다. 또 프리미어리그 역사상 가장 많은 후반 추가시간 역전골을 성공시킨 선수가 바로 제라드다. 특히 축구 역사상 유일무이한 기록을 가지고 있는데, 바로 FA컵 결승전, 리그컵 결승전, UEFA컵 결승전, 그리고 챔피언스리그 결승전까지 4개 대회 결승전에서 모두 골을 기록하고 우승컵을 들어올린 유일한 선수라는 것이다.

두 선수는 잉글랜드 대표팀에서 오랫동안 활약하며 A매치(국가대표팀 간의 경기)에 100경기 이상 출전해 나란히 센추리클럽(century club)에 가입했다. 램파드는 1999년부터 2014년까지, 제라드는 2000년부터 2014년까지 대표팀에서 뛰었다. 다시 말해 두 선수의 대표팀 경력은 15년이나 겹친다. 램파드는 106경기에서 29골을, 제라드는 114경기에서 21골을 넣었는데, 경기 출장 수는 제라드가 많았고, 골은 램파드가 앞섰다.

하지만 두 선수는 대표팀에서 공존하지 못했고, 결국 대표팀 감독들은 시너지 효과를 거두지 못한 채 두 선수를 동시에 기용하지 못하는 경우가 많았다. 두 선수의 플레이 스타일은 같은 듯 달랐다. 두 선수 모두 중앙 미드필더가 주 포지션이었지만, 램파드는 공격형 미드필더로 뛰면서 뛰어난 득점력을 보여준 데 반해 제라드는 수비형부터 공격형 미드필더, 윙어로도 활약했다.

두 선수의 장단점도 대조적인데, 제라드는 순간 폭발력에서 앞섰지만 램파드는 순수한 활동 폭이 넓었다. 제라드가 골 결정력이 있는 반면, 램파드는 중거리슛뿐 아니라 다양한 득점 루트를 가지고 있었다. 제라드가 패스의 정확도가 높았다면 램파드는 창의적인 패스에서 앞섰고, 제라드가 수비 가담력이 뛰어났다면 램파드는 수비에서 상대 공격의 흐름을 끊는 태클이 일품이었다. 제라드가 미드필드에서 밀리지 않는 힘이 있다면 램파드는 넓은 시야와 상황 판단력이 좋았다.

두 선수는 뛰어난 기량만큼이나 상도 많이 받았다. 잉글랜드 올해의 선수상을 똑같이 2번씩 받았고, 램파드는 프리미어리그 시즌 선수상 2번과 프리미어리그 도움왕 2번, 그리고 FA컵 최우수 선수에 세 차례나 선정됐다. 제라드는 2004~2005시즌 UEFA 챔피언스리그 MVP에도 선정됐고, FA컵 결승전 MVP 등을 수상했다. 특히 두 선수는 호나우지뉴와 함께 세계 최고의 축구선수에게 수여하는 발롱도르 상을 놓고 2005년 치열한 경쟁을 벌인 적이 있는데, 호나우지뉴에 이어 램파드가 2위, 제라드가 3위를 차지했다. 은퇴 직전에는 미국 무대에서 함께 뛰었다. 램파드는 첼시를 떠나 맨체스터 시티에서 한 시즌을 보낸 뒤 2015~2016시즌 뉴욕 시티로 이적해 29경기에 출전해 15골이나 넣었다. 제라드도 "27년이나 몸담았던 리버풀과 맞서 싸우기기 싫다"면서 잉글랜드를 떠나 같은 시즌 미국의 LA 갤럭시로 이적해 34경기에 출전해 5골을 넣었다.

2016년 11월 24일, 두 살 어린 제라드가 먼저 은퇴를 선언했는데, "놀랍도록 축복을 받은 커리어를 보내왔다. 리버풀, 잉글랜드 국가대표, LA 갤럭시에 이르기까지 내가 보내온 시간들에 감사한다"는 소회를 밝혔다.

램파드는 2017년 2월 2일 "21년의 선수 생활에 마침표를 찍어야 할 때가 왔다. 많은 구단에서 입단을 제의해왔으나 이제는 은퇴를 해야 할 때라고 생각했다"고 밝히고 정든 그라운드를 떠났다.

프랭크 램파드 (Frank James Lampard)		스티븐 제라드 (Steven Gerrard)
1978년 6월 20일	출생	1980년 5월 30일
영국 런던	고향	영국 리버풀
첼시(런던 연고)	주요 소속팀	리버풀(리버풀 연고)
882경기 259골	EPL 통산 성적	708경기 186골
106경기 29골	A매치 성적	114경기 21골

9 링 위의 혈투,
김일 vs 안토니오 이노키

1960~1970년대 우리네 서민들에게 즐거움을 주었던 프로레슬링 김일 선수가 세상을 떠난 지 어언 10년이 넘었다. 그는 2006년 10월 26일 향년 77세를 일기로 생을 마감했다.

40대 이상 중장년층이라면 '박치기' 김일과 '주걱턱' 안토니오 이노키(Antonio Inoki)의 프로레슬링 라이벌 대결을 잊지 못할 것이다. 두 선수는 1960년 9월 30일 첫 대결 이후 1975년까지 15년 동안 38번이나 맞붙었는데, 그중 28번은 비겼고 승부가 갈린 것은 10번밖에 되지 않는다. 이 가운데 김일이 9번 이겼고, 이노키는 1번밖에 이기지 못했다. 통산 전적은 38전 9승 28무 1패로 김일의 우세였다.

한·일전은 가위바위보를 해도 이겨야 한다는 말이 있다. 어떤 승부건 일본한테는 져선 안 된다는 강한 승부욕이 담겨 있는 말이다. 두 선수의 맞대결은 투기 종목 최초의 한·일 라이벌 대결로 불릴 만하다. 당시 김일과 이노키의 프로레슬링은 단순한 스포츠 이상의 의미가 있었다. 두 선수가 맞대결을 자주 펼쳤던 1960년대는 많은 국민들의 반대 속에 한·일 국교 정상화가 이뤄진 시기라 김일은 한민족의 한을 대변하는 영웅이었고, 이노키는 일본의 자존심으로 불리면서 국가 간 대리전 양상까지 보일 정도였다.

당시 우리나라의 프로레슬링의 인기는 정말 엄청났다. 김일을 비롯해 천규덕, 장영철, 여건부 등 프로레슬링 스타들이 온 국민의 마음을 사로잡았다. 프로레슬링 경기가 벌어지는 날이면 동네마다 흑백 TV가 있는 집에 모여앉아 환호성을 질렀고, 도시나 읍내에서는 만홧가게나 다방에 레슬링 중계방송을 보려는 손님들로 발 디딜 틈이 없었다.

그 중심에는 김일 선수가 있었다. 다방 앞에 세워놓은 간판 문구가 '오늘 레슬링합니다'가 아니라 '오늘 김일 레슬링합니다'였을 정도로 김일 선수는 엄청난 인기를 끌었다. 특히 김일 선수가 수세에 몰리면 사람들은 "박치기! 박치기!"를 외쳤고, 김일 선수가 박치기로 승부를 뒤집으면 사람들은 환호성을 올리며 통쾌함과 후련함을 느꼈다.

역도산의 3대 제자 중 '시멘트 매치' 최강자는 김일

김일은 1929년 3월 3일 전남 고흥 거금도에서 태어났다. 그는 당시로서는 6척 장신이라고 불리는 키 180센티미터의 거구로 성장하면서 마을 씨름대회를 휘어잡았다. 그즈음 김일은 한 잡지에서 우연히 세계프로레슬링 챔피언에 등극하며 일본에서 활약하고 있는 역도산의 기사를 보고 일본행을 결심한다. 그리고 스물일곱 살이던 1956년에 밀항을 해 일본으로 갔

한국과 일본의 자존심을 걸고 링 위에서 혈투를 펼쳤던
김일(왼쪽)과 안토니오 이노키의 경기 모습.

역도산의 제자였던 김일(왼쪽)과 안토니오 이노키가
다정하게 악수하고 있다.

다가 일본 경찰에 잡혀 교도소에서 복역한다. 복역 중에도 역도산에게 레슬링을 하고 싶다는 편지를 끈질기게 보냈고, 결국 역도산의 노력으로 석방된 뒤 본격적으로 레슬링을 하게 됐다.

반면 안토니오 이노키는 1943년 2월 20일 일본 요코하마에서 태어났다. 김일보다 무려 열네 살이나 어렸다. 이노키의 본명은 이노키 간지(猪木寬至)다. 유복한 집안에서 태어났지만 다섯 살 때 아버지가 돌아가신 뒤 아버지의 기업마저 도산하자 이노키의 가족들은 브라질로 이민을 갔다. 이노키는 브라질의 농장에서 노동을 하며 어렵게 살면서 투포환선수로도 활동했다. 그런데 마침 브라질을 방문한 역도산의 눈에 띄어 그의 제자가 됐고, 일본계 브라질인이라는 콘셉트에 따라 '안토니오'라는 링네임을 붙였다.

그러니까 김일과 이노키 두 선수 모두 역도산의 제자였던 것이다. 역도산의 본명은 김신락(金信洛)이다. 1924년 함경남도에서 태어났는데, 김일보다 불과 다섯 살밖에 많지 않았다. 열다섯 살 때인 1939년 일본으로 건너가 역도산(力道山)이라는 별명으로 일본 씨름을 평정했고, 1951년 프로레슬러로 전향해 헤비급 세계챔피언에 오르는 등 일본에서 프로레슬링이 큰 인기를 끄는 데 결정적으로 공헌한 인물이다. 특히 김일, 이노키, 자이언트 바바를 발굴했고, 프로레슬링으로 재산도 많이 모았지만 일본 야쿠자의 칼에 찔려 서른아홉 살의 젊은 나이에 생을 마감했다.

자이언트 바바(Giant Baba)는 16문킥으로 유명한 선수였다. 본명은 바바 쇼헤이이고 원래 프로야구 선수였는데, 팔이 부러지는 부상을 당하자 역도산의 제안으로 레슬링으로 전향해 큰 성공을 거뒀다. '자이언트'라는 링네임처럼 키가 2미터 10센티미터의 거한이었고, 큰 발로 상대를 제압하는

'16문킥'으로 유명했다. 실제 발 크기는 320밀리미터로 1문이 24밀리미터니까 정확하게는 13문이었는데, 과장해서 16문으로 불렸다. 로프 반동으로 튕겨져 나오는 상대 선수를 큰 발로 걷어차는 게 주특기였다.

그러면 역도산의 '3대 제자' 중 누가 가장 강했을까? 세 선수는 속칭 '시멘트 매치'로 불리는, 상대가 항복할 때까지 싸우는 무제한 경기를 통해 누가 가장 강했는지 가늠해볼 수 있었다. 자이언트 바바는 이노키한테 이겼다. 그리고 김일은 바바와 이노키 둘한테 모두 이겼다. 결국 김일이 가장 강했다고 볼 수 있다.

링 주변이 피바다가 됐던 1975년 마지막 대결

김일과 이노키는 1960년 처음 만났다. 김일은 스물여덟 살 때인 1957년 역도산의 문하생으로 프로레슬링에 입문했고, 이노키는 역도산이 브라질에서 발굴해 열일곱 살이던 1960년 역시 역도산체육관에서 본격적으로 프로레슬링을 배우게 됐다. 김일의 회고록을 보면, 그가 본 이노키의 첫인상은 주걱턱과 애송이 같은 이미지였다고 한다. 김일은 공교롭게도 이노키와 한방을 쓰면서 급속히 가까워졌다.

두 선수가 처음 격돌한 것은 1960년 9월 30일 도쿄의 다이토체육관에서였다. 이 경기는 이노키의 데뷔전이기도 했는데, 스승 역도산은 레슬링에 입문한 지 채 1년도 안 된 이노키의 첫 상대로 비정하게도 한방을 쓰는 김일을 지목한 것이다.

당시 김일의 나이는 서른한 살, 반면 이노키의 나이는 열일곱 살에 불과했다. 김일은 시간을 일부러 끄는 여유까지 보이다가 경기 시작 7분 6초 만에 가볍게 승리를 거뒀다. 이날 경기에서는 이노키와 함께 자이언트 바바도 데뷔전을 치렀는데, 바바는 다나카 요네타라는 선수를 5분 만에 가볍게 물리쳤다.

어쨌든 가까웠던 김일과 이노키가 갈라지게 된 계기가 있었다. 1963년 12월, 스승 역도산이 야쿠자에 의해 살해된 뒤 김일은 역도산의 일본레슬링협회를 계속 이어나갔지만, 이노키는 신일본프로레슬링협회라는 새 단체를 만들었고, 자이언트 바바 역시 전일본레슬링협회를 만들어 독자적으로 활동했다.

이노키는 1973년 세계 3대 기구인 NWF에 이어 NWA 세계 헤비급 챔피언에도 오르는 등 승승장구하면서 그가 이끄는 신일본레슬링협회도 아사히 TV와 정규방송 계약을 맺는 등 스포트라이트를 받았다. 하지만 김일 선수가 이끌었던 일본프로레슬링협회는 급격한 몰락을 맞게 된다.

이 무렵 김일이 이노키에게 도전장을 냈다. 김일이 챔피언 이노키의 NWA 6차 방어전 상대로 도전하는 형식의 경기였다. 그런데 이 경기에서 김일은 이노키의 주특기인 코브라 트위스트에 걸려 경기 시작 13분 13초 만에 허리 통증을 참지 못하고 항복하고 말았다.

이노키와 치른 38번의 경기 가운데 딱 1번 졌던 경기가 하필 벼르고 별렀던 그 시합이었다. 김일의 주 무기가 박치기였다면, 이노키의 주 무기는 코브라 트위스트였다. 이 기술은 상대방을 앞에 놓고 오른발로 상대의 오른발을 걸고, 오른팔로 상대의 오른팔을 걸면서 상대의 옆구리를 눌러 허리를 옆으로 꺾이게 한 다음 팔을 뒤로 젖히는 기술이다. 이 기술에 걸리면 상대는 허리 통증을 견디지 못하고 항복하고 만다. 아무튼 이노키는 이 기술을 사용해 데뷔 후 1번도 이겨보지 못했던 김일을 무너뜨렸다.

스승을 이어받은 김일과 스승을 배신한 이노키는 이미 루비콘 강을 건넌 사이가 되면서 앙숙이 됐다. 그리고 1975년, 한국과 도쿄를 오가며 두 차례 치열한 승부를 펼쳤다. 이 두 경기는 링 주변이 피바다가 될 만큼 말 그대로 혈전이었다. 결국 2번 모두 '링 아웃'으로 승부를 가리지 못했다. 이것이 두 선수의 마지막 라이벌 대결이 될 줄은 당시에는 몰랐다.

열네 살 나이 차이에 15년 라이벌 대결 '미스터리'

두 선수의 나이 차이가 열네 살이나 나는데 15년 동안이나 라이벌 대결을 펼쳤다는 것은 아직도 풀리지 않는 미스터리다. 그 15년이란 김일의 경우 나이가 서른한 살부터 마흔여섯 살이었고, 이노키는 열일곱 살부터 서른두 살이었다.

이노키는 신체 나이가 전성기였을 때였지만 김일은 당시 웬만한 운동 선수들이 채 서른 살도 안 돼 은퇴하던 시기였던 점을 감안하면 어떻게 40대 중반까지 격렬한 프로레슬링을 할 수 있었는지 의문이고, 정말 대단한 선수였다고 평가하지 않을 수 없다.

김일은 1965년 한국으로 건너와 1980년 쉰한 살의 나이에 은퇴할 때까지 무려 3,000여 번에 걸쳐 국내외 경기를 치르면서 세계 타이틀을 약 스무 차례나 방어했다.

두 선수의 은퇴 후 삶은 대조적이었다. 김일은 한국과 일본을 오가며 다양한 사업을 벌였지만 번번이 실패했고, 경기 후유증으로 각종 질병에 시달렸다. 게다가 아내를 비롯해 레슬링을 함께 했던 친동생, 그리고 아들까지도 병마와 사고로 먼저 세상을 떠나보내면서 깊은 실의에 빠지기도 했다. 은퇴식은 뒤늦게 1995년 일본 도쿄돔과 2000년 서울 장충체육관에서 거행됐는데, 도쿄돔에서 열린 은퇴식에는 무려 6만여 명의 관중이 운집하기도 했다.

반면 이노키는 기업인과 정치인으로 성공가도를 달렸다. 이노키는 김일이 만성신부전증과 심장마비로 2006년 10월 26일 생을 마감했을 때 그의 장례식에 참석해 눈길을 끌었다.

10 세기의 강철주먹 대결, 매니 파퀴아오 vs 플로이드 메이웨더

2015년 봄, 금세기 최고의 복싱 라이벌전에 지구촌이 들썩였다. 세계 복싱팬들을 흥분시킨 주인공은 복싱 역사상 최초로 8체급을 석권한 필리핀의 '복싱 영웅' 매니 파퀴아오와 19년 동안 단 한 번도 패하지 않은 '무패 복서' 플로이드 메이웨더 주니어.

두 선수는 미국 라스베이거스 MGM 그랜드가든 아레나에서 2015년 5월 2일 토요일 저녁 8시, 한국시간으로는 5월 3일 일요일 낮 12시에 사각의 링에서 한 치의 양보도 할 수 없는 맞대결을 펼쳤다.

2015년 5월, 금세기 최고의 복싱 라이벌전

맞대결 당시 두 선수는 금세기 최고의 위대한 복서로 추앙받고 있었다. 파퀴아오는 1995년 플라이급으로 데뷔해 슈퍼밴텀급, 페더급, 슈퍼페더급,

라이트급, 라이트웰터급, 웰터급, 슈퍼웰터급까지 체급을 계속 올려가면서 무려 8개 체급을 석권한 선수다. 통산 전적은 메이웨더와의 경기 전까지 64전 57승 38KO승 2무 5패를 기록 중이었고, 필리핀의 현역 하원의원이기도 했다. 메이웨더는 1996년 데뷔한 이후 슈퍼페더급부터 라이트급, 슈퍼라이트급, 웰터급, 슈퍼웰터급까지 5개 체급에서 챔피언 타이틀을 따내는 동안 47전 전승, 26KO승을 거두고 있었다.

이 한판 승부에는 3개의 세계 타이틀이 걸려 있었다. 당시 메이웨더는 WBC(세계복싱평의회) 웰터급 챔피언이었고, 파퀴아오는 WBO(세계복싱기구) 웰터급 챔피언이었다. 그리고 공석 중이던 WBA(세계복싱협회) 웰터급 챔피언 자리까지 포함돼 있었다.

이 대결은 명성에 걸맞게 대전료도 천문학적인 금액이었다. 총 대전료는 2억 5,000만 달러, 우리 돈으로 약 2,860억 원이었고, 양측이 6 대 4의 비율로 합의함에 따라 메이웨더가 1억 5,000만 달러, 우리 돈 약 1,720억 원, 파퀴아오가 1억 달러, 우리 돈 약 1,140억 원을 받았다.

이 경기는 3분 12라운드로 펼쳐졌는데, 판정까지 갔기 때문에 1초당 두 선수가 합쳐서 1억 2,000만 원을 벌어들인 셈이 됐다. 흥행수입도 역대 최고인 4억 달러, 약 4,500억 원에 이르렀다. 입장권 가격은 7,500달러, 우리 돈으로 850만 원이 넘는데도, 1차 티켓 판매가 시작되자마자 1분 만에 매진됐고, 2차 티켓 판매분은 이보다 열 배나 비싼 한 장당 8만 달러, 우리 돈으로 9,000만 원이 넘는 돈이었지만 이마저도 동이 났다. 암표 가격은 25만 달러, 무려 3억 원까지 치솟았다. 또 방송 중계권 판매액이 1억 5,000만 달러, 우리 돈 약 1,700억 원, 두 선수와 함께 링에 오르는 주심도 1만 달러, 약 1,100만 원이 넘는 돈을 받는 등 역대 복싱 관련 최고액 기록을 모두 갈아치웠다.

경기 전날 라스베이거스 MGM 그랜드가든 아레나에서 열린 계체량 행사는 1만여 명의 복싱팬들이 운집한 가운데 사상 최초의 유료로 진행됐다. 입장료 가격은 10달러였지만 암표는 수십 배를 웃돌아 수십만 원에 거래됐다.

웰터급 몸무게 기준은 147파운드, 즉 66.68킬로그램인데, 메이웨더가 146파운드 66.22킬로그램, 파퀴아오가 메이웨더보다 1파운드, 450그램 정도 가벼운 145파운드, 즉 65.77킬로그램으로 두 선수 모두 계체량을 무난히 통과했다.

두 선수의 맞대결을 앞두고 많은 전문가들의 의견이 엇갈렸다. 2007년과 2008년 두 선수와 잇따라 맞붙었던 '왕년의 최고 복서' 오스카 델라호야는 메이웨더의 우세를 점쳤다. 파퀴아오는 쉼 없이 주먹을 뻗는 스타일인데, 30대 후반의 나이를 감안하면 경기 후반에 불리해진다는 것이 그의 설명이었다. 또 메이웨더는 펀치를 피하는 능력과 수비가 강한데 세고 빠른 잽을 가진 선수가 아니라면 메이웨더를 이길 수 없다고 전망했다.

하지만 국내 최초로 세계 타이틀 2체급을 석권했던 홍수환 씨는 파퀴아오의 KO승을 예상했다. 파퀴아오가 빠르게 움직이며 연타를 때리는 데 능한데, 메이웨더가 파퀴아오의 공격을 막아내지 못할 것이라고 전망한 것이다. 또 사우스포, 즉 왼손잡이인 파퀴아오가 오소독스, 즉 오른손잡이인 메이웨더보다 유리하고, 메이웨더가 헝그리 정신이 부족한 것도 파퀴아오의 우세로 평가하는 이유라고 설명했다. 도박사들은 대체로 키가 크고 리치가 더 길고, 특히 더 높은 체급에서 경기했던 메이웨더의 우세를 점쳤다.

소문난 잔치에 먹을 것 없었던 '세기의 대결'

두 선수의 맞대결 논의는 지난 2009년 11월께 시작되면서 전 세계 복싱팬들의 관심이 집중됐다. 하지만 당시 메이웨더가 느닷없이 채혈을 통한 도핑 검사를 주장했고, 파퀴아오가 이를 거부하면서 경기는 무산됐다. 이후 2012년 두 번째 맞대결 협상이 있었는데, 이번에는 메이웨더가 파퀴아오보다 많은 대전료를 요구하면서 다시 결렬됐다.

그런데 2015년 1월, 두 선수가 미국프로농구 NBA 경기장에서 우연히 만나면서 극적인 합의를 이뤘다. 농구장에서 만난 것은 행운이자 우연이었다. 일정이 꼬여서 미국에 하루 더 머물게 된 파퀴아오가 농구장에 들렀는데, 거기서 우연히 메이웨더와 만난 것이다. 이에 대해 파퀴아오는 "메이웨더가 거기에 있을 것이라고는 상상도 하지 못했다. 신께서 만들어낸 순간이었다"고 말했다.

이렇게 첫 만남을 가지게 된 두 사람은 그날 전화번호를 교환했고, 곧바로 다음 날 메이웨더가 파퀴아오의 숙소를 찾아가 대결을 제의했는데, 이에 대해 파퀴아오가 채혈도 하고 대전료도 40퍼센트만 받겠다고 양보하면서 맞대결이 극적으로 성사됐다.

그런데 정말 경기가 시작될지는 끝까지 안심할 수 없었다. 사실 양측은 맞대결을 불과 11일 앞둔 2015년 4월 21일까지도 공동 주최를 두고 실랑이를 벌였다. 파퀴아오 측 프로모션은 최종 계약 내용에 자신들의 이름이 빠졌다고 했고, 메이웨더 측은 파퀴아오 측이 기존에 계약한 내용을 이행할 마음이 없다고 불만을 표시했다.

하지만 이번엔 달랐다. 두 프로모션은 합의점을 찾으면서 곧바로 티켓 판매를 시작했고, 대회 장소인 MGM 그랜드가든 아레나와도 계약을 체결했다. 문제는 맞대결 성사가 너무 늦게 이뤄졌다는 것이다. 메이웨더는 1977년생으로 당시 만 서른여덟 살이었고, 파퀴아오는 1978년생으로 당시 만 서른일곱 살이었다. 전성기가 지나 불혹을 앞둔 나이에 어렵게 맞대결이 성사된 것이다. 이 때문에 둘 다 거액의 대전료에 눈이 멀어 맞붙은 게 아니냐는 의혹을 받기도 했다.

이렇게 엄청난 화제와 관심 속에 치러진 승부는 너무나 싱거웠다. '소문난 잔치에 먹을 것 없다'는 속담처럼 두 선수는 헛주먹만 주고받았고, 결국 메이웨더의 심판 전원일치 판정승으로 끝났다. 하지만 인파이터인 파퀴아오가 더 공세적이었고, 메이웨더는 도망 다니기 바빴기에 경기 결과에 의문을 제기하는 팬들이 많았다.

'잡초' 인파이터 파퀴아오 vs '엘리트' 아웃복서 메이웨더

두 선수의 성장 과정은 한마디로 '잡초'와 '엘리트'라는 단어로 요약할 수 있다. 파퀴아오는 1978년 12월 17일 필리핀 민다나오 섬 빈민가에서 태어났다. 다섯 살 무렵부터 바다 일을 했고 열두 살 때부터는 집 나간 아버지를 대신해서 길거리에서 담배와 아이스크림을 팔며 가족의 생계를 책임져야 했다. 그러다 더 큰 꿈을 위해 필리핀 마닐라로 향했고 단돈 2달러를 벌기 위해 복싱에 입문한 뒤 각종 상을 휩쓸며 복싱계의 샛별이 됐다. 그리고 미국으로 진출, 인생의 멘토가 된 프레디 로치 트레이너를 만나면서 세계 최고의 복서로 성장했다.

메이웨더는 1977년 2월 24일생으로 파퀴아오보다 두 살 가까이 많다. 미국 미시건 주에서 태어난 그는 아버지 플로이드 메이웨더 시니어와 두 삼촌이 모두 복서 출신으로 복싱 가문에서 엘리트 코스를 밟았다. 열아홉 살이던 1996년 애틀랜타올림픽 국가대표로 출전해 동메달을 따냈고, 프로로 전향한 뒤에는 슈퍼페더급부터 슈퍼웰터급까지 5체급을 석권했다.

두 선수의 경기 스타일도 성장 과정만큼이나 무척 상반됐다. 한마디로 파퀴아오가 창, 메이웨더가 방패다. 파퀴아오는 사우스포, 즉 왼손잡이 스탠스를 취하는데 169센티미터의 작은 키를 극복하기 위해 상대 품으로 끊임없이 파고들어 쉴 없이 펀치를 날리는 전형적인 인파이터였다. 메이웨

플로이드 메이웨더 주니어(왼쪽)와 매니 파퀴아오는 단 한 판의 승부로 각각 1억 5,000만 달러 (약 1,720억 원)와 1억 달러(약 1,140억 원)를 벌어들였다.

더는 오소독스, 다시 말해 오른손잡이 스탠스로 왼손을 내리고 왼쪽 어깨를 좌우로 돌리며 상대 공격을 쳐내는 '숄더롤'이라는 방어기술을 가지고 있었다. 즉 전형적인 아웃복서였다. 키는 172센티미터로 파퀴아오보다 3센티미터 정도 더 컸다.

두 선수의 경기장 밖 생활도 무척 달랐다. 파퀴아오는 첫사랑과 결혼해 화목한 가정을 꾸린 반면, 메이웨더는 결혼한 적은 없지만 두 명의 여성과의 사이에 아이가 넷이나 있다.

파퀴아오는 필리핀 재선 하원의원으로 활동하는 정치인이기도 한데, 국민적 지지가 높아 대통령 후보로까지 거론되고 있다. 반면 메이웨더는 가정폭력, 내연녀 폭행, 나이트클럽 폭행사건 등으로 끊임없이 말썽을 피우면서 여러 차례 유죄 판결을 받고 교도소에 복역한 전력도 있다.

두 선수는 맞대결이 끝난 뒤 한 경기씩만 더 치르고 은퇴한다고 말했다. 그러나 두 선수는 2018년 1월 현재까지도 링에 남아 있다.

메이웨더는 파퀴아오에게 판정승을 거둔 뒤 같은 해인 2015년 9월 안드레 베르토(미국·당시 32세)와의 WBC·WBA 웰터급 통합 타이틀전에서 또다시 12회 심판 전원일치 판정승을 거두며 49전 전승 행진을 이어갔다. 49전 전승은 영화 〈록키〉의 실제 주인공인 전설의 헤비급 복서 로키 마르시아노(미국)와 타이 기록이다. 이 경기를 끝으로 은퇴를 선언했던 메이웨더는 2017년 8월 27일, UFC 챔피언인 코너 맥그리거(아일랜드·당시 29세)와의 대결을 위해 다시 링으로 돌아왔다. 이 경기 역시 복싱선수와 격투기 선수의 맞대결로 엄청난 화제를 모았는데, 경기 초반 맥그리거의 강펀치를 클린치(상대편의 공격을 피하기 위해 껴안는 일) 등으로 잘 피해 다니던 메이웨더가 결국 중반 이후 완전히 지쳐버린 맥그리거를 10라운드 TKO로 물리치고 마침내 50전 전승 기록을 세웠다.

반면 파퀴아오는 2017년 7월 2일, 호주 브리즈번 선코프 스타디움에 5만여 명의 복싱팬이 운집한 가운데 열린 WBO 웰터급 타이틀매치에서 당시까지 18전(17승 1무)에 불과한 제프 혼(호주·당시 29세)에게 12라운드 심판 전원일치 판정으로 충격의 패배를 당했다. 파퀴아오의 통산 전적도 59승 2무 7패가 됐다. 판정 결과를 놓고 논란이 일자 WBO는 파퀴아오 측의 요청을 받아들여 이 경기를 재채점했다. 그러나 결과는 원심과 같았다. 파퀴아오 측은 재대결을 추진했고, 2017년 11월 같은 장소에서 재대결이 예정됐다는 보도가 나오기도 했지만 현재까지는 이루어지지 않고 있다.

파퀴아오와 메이웨더의 나이는 2018년 현재 만 마흔한 살(메이웨더)과 마흔 살(파퀴아오)이다. 둘이 다시 링에 설 기회가 한 번 정도 더 있을지 모르지만, 두 선수 간 재대결이 성사되기는 사실상 어려워졌다. 그리고 두 선수의 맞대결은 이제 복싱팬들의 인구에 회자되는 '전설'로 남고 말았다.

매니 파퀴아오 (Manny Pacquiao)		플로이드 메이웨더 주니어 (Floyd Mayweather Jr.)
1978년 12월 17일	출생	1977년 2월 24일
1995년	프로 데뷔	1996년
169cm, 66.67kg	체격	172cm, 66.67kg
66전 58승(38KO) 2무 6패	통산 전적	50전 전승(27KO)
8체급(현 WBO 챔피언)	챔피언	5체급(현 WBC·WBA 챔피언)
인파이터	복싱 스타일	아웃복서

11 '철녀'와 '미녀'의 80번 대결, 마르티나 나브라틸로바 vs 크리스 에버트

1만 5천여 명이 운집한 관중석에서는 숨소리조차 들리지 않았다. 두 선수의 거친 숨소리와 외마디 기합 소리가 전부였다. 라켓과 코트에 닿는 테니스공 소리는 메아리가 되어 관중석 저 끝까지 울려 퍼졌다.

1978년 7월 7일, 영국 런던 윔블던 테니스대회 여자 단식 결승. 한쪽엔 은발의 푸른 눈을 가진 스물세 살 미모의 선수가, 다른 한쪽엔 근육질 몸매를 자랑하는 스물한 살의 우람한 선수가 긴 랠리를 거듭하고 있었다.

'미녀' 크리스 에버트(미국)와 '철녀' 마르티나 나브라틸로바(체코). 둘은 테니스 역사에 길이 남을 명승부를 펼쳤다. 세트스코어 1 대 1에서 마지막 3세트는 가장 치열한 접전이 펼쳐졌다. 결국 게임스코어 5 대 6으로 뒤지던 나브라틸로바가 기어이 7 대 6 역전승을 거두고 환호했다. 동유럽 선수로는 최초로 윔블던 정상에 오르는 순간이었다. 또 이 대회에서 이미 1974년과 1976년 두 차례나 우승을 경험한 에버트와의 라이벌 관계가 대등해졌음을 알리는 신호탄이었다.

두 선수는 모든 것이 대척점에 서 있었다. 우선 이미지부터 정반대였다. 나브라틸로바는 근육질을 자랑하는 강인한 인상의 '철의 여인'으로 불렸고, 에버트는 화려한 미모로 남성팬들을 사로잡는 '미녀'였다. 선호하는 코트도 완전히 달랐다. 에버트는 클레이 코트에서 강해 프랑스 오픈에서만 통산 7번 정상에 오른 반면, 나브라틸로바는 잔디 코트에서 강점을 보여 윔블던대회에서만 9번 우승했다.

에버트와 나브라틸로바는 1973년부터 1988년까지 무려 15년 동안 여든 차례나 맞대결을 펼쳤고, 14번이나 메이저대회 정상에서 맞붙은 여자 테니스 역사상 최고의 라이벌이다. 통산 맞대결 전적은 43승 37패로 두 살 아래인 나브라틸로바가 조금 더 이겼다. 이 가운데 14번의 메이저대회 결승전 맞대결에서는 나브라틸로바가 10번, 에버트가 4번 이겼다.

흥미로운 점은 에버트는 오른손잡이인 데 반해 나브라틸로바는 왼손잡이라는 것이다. 마치 남자 테니스 역사상 최고의 라이벌인 오른손잡이 로저 페더러와 왼손잡이 나달을 보는 것 같다. 하지만 왼손잡이 나달이 클레이 코트에 강한 반면, 나브라틸로바는 페더러와 같은 잔디 코트에 강했고, 에버트는 나달처럼 클레이 코트에 강했던 점은 서로 어긋난다. 나브라틸로바는 클레이 코트에 약했기 때문에 클레이 코트에서 열리는 프랑스 오픈을 1976년부터 1993년까지 18번 중에서 무려 10번이나 출전하지 않았다.

라이벌 대결의 서막, 1973년 역사적인 첫 맞대결

크리스 에버트는 1954년 12월 21일 미국 플로리다에서 태어났고, 마르티나 나브라틸로바는 1956년 10월 18일 체코의 수도 프라하가 고향이다. 훗날 나브라틸로바는 스물다섯 살이던 1981년 미국으로 망명해 에버트와 같은 나라 사람이 된다. 키는 에버트가 168센티미터, 나브라틸로바가 173센티미터로 5센티미터가량 차이가 났다.

두 선수는 공교롭게도 테니스 집안에서 태어났다. 에버트의 아버지 지미 에버트는 1947년 캐나다 오픈에서 우승한 경력이 있는 테니스선수 출신이고, 언니와 남동생도 모두 테니스선수였던 그야말로 테니스 가족이다. 에버트는 이런 가정환경에 영향을 받아 두 살 때부터 테니스 라켓을 장난감 삼아 가지고 놀았다.

에버트는 투핸드 백핸드의 원조로 불린다. 체구가 작고 힘이 약했던 어렸을 때부터 테니스를 하다보니 자연스럽게 양손으로 라켓을 잡는 걸 고집했던 결과다. 그의 아버지는 이것을 고치려고 무던히 애를 썼지만 소용없었다.

나브라틸로바 역시 부모님이 당시 체코슬로바키아의 테니스협회에서 일했고, 할머니는 1930년대 체코 테니스 국가대표까지 지낸 인물이다. 나브라틸로바도 아버지의 지도를 받았는데 또래 여자아이들과는 상대가 안 돼서 주로 남자아이들이나 성인 여성과 경기를 했다.

두 선수는 공교롭게도 1970년대 초반 당시 세계랭킹 1위였던 마거릿 스미스 코트(Margaret Smith Court)를 물리치고 이름을 알렸다. 에버트는 만 열다섯 살을 갓 넘긴 1970년 노스캐롤라이나의 한 토너먼트 대회에서 자신의 이름을 알린 '사고'를 치는데, 바로 그해 4대 메이저대회를 모두 석권하고 그랜드슬램의 위업을 달성했던 마거릿 스미스 코트를 1, 2세트 모두 7 대 6으로 꺾고 세트스코어 2 대 0으로 이긴 것이다. 나브라틸로바 역시 그로부터 4년 뒤 만 열여덟 살이던 1974년 호주 오픈 8강전에서 마거릿 스미스 코트를 물리치는 대이변을 연출하며 자신의 존재를 각인시켰다.

이즈음 두 선수의 역사적인 첫 맞대결이 펼쳐졌다. 에버트가 만 열아홉 살, 나브라틸로바가 만 열일곱 살이던 1973년 미국 오하이오 주 아크론에 서였다. 체코 출신의 나브라틸로바는 이 경기가 생애 첫 원정경기였다. 결과는 1세트 7 대 6, 2세트 6 대 3으로 에버트의 완승이었다. 하지만 이 경기는 라이벌 대결의 서막에 불과했다. 두 선수는 이후 1988년까지 15년 동안 무려 80번이나 만났는데, 나브라틸로바가 43번 이겼고, 크리스 에버트가 37번 승리했다. 에버트가 3번만 더 이겼다면 두 선수는 40승 40패로 승패까지 같아질 뻔했다.

최고의 명승부는 1978년 윔블던과 1981년 호주 오픈 결승

이후 에버트는 1973년 프랑스 오픈과 윔블던대회에서 준우승을 차지하면서 메이저 타이틀에 바짝 다가섰고, 마침내 이듬해인 1974년 프랑스 오픈과 윔블던을 잇따라 제패하면서 자신의 전성기를 활짝 열었다.

에버트보다 두 살 아래인 나브라틸로바는 에버트가 메이저대회에서 처음으로 우승했던 1974년 프랑스 오픈 혼합복식에서 생애 첫 메이저 타이틀을 따냈다. 하지만 여자 단식 우승까지는 그로부터 4년이나 더 걸렸는데, 1975년 호주 오픈과 프랑스 오픈에서는 준우승에 머물렀지만 1978년 윔블던 결승에서 에버트를 극적으로 물리치고 생애 첫 메이저대회 단식 타이틀을 거머쥐었다.

'미녀' 크리스 에버트(위쪽)와 '철녀' 마르티나 나브라틸로바는 선수시절 무려 80번의 맞대결을 펼쳤다.

바로 이 경기는 두 선수의 여든 차례 맞대결 가운데서도 최고의 명승부로 꼽히는 두 경기 중 하나다. 에버트는 1978년 윔블던 결승전 당시 세계랭킹 1위 자리를 2년이나 유지하고 있었다. 당연히 에버트의 우세가 점쳐졌던 경기였지만 예상을 뒤엎고 나브라틸로바가 극적인 역전승을 거뒀다. 나브라틸로바는 1세트를 에버트에 2 대 6으로 쉽게 내줘 싱거운 경기가 예상됐다. 하지만 2세트를 6 대 4로 이긴 뒤, 마지막 3세트에서 대접전 끝에 7 대 5로 이겼다. 이렇게 나브라틸로바의 생애 첫 메이저대회 우승은 에버트라는 큰 산을 넘어 달성했기에 감격이 더했다.

또 다른 최고의 명승부는 1981년 호주 오픈 결승전을 꼽을 수 있다. 윔블던대회는 잔디 코트에 강한 나브라틸로바가, 프랑스 오픈은 클레이 코트에 강한 에버트가 우세하지만 당시만 해도 호주 오픈은 하드 코트가 아니라 클레이 코트였다. US 오픈만이 예나 지금이나 누구의 우세를 점치기 힘든 하드 코트에서 열린다. 이 경기는 1세트 나브라틸로바가 접전 끝에 7 대 6으로 이겼지만, 에버트가 2세트를 6 대 4로 따내며 세트스코어 1 대 1을 만들었다. 하지만 마지막 3세트에서 나브라틸로바가 치열한 접전 끝에 7 대 5로 이기면서 긴 승부에 마침표를 찍었다. 클레이 코트에 강한 에버트를 넘어섰기에 기쁨이 배가 됐다.

4대 메이저대회 18번씩 똑같이 우승

두 선수의 여자 단식 통산 승률은 크리스 에버트 90퍼센트, 마르티나 나브라틸로바 87퍼센트로 둘 다 엄청난 기록을 자랑한다. 특히 에버트의 승률 90퍼센트 기록은 경이적이다. 반면 통산 승수는 나브라틸로바가 더 많다. 나브라틸로바는 통산 1,640전 1,428승 212패, 에버트는 1,455전 1,309승 146패를 기록했다. 나브라틸로바가 185경기를 더 뛰었고, 119승을 더 챙겼다.

두 선수가 여자 단식에서 이룩한 통산 우승 횟수는 나브라틸로바가 167번, 에버트가 157번에 이른다. 또 둘 다 100주 이상 연속으로 세계랭킹 1위를 지키기도 했는데, 에버트는 1976년부터 78년까지 113주 동안, 나브라틸로바는 1982년부터 85년까지 156주 동안 세계랭킹 1위를 이어갔다.

두 선수가 테니스선수로서 쌓은 업적은 실로 어마어마하다. 우선 에버트는 꾸준함의 대명사였다. 1974년부터 13년 연속으로 매년 최소 1개 이상의 메이저대회에서 우승했는데, 이 기록은 아직까지도 에버트가 유일하게 가지고 있는 대기록이다. 다른 선수들은 13년 연속 메이저대회에서 4강 이상의 성적을 거둔 이도 없다. 또 1975년부터 1981년까지 7년 연속 연말 세계랭킹 1위에 올랐고, 1972년부터 1989년까지 무려 18년 동안이나 세계랭킹 4위를 벗어난 적이 없는 최장수 상위 랭커의 주인공이다.

나브라틸로바 역시 엄청난 기록의 소유자다. 무엇보다 아무도 깨지 못하고 있는 통산 타이틀 숫자인데, 여자 테니스 단식 우승 167회를 비롯해서 여자 복식까지 합하면 무려 329번이나 정상에 올랐다. 이것은 남녀 통틀어 아직까지 깨지지 않는, 아니 적어도 21세기엔 깨지기 힘든 기록이다. 게다가 국가대항전인 컨페더레이션스컵에서는 단식에서 20승 무패, 복식에서 17승 무패로 한 번도 지지 않았고, 팀을 7번이나 정상에 올려놓았다. 흥미로운 것은 체코 국적으로 조국을 두 차례 정상에 올려놓은 뒤 1981년 미국으로 망명한 뒤 에버트와 함께 미국 국적으로 5번이나 더 우승을 맛봤다. 에버트와 최강의 복식 조를 이루기도 한 것이다. 특히 1994년 서른여덟 살에 은퇴했다가 6년 만인 2000년 마흔네 살의 나이로 코트에 복귀한 나브라틸로바는 마흔일곱 살이던 2003년 윔블던대회 혼합복식과 쉰 살이던 2006년 US 오픈 혼합복식에서 우승해 세상을 깜짝 놀라게 했다.

그런데 여기서 재밌는 점이 있다. 바로 두 선수가 통산 메이저대회 여자 단식에서 우승한 횟수가 똑같다는 것. 메이저 타이틀이 18번씩으로 똑같은데, 클레이 코트에 강했던 에버트는 프랑스 오픈이 7번으로 가장 많고, 이어 US 오픈 6번, 윔블던 3번, 호주 오픈 2번 순이다. 반면 잔디 코트에 강했던 나브라틸로바는 윔블던대회가 9번으로 가장 많고, 이어 US 오픈 4번, 호주 오픈 3번, 프랑스 오픈 2번 순이다. 단식과 복식을 넘나든 나브라틸로바는 여기에 더해 통산 메이저대회 여자 복식에서 31번이나 우승했고, 혼합복식에서도 메이저대회에서 10번이나 정상에 올랐다. 여자 단식, 여자 복식, 혼합복식을 합쳐 메이저대회 우승이 무려 쉰아홉 차례에 이른다.

코너스와 사랑에 빠진 에버트, 코너스와 성 대결 펼친 나브라틸로바

또 하나 흥미로운 점은 두 선수 모두 당시 남자 단식 최고의 스타 지미 코너스와 얽힌 인연이 있다는 것이다. 우선 크리스 에버트는 지미 코너스와 혼합복식 조를 이루면서 사랑에 빠져 약혼까지 한 사이였다. 그들은 당대 최고의 미남-미녀 테니스 커플로 전 세계를 떠들썩하게 했다. 하지만 정작 결혼까지 이르지 못하고 결별하고 말았다.

반면 나브라틸로바는 코너스와 테니스 역사상 최초의 남녀 성 대결을 펼쳐 전 세계를 떠들썩하게 했다. 결과는 코너스의 완승이었지만 여성이 당대 최고의 남성 선수에게 도전장을 내민 것만 해도 대단한 일로 평가됐다.

에버트는 코너스와 결별한 뒤 1979년 동료 테니스선수였던 존 로이드와 결혼했지만 8년 만에 파경을 맞았다. 그리고 1988년 서울올림픽이 끝난 뒤 겨울올림픽 스키선수 출신인 앤디 밀과 재혼해 세 아들을 낳고 현재 미국 플로리다에서 살고 있다.

나브라틸로바는 스물다섯 살이던 1981년 커밍아웃을 선언하고 동성애자와 양성애자의 인권운동에 앞장섰는데, 그 이후 독신으로 살다가 2014년 12월, 열여섯 살 연하의 러시아 미인대회 출신으로 딸 하나를 두고 이혼한 줄리아 레미고바와 5년 동안 사귄 끝에 동성 결혼을 해 화제를 모았다.

크리스 에버트 (Chris Evert)		마르티나 나브라틸로바 (Martina Navratilova)
1954년 12월 21일	출생	1956년 10월 18일
미국 플로리다	고향	체코 프라하
오른손잡이, 양손 백핸드	특징	왼손잡이, 한 손 백핸드
1,309승 146패(승률 90.0%)	통산 전적	1,142승 219패(승률 86.8%)
154회	통산 우승	167회
18회 (호주 오픈 2회, 프랑스 오픈 7회, 윔블던 3회, US 오픈 6회)	메이저대회 우승	18회 (호주 오픈 3회, 프랑스 오픈 2회, 윔블던 9회, US 오픈 4회)

12 61번과 16번의 자존심 대결, 박찬호 vs 노모 히데오

　동양에서 온 두 남자, 박찬호와 노모 히데오. 박찬호가 LA 다저스에 1년 먼저 입단했지만 마이너리그를 전전할 무렵, 이미 일본 프로야구에서 성공한 노모 히데오는 다저스에서도 특급 대우를 받고 있었다. 클럽하우스 로커룸에서 서로를 힐끗힐끗 훔쳐보았던 둘은 자연히 라이벌 의식을 싹 틔웠다.

　둘은 같은 듯하면서도 다른, 다른 것 같지만 묘하게 닮은 점이 많은 메이저리그 아시아 1세대 투수들이다. 두 사람에게 지난 2014년 새해 벽두에 반가운 소식이 날아들었다. 현역시절 아시아 투수 최다승을 놓고 치열한 자존심 대결을 펼쳤던 그들에게 미국 메이저리그 사무국이 같은 해 1월 18일 '야구 개척자(Pioneers of Baseball)' 상을 수여한다는 소식이었다.

　둘은 똑같이 LA 다저스에서 데뷔해 한때 다저스의 원투 펀치로 활약했고, 아시아 출신 메이저리그 최다승 1, 2위의 기록을 남겼다. 메이저리그 통산 성적은 박찬호가 124승 98패 평균자책점 4.36, 노모가 123승 109패

평균자책점 4.24를 기록했다. 메이저리그 통산 등판 경기 수는 박찬호가 열일곱 시즌 동안 476경기, 노모가 열두 시즌 동안 323경기에 나섰다. 선발로는 노모가 318경기, 박찬호가 287경기로 노모가 31경기 더 등판했다.

박찬호는 노모보다 다섯 살 어리다. 하지만 메이저리그 데뷔는 오히려 1년 빨랐다. 1994년 메이저리그 역사상 열일곱 번째로 마이너리그를 거치지 않고 메이저리그에 직행한 선수로 기록됐다. 노모는 이미 일본에서 정상급 투수로 발돋움한 반면, 박찬호는 대학 재학 중에 신데렐라처럼 메이저리그에 데뷔했다. 이 때문에 노모는 일본에서 이미 완성된 '메이드 인 재팬'이었고, 박찬호는 미국에서 만들어진 '메이드 인 유에스에이'라는 말이 나오기도 했다.

노모는 일본에서 데뷔 첫해인 1990년 시즌 최다승인 18승과 2.91의 평균자책점, 287탈삼진, 6할 9푼 2리의 최고 승률을 기록하면서 신인상과 MVP를 동시에 석권했다. 또 최고의 투수에게 주는 사와무라 상, 일본 프로스포츠 대상 등 각종 상을 휩쓸면서 데뷔 시즌을 화려하게 장식했다. 데뷔 시즌부터 4년 연속 17승 이상을 기록했고, 일본에서 뛴 다섯 시즌 동안 한 해 평균 15승이 넘는 78승을 거뒀다. 그러나 박찬호는 대학 2학년 때까지 야구인들 사이에서 빠른 공을 던지는 투수가 있다는 정도로만 알려졌을 뿐 일반팬들에겐 거의 알려지지 않은 무명 선수였다.

LA 다저스에서 똑같이 16번을 원했던 두 선수

두 선수의 메이저리그 데뷔 과정은 대조적이었다. 박찬호는 1994년 4월

8일 애틀랜타 브레이브스와의 경기에서 9회에 구원으로 등판해 역사적인 메이저리그 데뷔전을 치렀다. 하지만 1이닝 동안 여섯 타자를 상대하면서 안타 1개와 볼넷 4개로 2실점했고, 엿새 뒤 세인트루이스 카디널스와의 경기에서 5회부터 3이닝을 던졌는데 홈런 1개를 포함해 안타 4개와 볼넷 3개를 허용하면서 3실점했다. 박찬호는 이 경기 뒤 메이저리거가 된 지 불과 17일 만에 마이너리그 더블A팀으로 내려갔다.

박찬호가 마이너리그에서 2년 차를 맞고 있던 1995년, 노모는 박찬호와 같은 팀인 LA 다저스 유니폼을 입고 메이저리그에 진출했다. 일본 프로야구선수가 메이저리그에 입단하는 것은 지금이야 흔한 일이 됐지만, 당시 노모는 1964년 무라카미 마사노리 이후 무려 30년 만에 나온 일본인 메이저리거였다.

노모는 다저스에 입단하자마자 선발 자리를 꿰찼다. 꽈배기처럼 몸을 꼬며 타자에게 등을 보이는 독특한 스타일의 투구 폼과 낙차 큰 포크볼(투수가 집게손가락과 가운뎃손가락 사이에 끼어 던지는 공)로 눈길을 끌었다. 노모는 그해 13승 6패, 2.54의 좋은 성적으로 신인상을 수상했다. 아울러 태평양을 건너 일본과 미국 무대에서 연거푸 신인상을 받은 최초의 선수가 됐다.

둘의 묘한 인연은 등번호부터 시작됐다. 다저스에 입단했을 때 박찬호와 노모 모두 16번을 달고 싶어했다. 그런데 박찬호가 입단한 1994년 당시 다저스에는 론 페로나스키라는 투수 코치가 이미 16번을 달고 있었다. 노장 코치의 등번호를 빼앗을 수 없었던 박찬호는 대신 16번을 거꾸로 한 61번을 달게 됐다. 그런데 이듬해 노모가 입단해서 역시 16번을 원했는데, 마침 페로나스키 투수 코치가 샌프란시스코로 이적하면서 16번이 비어 있었고, 노모는 무주공산이 된 16번을 쉽게 차지할 수 있었다.

둘은 LA 다저스 시절 클럽하우스에서 바로 옆 로커를 썼다. 자연히 서로를 유심히 관찰할 수 있는 위치였다. 노모는 1995년 입단 첫해부터 내셔널리그 신인왕을 차지하면서 스포트라이트를 받았지만, 박찬호는 1994년과 1995년 대부분을 마이너리그에서 보냈다. 노모는 늘 미모의 리포터들이 인터뷰를 했지만, 박찬호 곁에는 중년의 남자 기자들뿐이었다. 박찬호는 훗날 "그런 노모가 부러웠다"고 털어놓기도 했다.

노모는 미모의 일본 TV 앵커와 심심치 않게 스캔들을 일으키기도 했고, 메이저리그 생활을 하는 동안 항상 통역을 대동하고 다니며 언론과의 직접 접촉을 피해 일본 기자들 사이에서도 냉정하기로 유명했다. 반면 박찬호는 한국 기자들 몇몇과는 상당히 절친한 관계를 유지했다.

동양인 통산 최다승 경쟁으로 라이벌 관계 '절정'

두 선수는 메이저리그에서 활약하는 동안 똑같이 7개 팀을 거쳤다. 박찬호는 다저스에 이어 텍사스 레인저스, 샌디에이고 파드리스, 뉴욕 메츠, 뉴욕 양키스, 필라델피아 필리스, 피츠버그 파이리츠에서 17년을 뛰었다. 노모는 다저스에 이어 뉴욕 메츠, 밀워키 브루어스, 디트로이트 타이거스, 보스턴 레드삭스, 탬파베이 레이스, 캔자스시티 로열스까지 역시 7개 팀에서 열두 시즌을 뛰었다. 일본 프로야구 긴데쓰 버펄로스에서 다섯 시즌을 뛰고 메이저리그에 입성한 것을 감안하면 노모 역시 박찬호와 똑같은 열일곱 시즌이다. 물론 박찬호는 나중에 일본과 한국 프로야구에서 세 시즌을 더 뛰었다.

박찬호(오른쪽)와 노모 히데오의 메이저리그 동양인 통산 최다승 경쟁은 결국 박찬호의 승리로 막을 내렸다.

둘은 다저스에서 3년 반 동안 한솥밥을 먹은 것을 제외하면 언제나 다른 팀에 있었지만 묘하게도 메이저리그에서 선발 맞대결을 펼친 적은 단 한 번도 없었다.

한·일 투수 맞대결에선 박찬호가 3승을 거둔 반면, 노모는 1패만 기록했다. 2013년까지 한·일 선발 맞대결은 딱 9번밖에 없었는데, 박찬호는 LA 다저스 시절이던 2000년 4월 5일 몬트리올 엑스포스전에서 이라부 히데키와, 또 그해 7월 21일과 26일 콜로라도 로키스전에서 요시이 마사토와 2번 연속 만나는 등 일본인 투수와 3번 맞대결을 벌여 3번 모두 이겼다.

반면 노모는 다저스에 복귀했던 2004년 5월 3일 몬트리올 소속의 김선우와 맞붙어 5이닝 3실점으로 비교적 잘 던지고도 패전투수가 됐고, 김선우는 5이닝 2실점으로 승리투수가 됐다.

둘의 라이벌 의식은 언제 싹텄을까. 1990년대 중후반 다저스에서 한솥밥을 먹을 때부터라고 할 수 있다. 둘은 같은 동양인으로 늘 비교 대상이 됐고, 1997년 나란히 14승을 거두며 팀 내 다승 공동 1위를 차지하면서 보이지 않는 경쟁을 펼쳤다. 이후 동양인 통산 최다승을 놓고 노모가 달아나면 박찬호가 쫓아가면서 라이벌 관계가 절정에 달했다.

두 선수는 내셔널리그와 아메리칸리그(메이저리그는 내셔널리그와 아메리칸리그로 구성됨)로 서로 갈라져 있을 때가 많았는데, 1999년 노모가 밀워키로 이적하고 박찬호가 다저스에 남아 있었을 때 같은 내셔널리그에서 노모가 12승, 박찬호가 13승을 거두며 선의의 경쟁을 펼쳤다. 하지만 그때도 맞대결은 성사되지 못했다.

두 선수의 투구 스타일 역시 같은 듯하면서도 달랐다. 먼저 둘의 공통점은 빠른 공에 비해 제구력이 좋지 않았다는 점이다. 노모는 고등학교 진학을 앞두고 공은 빠르지만 제구력이 좋지 않아 여러 학교로부터 외면을 받은 끝에 고향인 오사카 지역의 세이조공업고등학교에 진학했다. 박찬호 역시 강속구에 견줘 컨트롤이 들쭉날쭉해 공주고등학교 시절 투수보다는 3루수로 출전하는 경우가 많았다. 하지만 노모와 박찬호 둘 다 제구를 가다듬자 보석이 됐다.

두 투수 모두 땅볼 투수가 아니라 뜬공 투수라는 점도 닮았다. 즉 맞춰 잡는 피칭이 아니라 타자를 힘으로 압도하는 삼진형 투수였던 것이다. 투구 폼 역시 독특했는데, 노모는 이른바 몸을 비비 꼬는 '토네이도 투구법'으로 유명했고, 박찬호는 메이저리그 초기에 자신의 우상이었던 놀란 라이언을 따라 이른바 '하이킥 투구 폼'을 구사했다. 노모의 주 무기는 강력한 포크볼이었고, 박찬호는 라이징패스트볼(패스트볼은 가장 오래되고 보편적인 구종, 즉 직구를 말하고, 라이징패스트볼은 패스트볼이 홈플레이트 부근에서 마치 떠오르는 것처럼 보이는 현상을 말함)과 커브볼이 위력적이었다. 그런데 재미있는 것은 두 선수가 서로의 구위를 매우 부러워했다는 점이다.

두 선수가 야구선수로서 자존심 대결을 펼친 것은 사실이지만 인간적으로는 친근한 사이였다. 노모가 다저스를 떠난 뒤 박찬호는 "노모 선수의 빈 로커가 너무나 허전해 보인다"며 아쉬워했고, 박찬호가 한국에서 장학회를 만들었을 때 노모는 일본에서 일부러 귀국해 박찬호의 장학사업을 돕기도 했다. 박찬호는 기자들에게 틈만 나면 노모의 인간적인 면을 부각시키며 칭찬했다.

두 투수는 메이저리그에 위대한 기록을 많이 남겼다. 그중에서 둘이 자존심을 걸고 다퉜던 아시아 선수 역대 최다승의 승자는 결국 박찬호가 가져갔다. 노모가 도망가면 박찬호가 쫓아가는 양상이 전개되다가, 통산 123승을 거둔 채 2006년 노모는 은퇴하고 말았다. 그때 박찬호는 113승으로 10승이나 부족했다. 게다가 박찬호는 그 이듬해(2007년) 1승도 거두지 못하고 내리막길을 걸었다. 나이도 서른다섯에 접어들었고, 보직도 불펜으로 바뀌었다. 하지만 박찬호는 2008년부터 2010년까지 세 시즌 동안 불펜에서 11승을 보태면서 124승으로 마침내 노모를 뛰어넘어 아시아 선수 역대 최다승 기록을 세웠다.

박찬호의 승리는 극적이었다. 박찬호는 2009년 시즌을 마쳤을 때 노모의 123승에 3승이나 모자란 120승을 기록 중이었다. 게다가 나이는 들고 구위는 떨어졌다. 메이저리거로 계속 남을 수 있을지조차 매우 불투명했다. 다행히 2010년 시즌 연봉 120만 달러를 받고 뉴욕 양키스로 이적했다. 양키스에서 불펜 투수로 전반기에 2승을 거뒀기에, 통산 122승으로 이제 노모의 기록에 1승 차로 다가섰다. 하지만 그의 활약은 기대 이하였고, 결국 그해 7월 31일 양키스에서 방출되기에 이른다. 그러나 나흘 뒤인 2010년 8월 4일, 내셔널리그 중부지구 팀인 피츠버그 파이어리츠가 극적으로 박찬호를 영입했다.

어느덧 시즌은 9월로 접어들었지만 박찬호는 좀처럼 승수를 보태지 못했다. 이후 박찬호는 9월 13일 승리투수가 되면서 통산 123승으로 노모와 타이를 이뤘다. 이제 남은 경기는 3경기. 10월 2일, 플로리다 말린스와의 경기에서 3 대 1로 앞서던 5회, 존 러셀 감독이 갑자기 호투하던 선발 다니엘 매커친을 내리고 박찬호를 올렸다. 러셀 감독은 박찬호의 통산 124승의 의미를 알고 있었다. 박찬호는 러셀 감독의 배려에 보답이라도 하듯 3이닝 동안 삼진을 6개나 잡아내며 124승을 달성했다.

박찬호가 노모와의 자존심 대결에서 우위를 차지한 기록이 하나 더 있다. 바로 아시아 선수 한 시즌 최다승 기록이다. 박찬호는 2000년 18승을 기록하며 1996년 노모가 가지고 있던 16승을 넘어, 아시아 선수 한 시즌 최다승 기록을 세웠다. 노모는 이후 2002년과 2003년 연거푸 16승을 기록했지만 박찬호의 18승을 넘어서지는 못했다.

박찬호의 한 시즌 18승은 2006년과 2007년 대만 출신의 왕첸밍이 19승을 연거푸 기록하기 전까지 6년 동안 아시아 선수 최고 기록으로 남았다. 하지만 박찬호에겐 유독 불명예 기록도 많다. 대표적인 게 '한만두'. 한 이닝 만루 홈런 2개를 맞았는데, 한 경기도 아니고 한 이닝에 그것도 같은 타자에게 맞았으니 너무나 희귀한 기록이고, 야구 역사에서 또다시 나오기 어려운 희한한 기록이다. 1999년 4월 24일, 세인트루이스 카디널스와의 경기였다. 2 대 0으로 앞서던 3회 초 페르난도 타티스에게 연타석 만루 홈런을 맞는 등 3회 초에만 11실점을 하고 말았다. 타티스는 한 이닝에 같은 투수에게 만루 홈런 2개를 치면서 한 이닝 8타점을 기록하는 야구 역사상 전무후무한 기록을 세웠다.

박찬호는 또 메이저리그 역사상 한 시즌 최다 홈런 신기록을 세웠던 배리 본즈 기록의 희생양이 되기도 했다. 당시 본즈는 마크 맥과이어가 세웠던 한 시즌 최다 홈런 70개와 타이를 이룬 상태였는데, 2001년 10월 6일 샌프란시스코 자이언츠의 홈구장 AT&T 파크에서 열린 경기에서 박찬호를 상대로 71호와 72호 홈런을 연거푸 터뜨리며 대기록을 세웠다.

박찬호와의 경쟁에선 자존심이 상했을지 모르지만 노모는 불멸의 기록을 많이 가지고 있다. 우선 1995년 아시아 선수 최초로 내셔널리그 신인상을 수상했고, 그해 아시아 선수 최초의 올스타전 선발투수라는 영예도 안았다. 특히 아시아 선수 최초로 메이저리그 양대 리그에서 모두 노히트노런(투수가 상대 팀 선수에게 무안타, 무실점인 상태로 경기에서 승리한 것)을 달성했다. 1996년, 내셔널리그 소속의 다저스 시절 '투수들의 무덤'이라는 쿠어스필드에서 노히트노런을 기록했고, 여러 팀을 떠돌면서 저니맨 생활을 하던 2001년, 아메리칸리그 팀인 보스턴 레드삭스 유니폼을 입고 시즌 데뷔전에서 또 노히트노런을 달성했다.

양대 리그 노히트노런 기록은 메이저리그 전체를 통틀어도 전설의 투수 사이 영, 짐 버닝, 놀란 라이언에 이어 노모가 네 번째 기록이다. 나중에 랜디 존슨이 다섯 번째로 합류했으니 메이저리그를 빛낸 쟁쟁한 선수들과 당당히 어깨를 나란히 한 것이다.

박찬호와 노모가 얼마나 대단한 투수였는지는 메이저리그 정상급 투수의 지표인 한 시즌 200이닝 달성 기록에서도 엿볼 수 있다. 노모는 네 차례(1996년, 1997년, 2002년, 2003년)나 200이닝 이상을 던졌고, 박찬호는 1998년, 2000년, 2001년 등 세 차례 200이닝 이상을 달성했다. 특히 박찬호는 2001년 234이닝을 던지며 아시아 투수 한 시즌 최다 이닝 기록도 세웠다.

박찬호와 노모는 2014년 1월 18일, 미국 뉴욕에서 열린 버드 셀리그 메이저리그 커미셔너의 이임식에서 나란히 야구 개척자상을 받았다. 하지만 노모는 개인 사정으로 아쉽게도 참석하지 못했다. 대신 박찬호와 노모를 잇따라 영입해 '아시아 출신 열풍'을 일으킨 피터 오말리 전 LA 다저스 구단주가 대리 수상했다.

한국과 일본을 대표하며 메이저리그의 한 페이지를 장식한 박찬호와 노모. 그들은 진정 위대한 아시아의 야구 개척자들이다.

박찬호		노모 히데오 (野茂英雄)
1973년 6월 29일	출생	1968년 8월 31일
한국 충남 공주	고향	일본 오사카
아시아 출신 메이저리그 최다승 1위	기록	아시아 출신 메이저리그 최다승 2위
17시즌 476경기 (선발 287경기)	메이저리그 출전 경기 수	12시즌 323경기 (선발 318경기)
124승 98패 (평균자책점 4.36)	메이저리그 성적	123승 109패 (평균자책점 4.24)

13 친구가 된 축구 혁명가, 프란츠 베켄바워 vs 요한 크루이프

2016년 3월 25일, 1970년대 세계 최고의 축구 스타이자 네덜란드 출신의 축구 혁명가 요한 크루이프의 사망 소식이 전 세계 언론에 보도됐다. 이 소식을 들은 칠순의 한 노인은 큰 충격에 빠졌다. 그는 현역시절 크루이프와 숨 막히는 라이벌 관계를 형성했던 프란츠 베켄바워다. 베켄바워는 크루이프의 사망 소식이 전해지자 자신의 공식 트위터를 통해 "요한 크루이프가 세상을 떠났다는 말에 충격을 받았다. 그는 나의 좋은 친구이자 형제였다"라고 하면서 애도했다.

현대 축구 최고의 라이벌이 메시와 호날두라면, 1970년대 최고의 축구 라이벌은 네덜란드의 요한 크루이프와 독일의 프란츠 베켄바워였다. 베켄바워는 리베로의 역할을 재정립한 주인공이고, 크루이프는 '토털 사커'를 완성한 축구 혁명가였다. 두 선수는 조국 네덜란드와 서독(통일 전 독일)의 명예를 걸고 1974년 서독월드컵 결승에서 숙명의 대결을 펼쳤고, 세계 최고의 축구선수에게 수여하는 발롱도르 상을 놓고 5번이나 경쟁하기도 했다.

'리베로의 재정립자' vs '토털 사커의 완성자'

프란츠 베켄바워는 1945년 9월 11일, 2차 세계대전 직후 폐허가 된 서독 뮌헨에서 태어났다. 아버지는 우체국에서 우편물 보관소장으로 일하던 프란츠 베켄바워 시니어이고 어머니는 안토니에로, 그는 그들의 둘째 아들이었다. 여덟 살 때 뮌헨의 유소년팀에서 축구를 시작했고, 열두 살 때 FC 바이에른 뮌헨의 유소년팀에 입단했다.

요한 크루이프는 1947년 4월 25일 네덜란드 암스테르담에서 태어났다. 그의 생가는 아약스 홈구장 옆 동네였는데, 열두 살 때 채소가게를 운영하던 아버지가 심장마비로 돌아가신 뒤 어머니는 가게를 접고 아약스 홈구장 청소부로 일하게 됐다. 크루이프는 생계를 돕기 위해 열세 살 때 학교를 그만두고 아르바이트를 시작했다. 고용주의 배려로 오전에는 일을 하고 오후에는 축구 훈련을 하면서 축구선수의 꿈을 키웠다.

나이는 베켄바워가 두 살 많지만, 프로 데뷔는 베켄바워가 만 19세, 크루이프가 만 17세이던 1964년 같은 해에 했다. 베켄바워는 바이에른 뮌헨 소속이었고, 크루이프는 아약스 소속이었다. 크루이프는 아약스에 입단한 지 2년 만인 1965~1966시즌에 팀을 정상에 올려놓았다. 만 스무 살도 안된 나이였다. 이후 1968년까지 세 시즌 연속 리그 우승을 시키는 등 스페인 바르셀로나로 떠나기 전인 1973년까지 8년 동안 리그 우승 6번, FA컵 우승 4번을 소속팀 아약스에 안겼다.

베켄바워도 만만치 않은데, 소속팀 바이에른 뮌헨에서 데뷔 3년 차이던 1967년 '더블'(정규리그 우승과 컵대회 우승)을 기록했고, 팀의 주장을 맡은 1968~1969시즌을 시작으로 4번이나 분데스리가(독일 프로축구 1부 리그) 우승을 차지했다.

챔피언스리그도 나란히 3년 연속 우승을 차지했다. 유로피언컵, 즉 지금의 챔피언스리그에서 크루이프의 아약스가 1971년부터 1973년까지 3년 연속 챔피언에 오르자, 베켄바워의 바이에른 뮌헨은 곧바로 이어서 1974년부터 1976년까지 챔피언스리그 우승을 차지했다. 지금까지 챔피언스리그를 3년 연속 제패했거나 통산 5회 이상 우승을 차지한 팀은 단 6개 팀에 불과한데, 독일에서는 바이에른 뮌헨이, 네덜란드에서는 아약스가 유일하다. 두 선수가 존재하지 않았다면 불가능한 일이었다.

두 선수는 소속팀 아약스와 바이에른 뮌헨에서 엄청난 활약을 펼치다가 나란히 다른 팀으로 이적했다. 크루이프는 팀을 챔피언스리그 3회 연속 정상에 올려놓은 뒤 1973년 여름 FC 바르셀로나 유니폼을 입었다. 이적료는 약 200만 달러(약 20억 원). 당시로서는 천문학적인 금액이었다. 그런데 크루이프는 훗날 자신이 바르셀로나의 라이벌인 레알 마드리드 유니폼을 입을 뻔했다고 털어났다. 크루이프의 몸값이 치솟자 그를 이적시키기로 마음먹은 아약스는 가장 큰돈을 제시한 레알 마드리드와 교섭을 벌였던 것이다. 크루이프는 당시를 회고하며 "다들 내가 '(프랑코 독재 체제의) 파시스트 국가로 가는 거냐'며 걱정했다. 하지만 (스페인이 아닌) 카탈루냐 클럽에서 도전해보고 싶었고, 그 꿈을 이뤘다"고 했다.

베켄바워는 1977년 바이에른 뮌헨에서 미국의 뉴욕 코스모스로 이적했지만 활약은 미미했다. 그는 나중에 "축구에 있어서는 장래성이 없는 결정이었다"고 후회하기도 했다. 게다가 그는 미국으로 이적하면서 서독 대표팀 선수 경력도 마감했다.

반면 크루이프의 이적은 성공적이었다. 바르셀로나에는 크루이프가 아약스에서 호흡을 맞췄던 리누스 미셸 감독이 지휘봉을 잡고 있었는데, 두 사람은 아약스에서 만든 토털 사커의 철학을 바르셀로나에 이식했다. 그리고 첫해부터 팀을 14년 만의 리그 우승으로 이끌었다. 특히 레알 마드리드 원정에서 5 대 0 대승을 거뒀는데, 경기가 끝나자 바르셀로나 도시 전체가 거리로 뛰쳐나와 환호하는 시민들로 뒤덮였다.

발롱도르 상, 크루이프 3회 vs 베켄바워 2회 수상

베켄바워와 크루이프는 세계 최고의 축구선수에게 수여하는 발롱도르 상을 놓고 치열한 경쟁을 펼쳤다. 크루이프는 1971년과 72년, 74년 3번 수상했고, 베켄바워는 1973년과 76년 2번 수상했다. 가장 치열했던 해가 1974년인데, 당시 베켄바워는 소속팀 바이에른 뮌헨의 리그 우승, 유로피언컵(챔피언스리그) 우승, 조국 서독의 월드컵 우승까지 일궈냈기에 당연히 발롱도르 수상이 유력했다. 하지만 놀랍게도 11표 차이로 크루이프에게 영광이 돌아갔다. 바르셀로나로 이적한 뒤 팀을 14년 만에 리그 우승으로 이끈 크루이프가 더 강력한 인상을 심어준 것이다.

크루이프와 베켄바워가 합쳐서 발롱도르 상을 5번 수상했다는 건, 2008년 이후 10년간 메시와 호날두가 발롱도르 상을 양분했듯이 1970년 대에는 크루이프와 베켄바워 두 선수의 라이벌 관계가 얼마나 치열했는지 보여주는 대목이다.

축구선수에게 세계 최고의 무대인 월드컵에서는 두 선수의 희비가 극명하게 엇갈렸다. 베켄바워는 1966년 잉글랜드, 1970년 멕시코, 1974년 서독 등 월드컵에 3번이나 출전해 1번의 우승을 차지했고, 크루이프는 1974년 서독월드컵 때 딱 1번 출전해 아쉽게 준우승에 머물렀다. 1978년 아르헨티나월드컵 때는 비델라 독재정권에 항의하며, 출전을 거부했는데, 월드컵이 열리기 1년 전에 가족이 납치당할 뻔한 일이 벌어져 출전을 포기했다는 말도 있었다.

두 선수가 월드컵에서 가장 치열하게 맞붙은 경기는 1974년 서독월드컵 결승전이다. 당시 네덜란드와 서독의 대결은 창과 방패의 대결이라고 불렸다. 네덜란드의 공격은 크루이프(3골)를 비롯해 득점 2위 요한 네스켄스(5골)와 득점 4위 요니 렙(4골), 그리고 크루이프와 함께 베스트11에 꼽힌 롭 렌센브링크까지 화려했다. 반면 서독은 베켄바워가 이끄는 수비가 탄탄했는데, 베켄바워 외에도 베르티 포그츠, 파울 브라이트너로 이어지는 수비가 대단했다. 여기에 골키퍼는 그 유명한 제프 마이어였다.

이 경기에서 네덜란드의 크루이프는 서독 수비수 포그츠의 거친 수비에 꽁꽁 묶여 제 구실을 하지 못했다. 크루이프의 부진에 대해 하프타임 때 담배를 피웠다는 흡연설과 부상을 숨기고 출전했다는 부상설 등이 난무했다. 결국 홈팀 서독은 네덜란드에 2 대 1로 역전승을 거두고 홈팬들에게 우승의 영광을 선사했다. 베켄바워는 조국 서독과 함께 우승의 영광을 차지했지만 크루이프는 네덜란드가 준우승에 머물고도 서독월드컵 MVP에 뽑혔다. MVP 투표 2위는 베켄바워였다.

두 선수의 통산 성적은 어땠을까. 요한 크루이프는 1964년 아약스에서 데뷔해 1984년 페예노르트에서 은퇴하기까지 클럽팀에서 20년 동안 524 경기에 출전해 무려 292골을 터뜨렸다. 경기당 0.56골의 엄청난 기록이다. 대표팀에서는 더 대단했다. A매치 48경기에서 33골을 넣어 경기당 평균

0.69골을 넣었다. 3경기에서 2골 이상을 넣은 셈이다.

베켄바워는 1964년 바이에른 뮌헨에서 데뷔해 1983년 뉴욕 코스모스에서 은퇴하기까지 클럽팀에서 587경기에 출전해 81골을 넣었다. 경기당 0.14골로 7경기에서 1골 정도인데 수비수치고는 꽤 많은 골이다. 통산 A매치에서는 103경기에서 14골을 넣었는데, 독일 선수로는 역사상 최초로 A매치 100경기 이상을 뛴 센추리클럽에 가입한 선수다.

두 선수의 포지션에 대해 흔히들 베켄바워는 수비수, 크루이프는 공격수라고 알고 있다. 베켄바워는 원래 다양한 포지션을 소화할 수 있는 선수였다. 어렸을 때는 최전방 공격수를 맡다가 프로에서는 미드필더로 시작해 나중에 수비수로 명성을 날렸다. 지금의 스위퍼 또는 리베로라는 포지션의 창시자라고 할 수 있다. 유러피안컵에서는 해트트릭을 기록한 적도 있고, 처음 출전한 1966년 잉글랜드월드컵 스위스와의 데뷔전에서는 2골이나 성공시키는 등 공격수로 팀의 5 대 0 완승을 이끌기도 했다.

크루이프의 포지션은 공격수였지만 공격과 수비를 오가는 '토털 사커'

프란츠 베켄바워(왼쪽 사진 중 우측)와 요한 크루이프(오른쪽)는 축구 혁명가이자 친구였다.

를 꽃피운 선수답게 파괴적인 포지션으로 유명했다.

대표팀 감독 베켄바워, 소속팀 감독 크루이프

은퇴 후 지도자로서는 프란츠 베켄바워가 더 성공했다. 1984년 만 39세의 젊은 나이에 서독 대표팀 감독을 맡아서 1986년 멕시코월드컵 준우승, 1990년 이탈리아월드컵 우승으로 이끌었다. 특히 1990년 이탈리아월드컵에서는 1986년 멕시코월드컵 결승 상대였던 아르헨티나와의 설욕전에서 이겨 의미가 더 컸고, 월드컵에서 주장(1974년 서독대회)과 감독(1990년 이탈리아대회)으로 우승하는 첫 번째 영광도 차지했다.

클럽팀에서는 두 감독 모두 친정팀 지휘봉을 잡았다. 베케바워는 만 49세에 친정팀 바이에른 뮌헨 감독에 올랐지만, 성적은 신통치 않았다. 크루이프도 1984년 은퇴하자마자 친정팀 아약스에서 감독 지휘봉을 잡았는데 첫 시즌에서 거스 히딩크 감독의 PSV에 골득실 차로 밀려 우승을 놓치고 말았다. 하지만 3-4-3 포메이션을 가다듬어 3년 뒤 바르셀로나 감독으로 부임해서 스페인 프리메라리가와 유러피언컵을 제패한다. 특히 1992년 유러피언컵 우승은 바르셀로나 역사상 처음 있는 일이었다.

베켄바워는 축구 행정가로도 성공했다. 바이에른 뮌헨의 구단주도 지냈고, 독일축구협회 부회장을 거쳐 2006년 독일월드컵 조직위원장으로 활약하기도 했다. 지금은 바이에른 뮌헨 명예회장이다. 크루이프는 제2의 고향 바르셀로나에서 살았지만 생을 마감하기 직전까지 아약스의 기술고문 직함을 가지고 있었다. 크루이프는 하루에 담배를 80개비나 피우는 체인스모커였다. 그는 결국 2015년 10월 폐암 선고를 받고 투병하다가 이듬해 3월 25일, 69세에 숨을 거뒀다. 크루이프가 태어난 곳은 네덜란드 암스테르담이었지만, 숨을 거둔 곳은 스페인 바르셀로나였다. 크루이프는 자신이 바르셀로나가 속한 카탈루냐 사람이라고 생각할 정도로 바르셀로나에 대한 애정이 깊었다.

요한 크루이프와 프란츠 베켄바워. 한 사람은 이미 고인이 됐고, 한 사람은 칠순의 노인이지만 40여 년이 지난 지금까지도 둘 중 누가 더 뛰어난 선수였는지를 놓고 논쟁하는 팬들이 있을 정도로 두 선수의 라이벌 관계는 팬들의 뇌리와 가슴속에 깊이 각인돼 있다.

프란츠 베켄바워 (Franz Anton Beckenbauer)		요한 크루이프 (Hendrik Johannes Cruijff)
1945년 9월 11일	출생	1947년 4월 25일
독일 뮌헨	고향	네덜란드 암스테르담
독일 바이에른 뮌헨	주 소속팀	네덜란드 아약스
1974년 서독월드컵 우승	월드컵	1974년 서독월드컵 준우승
1974~1976년 3년 연속 우승	챔피언스리그	1971~1973년 3년 연속 우승
2회 (1973년, 1976년)	발롱도르 상	3회 (1971년, 1972년, 1974년)

14 영웅과 슈퍼단의 셔틀콕 전쟁
리총웨이 vs 린단

2016년 8월 19일, 브라질 리우데자네이루 리우센트루 4관. 리우올림픽에서 각 종목별로 여러 라이벌전이 펼쳐졌지만, 그중에서도 최고의 라이벌 대결이 기다리고 있었다. 가장 오랫동안, 그리고 가장 치열하게 라이벌 대결을 펼친 뒤 이제 은퇴를 앞둔 두 선수였다. 바로 배드민턴 남자 단식의 리총웨이(말레이시아)와 린단(중국). 둘 다 서른 중반을 넘어선 선수로 사실상 리우올림픽이 마지막 올림픽 무대였던 것이다. 그들은 '살아 있는 전설들'답게 손에 땀을 쥐게 하는 명승부를 펼쳤다.

조 추첨 결과 올림픽 3회 연속 결승전 대결은 무산됐지만, 준결승에서 만난 두 선수는 한 세트씩 주고받으며 세트스코어 1 대 1이 됐다. 그리고 마지막 3세트도 치열한 접전으로 16 대 16까지 동점을 이어가는 아슬아슬한 승부를 펼쳤다. 그런데 리총웨이가 19 대 16으로 점수 차를 벌렸고, 마침내 20 대 17로 매치포인트 기회를 잡았다. 하지만 린단이 끝내 20 대 20으로 쫓아와 2점을 먼저 따야 이길 수 있는 듀스 상황을 만들었다.

경기장의 열기는 후끈 달아올랐다. 중국 응원단의 환호성이 터진 이후 경기장에 긴장감이 감돌았다. 순간 린단이 내리꽂은 스매시가 라인을 벗어나 리총웨이가 먼저 1점을 선취했다. 21 대 20. 이어 리총웨이는 린단이 자리를 잡은 코트의 반대방향으로 셔틀콕을 찔러넣어 22 대 20, 극적인 승리를 확정지었다. 리총웨이는 코트에 엎드려 감격하다가 껑충 뛰어올라 기쁨을 만끽했다. 이어 두 선수는 서로 포옹하고, 유니폼 상의를 맞바꾸며 명승부를 펼친 상대에게 경의를 표했다. 리우올림픽은 리총웨이와 린단 모두 사실상 마지막 올림픽이었기에 이 승부는 더욱 뜻깊었다. 특히 역사상 금메달이 하나도 없는 말레이시아 국민들은 이미 금메달을 딴 것처럼 환호했다.

'말레이시아의 영웅' 리총웨이 vs '중국의 슈퍼단' 린단

두 선수는 말레이시아와 중국에서 배드민턴 슈퍼스타를 넘어 국민적 영웅으로 칭송받고 있다. 특히 리총웨이는 말레이시아 정부로부터 우리나라 국민훈장에 해당하는 다툭 작위까지 받았다.

두 선수는 한 살 차이다. 리총웨이는 1982년 10월 21일 관광지로 유명한 말레이시아 페낭에서 태어났다. 말레이시아 중국계 집안에서 사 형제 중 막내였다. 린단은 1983년 10월 14일 타이완과 인접한 중국 푸젠 성 룽옌에서 소수민족인 하카 족으로 태어났다. 하카 족은 말레이시아 등 동남 아시아에 널리 퍼져 있기 때문에 리총웨이와 린단의 혈통은 비슷하다. 한편 리총웨이는 오른손잡이, 린단은 왼손잡이로 대조를 이뤘다.

리총웨이는 말레이시아에서 단순한 스포츠 스타 이상의 빅스타다. 처음 시작한 스포츠는 농구였다. 하지만 리총웨이는 햇빛 아래에서 뛰는 걸 싫어하는 부모의 반대에 부딪히자 배드민턴으로 전향했고, 이 선택은 세계적인 스타 탄생으로 이어졌다.

셔틀콕과 만난 리총웨이는 쑥쑥 성장했다. 열일곱 살에 처음 국가대표팀 유니폼을 입은 뒤 만 스물네 살 때인 2006년 아시아선수권에서 정상에 올랐다. 배드민턴은 한국, 중국, 일본, 말레이시아, 인도네시아 등 아시아 국가 선수들이 상위 랭커에 대거 포진해 있기 때문에 아시아 정상은 곧 세계 정상을 뜻한다. 리총웨이는 2006년 6월 처음으로 단식 세계랭킹에서 린단을 끌어내리고 1위에 올랐다. 170센티미터, 60킬로그램의 아담한 체구지만, 어떤 어려운 공격도 끝까지 걷어 올리며 상대를 물고 늘어지는 집중력을 보여주었다. 또 정확도와 세기를 겸비한 스트로크(라켓으로 날아오는 셔틀을 타구하는 것)도 그의 주 무기다.

린단은 주니어 대표 시절부터 '셔틀콕의 신동'으로 불렸다. 린단 역시 178센티미터, 72킬로그램의 체격으로 그리 크지 않지만 타고난 유연성과 빠른 발을 바탕으로 한 올어라운드 플레이어다. 2002년 성인 무대에 데뷔한 린단은 2004년 처음으로 세계랭킹 1위에 오른 뒤 리총웨이와 세계랭킹 1위 자리를 놓고 10년 넘게 각축을 벌였다.

그러나 두 선수 모두 성인 무대 초반엔 별 성적을 거두지 못했다. 세계랭킹 10위 정도에 머물면서도 큰 대회에 강한 '강심장' 히다얏 타우픽(인도네시아)에 막혔기 때문이다. 히다얏은 2002년 부산 아시아게임과 2004년 아테네올림픽, 그리고 2006년 도하 아시안게임까지 내리 금메달을 따냈다. 린단과 리총웨이는 처음 출전한 아테네올림픽에서 일찌감치 탈락했고, 2006년 도하 아시안게임에서는 린단이 은메달, 리총웨이가 동메달에 머물렀다.

두 선수의 맞대결은 2004년부터 시작됐다. 리총웨이가 스물두 살, 린단이 스물한 살이던 2004년 처음으로 시니어 무대에서 맞대결을 펼쳤고, 이후 올림픽과 아시안게임에서 '숙명의 대결'을 벌였다. 특히 2008년 베이징올림픽과 2012년 런던올림픽 배드민턴 남자 단식 결승전에서 잇따라 만났고, 결과는 2번 모두 린단의 승리였다. 베이징올림픽에서는 린단이 1세트 21 대 12, 2세트 21 대 8로 리총웨이를 가볍게 제치고 금메달을 땄다. 하지만 런던올림픽 결승전은 대접전이었다. 세트스코어 1 대 1로 맞선 3세트에서 결국 린단이 리총웨이에게 21 대 19로 이기면서 '2회 연속 올림픽 금메달'의 영광을 차지했다. 2010년 광저우 아시안게임 결승과 2014년 인천 아시안게임 준결승에서도 린단이 리총웨이를 꺾고, 아시안게임 2회 연속 금메달을 따냈다.

199주 연속 세계랭킹 1위 vs 올림픽 2회 연속 금메달

리총웨이는 2008년 8월부터 2012년 6월까지 무려 199주 연속으로 세계랭킹 1위를 유지한 '셔틀콕의 제왕'이었지만 올림픽과 아시안게임 등 큰 대회에서 유독 린단의 벽을 넘지 못하는 비운의 스타였다. 런던올림픽 결승전 패배로 린단에게 랭킹 1위 자리를 잠시 내주었지만, 한 달 만에 다시 되찾기도 했다.

두 선수의 상대 전적도 2016년 리우올림픽을 포함해 37전 26승 11패로 린단이 크게 앞섰다. 리총웨이는 3번 이상 맞붙은 상대 선수 가운데 유일하게 린단에게만 열세였다. 반면 린단은 2번 이상 맞대결한 선수들에게 상대 전적에서 모두 앞섰다.

그런데 두 선수 모두 올림픽이라는 큰 무대를 앞두고 위기를 맞은 적이 있다. 우선 린단은 평정심을 잃는 불같은 성격이 매번 발목을 잡았는데, 자국에서 열린 2008 베이징올림픽을 앞두고 그해 1월 서울에서 열린 코리아오픈 결승에서 못 볼 꼴을 보였다. 한국의 이현일과 맞붙은 린단은 접전이 이어지던 마지막 3세트에서 선심의 판정에 불만을 품고 한국 대표팀 코치였던 중국인 리마오 코치와 설전을 벌이다 라켓을 집어던지고 주먹질을 하려는 추태를 보인 것이다. 그리고 급기야 올림픽을 코앞에 두고 중국 대표팀 코치를 폭행하는 사고를 쳤지만 강력한 우승 후보였기에 쉬쉬하고 넘어갔다.

리총웨이는 사실상 마지막 올림픽 무대인 2016 리우올림픽을 앞두고 약물복용 의혹으로 곤혹을 치렀다. 2014년 8월, 세계선수권대회에서 도핑 양성반응이 나오면서 지위가 흔들렸다. '부주의에 의한 도핑'으로 결론 났지만, 8개월 출장정지 처분을 피할 수 없었다. 그리고 세계랭킹 1위 자리도 2년 3개월 만인 2014년 12월 중국의 신예 천룽(Chen Long)에게 내줘야 했다.

리총웨이는 2015년 5월 다시 코트에 복귀했는데, 8개월 징계 기간 동안 40위 밖으로 추락했던 랭킹은 급격한 상승세를 타면서 리우올림픽을 앞둔 2016년 6월 9일 다시 1위 자리를 되찾았다. 올림픽 2회 연속 은메달리스트인 리총웨이는 리우올림픽을 앞두고 각오가 남달랐다. 더욱이 조국 말레이시아는 1956년 멜버른대회에 처음 참가한 이후 금메달이 단 하나도 없었다. 말레이시아 국민들은 '국민 영웅' 리총웨이가 말레이시아의 금메달 갈증을 풀어줄 것으로 기대했다. 말레이시아 광산 재벌인 라룸푸르 라켓 클럽(KLRC) 앤드류 캄 회장은 "배드민턴 선수 중 올림픽 우승을 차지하면 63만 달러(약 7억 2,000만 원)에 달하는 '골드바(금괴)'를 주겠다"고 공언하기도 했다. 리총웨이를 염두에 둔 약속이었다.

올림픽 세 번째 맞대결… 복수혈전이냐, 3회 연속 우승이냐

리우올림픽을 앞두고 리총웨이는 상승세를 타고 있었다. 상대 전적에서 열세였던 린단을 2015년 11월 중국 오픈과 2016년 4월 아시아선수권 대회에서 잇따라 세트스코어 2 대 1로 꺾었기에 자신감이 충만했다. 리총웨이는 도핑 파문 이후 "정신적으로 더 성숙해지고 더 강해졌다"고 밝혔다. 마지막 기회인 리우올림픽에서 반드시 금메달을 목에 걸겠다는 각오가 대단했다. 반면 린단은 올림픽 3회 연속 금메달의 대기록에 도전하는 무대였지만, 팀 후배 천룽에게 세계랭킹 2위 자리를 내주고 3위로 내려앉은 상황이었다.

그런데 리우올림픽 배드민턴 남자 단식 조 편성 결과, 두 선수가 준결승에서 맞붙게 됐다. 2회 연속 올림픽 결승전에서 맞붙었던 린단과 리총웨이가 리우올림픽에서는 조별 예선 추첨에서 결승전 맞대결이 성사되지 못한 것이다. 리총웨이는 A조에, 린단은 E조에 배치됐고, 나란히 조 1위로 예선을 통과한 뒤 16강은 부전승으로, 그리고 8강에서 나란히 승리하면서 준결승에서 만난 것이다.

2016년 8월 19일, 브라질 리우데자네이루 리우센트루 4관에서 열린 두 선수의 준결승전은 손에 땀을 쥐게 하는 명승부였다. 올림픽 3회 연속 결승전 대결은 무산됐지만, 배드민턴 역사상 최고의 라이벌다운 경기였다. 세트스코어 1 대 1, 마지막 3세트도 20 대 20 듀스가 이어졌고, 결국 리총웨이가 22 대 20으로 이겼다.

경기가 끝난 뒤 인터뷰에서 리총웨이는 "이 나이에 올림픽 준결승에서 싸운 나와 린단이 자랑스럽다. 오늘 우리의 경기는 정말 훌륭했다. 관중과 전 세계가 이 경기를 지켜봤다"고 말했다. 그는 막판에 매치포인트를 잡고도 린단에게 연속 3점을 허용해 듀스 상황에 들어간 것에 대해 "최선을 다하려고만 했다. 져도 괜찮다고 생각했다. 그저 경기를 즐기려고 노력했다. 너무 많은 생각을 하지 않으려고 했다"며 긴박했던 심경을 설명했다.

린단 역시 경기 후 가진 인터뷰에서 "우리 모두 비슷한 압박감을 느꼈을 것이다. 우리는 모두 진심으로 이 경기에서 이기고 싶어했다. 하지만 우리는 열렬한 응원 속에서 최고의 경기를 펼쳤다. 이제 경기가 끝났다는 데 안도감을 느낀다"고 말했다.

하지만 배드민턴 남자 단식 세계랭킹 1위인 리총웨이는 끝까지 올림픽 금메달과 인연을 맺지 못했다. 리총웨이는 다음 날 열린 결승전에서 세계랭킹 2위 중국의 천룽에게 1세트와 2세트 모두를 21 대 18로 내주며 게임 스코어 2 대 0으로 지고 말았다.

이로써 리총웨이는 3번의 올림픽 결승전에서 처음 2번은 린단에게, 그리고 마지막 리우올림픽에서는 린단의 팀 후배 천룽에게 지면서 올림픽 3회 연속 은메달이라는 비운의 스타가 되고 말았다. 아울러 말레이시아 역사상 최초의 올림픽 금메달도 실패로 끝이 났다.

한편 3-4위전으로 밀려난 린단은 덴마크의 빅토르 알렉센에게 세트 스코어 1 대 2로 지면서 동메달마저 놓쳤다.

2018 자카르타 아시안게임, 마지막 무대될까

둘은 동료 배드민턴 선수와 런던올림픽이 끝난 직후 결혼한 공통점도 갖고 있다. 린단은 한때 여자 단식 세계랭킹 1위이자 2008 베이징올림픽 여자 단식 은메달리스트인 시에싱팡과 2012년 9월 결혼했고, 리총웨이 역시 2012년 11월 말레이시아 배드민턴 여자 단식 선수 출신인 왕메이츄와 백년가약을 맺었다.

2018년 현재 만 서른여섯 살(리총웨이)과 만 서른다섯 살(린단)이 된 두 선수는 사실상 2018년 인도네시아 자카르타-팔렘방 아시안게임을 은퇴 무대로 계획하고 있다. 인도네시아는 배드민턴의 나라로, 인기가 대단하다. 2017년 11월 현재 세계랭킹은 린단이 4위, 리총웨이가 8위로 떨어져 있다. 리우올림픽 동메달리스트인 덴마크의 빅토르 알렉센이 랭킹 1위, 한국의 손완호가 랭킹 2위다.

리총웨이와 린단의 통산 성적은 경이적이다. 리총웨이는 통산 805경기에서 677승 128패로 승률 84.1퍼센트, 린단은 통산 704경기에서 615승 89패로 87.4퍼센트의 높은 승률을 기록 중이다. 현역 선수 가운데 유일하게 800경기 이상을 소화한 리총웨이는 통산 승수에서 린단에게 62승 앞서 있다. 반면 통산 승률에서는 린단이 87.4퍼센트, 리총웨이가 84.1퍼센트로 린단이 근소하게 앞선다.

두 선수 모두 2017년에도 80퍼센트 안팎의 높은 승률을 이어가며 녹슬지 않은 셔틀콕 실력을 과시했다. 리총웨이는 28전 21승 7패(승률 75퍼센트), 린단이 42전 34승 8패(승률 81퍼센트)를 기록 중이기 때문이다. 둘은 여전히 세계 배드민턴계의 '살아 있는 전설'들이다.

리총웨이 (Lee Chong Wei)		린단 (Lin Dan)
1982년 10월 21일	출생	1983년 10월 14일
말레이시아 페낭 주 조지타운	고향	중국 푸젠 성 룽옌
신장 170㎝, 오른손잡이	신체	신장 178㎝, 왼손잡이
통산 802경기 676승 126패 2017년 28경기 21승 7패	성적	통산 704경기 615승 89패 2017년 42경기 34승 8패
2008년 베이징올림픽 은메달 2012년 런던올림픽 은메달 2016년 리우올림픽 은메달	올림픽	2008년 베이징올림픽 금메달 2012년 런던올림픽 금메달
2008년 8월~2012년 6월 199주 연속 세계랭킹 1위	기타	2010년 광저우 아시안게임 금메달 2014년 인천 아시안게임 금메달

린단(왼쪽)과 리총웨이는 3번의 올림픽에서 '셔틀콕 전쟁'을 펼쳤다.

2부 조선의 라이벌,
한국의 라이벌

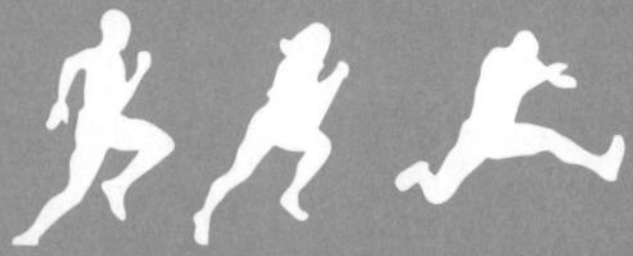

1 조선의 마라톤 영웅, 손기정 vs 남승룡

"나는 동메달을 땄다. 하지만 월계수가 없어서 가슴의 일장기를 가릴 수 없었다. 옆의 동료가 부러웠다. 그의 금메달이 부러운 게 아니었다. 월계수로 일장기를 가릴 수 있다는 게 부러웠다. 그는 바로 손기정이다."(남승룡)

우리나라 올림픽 출전 역사상 첫 금메달은 1936년 베를린대회 마라톤에서 고(故) 손기정 선생이 따냈다. 하지만 많은 이들이 같은 대회에서 동메달을 따낸 고(故) 남승룡 선생의 존재에 대해선 잘 모른다. 일제강점기에 서로 의지하고 경쟁하며 식민지 민족의 설움을 떨쳐낸 두 선생은 평생 동지이자 라이벌이었다.

1912년에 태어난 동갑내기 동지이자 맞수였던 두 선생

두 선생은 모두 1912년생으로 나이는 같지만, 남승룡 선생이 양정고보,

손기정(왼쪽)과 남승룡의 양정고등학교 졸업 사진. 한국체육기자연맹 사진 제공.

지금의 양정고등학교 1년 선배였다. 손기정 선생은 1912년 8월 29일 평안 북도 신의주에서 태어났고, 남승룡 선생은 1912년 11월 23일생으로 전라 남도 순천이 고향이다. 공교롭게도 타계한 시기도 비슷한데, 남승룡 선생 은 2001년 2월 20일, 89세에 영면했고, 손기정 선생은 이듬해인 2002년 11월 15일, 90세를 일기로 별세했다.

두 선생이 마라톤을 시작한 계기는 뜻밖이다. 남승룡 선생은 친척 형 이 운동회에서 일본 학생들을 꺾고 1등을 하면서 어른들로부터 칭찬받는 모습이 부러워 달리기를 잘하는 꿈을 꾸었다고 한다. 손기정 선생은 어릴 때부터 운동에 소질을 보였는데 압록강에서 스케이트 타는 학생들을 무 척 부러워했고, 스케이트 살 돈만 있었다면 마라톤 대신 스케이트 선수가 됐을 거라고 훗날 털어놓은 적이 있었다. 그는 소학교 다닐 무렵 해일로 집안이 몰락하는 바람에 품팔이와 배달 일을 하며 어린 시절을 보냈는데 돈이 들지 않는 달리기를 좋아했다고 한다.

두 선생 모두 육상선수로 일찌감치 두각을 나타냈다. 우선 남승룡 선생은 순천공립보통학교 6학년이던 1924년, 만 열두 살 때 조선신궁대회 마라톤에서 2위를 차지하면서 육상선수로서의 자질을 드러냈다. 이어 당시 육상 명문이었던 경성(지금의 서울) 양정고등보통학교, 지금의 양정중학교에 진학해 본격적으로 육상선수가 됐다.

손기정 선생 역시 소학교 6학년 때, 그러니까 남승룡 선생과 같은 1924년, 만 열두 살 때 조선의 신의주와 중국 안동 간의 체육 대항 경기였던 '안의전'에 출전해 어른들을 제치고 육상 5,000미터에서 2위를 차지하면서 주위를 깜짝 놀라게 했다.

사실 두 선생 모두 어릴 때부터 엄청난 거리를 달리기로 다녔다. 집안 형편이 어려웠던 손기정 선생은 소학교를 졸업한 뒤 상급 학교에 진학하지 못하고 중국 단둥에 있는 회사에 취직했는데, 차비가 없어 고향인 신의주에서 압록강 철교를 건너 단둥까지 20여 리 길, 8킬로미터가 넘는 길을 매일 달려서 출퇴근을 했다. 아이러니하게도 이런 가난이 그에게 엄청난 훈련과 체력 단련의 기회를 준 것이다.

남승룡 선생은 양정고보 재학 중에 경성에서 출발해 닷새 동안 하루에 80~100킬로미터씩 달려서 고향 순천까지 내려간 적도 있었다.

두 선생의 나이가 같은데, 양정고보 1년 선후배가 된 사연은 이렇다. 손기정 선생이 만 열아홉 살 때이던 1931년 10월 조선신궁대회, 즉 전국체전에서 평안북도 대표로 출전해 육상 5,000에서 2위를 차지했고, 이듬해인 1932년 동아하프마라톤대회에서 다시 2위를 하면서 이 인연으로 양정고보에 입학했다. 손기정 선생은 중단했던 학업을 이때 다시 이어갈 수 있었고, 이미 양정고보에 다니던 남승룡 선생의 1년 후배가 된 것이다.

하지만 남승룡 선생과 학교를 같이 다니지는 못했다. 남 선생이 양정고보에 재학 중이던 1927년, 열아홉 살 때 일본 유학을 떠났기 때문이다. 남 선생은 이어 일본 도쿄의 아사부 상업중학교와 일본 메이지대학에 진학했다. 이 무렵 남 선생도 1932년 전일본 마라톤선수권대회와 1933년 극동선수권대회에서 잇따라 우승을 차지하며 뛰어난 마라톤 실력을 과시했다.

베를린올림픽 대표 조선인 두 명이 달갑지 않았던 일본

두 선생이 1936년 베를린올림픽 일본 대표로 선발되기까지 과정은 험난했다. 남승룡 선생은 일본 건국 기념 국제마라톤대회에서 1934년과 1935년 2년 연속 우승을 차지하며 당시 마라톤 최강자로 이름을 날렸다. 손기정 선생 역시 1933년부터 1936년까지 13번의 마라톤대회에 출전해 그중 10번이나 우승하면서 실력자로 두각을 나타냈다.

일본에서는 남승룡 선생이, 조선에서는 손기정 선생이 두각을 나타냈고, 베를린올림픽을 3개월 앞두고 1936년 5월 21일 열린 올림픽 대표 선발전에서 남승룡 선생이 2시간 36분 05초의 기록으로 1위를 차지하며 베를린올림픽 일본 대표가 됐다.

그런데 이것은 우여곡절의 시작에 불과했다. 베를린올림픽 마라톤에 출전할 수 있는 세 명 중 두 명이 조선 사람이라는 것이 달갑지 않았던 일본은 베를린 현지에서까지 선발전을 다시 열어 조선인을 탈락시키려고 했다. 이에 따라 일본은 손기정, 남승룡 선수와 함께 일본인 시오아키와 스스키까지 모두 네 명을 베를린에 파견했다.

일본 도쿄에서 독일 베를린까지 가는 여정은 고생의 연속이었다. 베를린올림픽은 1936년 8월 1일 개막해 마라톤은 8월 9일 열렸는데, 조선의 손기정, 남승룡, 일본의 시오아키, 스즈키 이렇게 네 선수는 베를린올림픽 개막 두 달 전이던 6월 1일 도쿄를 출발해 부산, 서울, 신의주, 중국 창춘, 러시아 모스크바를 거쳐 17일 만에 베를린에 도착했다.

도쿄에서 열차로 출발해 시모노세키 항에서 연락선으로 갈아타고 부산에 도착한 뒤 다시 열차로 서울에 다다랐는데, 서울에서는 남승룡, 손기정 두 선생의 모교인 양정고보 전교생들의 열렬한 환송을 받았다. 이어 손기정 선생의 고향인 신의주에 도착해 손 선생은 잠시 친지들과 해후한 뒤 다시 열차를 타고 6월 8일 만주의 신경, 지금의 창춘을 거쳐 시베리아 철도로 6월 14일 모스크바에 도착했고, 마침내 6월 17일 결전의 땅 베를린에 입성하게 된 것이다.

마라톤 경기가 열리기 53일 전에 도착한 셈인데, 피로 회복과 시차 적응 때문에 엿새 뒤인 6월 23일부터 훈련에 돌입했다. 남승룡 선생은 일본인 코치에게 "이제까지 연습을 못했으니 훈련 강도를 높이자"고 제안할 정도로 의욕이 충만했다.

조선인 두 명과 일본인 두 명 등 네 명 중에 올림픽에 나갈 수 있는 선수는 세 명뿐이었는데, 무더위 속에 하루 25~30킬로미터를 뛰는 강훈련 탓에 일본의 스즈키 선수가 쓰러지고 말았다. 이렇게 되면 나머지 세 선수가 올림픽에 출전해야 하는 것이 마땅했다. 한데 조선인 두 명이 마라톤에 출전하는 것을 꺼려했던 일본은 스즈키 선수가 회복되는 것을 기다렸다가 30킬로미터 코스에서 선발전을 다시 열었다. 이때가 7월 22일로, 마라톤 경기가 열리기 불과 19일 전이었다.

그런데 스즈키 선수는 14킬로미터 지점에서 기권하고 말았고, 손기정-시오아키-남승룡 선수 순으로 결승선을 통과했다. 하지만 시오아키 선수는 지름길을 가로질러 500미터 정도 단축된 코스로 골인하는 반칙을 저지른 게 들통나면서 망신을 당했고, 결국 손기정-남승룡 두 선수가 1, 2위로 최종 선발전을 통과했다.

'손기정 체육공원' '남승룡 마라톤'으로 업적 기려

1936년 8월 9일 오후 3시, 독일 베를린에서 열린 베를린올림픽 마라톤을 손기정 선생은 손기테이라는 묘한 이름으로, 남승룡 선생 또한 일본식 발음인 난쇼류라는 이름으로 출전했다. 두 선수는 출발이 늦었는데, 전체 56명의 출전 선수 가운데 손기정 선수는 스물두 번째, 남승룡 선수는 마흔아홉 번째로 올림픽 스타디움을 빠져나갔다.

당시 우승 후보는 바로 직전 올림픽이었던 1932년 LA올림픽 금메달리스트인 아르헨티나의 후안 카를로스 자바라 선수였다. 그런데 자바라는 초반에 오버페이스를 하는 바람에 30킬로미터 지점인 비스마르크 언덕 오르막에서 뒤로 처졌고, 손기정 선수와 영국의 어니스트 하퍼가 1, 2위를 다투고 있었다. 그 뒤를 남승룡 선수가 따랐다. 그리고 마침내 31킬로미터 지점에서 손기정 선수가 하퍼를 제친 후 1위로 들어왔고, 남승룡 선수도 하퍼에 이어 3위로 골인했다.

손기정 선수는 2시간 29분 19초로 당시로선 '마의 시간대'로 여겨진 2시간 30분 벽을 깨는 세계신기록을 세웠고, 남승룡 선수도 2시간 31분 42초의 좋은 기록으로 동메달을 따냈다. 더욱 놀라운 것은 손기정 선수의 마지막 100미터 기록이 11초였다는 것이다.

마라톤 시상식에서 일본 국가 〈기미가요〉가 흘러나올 때 손기정 선수는 월계수로 가슴에 새겨진 일장기를 가렸다. 훗날 남승룡 선생은 "손기정 선수가 금메달을 딴 것보다 그가 월계수로 일장기를 가릴 수 있다는 게 더 부러웠다"고 회고하기도 했다. 한편 손기정 선생은 월계수로 일장기를 가렸다는 혐의로 이후 경기 출전이 금지됐고, 한동안 모든 것을 감시당하기도 했다.

마침내 1945년 8월 15일 광복을 맞았다. 손기정 선생은 조선저축은행 은행원으로 일하다가 1947년과 1950년 마라톤 코치로 활약하며 서윤복 선수와 함기용 선수가 보스턴마라톤에서 우승하는 데 견인차 역할을 해냈다. 남승룡 선생은 광복 직후 1947년 만 서른다섯 살의 나이에 태극 마크를 달고 보스턴마라톤에 출전해 2시간 40분 10초의 좋은 기록으로 10위를 차지했다. 당시 1위는 바로 서윤복 선수였다. 이후 남승룡 선생은 1964년 도쿄올림픽 마라톤 코치로 활약하기도 했다.

후배 체육인들은 아직도 두 선생을 기리는 행사를 열고 있다. 베를린 올림픽 60주년이던 1996년, 손기정 선생이 받았던 금메달과 똑같은 금메달을 만들어 남승룡 선생에게 존경의 표시를 담아 전달하기도 했으며, 남 선생의 고향 순천에서는 지금도 해마다 가을이면 '남승룡 마라톤대회'가 열리고 있다.

손기정 선생은 1988년 서울올림픽 성화 봉송 주자로 활약했는데, 서울 중구 만리동 옛 양정고보 자리에는 '손기정 체육공원'이 들어서서 선생의 업적을 기리고 있다. 또 국립중앙박물관에는 베를린올림픽 마라톤 우승자에게 줘야 했지만 1986년에야 뒤늦게 되찾은 고대 그리스 청동투구도 전시돼 있다.

손기정		남승룡
1912년 8월 29일	출생	1912년 11월 23일
평안북도 신의주	고향	전라남도 순천
2002년 11월 15일(향년 90세)	사망	2001년 2월 20일(향년 89세)
1936년 베를린올림픽 금메달 (2시간 29분 19초)	올림픽 성적	1936년 베를린올림픽 동메달 (2시간 31분 42초)
1933~1936년 조선마라톤대회 13개 대회 중 10개 대회 우승	주요 성적	1932년 전일본 마라톤 우승 1933년 극동마라톤선수권 우승 1934년 일본 국제마라톤 우승 1935년 일본 국제마라톤 우승
1935년 11월 3일 비공인 세계신기록 (2시간 26분 42초)	기타	1936년 5월 21일 베를린올림픽 마라톤 최종 선발전 1위

2 야달과 야신의 자존심 대결, 김응용 vs 김성근

뜨겁게 달아올랐던 한·일 월드컵의 열기가 시들해지던 2002년 늦가을, 경북 대구에서는 프로야구 한국시리즈 역사에 길이 남을 명승부가 펼쳐지려는 참이었다. 때는 11월 10일 일요일 오후 2시, 장소는 대구시민운동장야구장이었다. 삼성 라이온즈와 LG 트윈스의 프로야구 한국시리즈 6차전이 시작됐다. 5차전까지 3승 2패로 앞서간 삼성은 이날 이기면 20년 묵은 '달구벌의 저주'를 풀면서 축포를 터뜨릴 수 있었다.

삼성은 1982년 프로야구 출범 이후 이때까지 20년 동안 한국시리즈에서만 7번 쓴잔을 마셨다. '저주'라는 말이 나올 정도로 지긋지긋하게 우승과 인연이 없었다. 삼성은, 해태 타이거즈 감독시절 한국시리즈 9전 전승에 빛나는 '적장' 김응용 감독을 사령탑에 앉히고 다시 한 번 한국시리즈 우승에 도전했다.

반면 LG 사령탑은 김성근 감독이었다. 만년 하위 팀을 잘 조련해 포스트시즌으로 이끄는 데 일가견이 있는 감독이었다. LG는 4위로 포스트시즌에 진출해 3위 KIA 타이거즈, 2위 현대 유니콘스를 잇따라 물리치고 한국시리즈까지 올랐다. 전력의 열세에도 5차전까지 2승 3패로 삼성을 추격했다.

그리고 이날 열린 6차전은 양 팀이 타격 공방을 벌이며 5회까지 삼성이 5 대 4로 앞섰다. LG가 6회 초 공격에서 조인성의 적시타로 5 대 5 동점을 만든 뒤 역전 기회를 잡자, 김성근 감독은 대타를 기용했다. 그런데 절뚝거리며 타석을 향해 걸어 나오는 선수는 고관절 부상 때문에 제대로 걷지도 못하는 김재현이었다. 김재현은 놀랍게도 2타점 적시타로 LG에 7 대 5 역전을 안겼다. 2루타성 타구였지만 김재현은 절뚝거리며 1루에 머물렀다. LG는 8회 초 2점을 추가하며 4점 차로 점수를 벌렸다. 삼성은 8회 말 1점을 추격했지만 점수는 9 대 6, LG가 앞선 채 9회 말을 맞았다. 누구나 LG의 승리를 의심하지 않았고, 모두가 한국시리즈 7차전을 예상했다.

그런데 바로 그 순간부터 기적이 일어났다. 1사 1, 2루에서 한국시리즈 20타수 2안타의 극심한 부진에 빠져 있던 이승엽이 LG 마무리 이상훈을 상대로 9 대 9 동점을 만드는 극적인 3점 홈런을 터뜨린 것이다. 이어 다음 타자 마해영이 바뀐 투수 최원호를 상대로 10 대 9 역전 끝내기 홈런을 터뜨렸다. 한국시리즈 역사상 처음으로 우승을 확정짓는 끝내기 홈런이었다(2009년 KIA 나지완이 두 번째).

대구구장 전광판에는 '20년 不飛不鳴(불비불명) 雄飛(웅비) 삼성 라이온즈'라고 쓰인 플래카드가 걸렸다. 20년 동안 날지도 울지도 못했던 삼성이 드디어 힘차게 날아올랐다는 뜻이었다.

LG 김성근 감독은 속울음을 삼켰다. 그런데 삼성 김응용 감독의 말이 훗날 화제가 됐다. 그는 "마치 야구의 신과 경기하는 것 같았다"며 LG 김성근 감독을 치켜세웠다. 이 발언으로 김성근 감독의 별명은 '야신'이 됐다. 하지만 이 말 속엔 숨은 뜻이 있었다. '야구의 신'을 이긴 김응용 감독 자신은 한 수 위라는 것이다.

김응용과 김성근, 김성근과 김응용. 두 감독은 한국 야구 100년을 통틀어 최고의 거장들이다. 한국 프로야구에서 1,000승 이상을 거둔 감독은 두 사람뿐이다. 물론 두 감독에 대한 평가는 야구팬들마다 엇갈린다. 김응용 감독에 대해선 "선수 구성이 좋았던 덕분"이라며 평가절하하거나, 김성근 감독에 대해선 "내일이 없는 혹사의 결과"라는 혹평이 따른다. 하지만 두 사람 모두 확고한 야구 철학을 가지고 평생 누구도(둘 말고는) 닿을 수 없는 엄청난 업적을 쌓은 것은 분명하다.

두 사람은 무척 대조적이다. 현역시절 김응용 감독은 강타자로, 김성근 감독은 명투수로 활약했고, 지도자로서도 자율야구와 관리야구로 스타일이 나뉜다. 라이벌 관계에 대해서도 둘은 동의하지 않는다. 서로 "무슨 라이벌이냐"며 손사래를 친다. 하지만 현역 감독시절 서로가 서로의 존재를 무척 의식했던 것은 틀림이 없다.

오른손 홈런타자 김응용 vs 왼손 노히트 투수 김성근

두 감독은 나이도 비슷하다. 김응용 감독은 1940년 3월 1일 평안남도 평원에서 태어났고, 김성근 감독은 1941년 10월 30일, 일본 교토 출신이다. 부모님 고향은 경남 진양이다. 김응용 감독은 용의 해에 태어나 용에게 응답한다는 뜻으로 '응용(應龍)'이란 이름을 얻게 됐고, 김성근 감독은 별 성(星), 뿌리 근(根)이라는 한자처럼 무명 선수를 스타로 조련하는 '별의 뿌리'가 됐다는 우스갯소리도 있다.

두 사람 모두 고향을 떠나 낯선 땅에서 야구를 했다. 김응용 감독은 한국전쟁 때 부산으로 피란 내려와 개성중학교에서 야구를 시작했고, 부산상고와 전주 우석대, 실업팀 한일은행을 거치며 강타자로 명성을 떨쳤다. 재일동포 2세인 김성근 감독은 일본 교토 가쓰라고등학교에 재학 중이던 1959년 재일동포 학생 모국 방문 경기를 계기로 한국에 왔고, 이듬해 부산 동아대학교에 스카우트됐다. 이어 대학을 중퇴하고 실업팀 기업은행 창단멤버로 입단해 좌완투수로 이름을 날렸다.

스타 선수 출신은 감독으로 성공하기 힘들다는 말이 있지만, 두 사람에 겐 해당되지 않는다. 둘은 현역시절 굉장히 뛰어난 선수였다. 1960년대 국내 실업야구에서 투타(투구와 타격)를 대표하는 선수였고, 또 국가대표 투타의 핵심으로 국제대회에서도 뛰어난 성적을 남겼다.

김응용 감독은 키 185센티미터에 100킬로그램이 넘는 몸무게로 당시로 서는 거인이었다. '코끼리'라는 별명도 이때 생겼다. 1960년부터 은퇴하던 1972년까지 3할 타율을 10번이나 기록했고, 홈런왕에도 세 차례 올랐다. 국가대표 4번 타자로 활약하면서 아시아 야구선수권대회에서도 3회 연속 타격왕을 차지했다. 특히 1963년 서울에서 열린 아시아 야구선수권대회 때는 엄청난 활약으로 한국의 우승을 이끌었다. 일본과 예선에서 5 대 2, 결승에서 3 대 0으로 이겼는데, 특히 결승에선 투런 홈런을 포함해 3타점을 모두 혼자 해냈다. 당시로서는 드물게 서른한 살에 현역에서 물러났다.

김성근 감독 역시 180센티미터의 큰 키에 왼손 강속구 투수로 상대팀에게는 엄청나게 위협적인 존재였다. 1961년 대만에서 열린 아시아 야구

선수권대회 때 대표팀 부동의 에이스로 마운드를 이끌며 한국을 준우승에 올려놓았다. 국내 실업야구에서는 1963년 11월 13일, 인천시청과의 경기에서 볼넷 1개만을 내주고 노히트노런을 기록했고, 이듬해인 1964년에는 시즌 20승(5패)을 달성하기도 했다. 하지만 지나친 혹사로 어깨 부상을 당한 뒤 야수로 전업했고 1969년 스물일곱 살 때 은퇴했다.

한국시리즈 10회 우승 vs 약팀 포스트시즌 제조기

지도자 생활은 김성근 감독이 빨랐다. 은퇴와 함께 1969년 마산상고에서 지도자로 첫발을 내디뎠고, 기업은행 감독(1971~1975년)에 이어 다시 고교야구팀을 맡아 1977년 충암고 감독시절에는 팀 창단 이후 9년 만에 처음으로 봉황대기 고교야구 우승을 이끌기도 했다. 그런데 우승에 앞서 그해 6월에 있었던 청룡기 고교야구 8강전은 그가 야구 지도자로서 맨 처음 눈물을 흘린 경기였다. 당시 그가 지휘봉을 잡은 충암고는 9회 초까지 선발투수 기세봉의 노히트노런을 앞세워 2 대 0으로 앞서갔다. 그러나 9회 말 신일고 김남수에게 역전 3점 홈런을 맞고 2 대 3으로 졌다. 선수들은 모두 그 자리에 주저앉아 엉엉 울었고, 김 감독도 울었다. 그런데 1978년 시즌이 끝난 뒤 쓰라린 패배를 안겨준 당시 한동화 신일고 감독과 사령탑 자리를 맞바꾼 일은 유명한 사건으로 남아 있다.

김응용 감독은 서른세 살이던 1973년 친정팀 한일은행 감독으로 지도자 생활을 시작했다. 당시 기업은행 사령탑이던 김성근 감독과 생애 첫 맞대결을 펼친 것이다. 이어 1977년, 서른일곱 살의 젊은 나이에 국가대표 사령탑을 맡아 그해 니카라과에서 열린 제3회 대륙간컵대회에서 한국 야구 역사상 처음으로 세계대회 우승을 일궈내는 엄청난 '사건'을 저질렀다. 당시 한국 대표팀에는 최동원, 김시진 등 대단한 투수들과 이해창, 김일권, 김재박 등 호타준족(湖打駿足)의 빼어난 타자들이 많았다.

1982년 국내 프로야구 출범은 두 감독의 지도자 인생도 바꿔놓았다. 김성근 감독은 1982년 프로야구 원년에 OB 베어스 투수 코치로 출발했다가 1984년 OB 베어스 감독으로 프로팀 첫 지휘봉을 잡았다. 김응용 감독은 프로야구 출범 당시 미국에 머물고 있다가 귀국해 1년 만에 해고된 김동엽 감독의 후임으로 1983년 해태 타이거즈 사령탑을 맡았다.

두 사람이 프로야구 감독으로 걸어온 길은 너무나 대조적이다. 김응용 감독은 1983년 해태 지휘봉을 잡자마자 첫 우승을 시작으로 해태에서 18년 동안 무려 9번이나 한국시리즈 정상을 맛봤다. 그 뒤 삼성 라이온즈 감독으로 4년 동안 재임하면서 우승을 한 차례 더 추가해 한국시리즈 통산 우승 10번, 정규리그 우승 7번을 일궈냈다. 김 감독에게 '선수 복'이 있는 건 사실이다. 해태 시절 100년에 한 번 나올까 말까 하는 투수라는 선동열을 비롯해 김용남, 김정수, 조계현 등 빼어난 투수들이 많았고, 타자 중에서도 홈런타자 김봉연, 김성한, 김종모부터 호타준족의 김일권, 이순철, 이종범에 이르기까지 상하위 타선이 올스타급이었다. 삼성 감독시절에도 마찬가지였다. 마운드는 배영수, 임창용, 노장진 등 한창 물오른 젊은 투수들이 있었고, 타선에서는 이승엽, 마해영, 양준혁이 클린업트리오(야구 경기에서 팀의 중심타자를 가리키는 말)를 이뤘다.

반면 김성근 감독은 OB 베어스(1984~1988년)를 시작으로 태평양 돌핀스(1989~1990년), 쌍방울 레이더스(1996~1999년), 삼성 라이온즈(1991~1992년),

LG 트윈스(2001~2002년) 등 신생팀이거나 하위권으로 처져 있던 팀을 주로 맡았다. 그러면서도 끈질기게 포스트시즌 진출에 번번이 성공하면서 지도력을 인정받았다. 그리고 마침내 SK 와이번스 감독 취임 첫해이던 2007년 처음으로 한국시리즈 우승을 차지했고, SK 재임 4년여 동안 우승 3번, 준우승 1번의 뛰어난 업적을 남겼다. 주로 약팀을 맡았으면서도 포스트시즌에 13번이나 진출시켰고, LG 시절 준우승을 포함해 통산 한국시리즈 우승 3번, 준우승 2번을 차지했다.

1987년 플레이오프, 2002년 한국시리즈 길이 남을 명승부

두 감독이 포스트시즌에서 맞대결을 펼친 것은 모두 세 차례이고, 매번 김응용 감독이 이겼다. 하지만 이중 두 차례는 그야말로 명승부였다.

우선 1987년 김응용 감독의 해태와 김성근 감독의 OB가 플레이오프에서 만났다. 당시 OB는 전기리그 2위였고, 해태는 후기리그 2위였다. 플레이오프에서 이긴 팀이 전후기 모두 1위를 차지한 삼성과 한국시리즈에서 맞붙는 일정이었다.

OB는 1승 1패로 맞선 플레이오프 3차전에서 1 대 1이던 8회 초 등판한 선동열을 무너뜨리며 4 대 1로 이겨 시리즈 전적을 2승 1패로 만들었다. 이제 남은 2경기 중 1번만 더 이기면 대망의 한국시리즈 진출이었다. 그리고 OB는 4차전에서 5회까지 2 대 0으로 앞섰고, 2 대 2 동점이던 9회 초 1점을 뽑아 3 대 2로 승리를 눈앞에 뒀다. 하지만 해태는 9회 말 3 대 3 동점을 만든 데 이어, 연장 10회 말 OB 투수 최일언의 폭투로 한대

화가 홈을 밟으며 4 대 3 극적인 역전승을 거뒀고, 내친김에 5차전에서 차동철의 눈부신 호투를 발판으로 4 대 0으로 이기며 한국시리즈에 올랐다. 김응용 감독에겐 환희였지만 김성근 감독에겐 깊은 상처로 남은 경기였다. 해태 김응용 감독은 한국시리즈에서 삼성을 4전 전승으로 누르고 정상에 올랐다.

김성근 감독은 1989년 약체 태평양 돌핀스를 포스트시즌으로 이끌기도 했다. 그리고 준플레이오프에서 삼성을 2승 1패로 꺾는 파란을 일으켰다. 당시 태평양 마운드는 양상문, 박정현, 최창호, 재일동포 김신부 등이 이끌고 있었다. 그리고 플레이오프에서 해태 김응용 감독과 맞붙었다. 하지만 전력 차이는 어쩔 수 없었다. 10 대 1, 1 대 0, 5 대 1로 내리 3연패하며 해태가 다시 한국시리즈에 올랐다. 김응용 감독은 한국시리즈에서 빙그레 이글스를 4승 1패로 꺾고, 다섯 번째 정상과 함께 당시로선 전대미문의 한국시리즈 4연패를 달성했다.

두 감독이 맞붙었던 최고의 명승부는 뭐니 뭐니 해도 2002년 한국시리즈다. 당시 김성근 감독은 LG 트윈스를 이끌고 준플레이오프와 플레이오프를 통과하며 한국시리즈에 진출해 김응용 감독의 삼성 라이온즈와 만났다. 그 무렵 한국시리즈 첫 우승에 목말라 있던 삼성은 전력상으로도 LG보다 앞섰다. 그런데 LG는 5차전까지 2승 3패로 접전을 벌였고, 6차전에서도 9회 초까지 9 대 6으로 앞서 승부를 7차전으로 몰고 가는 듯했다. 하지만 삼성은 9회 말 LG 마무리 투수 이상훈을 상대로 이승엽이 동점 3점 홈런을 터뜨렸고, 바뀐 투수 최원호를 상대로 마해영의 끝내기 홈런이 터지면서 10 대 9 역전승을 거두고 극적인 우승을 차지했다. 김응용 감독으로선 개인 통산 열 번째 한국시리즈 우승이었다.

당시 삼성은 우승에 대한 중압감으로 평정심을 잃은 상태였는데, 김성근 감독은 자서전에서 "김응용 감독이 평정심을 잃은 게 눈에 보일 정도"였다고 회상했다. 김응용 감독은 우승을 차지한 뒤 김성근 감독에 대해 예의 "나는 야구의 신과 싸웠다"고 말해 화제가 됐고, 그 뒤부터 김성근 감독의 별명이 야구의 신, 즉 '야신'이 됐다. 하지만 김성근 감독을 치켜세우는 듯해도 사실은 "나는 야구의 신을 이긴 감독"이라는 뜻이 숨어 있었다.

역대 포스트시즌 대결은 김응용 감독이 14전 10승 4패로 많이 앞선다. 이를 근거로 김응용 감독은 김성근 감독과의 라이벌 관계를 강하게 부정한다. 실제로 그는 한 텔레비전 예능 프로에 출연해 "라이벌은 무슨. 라이벌 뜻이 뭐야? 뭐냐고? 서로 이기고 지는 사이 아냐? 나는 김성근 감독한테 한 번도 지지 않았어. 내가 현역으로 있을 때 김성근 감독이 우승한 적 있어? 그런데 무슨 라이벌이야?"라고 말하기도 했다.

김성근 감독 역시 한 강연에서 이와 관련된 질문을 받고 "맨날 지기만 했는데 무슨 라이벌이냐"며 웃어넘겼다. 하지만 그는 약한 전력에도 최강팀을 위협했던 실력자였다. 둘의 대결은 10승 4패라는 수치로 남았지만, 두 팀의 전력을 감안하면 김성근 감독의 '4승'도 결코 폄하할 수 없는 것이다.

김응용 1,567승 vs 김성근 1,388승… 통산 승률 불과 0.1퍼센트 차

김응용 감독이 2004년을 끝으로 삼성 라이온즈 지휘봉을 내려놓고 삼성 라이온즈 사장으로 일선에서 물러났을 때, 김성근 감독은 2007년부터

SK를 3번이나 한국시리즈 정상에 올려놓으며 최고의 지도자로 칭송받았다. 김성근 감독이 이끌던 SK는 2009년 8월 25일부터 2010년 3월 30일까지 22연승을 달성하며 일본 프로야구 18연승 기록을 넘는 아시아 신기록을 세우기도 했다.

그런데 김응용 감독이 2012년 10월, 일흔이 넘은 나이에 한화 이글스 감독으로 현장에 돌아왔다. 그의 현장 복귀 이유로 김성근 감독과의 라이벌 의식이 작용한 것 아니냐는 시각도 많았다. 하지만 결과는 처참했다. 두 시즌 연속 3할대 승률로 9개 팀 가운데 최하위를 기록하고 감독직에서 물러났다. 그 와중에 2013년 8월 3일 국내 프로야구 최초로 '감독 1,500승'을 달성하기도 했다. 하지만 그는 "지금까지의 승리와 내일의 1승을 바꾸고 싶다"고 말할 정도로 마음고생이 심했다. 그는 훗날 "한화에서 2년 동안 꼴찌하면서 야구가 정말 어렵다는 생각을 했다. 해태에서도 못할 때는 있었지만 한화에서처럼 야구가 무서운 적은 없었다"고 털어놓았다.

공교롭게도 김응용 감독의 후임 사령탑이 김성근 감독이었다. SK에서 물러난 뒤 독립야구단 고양 원더스를 지휘하며 야인 생활을 하던 그가 한화팬들의 열광적인 지지를 받으며 한화 사령탑에 오른 것이다.

2014년 10월, 한화와 3년간 계약을 맺은 뒤 첫해이던 2015년 만년 하위팀을 중위권으로 이끌며 인기몰이를 했다. 그러나 뒷심 부족으로 포스트시즌 진출 마지노선(5위)에 한 계단 부족한 6위에 그치고 말았다.

김 감독의 지도력에 상처가 난 것은 2016년부터다. 선발투수가 다음 날에도 선발로 나서는 등 이해할 수 없는 투수 기용으로 비난을 받았고, 2군행을 통보받은 고바야시 세이지 투수 코치가 돌연 사임하며 리더십에 타격을 입었다. 우승 후보로 기대를 모은 팀 성적은 7위에 그쳤고, 시즌 뒤 감독 경질설이 불거졌다. 그리고 2017년, 10개 구단 중 가장 화려한 외국인 선수 영입으로 팬들의 기대를 모았지만, 18승 25패로 10개 팀 중 9위에 머물던 5월 23일, 느닷없이 경질됐다. 특히 가는 팀마다 프런트(구단의 행정업무를 수행하는 사람)와 자주 갈등을 빚었던 그는 한화에서도 2016시즌 종료 뒤 영입된 박종훈 단장과 스프링캠프 때부터 불협화음을 냈다.

두 명장의 쓸쓸한 퇴장이었다. 하지만 두 사람이 남긴 업적마저 지울 수는 없다. 프로야구 감독 통산 성적은 김응용 감독이 스물네 시즌 동안 2,935경기에서 1,567승 68무 1,300패를 기록했고, 김성근 감독은 스물세 시즌 동안 2,651경기 1,388승 60무 1,203패를 남겼다. 프로야구 통산 1,000승을 넘긴 '유이한' 감독들이고, 70대에 프로야구 지휘봉을 잡은 '유이한' 감독들이다. 통산 3위는 2,057경기에서 980승 45무 1,032패를 기록한 김인식 감독이다. 이들 '3김'은 감독으로 2,000경기 이상을 출장한 기록을 가지고 있다.

통산 승수는 김응용 감독이 179승 더 많지만 통산 승률은 엇비슷하다. 김응용 감독은 54.7퍼센트, 김성근 감독이 54.6퍼센트로 0.1퍼센트 차이밖에 나지 않는다. 과거 김성근 감독이 맡았던 팀 전력이 약했던 점을 감안하면 오히려 그에게 점수를 더 줄 수도 있다. 하지만 김응용 감독 역시 아무리 뛰어난 선수들이 많아도 통산 10번의 정상 등극은 결코 쉬운 일이 아니다. 탁월한 카리스마와 선수들을 결집시키는 응집력으로, 서 말 구슬을 잘 꿰었다.

두 감독의 대조적인 모습을 잘 평가한 진태기 씨의 글을 인터넷에서 우연히 발견했다. 너무나 적절한 표현에 무릎을 치며 여기 옮겨 싣는다.

"김응용 감독은 높게 나는 방식으로 최고점을 찍었고, 김성근 감독은 낮게 나는 방식으로 최고점을 찍었다. 김응용 감독이 장기 말이 버려지는 것을 크게 개의치 않는 장기를 두었다면, 김성근 감독은 장기 말을 소중히 여기며 만들어내는 승부수의 장기를 두었다. 김응용 감독이 예전 같지 않아서 승복의 돌을 던졌다면, 김성근 감독은 예전 같지 않지만 승부의 끈을 놓지 않는다."

김응용		김성근
1940년 3월 1일	출생	1941년 10월 30일
평안남도 평원	고향	일본 교토
오른손 홈런타자	선수시절	왼손 강속구 투수
24시즌 2,935경기 1,567승 68무 1,300패(승률 54.7%)	프로 감독 통산 성적	23시즌 2,651경기 1,388승 60무 1,203패(승률 54.6%)
1987년 플레이오프 해태(3승 2패) 1989년 플레이오프 해태(3승) 2002년 한국시리즈 삼성(4승 2패) 10승 4패	포스트시즌 맞대결	1987년 플레이오프 OB(2승 3패) 1989년 플레이오프 태평양(3패) 2002년 한국시리즈 LG(2승 4패) 4승 10패
한국시리즈 우승 10회 (해태 9회, 삼성 1회)	한국시리즈	한국시리즈 우승 3회, 준우승 2회 프로야구 22연승 아시아 신기록 (2009년 8월 25일~ 2010년 3월 30일·SK)

2002년 프로야구 한국시리즈에서 맞붙었던 김응용 감독(위)과 김성근 감독.
삼성 라이온즈 및 LG 트윈스 사진 제공.

3 50년 맞수 초등학교 동창, 신치용 vs 김호철

초등학교 동창인 두 감독은 챔피언 결정전에서 만날 때마다 명승부를 펼쳤다. 2008년 4월 10일, 대전충무체육관에서 신치용 감독의 삼성화재와 김호철 감독의 현대캐피탈이 만난 프로배구 남자부 챔피언 결정전 1차전. 두 팀은 세트스코어 1 대 1로 맞선 3세트에서 당시 프로배구 역대 한 세트 최장시간 기록인 44분 동안 접전을 펼쳤다. 16번의 듀스 공방 끝에 두 팀 합쳐서 무려 80점이 나왔고, 결국 삼성화재가 41 대 39로 현대캐피탈을 누르고 3세트를 따냈다. 이어 삼성화재는 4세트까지 이기면서 세트스코어 3 대 1로 1차전 승리를 따냈다.

2009~2010시즌 챔피언 결정전은 마지막 7차전까지 풀세트 접전을 치를 정도로 V-리그 챔프전 역사상 가장 드라마틱한 명승부로 손꼽힌다. 그 중에서도 2010년 4월 19일 열린 챔피언 결정전 마지막 7차전은 배구팬들이라면 결코 잊을 수 없는 경기였다. 6차전까지 3승 3패로 맞선 두 팀은 마지막 승부 역시 세트스코어 2 대 2에서 마지막 5세트까지 가는 접전을

펼쳤다. 삼성화재는 14 대 11 매치포인트 상황에서 가빈의 스파이크가 꽂혔다. 세트스코어 3 대 2, 삼성화재의 승리. 4승 3패로 삼성화재가 우승을 확정지었다. 순간, 차분하기로 소문난 신치용 감독이 그대로 코트 바닥에 벌렁 드러누웠다. 이 장면은 두고두고 인구에 회자됐다.

신치용과 김호철, 김호철과 신치용. 두 배구 감독은 1967년 초등학교 6학년 때 처음 만나 무려 50년 동안 코트에서 불꽃 튀는 경쟁을 펼쳤다.

두 감독은 공통점이 많다. 1955년생 동갑내기인 데다 고향도 경남 밀양과 거제로 가깝다. 김호철 감독은 1955년 11월 13일 경남 밀양에서 태어나 밀주초등학교 6학년 때 새로 생긴 배구부에 들어가서 처음 배구공을 만졌다. 신치용 감독은 1955년 8월 26일 경남 거제 장승포 출신으로, 부산 아미초등학교로 유학을 갔다가 배구를 시작했다.

선수시절 포지션도 똑같이 세터(공격수가 공격하기 쉽도록 공을 토스해주는 선수)였다. 김호철 감독은 초등학교 시절 레프트 공격수로 활약하다가 중학교 때 세터로 바꿨다. 신치용 감독은 라이트 포지션도 소화했지만 주 포지션은 역시 세터였다. 김호철 감독은 키 175센티미터, 몸무게 68킬로그램으로 체구는 작은 편이지만 선수시절엔 굉장히 영리한 플레이를 했다. 신치용 감독은 키 184센티미터에 몸무게 88킬로그램으로 당시 세터치고는 아주 큰 키를 자랑했다.

군대도 같은 날 들어갔다가 같은 날 제대했다. 1978년 1월 11일 육군통신학교에 같이 입대해 울고 웃으면서 젊음을 함께했다.

두 감독 모두 스포츠 가족이라는 점도 닮았다. 신 감독의 부인은 여자농구 국가대표 출신의 전미애 씨이고, 김 감독의 부인 역시 여자 배구 국가대표를 지낸 임경숙 씨다. 신치용 감독은 슬하에 딸 둘을 뒀는데, 둘째

딸이 여자 프로농구 선수 출신인 신혜인 씨이고, 사위는 프로배구 삼성화재 박철우 선수다. 김호철 감독은 슬하에 1남 1녀를 뒀는데, 두 자녀 모두 운동선수다. 딸은 이탈리아 프로배구리그에서 뛰었던 김미나 선수이고, 아들 김준 씨는 이탈리아에서 골프선수로 활약하고 있다.

군 입대와 제대도 같은 날

이처럼 공통점이 많지만 성격은 정반대다. 신치용 감독은 내성적이고 조용한 스타일인 반면에, 김호철 감독은 외향적이고 다혈질이다. 신 감독은 말수가 적고 부드러운 카리스마가 돋보이는 '덕장' 스타일이지만, 김 감독은 불같은 성격으로 선수들에게 끊임없이 파이팅을 독려하는 전형적인 '용장'이다. 배구계에서는 《삼국지》에 나오는 인물 가운데 신 감독은 차분한 '제갈공명'이고, 김 감독은 꾀돌이 '주유'에 빗대곤 한다.

신 감독은 감정을 얼굴에 드러내는 일 없이 늘 평정심을 잃지 않는 반면, 김 감독은 실수하는 선수에겐 즉석에서 벼락같은 호통을 치고, 승리가 확정되는 순간에는 코트에 등을 깔고 드러누울 정도로 '뜨거운 남자'다.

김호철 감독은 서울 대신고와 한양대를 거쳤고, 신 감독은 부산 성지공고와 성균관대를 나왔는데, 출신 대학도 배구 라이벌이다. 그런데 술은 신 감독이 폭탄주를 즐겨 마실 정도로 두주불사(斗酒不辭)형이지만 김 감독은 맥주 몇 잔에도 금세 술이 취한다.

현역시절에는 스타였던 김호철 감독에 비해 신치용 감독은 무명 선수였다. 김 감독은 낮은 시선으로 높은 꿈을 꾼 '컴퓨터 세터'로 이름을 날리면서 당시로서는 상상하기 힘든 만 39세까지 화려한 선수 생활을 이어 갔다. 반면에 신 감독은 만 27세에 일찌감치 은퇴했다.

김호철 감독은 한양대 시절 태극마크를 처음 단 뒤 국가대표 주전 세터 자리를 9년간이나 꿰찼고, 이탈리아 리그에서도 MVP를 2번이나 차지할 정도로 뛰어난 선수였다. 특히 태극마크를 달고 1978년 이탈리아 세계 남자배구선수권대회 4강과 방콕 아시안게임 금메달, 1979년 멕시코 유니버시아드대회 우승 등을 이끌며 선수시절 꽃을 피웠다. 1980년 금성통신(KB 손해보험 전신) 배구단에 입단해 실업 무대에 발을 들여놓았다가 두 시즌을 뛴 후 이탈리아 리그로 이적해 소속팀 우승과 유럽배구연맹(CEV) 챔피언스리그 우승을 이끄는 등 절정의 기량을 뽐냈다. 뛰어난 토스워크와 리더십으로 멕시카노 파르마 클럽을 1부 리그로 승격시켰고, 1983~1984년 우승까지 이끌며 '황금의 손'이라는 별명도 얻었다.

반면 신치용 감독은 김 감독이 세터를 보면 라이트로 물러날 만큼 늘 김 감독 뒤에 가려져 있었다. 1980년 한국전력에 입단한 그는 선수로서 한계를 느끼고 일찍 지도자로 전향했다. 1983년 당시 양인택 감독의 권유로 한국전력 코치로 출발해 한전에서만 선수와 지도자로 무려 15년이나 몸담았고, 국가대표 코치를 4년이나 역임한 뒤 1995년 9월 삼성화재 창단 감독을 맡았다. 그리고 김세진, 신진식 등 스타플레이어를 앞세워 파죽의 77연승을 달성하는 등 숱한 우승을 일궈냈다. 선수로서 못 이룬 영광을 감독으로 모두 채운 것이다.

김호철 감독이 삼성화재의 라이벌 현대캐피탈과 인연을 맺은 것은 1984년이다. 1983년 창단한 현대자동차써비스(현대캐피탈 전신)로부터의 입단 제의를 받고, 이듬해인 1984년 현대 유니폼을 입었다. 그리고 1985년과

1986년 현대자동차써비스의 2회 연속 대통령배 우승의 주역으로 우뚝 선 뒤 다시 이탈리아로 날아갔다. 이탈리아에서 '황금의 손', '마술사'라는 별명을 얻으며 화려한 선수 생활을 보낸 뒤 1999년부터 4년 동안 이탈리아 프로리그 밀라빌란디아 팀과 트리에스테 팀의 감독을 역임하기도 했다.

2004년부터 현대캐피탈 – 삼성화재 사령탑 맞수 대결

두 감독이 본격적으로 라이벌 관계가 된 것은 김호철 감독이 국내 프로배구 출범을 앞두고 있던 지난 2004년, 현대캐피탈 초대 감독을 맡으면서부터다. 당시 현대캐피탈은 신치용 감독이 이끄는 삼성화재의 독주를 막아보기 위해 김 감독을 영입했는데, 2003년부터 프로배구 원년인 2005년까지는 신 감독의 삼성화재가 계속 챔피언 자리를 놓치지 않았다.

김호철 감독은 취임 일성으로 "첫해에는 한 번이라도 삼성화재를 이기고, 두 번째 해에는 삼성화재를 넘어서고, 세 번째 해에는 우승을 차지하겠다"고 포부를 밝혔다.

이 말은 현실이 됐다. 2004년 3월, 삼성화재의 77연승 대기록을 저지한 데 이어 V-리그 원년인 2005시즌에는 정규시즌 우승을 차지했다. 비록 챔피언 결정전에서는 삼성화재에 져 준우승에 머물렀지만, 이듬해인 2005~2006시즌 손 루니와 후인정, 이선규, 윤봉우 등을 앞세워 정규리그 우승에 이어 챔프전에서도 삼성화재를 꺾고 통합 우승을 차지하며 삼성화재의 슈퍼리그, V-리그(슈퍼리그는 V-리그 출범 이전 우리나라의 배구 리그로, 2004시즌 이후 폐지됨) 연속 10연패를 저지했다. 기어이 현대캐피탈의 우승의

초등학교 친구 사이로 프로배구 최고의 라이벌 대결을 펼친
김호철 감독(왼쪽 · 당시 현대캐피탈)과 신치용 감독(당시 삼성화재).
한국배구연맹(KOVO) 사진 제공.

한을 푼 것이다.

김호철 감독의 현대캐피탈은 2007년에도 정상에 오르며 프로 출범 이후 3번 챔피언전에서 삼성화재 신치용 감독에게 2승 1패로 앞서나갔다. 정규리그에서는 삼성화재에 1승이 모자라 우승을 내줬지만 챔피언 결정전에선 3전 전승으로 상대를 압도했다.

이 무렵 두 감독은 남자 배구 국가대표 사령탑으로도 좋은 성적을 거뒀다. 2002년 부산 아시안게임 때는 신치용 감독이 금메달을 땄고, 2006년 도하 아시안게임 때는 김호철 감독이 대표팀 사령탑을 맡아 역시 금메달을 일궈냈다.

두 감독이 이끌었던 삼성화재와 현대캐피탈은 워낙 빅매치였기 때문에 경기 일정을 짤 때 주말이나 공휴일을 많이 선택한다. 그런데 유독 삼일절에 자주 만났다. 2008년 3월 1일, 삼성화재의 홈 코트인 대전충무체육관에서 첫 삼일절 경기를 가졌다. 그리고 현대캐피탈의 홈 코트가 천안 유관순체육관이기 때문에 삼일절이라는 역사적인 의미와 맞물려서 2009년부터 2011년까지 3년 연속 유관순체육관에서 라이벌전을 가졌다. 이어 2013년에는 다시 대전에서 '삼일절 매치'가 펼쳐졌다.

유관순 열사의 고향인 데다가 독립기념관이 위치해 있는 곳이 천안이기 때문인데, 삼일절 경기 때 유관순체육관을 가면 장관이 펼쳐진다. 태극기를 들고 흔드는 관중들과 태극기를 응원도구로 사용하는 치어리더까지, 그야말로 체육관 전체가 태극기의 물결을 이루기 때문이다. 그러잖아도 전통의 라이벌인 삼성화재와 현대캐피탈의 경기는 흥행 보증수표로서 매번 만원 관중이 들어차, 통로에 앉거나 서서 보는 관중도 상당수였다. 삼일절에는 속된 말로 체육관이 미어터져 안전사고를 걱정해야 할 정도였다.

유관순체육관에서 첫 삼일절 경기가 열린 2009년에는 5,700명을 수용할 수 있는 체육관에 무려 8,524명이 들어찼다. 안전사고의 우려가 있어 관중 입장을 어느 정도 제한했음에도 이듬해인 2010년엔 6,872명이 입장했고, 2011년에는 6,000명으로 제한하려고 했지만 결국 6,424명이 입장했다.

5번의 '삼일절 더비' 가운데 천안유관순체육관에서 열린 경기는 3번 있었다. 한국배구연맹(KOVO)이 현대캐피탈의 숙적 삼성화재를 호랑이 소굴로 밀어넣은 셈이었지만 공교롭게도 5번의 삼일절 더비에서 삼성화재가 5번 모두 이겼다. 그나마 풀세트 접전을 벌인 것도 1번뿐이고, 나머지 4번은 세트스코어 3 대 0으로 2번, 3 대 1로 2번 현대캐피탈이 졌다. 이쯤 되면 현대캐피탈로서는 '삼일절 징크스'라고 할 수밖에 없다.

2008년부터 무너진 맞수 대결, 신치용 66승 - 김호철 33승

김호철 감독에게 2년 연속 챔피언 자리를 내준 신치용 감독은 절치부심했다. 당시 삼성화재의 외국인 선수는 미국 국가대표 에이스 윌리엄 프리디(William Reid Priddy)였다. 주 공격수치고는 키가 작은 196센티미터에 불과해 타점이나 파워보다는 테크니션에 가까운 선수였고, 주 공격수보다는 보조 공격수에 특화된 선수였다.

현대캐피탈 숀 루니의 대항마를 찾지 않고선 김호철 감독을 넘어설 수 없다고 판단한 신치용 감독은 프리디를 반면교사 삼아 외국인 선수 선발기준을 바꾸었다. 이때부터 신 감독은 안젤코와 가빈, 레오로 이어지는

V-리그 역사에 남을 외국인 선수들을 차례로 스카우트하며 다시 한 번 '삼성화재 천하'를 일궈냈다. 사실 이 선수들은 당시엔 무명이었다. "뭐, 저런 선수를 데려왔냐"는 말을 들을 정도였다. 하지만 신 감독을 만난 뒤엔 완전히 다른 선수로 거듭났다. 이에 대해 신치용 감독은 훗날 "당시엔 다 듬어지지 않은 원석에 가까운 선수들이었다. 하지만 '배고픈' 선수들이었고 품성이 좋아 조직력과 팀워크를 중시하는 '신치용식 배구'에 잘 적응했다"고 털어놓았다.

이윽고 삼성화재는 안젤코와 가빈을 앞세워 현대캐피탈에 반격했다. 2007~2008시즌 챔프전 역시 두 팀의 대결이었다. 김호철 감독의 3회 연속 우승이냐, 신치용 감독의 슈퍼리그, V-리그 열 번째 우승이냐를 놓고 맞붙은 결과 신치용 감독이 웃었다. 이로써 두 감독은 프로 출범 이후 2번씩 우승을 나눠 가졌다. 하지만 이때부터 승부의 추는 기울어 있었다. 삼성화재는 2007~2008시즌에 이어 2008~2009, 2009~2010시즌까지 세 차례 연속 챔피언 결정전에서 현대캐피탈을 제치고 정상에 올랐다.

이후 2010~2011시즌에는 대한항공이 처음으로 정규리그 우승을 차지해 여섯 시즌 동안 삼성화재와 현대캐피탈만이 누렸던 챔피언 결정전 잔치에 균열을 냈다. 당시 정규리그 3위에 그쳤던 삼성화재는 현대캐피탈과 플레이오프에서 3전 전승, 대한항공과 챔프전에서 4전 전승을 거두며 챔프전 4연패를 달성했다. 반면 2003년 현대캐피탈 감독에 오른 뒤 처음으로 챔프전 진출에 실패한 김호철 감독은 시즌 뒤 총감독으로 추대되며 사실상 지휘봉을 내려놓았다.

김호철 감독이 현대캐피탈을 떠난 이후 삼성화재의 챔프전 상대는 대한항공이 이어받았다. 현대캐피탈은 김호철 감독 후임으로 프랜차이즈 스타 하종화를 감독으로 선임했지만 2011~2012, 2012~2013시즌 연속으로 플레이오프에서 대한항공에 쓴잔을 마시고 챔프전 진출에 실패했다.

'야인' 신세가 된 김호철 감독은 2012년 러시앤캐시 사령탑으로 프로배구에 복귀했다. 하지만 신 감독이 이끄는 삼성화재와의 여섯 차례 맞대결에서는 전력 차이를 극복하지 못하고 1승 5패로 밀렸다. 4라운드까지는 한 세트도 따내지 못하고 세트스코어 3 대 0으로 완패했고, 마지막 6라운드에서 풀세트 접전 끝에 3 대 2로 이겼다.

김 감독은 신생팀 러시앤캐시에서 5할 이상 승률(16승 14패)을 올리며 정규리그 4위로 마감했다. '하종화 카드'가 실패로 돌아간 현대캐피탈은 김호철 감독을 다시 사령탑에 앉혔고, 신치용 감독과의 라이벌전도 재개됐다.

두 감독이 다시 만난 2013~2014시즌은 삼성화재와 현대캐피탈이 정규리그 1, 2위를 다퉜다. 김호철 감독은 '명가 재건'을 목표로 삼은 현대캐피탈에 두 시즌 만에 복귀해 세계 3대 공격수로 평가받는 리버맨 아가메즈(콜롬비아)를 붙잡았다. 더욱이 터키리그에 진출했던 문성민도 돌아왔고, 라이벌 삼성화재로부터 '월드 리베로' 여오현을 데려와 '타도 삼성화재'를 그렸다.

반면 삼성화재는 석진욱의 은퇴와 여오현의 공백으로 위기를 맞았지만 신치용 감독의 지략으로 위기를 극복해냈다. 팀워크를 중시하고 '진화한 괴물' 레오(쿠바)를 활용하는 전술이 인상적이었다. 현대캐피탈은 1라운드 맞대결에서 충격의 0 대 3 패배를 당했지만, 이후 2, 3라운드를 각각 3 대 1로 격파하며 자존심을 세웠다. 4라운드는 삼성화재가 다시 3 대 1 승리를 거뒀다.

2승 2패로 맞선 마지막 5라운드는 2014년 3월 9일 현대캐피탈의 홈구장인 천안유관순체육관에서 열렸다. 정규리그 우승을 놓고 다툰 그 경기에는 6,520명의 관중이 들어차 엄청난 열기를 내뿜었다. 이 경기에서 신 감독의 삼성화재는 먼저 1세트를 내준 뒤 내리 2, 3, 4세트를 따내 3 대 1로 역전승을 거뒀다. 결국 정규시즌에서 삼성화재는 23승 7패(승점 66)로 1위, 현대캐피탈은 21승 9패(승점 61)로 2위가 됐다.

결과적으로 신치용 감독과 김호철 감독이 마지막으로 우승컵을 놓고 겨룬 2013~2014시즌 챔피언전에서 김호철 감독은 설욕을 벼르고 있었다. 3월 28일 대전 원정으로 치러진 1차전에서 아가메즈가 발목 부상을 당하면서 현대캐피탈에 어두운 그림자가 드리워졌다. 하지만 문성민과 송준호 등 국내 선수들이 활약하며 3 대 0 완승을 거뒀다. 김호철 감독은 2차전에서 아가메즈를 선발 명단에서 빼는 고육책 속에서도 1세트를 25 대 19로 잡고 기세를 올렸다. 하지만 거기까지였다. 삼성화재는 2세트를 듀스 접전 끝에 35 대 33으로 따낸 뒤 3, 4세트마저 가져가 3 대 1 역전승을 거뒀다. 그리고 3차전과 4차전 역시 삼성화재의 3 대 0 완승. 결과적으로 2차전 2세트에서 엄청난 접전 끝에 35 대 33으로 삼성화재가 이긴 것이 양팀의 희비를 가른 '터닝 포인트'였다.

삼성화재는 챔프 1차전 1세트부터 2차전 1세트까지 4세트를 먼저 내주며 1패를 안았지만, 이후 2차전 2세트부터 4차전까지 9세트를 연이어 따내며 3승을 챙긴 셈이 됐다. 결국 3승 1패로 신치용 감독은 김호철 감독과 마지막 챔프전 맞대결에서 승리를 거두며 V-리그 7연패에 성공하고야 말았다.

치열했던 2013~2014시즌이 저물고 2014~2015시즌의 막이 올랐다. 이것이 두 감독의 현역 마지막 시즌이 되리라곤 개막 당시엔 아무도 예상하지 못했다. 삼성화재는 정규시즌 1위를 차지한 반면, 현대캐피탈은 정규시즌 5위로 내려앉았다. 맞대결에서도 삼성화재가 4승 1패로 압도했다. 김호철 감독은 이 시즌을 끝으로 감독직에서 물러났다.

그런데 영원한 승자는 없는 법. 신치용 감독 역시 챔프전에서 '제자' 김세진 감독이 이끈 정규시즌 2위 OK 저축은행에 3경기를 내리 지면서 8년 연속 우승에 실패한 뒤 일선에서 물러났다. 신 감독은 1997년 삼성화재 감독에 오른 뒤 무려 20년 만에 사령탑에서 내려와 단장으로 이동했다.

두 감독의 역대 전적은 정규시즌과 포스트시즌을 모두 포함해 99전 66승 33패로 신치용 감독이 3번 만나면 2번 이겼다. 승률로는 신치용 감독이 66.7퍼센트, 김호철 감독이 33.3퍼센트다. 챔피언전에서는 여섯 시즌 연속을 포함해 모두 일곱 차례 만났는데, 신치용 감독이 5번, 김호철 감독이 2번 우승을 차지했다.

선수로서는 김호철 감독이 성공했고, 지도자로서는 신치용 감독이 우위에 있었으니 둘의 배구 인생은 '장군', '멍군'인 셈이다.

김호철		신치용
1955년 11월 13일	출생	1955년 8월 26일
경남 밀양	고향	경남 거제
현대캐피탈 감독 (2003~2011년, 2013~2015년)	소속팀	삼성화재 감독 (1995~2015년)
99전 33승 66패	통산 맞대결	99전 66승 33패
2승 5패	챔프전 맞대결	5승 2패

4 그라운드 밖의 하하허허 입심 대결, 하일성 vs 허구연

1980~1990년대 야구팬들이라면 '야구해설을 하일성이 잘하느냐, 허구연이 잘하느냐'를 두고 한 번쯤 논쟁을 벌인 추억이 있을 것이다. 두 사람의 해설 스타일을 비교해보면, 우선 하일성 전 위원은 구수한 언변으로 팬들의 눈높이에 맞게 궁금증을 풀어주는, 알기 쉬운 해설이 장점이었다. 반면 허구연 위원은 경기 전체를 통찰하면서 깊이 있는 분석으로 정곡을 찌르는 해설로 여전히 많은 인기를 누리고 있다.

하일성 전 위원은 과거 한 언론과의 인터뷰에서 "팬들은 투수가 다음에 던질 공, 감독이 펼칠 작전 같은 걸 예상해주길 원한다. 그런 게 해설을 맛깔스럽게 만든다"고 했다. 허구연 위원도 과거 인터뷰에서 "왜 그런 플레이가 나오는지, 투수는 왜 그런 공을 던지는지, 타자는 어떻게 홈런을 치는지 등에 대한 궁금증을 논리적으로 풀어주는 게 해설자의 제일 덕목"이라고 말했다. 두 사람 모두 "해설은 말장난이 아닌 과학과 논리가 뒷받침돼야 한다"는 주장이었다.

두 사람의 해설을 가수 이미자 씨와 패티김 씨에 비교하기도 하는데, 하 전 위원이 대중적인 느낌의 이미자 씨라면, 허 위원은 좀 더 화려한 이미지의 패티김 씨로 표현됐다.

두 사람은 우리나라 야구 중계방송 해설의 '대명사'다. 하일성 전 KBS 해설위원과 허구연 MBC 해설위원은 '하구라', '허구라'라는 애칭으로 30년 넘게 '입담 대결'을 펼치며 야구팬들의 사랑을 받았다. 두 사람은 서로 다른 관점과 서로 다른 스타일로 야구를 전달했다. 이 때문에 두 사람이 동시에 중계할 때 시청자들은 반으로 갈렸다. 그리고 야구팬들은 누구 해설이 더 나으냐를 두고 끝없는 논쟁을 펼쳤다.

허구연 1978년, 하일성 1979년 데뷔

하일성 전 위원은 1949년 2월 18일 서울에서 태어났고, 허구연 위원은 1951년 2월 25일 경남 진주가 고향이지만 부산에서 자랐다. 하 전 위원은 안타깝게도 2016년 9월 8일 67세를 일기로 세상을 떠났다. 허 위원은 지금도 국내 프로야구는 물론 메이저리그 해설까지 왕성하게 활동하고 있다.

야구선수로는 하일성 전 위원보다 허구연 위원이 뛰어났다. 하 전 위원은 1964년, 비교적 늦은 나이인 서울 성동고등학교 1학년 때 야구를 시작해 1967년 경희대에 야구 특기생으로 입학해 내야수로 활약했지만 고된 훈련이 싫어 1학년 때 야구를 그만둔 뒤 이듬해 2월, 곧바로 군에 입대했다. 그는 육군 백마부대에서 복무하다가 베트남 전쟁에 참전했다.

반면 허 위원은 부산 대신초등학교 4학년 때 야구를 시작해 야구 명문

경남중·고에서 강타자로 활약한 유망주였다. 고교 졸업 후엔 1970년 당시 실업 명문팀 상업은행에 들어갔다가 1971년 고려대에 체육 특기자로 입학했지만, 이듬해 체육 특기자가 아닌 일반 학생으로 정규 대학입시 시험을 다시 치러 고려대 법학과에 입학하는 실력을 보여줬다. 야구 실력도 출중해 대학 야구 홈런왕에 등극했고, 국가대표에 선발돼 활약하기도 했다. 졸업 뒤에는 실업 명문 한일은행에 들어갔다. 하지만 그는 1976년 대전에서 열린 한·일 실업야구 올스타전에 출전했다가 정강이뼈가 부러지는 큰 부상을 당했다. 수술을 4번이나 받은 큰 부상이었는데, 결국 1978년 실업야구 시즌 도중 선수 생활을 접었다.

은퇴 후에는 공교롭게도 두 사람 모두 학교에서 학생들을 가르쳤다. 하일성 전 위원은 경희대 체육학과를 졸업한 뒤 교원 자격증을 취득해 1974년부터 경기도 김포 양곡고등학교를 거쳐 서울 환일고등학교 체육교사로 교직에 몸담았다. 허구연 위원은 정강이 부상으로 입원했을 때 병상에서 하루 10시간 이상의 공부를 하며 고려대 대학원 법학과에 진학했다. 이 무렵에 금성계전(주)(현 LS산전)에 입사해 회사 생활과 대학원 학업을 병행했고, 법학석사 학위를 받아 당시 경기대학교에 출강하기도 했다.

하일성 전 위원은 서울 환일고등학교 체육교사로 재직하던 1979년 당시 KBS 배구 해설가로 유명했던 오관영 씨의 권유로 TBC에서 야구 해설을 시작했다. 허구연 위원은 하 위원보다 1년 빠른 1978년 동아방송 라디오에서 해설자로 데뷔했다. 그때는 두 사람 모두 전속 해설가는 아니었다. 그러다가 1982년 프로야구가 출범하면서 '물 만난 고기'처럼 왕성한 활동을 펼쳤다. 프로야구 출범으로 아무래도 야구 해설 수요가 늘어나면서 하일성 위원은 1984년 아예 학교를 그만두고 KBS 전속 해설위원으로 자리를 옮겼다. 허구연 위원도 1982년 MBC와 전속 계약을 맺고 본격적으로 야구 해설을 하게 됐다. 조광식 전 MBC 스포츠국장(전 LG 트윈스 단장)이 "춘천에서 딱 한 경기만 중계해달라"는 권유에 허 위원은 "강의하느라 시간이 없다"며 손사래를 쳤지만 결국 인생의 진로가 바뀌게 됐다.

당시 하 위원의 교사 월급이 32만 원이었는데, 해설 한 번 할 때마다 3만 6,500원을 받았다고 한다. 지금 가치로 환산하면 해설 한 번에 50~60만 원가량 받은 것이다. 반면 허 위원은 프로야구 원년부터 전속 계약을 맺었기 때문에 1년 전속 해설료로 1,400만 원을 받았다고 한다. 당시 OB 베어스 특급 투수 박철순의 연봉이 2,400만 원이었으니 엄청난 돈이었다. 해설을 하면서 한때 럭키금성 스포츠홍보실 기획실장으로 일하는 등 왕성하게 활동했다.

하일성이 이미자라면, 허구연은 패티김

스타일이 달랐지만, 난형난제였다. 하일성 전 위원은 KBS, 허구연 위원은 MBC의 간판이자 숙명적인 경쟁자였다.

두 사람은 해설하면서 유행어도 많이 남겼다. 하일성 전 위원은 2006년 일본 도쿄에서 열린 제1회 월드베이스볼클래식 1라운드 일본과의 결승전에서 한국이 극적인 역전승을 거뒀을 때 명해설로 팬들을 즐겁게 했다. 당시 하 위원은 "야구 몰라요"라는 유행어를 남겼다.

허구연 위원은 한국이 금메달의 쾌거를 이뤄낸 2008년 베이징올림픽 당시 "됐쓰요", "G.G 사토 고마워요" 등의 유행어를 만들면서 '국민 해설위원'으로 큰 인기를 누렸다.

두 사람이 꼽은 가장 인상 깊었던 경기도 자신들이 유행어를 창조했던 바로 그 경기, 2006년 월드베이스볼클래식 도쿄 라운드 결승전(하일성)과 2008년 베이징올림픽 준결승 한·일전(허구연)이었다.

그런데 두 사람은 프로야구 30여 년 동안 한 번씩 해설가를 떠나 '외도'를 한 적이 있다. 우선 허구연 위원은 1985년 10월, 만 서른네 살의 젊은 나이에 계약금 3,000만 원, 연봉 3,000만 원 등 6,000만 원에 계약하고 프로야구 청보 핀토스 감독을 맡아 1년가량 중계석이 아니라 그라운드에 있었다. 허 위원은 이에 앞서 먼저 MBC 청룡에서 감독직 제안을 받았는데, 당시 MBC 어우홍 감독이 모교인 경남고등학교 은사였기 때문에 도의상 가지 않았다고 한다. 청보 핀토스는 프로야구 원년 인천을 연고지로 했던 삼미 슈퍼스타즈의 후신으로 전력이 매우 약한 팀이었다. 당시 '인천 야구의 대부' 김진영 감독이 성적 부진으로 하차한 뒤 허 위원이 그 후임으로 프로야구 최연소 감독을 맡았다. 청보의 모회사인 풍한방직은 '핀토스'라는 팀명을 청바지 브랜드로 활용하기도 했는데, 감독시절의 허구연 위원이 이 청바지 광고에 출연하기도 했다.

그러나 허 감독은 1986시즌 15승 2무 40패의 저조한 성적을 거두고 도중하차했다. 그 시즌 청보는 32승 2무 74패, 승률 3할 2리로 7개 팀 중에서 6위에 그쳤다. 당시 최하위는 신생팀 빙그레 이글스였다. 당시 타 구단들은 허 감독의 청보를 상대로 더 기를 쓰고 이기려고 했다. 그 이유는 청보가 약팀으로 '승수 자판기'였던 데다가 '코치 경험도 없는 감독에게 지면 망신'이라는 인식이 한몫했다. 그는 이어 이듬해인 1987년부터 1989년까지 롯데 자이언츠 수석코치로 그라운드에 남았고, 1990년에는 캐나다 토론토 블루제이스 산하 마이너리그에서 선진 야구도 경험했다.

허구연 위원이 잠시 '외도'하는 동안 하일성 전 위원의 독주가 이어졌다. 그러자 MBC는 캐나다에서 귀국한 허 위원을 1991년 다시 마이크 앞에 앉혔다. 그리고 두 사람의 입심 라이벌 대결이 이때부터 15년가량 가장 뜨겁게 펼쳐졌다.

하일성 전 위원은 여기에 구수한 입담으로 야구 해설을 하면서도 〈가족오락관〉, 〈아침마당〉 등 KBS 오락 프로그램에 출연하는 등 방송 활동도 활발하게 병행했다. 하지만 2002년 1월 심근경색으로 3번이나 수술을 받는 등 투병 끝에 금연에 성공하고 건강한 몸으로 돌아와 다시 마이크를 잡게 된다. 이어 신상우 전 KBO(한국야구위원회) 총재 시절이던 2006년 5월부터 2009년 3월까지 약 3년 동안 제11대 KBO 사무총장으로 재직하면서 2008 베이징올림픽과 2009 제2회 월드베이스볼클래식 때 국가대표 야구단 단장을 맡아 올림픽 금메달과 월드베이스볼클래식 준우승에 일조했다. 그는 훗날 "이때가 내 야구 인생 최고의 순간이었다"고 회고하며 "내가 나중에 세상을 떠나면 묘비에 '2008년 베이징올림픽 금메달 야구 대표팀 단장'이라고 새겨달라"는 말을 남기기도 했다.

유행어 대결, 하일성 "야구 몰라요" vs 허구연 "됐쓰요"

하일성 전 위원이 해설위원 자리를 비운 동안은 사실상 허구연 위원의 독주였다. 그러자 KBS가 꺼내든 반격의 카드는 역시 '하일성'이었다. KBS는 그가 사무총장을 그만둔 2009년, 한국시리즈 단 2경기 중계를 위해 그를 다시 해설위원으로 영입했다. 2010시즌부터 케이블 채널 KBSN 스포츠의 해설위원으로 위촉했다.

하지만 2014년 시즌이 끝난 뒤 둘의 라이벌 대결은 사실상 끝나고 말았다. 하일성 전 위원이 재계약 불가 통보를 받고 35년이나 정들었던 KBS를 떠난 것이다. 2015년 K-STAR의 일본 프로야구 이대호 출전 경기가 그의 마지막 해설이 됐다.

하일성 전 위원이 2016년 9월 8일 아침 7시 56분께 서울 송파구 삼전 동의 자신이 운영하는 스카이엔터테인먼트 사무실에서 스스로 목숨을 끊었다는 충격적인 소식이 전해졌다. 당시 그는 사기 혐의에 휘말려 어려움을 겪고 있었다. 프로구단 입단 청탁을 빌미로 5,000만 원을 받아 사기와 근로기준법 위반 혐의로 불구속 기소됐고, 2015년 11월 지인에게 빌린 돈 3,000만 원을 갚지 않은 혐의로 피소됐다. 또 2016년 7월 6일에는 음주운전 방조 혐의로 입건되기도 했다. 그는 스스로 목숨을 끊기 전 가족들에게는 "미안하다, 사랑한다"라는 문자메시지를 남겼고, 지인 한 사람에게는 "절에 다녀오겠다"는 문자를 보냈지만 싸늘한 주검으로 발견됐다. 베트남 참전 용사였던 그의 유해는 9월 10일 국립서울현충원 충혼당에 안장됐다.

야구계에서 두 사람은 '하 구라', '허 구라'로 불린다. '구라'는 말이 많다거나 거짓말을 뜻하는 속어이긴 하지만, 두 사람의 유명한 입심 때문에 야구인들은 이렇게 부르기를 좋아한다. 두 사람은 이 별명을 그리 좋아하지 않았지만, 하일성 전 위원과 생전에 가장 가까웠던 김인식 전 한화 감독이 "아무나 '구라'로 부르느냐. 그만큼 말솜씨가 뛰어나다는 증거"라는 말에 두 사람 모두 껄껄 웃으며 흔쾌히 동의했다는 일화도 전해진다.

하일성 전 위원은 생전에 허구연 위원에 대해서 "내 인생에서 가장 고마운 사람"이라고 했다. 1986년 허구연 위원이 청보 핀토스 감독을 맡았을 때를 회고하면서 "그렇게 외롭더라. 아마 내가 KBO 사무총장 할 때 허구연 위원도 그랬을 거다"라고 말했다. 그는 허구연 위원한테 지지 않으려고 야구 공부를 게을리 하지 않은 것이 30년 넘게 야구 해설을 할 수 있었던 원동력이었다고 고백했다.

허구연 위원 역시 "우리 두 사람이 서로 다른 스타일의 해설을 하니까 팬들이 더 좋아했던 것 같다. 우리 두 사람 이름을 모르는 야구팬이 거의 없다는 것이 얼마나 고마운 일이냐"고 말했다.

프로야구 당대 최고의 '입담 대결'을 펼쳤던 고(故) 하일성 해설위원(왼쪽)과 허구연 해설위원. 카스포인트 사진 제공.

5 슛도사와 전자슈터의 슛 대결, 이충희 vs 김현준

1980년대 남자 농구 코트는 두 슛쟁이의 라이벌 대결로 후끈 달아올랐다. 주인공은 현대전자 이충희와 삼성전자 김현준. 둘은 대학도 연세대(김현준)와 고려대(이충희)로 나뉘어 라이벌전을 펼치더니 실업팀도 라이벌 팀에서 일진일퇴의 공방을 벌였다. 1983년 출범한 농구대잔치 초창기 최고의 빅매치는 둘이 라이벌 대결을 펼치는 날이었다. '형님부대'와 '오빠부대'가 입장권을 사려고 체육관 앞에서 장사진을 이뤘다. 담요와 텐트까지 동원해 매표소 앞에서 밤샘하는 광경도 흔히 볼 수 있었다.

물론 두 팀의 스타가 이충희와 김현준 둘만은 아니었다. 현대전자에는 박수교, 신선우, 황유하, 이문규, 이장수, 이원우, 박종천 등이, 삼성전자에는 진효준, 박인규, 안준호, 신동찬, 조동우, 임정명, 김진 등의 스타들이 즐비했다. 하지만 별 중의 별은 역시 불꽃 튀는 최고 슈터 대결을 펼친 김현준과 이충희였다.

공통점도 많았다. 우선 한 치의 오차 없이 정확한 슛을 구사해 이충희는 '숯도사', 김현준은 '전자슈터'라는 별명이 붙을 정도였다. 이충희는 182센티미터, 김현준은 183센티미터로 농구선수치곤 그리 크지 않은 키를 가졌지만 날렵한 스피드를 자랑했다. 게다가 수려한 외모와 성실함으로, 특히 여성팬들의 사랑을 많이 받은 점도 같았다.

7개월 차이로 태어난 숙명의 라이벌

숙명의 라이벌이었던 두 사람은 7개월 차이밖에 나지 않는다. 이충희는 1959년 11월 7일생이고, 김현준은 1960년 6월 3일에 태어났다. 하지만 이충희가 또래보다 1년 일찍 학교에 들어가 학번으로는 이충희가 77학번, 김현준이 79학번으로 두 학년 차이가 났다.

이충희는 강원도 철원이 고향으로, 네 살 때 부모님과 함께 인천 송도로 이사했다. 어린 이충희의 인천행은 한국 농구의 전설이 탄생하는 시발점이었다. 송도중학교에 입학한 그는 2학년에 올라가자마자 특별활동으로 농구반을 선택해 그곳에서 처음 농구공을 만졌다. 핸드볼부와 유도부도 있었지만 농구가 재미있어 보였다고 한다.

김현준은 경기도 양주가 고향으로 서울 면목초등학교에서 금성초등학교로 전학을 가면서 5학년 때 농구를 시작했다. 농구부가 그리 유명하지 않은 금성초등학교에서 한국 농구 역사상 최고의 슈터가 탄생하리라곤 아무도 예상하지 못했다.

이충희는 송도중과 송도고를, 김현준은 광신중과 광신상고를 거치며 앞서거니 뒤서거니 청소년대표팀에 선발될 정도로 촉망받는 슈터였다. 그런데 일반인의 예상과 달리 대학에 입학할 때는 둘 다 고교 랭킹 1위가 아니었다. 77학번인 이충희의 경우 고등학교 때는 대학 관계자들이 고려대 동기인 신일고 출신의 임정명에게 조금 더 관심을 쏟았고, 79학번인 김현준의 경우도 대학 스카우터들이 고려대에 진학한 휘문고 출신의 이민현을 더 주목했다.

하지만 대학에 들어가자마자 상황은 바뀌었다. 이충희는 엄청난 기량으로 임정명과 함께 당시 고려대 농구부의 전무후무한 49연승을 이끌었다. 당시 고려대 멤버는 두 선수 외에도 진효준, 황유하, 정태균 등이 있었다.

김현준은 연세대 3학년이던 1981년에야 처음 국가대표에 뽑혔고, 대학 4학년 때인 1982년 대학농구리그 최우수선수(MVP)에 선정된 뒤 농구대잔치 원년인 1983년 삼성전자에 입단하면서 본격적으로 자신의 진가를 보여줬다.

초창기 농구대잔치 무대는 둘을 위한 '잔치'였다. 신동파 이후 최고 슈터로 먼저 이름을 알린 이충희의 뒤를 이어 김현준이 컴퓨터 같은 정확한 슛으로 농구계에 이름을 각인시키면서 둘의 라이벌전은 뜨거웠다. 게다가 둘의 소속팀은 다름 아닌 재계 라이벌 삼성과 현대였다. 당시 그룹 총수까지 나선 치열한 자존심 대결로 '헬기 납치' 등 첩보전을 방불케 한 스카우트 전쟁을 펼친 터였다. 그러니 두 팀의 대결은 당대 최고의 흥행카드였을 터. 두 팀은 농구대잔치 초창기 우승을 양분했는데, 이충희가 이끌던 현대는 1984년과 86년, 87년 우승을 차지했고, 김현준의 삼성은 85년과 88년 정상에 오르면서 팽팽한 라이벌전을 이어갔다.

1984년 농구대잔치에서 삼성전자 김현준(왼쪽)이 숫을 쏘자 현대전자 이충희(가운데)가 앞을 막고 있다. 삼성농구단 사진 제공.

프로농구 감독시절의 이충희. 한국농구연맹(KBL) 사진 제공.

둘은 '클린슛'과 '뱅크슛'이라는 대조적인 슈팅 스타일과 닮은 듯하면서도 어딘가 다른 플레이 스타일을 보였다. 이충희는 몸을 완전히 뒤로 젖혀서 쏘는 페이드어웨이슛이 전매특허였다. 이충희는 원래 스텝을 잘 밟는 선수였는데, 상대 수비를 스텝으로 속이고 골 밑으로 몇 발짝 들어가서 쏠 때 자연스럽게 페이드어웨이슛이 완성됐다. 이 슛이 잘 들어가다 보니 이충희 앞에는 갈수록 키가 큰 선수가 수비를 했다. 하지만 이충희의 페이드어웨이슛 앞에선 그 누구도 속수무책이었다.

이충희의 페이드어웨이슛은 단신 슈터가 상대 장신 수비수를 따돌리기 위해 개발한 것이다. 그가 쏜 슛은 높이 솟구쳤다가 크게 포물선을 그린 뒤 림(농구대의 수직 판에 공을 던져 넣도록 고정되어 있는 둥근 테)도 맞지 않고 그물 안으로 쏙 들어갔다. 슛을 던진 뒤에는 항상 뒤로 넘어져 있을 정도로 몸을 완전히 뒤로 젖히고 던졌다. 이 슛을 성공시키기 위해 그는 엄청난 훈련을 했는데 하루에 슛을 1,000개씩 성공시켰다고 한다. 분명한 것은 이 1,000개가 슛을 던진 숫자가 아니라 넣은 숫자였다는 것이다. 이충희는 이런 말을 한 적이 있다. "무협지에 나오는 도사들이 경공으로 담을 넘어 다닌다는 것을 믿을 정도로 실제로 슛의 경지를 느꼈다." 즉 눈을 감아도 눈을 뜬 것처럼 림이 보이고, 림이 축구 골대처럼 크게 보이니까 슛이 잘 들어가는 건 당연했다는 말이다.

이충희가 단신의 핸디캡을 페이드어웨이슛으로 극복했다면, 김현준은 선천성 빈혈로 대학 때는 체력에 문제를 드러냈지만, 그 역시 이를 노력으로 극복해냈다. 그리고 수비수의 타이밍을 빼앗아 시도하는 뱅크슛을 개발했다. 아마도 자유투를 던질 때 백보드를 맞히는 슛은 김현준이 최초였을 것이다. 자유투와 2점슛은 물론 3점슛까지 뱅크슛을 쏠 정도로 슛 감각이 뛰어났다. 김현준의 뱅크슛은 그의 고교(광신상고)와 대학(연세대) 11년 후배이자 자신을 '분신'처럼 여긴 문경은 현 서울 SK 감독이 전수받았다.

여기서 재미있는 것은 김현준 역시 정면에서 달려드는 수비를 피해 점프할 때 몸을 뒤로 젖히며 쏘는 페이드어웨이슛을 잘 쐈다는 점이다. 그런데 이것은 선배 이충희에게 배운 거였다. 둘 다 대표팀에 발탁됐을 때 이충희가 김현준에게 집중적으로 페이드어웨이슛을 가르쳤고, 선배의 가르침을 자기 것으로 만드는 능력이 탁월했던 김현준은 금세 이충희 못지않은 페이드어웨이슛을 던졌다.

두 선수는 단지 슈팅 실력만 좋았던 것이 아니라 수비와 어시스트 능력도 뛰어났다. 이충희는 60미터 단거리에서 국가대표 육상선수 장재근보다 빠를 정도로 순발력과 스피드가 뛰어났다. 남보다 빨리 움직일 수 있으니 당연히 수비도 강했다. 또 가드한테 어시스트를 해줄 정도로 패스 능력도 탁월했다. 박한 전 고려대 감독은 "이충희가 패스를 하면 무조건 골이 성공할 정도였다. 슛과 어시스트, 수비까지 삼박자를 모두 갖춘 선수였다"고 평가했다.

김현준 역시 수비와 어시스트 능력까지 겸비한 뛰어난 선수였는데, 특히 1 대 1 능력은 당대 최고였고, 볼 컨트롤이 좋아서 센터를 활용한 2 대 2 픽앤드롤(한 명이 스크린을 걸어줘 공간을 만들어주면 다른 한 명이 안쪽으로 침투해 공격하는 것) 플레이도 능했다. 김현준과 연세대-삼성 동기생으로 센터를 봤던 이성훈 KBL 사무총장은 김현준에 대해 "철분제를 먹어가면서 끊임없이 훈련하고 항상 연구하며 노력하는 선수였다"고 회고했다. 김현준은 붙

임성이 좋고 순진할 정도로 인간성이 좋아서 '김순진'이라는 별명도 갖고 있었다.

통산 득점은 김현준 vs 경기당 득점은 이충희

슛의 정확도에서 둘째가라면 서러운 두 선수 중 누가 더 많은 득점을 올렸을까? 우선 이충희부터 살펴보자. 그는 농구대잔치 165경기에 출전해 통산 4,412득점으로 경기당 평균 26.7점을 넣었다. 반면 김현준은 238경기에 출전해 통산 6,063득점을 기록하면서 경기당 평균 25.5점을 넣었다. 즉 통산 득점에서는 김현준이 앞섰고, 경기당 평균 득점에서는 이충희가 앞섰으니 둘의 기량 차이는 그야말로 우열을 가리기 힘들다.

김현준의 통산 득점이 앞선 것은 농구대잔치 무대에서 세 시즌을 더 뛰었기 때문이다. 그가 실업팀에 입단하자마자 농구대잔치가 출범한 반면 이충희는 실업농구 무대에서 뛰다가 실업 3년 차 때 비로소 농구대잔치 무대가 열렸다. 또 은퇴도 이충희가 1년 빨랐다.

두 선수는 각종 득점 신기록과 진기록도 가지고 있다. 이충희는 한국 농구에 3점슛이 도입되기 전부터 50점대 득점을 여러 차례 기록했다. 특히 1984~1985시즌 농구대잔치에서는 이 대회 사상 최다 득점인 69점을 넣었다. 그것도 상대가 1학년 허재, 2학년 김유택, 3학년 한기범이 버티고 있던 중앙대였다.

이 기록을 세운 날은 1985년 1월 2일 농구대잔치 준결승전이었는데, 당시 약관의 대학생 허재가 이충희를 막기에는 역부족이었고, 현대는 114

대 85, 29점 차로 완승을 거뒀다. 이충희는 1992년 은퇴하기까지 농구대
잔치 아홉 시즌 가운데 다섯 시즌에서 평균 30득점이 넘는 놀라운 득점
력을 과시했다. 또 농구대잔치 최초로 4,000득점을 돌파한 선수도 이충희
였다. 그는 농구대잔치 원년인 1983년과 1986, 1987, 1988년까지 네 차례
나 득점상을 차지했다.

김현준의 득점 기록도 대단했다. 그는 1985년 첫 득점왕에 올랐고,
1988년 최우수선수상에 이어 1989년부터 1992년까지 4년 연속 득점왕
타이틀을 차지했다. 김현준은 1992년 이충희가 가지고 있던 농구대잔치
통산 최다 득점(4,412점)을 넘어섰고, 1993년에는 농구대잔치 최초로 통산
5,000득점을 돌파했다. 여기에 그치지 않고, 1995년에는 통산 6,000득점
의 경이적인 기록까지 세웠다. 김현준은 특히 3점슛 규정이 생긴 1985년
부터 통산 1,407개의 3점슛을 성공시켰는데, 이건 경기당 평균 5.9개라는
놀라운 기록이다. 보통 한 시즌 3점슛왕을 차지하는 프로농구 선수의 3점
슛 개수가 경기당 2개 정도인 것을 감안하면 거의 세 배에 가까운 엄청난
수치다.

'전설'과 '추억'이 된 김현준과 이충희

국가대표팀 활약은 이충희가 더 출중했다. 그는 실업 2년 차이던 1982
년 뉴델리 아시안게임에서 중국을 무너뜨리고 우리나라가 아시안게임
에서 12년 만에 금메달을 따내는 데 주역으로 활약했다. 이충희는 특히
1986년 세계선수권대회에서 당시 브라질을 상대로 45득점을 기록했는데,

이것은 역대 세계선수권 사상 한 경기 최다 득점 공동 6위에 해당하는 기록이다. 더 경이로운 것은 이 경기에서 한국이 전반에 37점을 넣었는데, 그중에 36점이 이충희의 손에서 나온 득점이었다는 점이다. 나머지 1점은 이문규의 자유투 득점이었다.

이처럼 엄청난 활약 속에 이충희는 한국인 최초로 미국프로농구(NBA)에 진출할 뻔했다. 하지만 아이러니하게도 국제대회에서의 좋은 성적이 NBA 진출의 걸림돌이 됐다. 이충희는 1986년 세계선수권대회가 끝난 뒤 NBA 댈러스 매버릭스로부터 입단 제의를 받았지만, 아시안게임 금메달에 따른 병역 특례로 5년간 해외 진출을 할 수 없는 금지 규정에 묶이는 바람에 한국인 NBA 1호의 기회를 살리지 못했다.

이충희는 1994년 서른다섯 살에 은퇴했는데, 은퇴 후에도 대만 홍쿠오 팀에서 감독 겸 선수로 뛰면서 경기당 평균 30점 이상을 기록했고, 6위에 머물던 팀을 우승으로 이끌기도 했다. 이때 그에게 붙은 별명이 '신사수(神射手)'였다. 대만 스포츠 역사에서 별명에 '신(神)'이라는 단어가 붙은 것은 대만의 외국인 프로야구 선수 한 명과 이충희까지 딱 두 명뿐이다. 이충희는 대만만 가면 이상할 정도로 경기가 잘 풀렸기 때문에 대만에 대한 좋은 기억이 있다. 마치 원로농구인 신동파 씨가 필리핀에서 영웅으로 대접받던 것처럼 이충희는 대만의 영웅이었다.

지도자로 국내에 복귀한 뒤에는 영광보다 시련이 많았다. 1997년 창원 LG 창단 감독을 맡아 팀을 정규리그 준우승으로 이끌었지만, 2007년 대구 오리온스, 2013년 원주 동부에서는 잇따라 한 시즌도 채우지 못하고 성적 부진으로 중도하차했다.

김현준은 은퇴 뒤 미국 연수를 끝내고 1996년 3월부터 친정팀 삼성 코치와 감독대행으로 명장의 꿈을 키워가고 있었다. 하지만 1999년 10월 1일은 농구팬들에게 잊을 수 없는 충격적인 날이 돼버렸다. 서울 방이동 자택에서 용인 수지의 소속팀 체육관으로 택시를 타고 출근하던 중 중앙선을 넘어온 차와 충돌했고, 서른아홉 살의 젊은 나이에 짧고 굵었던 생을 마감한 것이다.

갑작스러운 비보에 농구인들과 팬들은 망연자실했다. 공교롭게도 그해 삼성은 우승을 거머쥐었고 김동광 감독과 선수들은 가장 먼저 그의 묘지를 찾아 우승컵을 바쳤다. 프로농구 서울 삼성은 김현준이 사고를 당한 이듬해인 2000년부터 '김현준 농구장학금'을 만들어 해마다 농구 유망주들에게 전달하고 있는데, 지금까지 양희종, 박찬희, 유성호, 임동섭 등 50여 명의 농구 유망주에게 1억 원이 넘는 장학금이 전달됐다.

이충희와 김현준. 두 선수의 빛나는 업적과 열정은 30여 년이 지난 지금도, 아니 영원히 많은 사람들의 가슴과 뇌리에 새겨져 있을 것이다.

이충희		김현준
1959년 11월 7일	출생	1960년 6월 3일
강원도 철원	고향	경기도 양주
인천 송도고-고려대-현대전자	소속팀	광신상고-연세대-삼성전자
165경기 4,412득점(평균 26.7점)	통산 득점	238경기 6,063득점(평균 25.5점)
4회(1983, 86, 87, 88년)	득점왕	5회(1985, 89, 90, 91, 92년)

6 끝나지 않은 퍼펙트 게임, 최동원 vs 선동열

영남과 호남, 연세대와 고려대, 롯데와 해태.

최동원과 선동열의 라이벌 구도는 시나리오의 복선처럼 필연적이었던 것일까? 출신 지역, 출신 학교, 소속팀까지 모든 것이 대척점에 존재하며 둘의 라이벌 대결을 더욱 뜨겁게 했다.

한국 프로야구 역사상 팬들의 기억에 가장 또렷하게 각인된 라이벌. 드라마틱한 승부가 영화 〈퍼펙트 게임〉으로도 만들어져 화제를 뿌렸던 라이벌. 최동원과 선동열은 과연 같은 시대에 태어난 것이 불행이었을까, 행운이었을까.

노히트노런 투수, 경남고 최동원과 광주일고 선동열

사실 이 두 명의 최고 투수를 비교하면서 고려해야 할 게 하나 있다. 바로 나이 차이다. 최동원이 나이는 다섯 살이나 많고, 학번은 4년 빠르다. 최동원은 1958년 5월 24일 부산에서 태어났고, 선동열은 1963년 1월 10일 광주 태생이다. 선동열이 빠른 63년생이기 때문에 학년으로는 4년 차이가 난다. 최동원이 대학을 졸업하던 1981년에 선동열이 대학에 입학했기 때문에 중·고교는 물론 대학시절에도 두 선수의 맞대결은 볼 수 없었다.

두 선수가 야구를 시작하게 된 동기는 흥미롭다. 최동원에게 아버지의 존재가, 선동열에게는 형의 존재가 영향을 끼쳤다. 최동원의 아버지 최윤식 씨(2003년 작고)는 한국전쟁 때 기갑장교로 참전했다가 큰 부상을 입었고, 결국 최동원이 중학교 때 한쪽 다리를 절단한 뒤 의족 신세를 져야 했다. 하지만 아버지는 삼 형제 중 큰아들인 최동원이 초등학교 1학년 때부터 함께 캐치볼을 하면서 야구선수의 꿈을 키워주었고, 평생 최동원을 물심양면으로 뒷바라지했다(삼 형제 중 막내가 현 프로야구 심판 최수원 씨다).

선동열은 채소농가의 둘째 아들로 태어났는데, 야구를 접하게 된 것은 형 선형주 씨의 영향이 컸다. 형은 초등학교 때 야구선수였고 포수를 봤는데, 선동열은 어린 시절부터 형을 향해 공을 던지며 투수의 꿈을 키웠다. 하지만 선동열이 초등학교 6학년 때, 고등학교 2학년이던 형은 백혈병으로 세상과 작별을 고하고 말았다.

두 선수가 전국적으로 이름을 날린 것은 고등학교 때다. 최동원은 경남고등학교 2학년 때인 1975년 가을, 전국대회 4강 이상 상위팀들이 초청된 전국우수고교초청대회에서 당시 고교 최강이던 경북고등학교를 상대로 노히트노런을 기록했다. 또 그다음 경기였던 선린상고(현 선린인터넷고)를 상대로 8회까지 노히트노런을 이어가면서 17이닝 연속 노히트노런의 대기록을 세웠다. 고3 때이던 1976년 청룡기대회에서는 군산상고를 상대로 한 경기 최다인 20개의 탈삼진과 4경기 연속 완투승이라는 놀라운 기록을 세웠다.

당시 고교야구 인기는 하늘을 찌를 정도로 엄청났는데 대통령배, 청룡기, 봉황기, 황금사자기 등 4개 메이저대회의 총관중이 100만 명을 넘을 정도였다. 이 가운데서도 은테안경이 트레이드 마크였던 최동원을 소재로 한 만화책이 발간될 정도로 당시 고교야구와 최동원의 인기는 대단했다.

선동열 역시 광주일고 3학년 때이던 1980년 봉황대기대회 1회전에서 경기고를 상대로 삼진 15개를 잡아내면서 노히트노런을 기록했다. 선동열을 앞세운 광주일고는 그해 4개 메이저대회 가운데 2개 대회에서 우승했고, 선동열은 평균자책점 1.27이 말해주듯 최고의 에이스로 활약했다.

대륙간컵 MVP 최동원 vs 세계선수권 MVP 선동열

두 선수는 국제대회에서도 탁월한 성적을 남겼다. 최동원은 대학시절 무려 23연승 기록을 가지고 있는데, 대학 1학년 때이던 1977년 캐나다에서 열린 대륙간컵대회에서 캐나다를 상대로 8회까지 퍼펙트 게임을 기록하면서 대회 최우수선수와 최우수투수에 뽑혔다. 영화 〈퍼펙트 게임〉의 첫 장면은 바로 이 대회를 소재로 한 것이다.

선동열도 대학생 신분으로 1982년과 1984년 세계야구선수권대회에 태극마크를 달고 출전해 두 차례 모두 MVP에 올랐다. 특히 1982년 가을, 서울에서 열린 세계야구선수권대회 미국과의 경기에서는 삼진 15개를 잡아내며 한국의 2 대 1 승리를 이끌었다.

선동열은 나중에 일본 프로야구 주니치 드래건스에 진출했는데, 이에 앞서 최동원도 해외 진출 기회가 있었다. 고등학교를 졸업하던 1977년 일본 프로야구 롯데 오리온스(현 지바 롯데 마린스)에서 한국계 일본인이던 당시 가네다 마사이치(한국 이름 김경홍) 감독이 최동원을 양자로 들이는 조건으로 입단을 추진했지만 가족들의 반대로 무산됐다. 가네다 감독은 선수 시절 일본 프로야구 역대 최고 기록인 통산 400승을 달성한 전설의 야구인이다. 최동원은 또 대학을 졸업하던 1981년 메이저리그 토론토 블루제이스와 연봉 61만 달러에 계약을 맺었다. 1994년 박찬호가 LA 다저스에 입단할 때 계약금이 120만 달러였으니 그보다 13년 전인 당시로선 적지 않은 금액이었다. 하지만 병역 문제가 끝내 발목을 잡았고, 토론토와의 계약은 '없던 일'이 되어버렸다.

1970~1980년대 스포츠 스타들에게 병역은 해외 진출의 큰 걸림돌이었다. 1978년 공군에서 뛰던 축구 스타 차범근은 독일 분데스리가에 진출했지만 복무 기간 6개월을 모두 채운 뒤에야 독일로 떠날 수 있었다. 최동원은 1982년 세계야구선수권대회 우승으로 병역 혜택이 주어졌으나 해외 진출 기회는 이미 사라진 뒤였다. 반면 최동원과 함께 이 대회 우승 멤버였던 선동열은 당시 대학 2학년으로 일찌감치 병역 문제가 해결돼 공백 없이 프로 생활을 이어갈 수 있었다. 그런데 그에게 해외 진출 기회는 1996년에서야 찾아왔다.

해외 진출 기회를 놓친 최동원은 프로야구 출범 직전 실업 무대에서도 대단한 활약을 펼쳤다. 최동원이 대학을 졸업한 것은 1981년 봄이고, 프로야구는 1982년에 출범했다. 하지만 그해 9월, 세계야구선수권대회 대표 선수에 차출되는 바람에 최동원은 김시진, 김재박, 한대화, 김정수, 이해

창, 심재원 등 당시 대표팀 선수들과 함께 프로 진출이 1년 유보됐다.

최동원은 연세대를 졸업하던 1981년 실업야구 롯데에 입단해 그해 실업야구 리그에서 롯데의 우승을 이끌었다. 당시 총경기 수가 36경기이고 롯데가 소화한 총이닝 수가 324이닝인데 최동원 혼자 206이닝을 던졌다. 또 전기리그 롯데가 거둔 13승 4패 중 최동원 혼자 12승(1패)을 달성했다. 최동원은 롯데의 우승을 이끌면서 그해 MVP와 신인상, 다승왕 등 3관왕에 올랐다.

영남 vs 호남, 연세대 vs 고려대, 롯데 vs 해태

선동열이 등장하기 전까지 최동원의 라이벌은 김시진이었다. 김시진과는 같은 58년생 동갑내기인 데다, 1981년 실업야구 최고팀을 가리는 코리안시리즈, 그리고 1984년 프로야구 한국시리즈에서 맞붙으면서 한때 라이벌로 불렸다. 선동열은 1985년에야 프로에 입단했기 때문에 그 전에는 최동원-김시진 라이벌 구도가 성립될 수 있었다.

1981년 실업야구 코리안시리즈는 지금의 프로야구 한국시리즈와 흡사한데, 최동원의 롯데와 김시진의 경리단(육군)이 불꽃 대결을 펼쳤다. 마치 그로부터 3년 뒤 펼쳐질 1984년 롯데와 삼성의 프로야구 한국시리즈를 미리 보는 것 같았다. 공교롭게도 당시 롯데는 프로야구 롯데, 당시 경리단은 프로야구 삼성 선수들이 주축이었다. 실업야구 코리안시리즈는 5전 3선승제였는데, 아마추어 롯데는 1무 2패로 뒤지다가 내리 3연승을 거두고 3승 1무 2패로 역전 우승을 차지했다. 최동원은 당시 6경기에 모두 출전하는 괴력을 선보였다. 3년 뒤 프로야구 한국시리즈에서도 롯데는 7차전까지 가는 접전 끝에 4승 3패로 삼성을 따돌렸고, 최동원 혼자 4승(1패)을 따냈다.

맞대결 1승 1무 1패, 그리고 숨겨진 맞대결

롯데 자이언츠의 '무쇠팔' 최동원과 해태 타이거즈의 '무등산 폭격기' 선동열은 국내 프로야구에서 세 차례 선발투수 맞대결을 펼쳤고, 결과는 1승 1무 1패로 끝내 승부를 가리지 못했다.

3경기는 공교롭게도 모두 롯데의 홈구장인 부산 사직구장에서 열렸는데, 역사적인 첫 대결은 1986년 4월 19일에 있었다. 이날 두 선수 모두 9회까지 완투했고, 해태가 1 대 0으로 이겼다. 두 선수는 똑같이 9이닝 동안 안타 6개씩 맞고 삼진도 5개씩 잡았지만, 최동원은 3회 송일섭에게 솔로 홈런으로 1점을 허용하는 바람에 완투패를 당했다. 이 패배로 1985년부터 이어져온 연승 행진을 12경기에서 멈춰야 했다. 반면 선동열은 프로 데뷔 첫 완봉승을 라이벌 최동원을 상대로 거두게 됐다.

두 번째 대결은 그로부터 4개월 뒤에 성사됐다. 1986년 8월 19일, 역시 부산 사직구장이었고, 이번에는 최동원이 2 대 0 완봉승을 거두며 설욕에 성공했다. 선동열 역시 잘 던졌지만 수비 실책으로 2점을 내주며 비자책 패배를 기록했다. 1회 말 1사 1·3루의 위기에서 1루 주자 홍문종이 2루로 도루를 시도하자 해태 포수 김무종이 2루에 송구하는 사이 3루 주자 정학수가 홈을 파고들었다. 이때 해태 2루수 차영화가 홈으로 던진 것이

최동원(왼쪽)과 선동열의 라이벌 대결은 영화 〈퍼펙트 게임〉으로도 만들어졌다. 롯데 자이언츠 및 삼성 라이온즈 사진 제공.

그만 악송구가 되면서 1점을 내줬고, 이어 4번 김용철의 적시타로 홍문종마저 홈을 밟으며 2 대 0이 됐다. 선동열은 이후 8회까지 안타 3개만을 허용하고 삼진을 무려 9개나 잡았지만, 승리투수가 되지 못했다. 최동원은 9회까지 해태에 산발 7안타만 허용하고, 삼진 7개로 타선을 꽁꽁 묶으면서 완봉승에 성공했다.

결승전이 돼버린 두 선수의 세 번째 맞대결은 역사에 길이 남을 명승부였다. 영화 〈퍼펙트 게임〉이 바로 이 세 번째 대결을 영상화한 것이다.

1987년 5월 16일, 역시 사직구장에서 열린 롯데와 해태의 정규시즌 경기는 연장 15회까지 무려 4시간 56분 동안 혈투를 펼친 끝에 2 대 2로 승부를 가리지 못했다. 최동원은 연장 15회까지 60타자를 맞아 투구 수

209개를 기록했고, 선동열은 56타자를 상대로 232개를 던졌다. 오후 2시에 시작된 경기는 해가 지고 조명탑에 불이 들어온 저녁 7시가 돼서야 끝이 났다. 치열했던 명승부가 승패를 가리지 못한 채 끝났지만, 두 선수는 여유가 넘쳤다. 최동원은 선동열의 손을 맞잡으며 "동열아, 우리 끝날 때까지 한번 던져볼까?" 하고 농담을 건넸고, 선동열은 그런 선배를 보고 "형님, 한번 해볼까요?" 하며 웃음으로 되받았다.

그런데 두 선수의 숨겨진 맞대결이 있는데 소개하자면 이렇다. 1987년 4월 12일 사직구장에서 열린 경기로, 이날 롯데 선발은 최동원이었고, 해태 선발은 고(故) 김대현이었다. 그런데 김대현이 경기 직전 팔 통증을 호소하는 바람에 한 타자만 상대하고 곧바로 선동열과 교체됐다. 결과는 해태의 6 대 2 승리. 선동열은 9회까지 9안타, 3사사구를 허용하며 2실점만 허용했고, 삼진 9개를 잡아냈다. 반면 최동원은 4회까지 볼넷 1개만 허용하는 완벽한 투구를 펼치다가 5회 3실점, 6회 3실점하고 7회부터 교체됐다. 결국 선동열이 승리투수, 최동원이 패전투수가 됐다. 하지만 이 경기는 선동열이 선발이 아니었기 때문에 선발 맞대결에는 포함되지 않았다.

최동원의 명품 커브 vs 선동열의 칼날 슬라이더

두 선수의 주 무기는 시속 150킬로미터를 넘는 호쾌한 빠른 볼이었다. 여기에 최동원은 폭포수처럼 떨어지는 낙차 큰 커브볼, 선동열은 방망이를 비껴가는 예리한 슬라이더가 있었다. 두 투수는 이렇게 딱 두 가지의 구종으로 타자를 압도했다. 지금은 투수 대부분이 패스트볼, 커브볼, 슬라이더, 체인지업 등 적어도 서너 가지 구종을 가지고 있지만, 최동원과 선동열, 두 최고 투수는 이렇게 '투피치'만으로도 타자를 압도했다.

통산 기록은 선동열이 앞선다. 최동원은 8년 동안 103승 74패 26세이브를 기록했고, 선동열은 11년 동안 146승 40패 132세이브를 올렸다. 통산 평균자책점은 선동열이 1.20으로 1위, 최동원은 2.46으로 2위다.

당시 우승을 밥 먹듯 했던 해태와 정규시즌에서 최고 승률을 거둔 적이 한 번도 없는 롯데의 전력도 둘의 성적에 영향이 없지 않았다. 이런 가운데 연투 능력만큼은 최동원이 한 수 위였다. 최동원이 선동열보다 세 시즌을 덜 뛰었는데도 프로 통산 완투경기 수는 최동원이 80경기, 선동열이 68경기로 최동원이 12경기나 더 많다. 완투승 역시 최동원 52경기, 선동열 51경기로 세 시즌을 덜 뛰고도 최동원이 1경기 더 많았다.

이런 최동원의 연투와 완투 능력은 1984년 한국시리즈에서 빛을 발했다. 7전 4선승제의 한국시리즈에서 최동원은 롯데의 우승에 필요한 4승을 혼자 모두 따냈다. 외국 기자들은 "최동원이 혼자 4승을 따냈다"는 데 한 번 놀라고, "그런데 4승 말고 1패가 더 있다"는 말에 또 한 번 놀랐다.

선동열은 꿈의 0점대 평균자책점을 무려 5번이나 찍었다. 또 지금까지 한국 프로야구 역사상 한 시즌 0점대 평균자책을 기록한 투수는 선동열이 유일하다. 또 통산 최다승과 통산 최다 탈삼진 기록도 여전히 선동열이 가지고 있다.

'꿈의 20승'으로 불리는 한 시즌 20승 이상 기록은 선동열이 세 차례, 최동원이 두 차례 가지고 있다. 특히 최동원은 1984년 한 시즌 동안 무려 284⅔이닝을 던지면서 27승을 올렸는데, 이때 기록한 한 시즌 탈삼진 223개는 아직도 깨지지 않고 있다. 최동원은 투수로서도 최고였지만 프로야구 초창기 선수 권익을 위한 프로야구선수협의회 결성에 앞장서기도 했다. 1988년 9월, 대전 유성호텔에 모인 7개 구단 140여 명의 선수들은 최동원을 회장으로 추대했다. 하지만 최동원은 구단에 찍히는 바람에 팀 후배 김용철과 함께 고향팀 롯데를 떠나 삼성의 김시진, 장효조와 2 대 2 트레이드를 당했다. 몸에 맞지 않는, 어색한 유니폼을 입은 이들 네 명은 선수시절의 말년을 우울하게 보냈다.

2011년 9월 14일, 최동원이 쉰세 살의 나이로 짧은 생을 마감했을 때 선동열은 빈소에서 "최동원 선배는 나의 우상이었다. 그에게서 많은 것을 배웠다"며 몸을 낮췄다. 그는 특히 "최동원 선배의 연투 능력은 아무도 넘을 수 없을 것"이라고 말했다.

최동원과 선동열. 야구팬들은 지금도 둘 중 누가 더 최고 투수였는지를 놓고 끊이지 않는 논쟁을 벌인다. 한 가지 분명한 것은 둘 다 금세기 한국 야구 최고의 '국보(國寶)'급 존재라는 점이다.

최동원		선동열
1958년 5월 24일	출생	1963년 1월 10일
부산	고향	광주
경남고-연세대-롯데	소속팀	광주일고-고려대-해태
강속구와 커브볼	주 무기	강속구와 슬라이더
103승 74패 26세이브	통산 승패	146승 40패 132세이브
2.46(통산 2위)	통산 평균자책	1.20(통산 1위)
80경기	통산 완투경기	68경기
1승 1무 1패	통산 선발 맞대결	1승 1무 1패

7 죽마고우 사령탑 대결,
유재학 vs 전창진

"창진이는 키가 굉장이 컸다. 거인이 다가오는 것 같았다."(유재학 감독)

"재학이는 굉장이 똘똘해 보였다. 운동 능력도 뛰어났다."(전창진 감독)

두 감독은 1973년 서울 상명초등학교 4학년 때 처음 만났다. 전장친 감독이 농구를 하기 위해 숭례초등학교에서 유재학 감독이 다니던 상명초등학교로 전학을 하면서 두 사람의 인연이 시작됐다.

두 친구는 용산중학교에도 같이 진학해 가드(유재학)와 센터(전창진)로 호흡을 맞췄다. 당시 중학생에겐 쉽지 않았던 "'2 대 2 픽앤드롤 플레이'도 척척해냈다"고 두 감독은 입을 모았다. 전창진 감독은 "그때 농구가 제일 재미있었다"고 회고했다.

그런데 그 이후에는 언제나 라이벌 팀에서 맞수 대결을 펼쳤다. 유재학 감독은 경복고, 연세대, 기아자동차를 거쳤고, 전창진 감독은 용산고, 고려대, 삼성전자에서 선수 생활을 이어갔다. 무엇보다 두 감독의 농구 인생 중 최고의 라이벌전은 프로농구 사령탑 대결이었다.

유재학 감독과 전창진 감독은 한국 프로농구의 대표적인 '명장'들이다. 유 감독은 프로농구 통산 최다승(568승), 프로농구 최다 챔피언(5회) 타이틀을 가지고 있고, 전 감독은 프로농구 통산 최다 승률(0.582) 기록의 보유자다. 그리고 둘은 국내 프로농구 400승을 첫 번째와 두 번째로 돌파한 사령탑이고, 플레이오프 통산 40승을 돌파한 '유이한' 감독들이다. 정규시즌에서 한 사람은 최초로 400승을 달성했고, 또 한 사람은 최소 경기 만에 400승 반열에 올랐다.

둘은 코트 안에서는 한 치 양보 없는 불꽃 승부를 펼친 라이벌이지만 코트 밖에선 40년 우정을 쌓고 있는 '절친'이다.

1973년 첫 만남의 기억과 추억

유재학 감독은 1963년 3월 20일생이고, 전창진 감독은 1963년 5월 20일에 태어났다. 둘의 생일 차이는 두 달에 불과하다. 상명초등학교를 거쳐 용산중학교에 다니던 두 감독은 자연히 용산고등학교에 진학할 것으로 생각했다. 그런데 유재학 감독이 용산고 대신 라이벌 경복고에 진학하면서 두 사람이 헤어지게 됐다. 중학생 스타로 각광받던 유재학 감독에 대해 경복고에서 거액의 스카우트비를 줬다는 소문이 돌았다. 200만 원이라는 구체적 금액까지 나돌았다. 30년 전, 그것도 중학교를 졸업하는 선수에게는 거액이었다. 이에 대해 유재학 감독은 "삼촌들이 경복고 출신이 많아서 경복고로 갔을 뿐이다. 거액을 받고 갔다는 것은 사실이 아니고 딱 과일 한 상자 받았다"고 말했다.

친구는 그렇게 헤어졌다. 두 감독은 "대학만큼은 꼭 같은 학교에 가자"고 다짐했다. 그리고 처음엔 둘 다 연세대를 택했다. 입학 3개월 전부터 연세대 체육관에서 겨울훈련도 함께 소화했다. 당시 유재학 감독은 술을 한 잔도 못 하는 전창진 감독한테 술을 가르친다면서 "선술집도 숱하게 다녔다"고 회고했다.

그런데 전창진 감독이 입학 직전에 갑자기 라이벌 고려대로 방향을 틀었다. 연세대 측이 진로가 결정되지 않았던 당시 송도고 졸업예정자 정덕화 전 국민은행 감독에게만 관심을 기울이자, 자존심 세기로 유명한 전창진 감독이 고려대로 진로를 튼 것이다. 전 감독은 "그때 내가 고집을 피우는 바람에 재학이와 또 헤어졌다"며 웃음 지었다.

대학을 거쳐 실업팀에 입단한 둘은 약속이라도 한 듯 부상 때문에 비교적 이른 나이에 은퇴했다. 유재학 감독은 1986년 기아자동차 창단 멤버로 실업 무대에 데뷔했다. 1988~1989시즌 농구대잔치에서는 최우수선수상(MVP)을 거머쥐고도 무릎 부상으로 만 스물일곱 살의 이른 나이에 선수 생활을 마쳤다. 전창진 감독 역시 1986년 삼성전자에 입단했지만 고질적인 무릎 부상으로 입단 1년 만에 선수 생활을 접어야 했다.

국내 프로농구 역사와 함께한 두 감독

이후 두 감독의 진로는 엇갈렸다. 유재학 감독은 모교인 연세대 코치로 지도자의 길을 걷기 시작했다. 그러나 전창진 감독은 농구단 주무(매니저)로 새로운 세계를 개척했다. 비교적 내성적인 유 감독은 묵묵히 후배 양성에 힘썼고, 사교성이 좋은 전 감독은 선수들 뒷바라지부터 구단 홍보까지 궂은일을 마다하지 않고 1인 다역을 소화해냈다.

프로농구 사령탑은 유재학 감독이 두 시즌 빠르다. 1997년 대우증권 창단 코치로 프로 세계에 뛰어든 그는 최종규 전 감독이 물러난 1998~1999시즌 만 35세에 감독대행이 됐고, 이듬해 정식 감독으로 취임했다.

전창진 감독은 1998~1999시즌 삼성 코치로 지도자 생활을 시작했다. 이듬해 절친한 후배 허재가 있는 삼보로 옮긴 뒤 2001~2002시즌 김동욱 감독이 퇴진한 뒤 감독대행으로 지휘봉을 잡았고, 이듬해인 2002~2003시즌부터 정식 감독으로 취임했다.

두 감독은 국내 프로농구에서 가장 오랜 기간 사령탑을 맡고 있다. 유 감독은 열여덟 시즌이고 전 감독은 열네 시즌이다. 두 감독의 기록은 KBL 역사 그 자체다.

지도자로서의 역량은 전창진 감독이 먼저 두각을 나타냈다. 전 감독은 정식 감독 첫 시즌이던 2002~2003시즌 팀을 정규리그 3위로 이끈 데 이어 6강과 4강 플레이오프를 잇따라 통과하고 내친김에 챔피언 결정전 우승컵까지 거머쥐며 일대 파란을 일으켰다. 당시로선 프로농구 최초로 정규리그 3위 팀이 플레이오프에서 우승한 순간이었다. 이후 2003~2004시즌 정규리그 우승-플레이오프 준우승, 2004~2005시즌 정규리그-플레이오프 통합 우승, 2005~2006시즌 정규리그 3위, 2007~2008시즌 정규리그-플레이오프 통합 우승, 2008~2009시즌 정규리그 2위, 2009~2010시즌 정규리그 2위, 2010~2011시즌 정규리그 우승, 2011~2012시즌 정규리그 3위 등 감독을 맡은 열두 시즌 동안 딱 두 시즌을 빼곤 해마다 팀을 플레이오프로 이끌었다. 정규리그 우승은 4번, 챔피언전 우승은 3번 달성했다.

숱한 승리 가운데 전창진 감독의 뇌리에 가장 강하게 각인된 경기는 무엇일까. 2009년 1월 21일, 한국 프로농구사에 한 획을 그은 서울 삼성과의 대혈투였다. 두 팀은 5차 연장전까지 3시간 17분 58초에 걸친 역대 최장 승부를 펼친 끝에 전 감독이 이끄는 동부가 135 대 132로 짜릿한 승리를 거뒀다. 양 팀 통틀어 140개의 슛과 총 267점, 여덟 명이 퇴장당하는 그야말로 혈투를 벌였다.

반면 유재학 감독은 프로 초창기 사령탑으로 쓴맛을 많이 봤다. 인천을 연고로 한 SK 빅스와 전자랜드에서 다섯 시즌 동안 123승 129패로 이긴 날보다 진 날이 더 많았다. 정식 감독 첫 시즌이던 1999~2000시즌 15승 30패, 최하위를 기록했다. 하지만 팀 전력이 그리 강하지 못했는데도 이후 네 시즌 가운데 세 시즌에서 6강 플레이오프에 진출하는 등 꾸준히 중위권의 성적을 유지했다. 그는 2003~2004시즌 전자랜드를 사상 첫 4강 플레이오프에 올려놓은 뒤 모비스로 옮겼다.

하지만 나중엔 처지가 바뀌었다. 유재학 감독이 승승장구하고 있는 반면 전창진 감독은 이기는 경기보다 지는 경기가 더 많았다. 유재학 감독은 모비스 사령탑을 맡은 뒤 열두 시즌 동안 챔피언 결정전에 6번 진출해 5번이나 정상에 올랐다. 정규리그에서는 우승 5번, 준우승 3번을 차지했다. 또 2012~203시즌부터 프로농구 최초로 3년 연속 챔피언에 등극했다. 반면 전창진 감독은 2008~2009시즌부터 4년 연속 4강 관문을 통과하지 못하는 징크스에 시달렸다. 4번 중 3번은 상대 팀보다 정규리그 성적이 좋았지만 4강 플레이오프에서 좌절하고 말았다. 하필 상대 팀이 절친한 후배들인 허재(당시 KCC), 강동희(당시 동부), 이상범(당시 KGC 인삼공사) 감독이었다. 허재 감독의 전주 KCC에게는 2008~2009시즌 4강에서 2승 3

패, 2009~2010시즌 역시 4강에서 1승 3패로 챔프전 진출이 좌절됐다. 이어 2010~2011시즌에는 강동희 감독의 원주 동부에게 4강에서 1승 3패로 고배를 마셨고, 2011~2012시즌에는 이상범 감독이 이끌던 안양 KGC 인삼공사에게 역시 1승 3패를 당하며 고개를 떨궜다.

프로농구 최고의 명장답게 두 감독은 역대 최고 대우를 기록했다. 전창진 감독은 2012년 5월 KT와 재계약하면서 종전 연봉보다 1억 원이 인상된 연봉 4억 5,000만 원에 3년간 계약을 맺었다. 당시 프로스포츠 감독을 통틀어 가장 높은 연봉이었다. 후에 프로야구 삼성 류중일 감독에 의해 경신됐지만, 프로농구만 놓고 보면 최고 대우다. 전 감독은 이후 2015년 4월, 안양 KGC 인삼공사 사령탑으로 옮기면서 3년 계약을 맺었지만 연봉은 공개되지 않았다.

유재학 감독은 2010년 4월, 모비스와 5년간 연봉 4억 원 등 총액 20억 원에 재계약했다. 이는 당시 프로농구 사상 최고 총액이었다. 유 감독은 5년 뒤인 2015년 3월 모비스와 다시 5년 재계약을 맺었지만 역시 연봉은 공개되지 않았다.

후끈 달아올랐던 2009~2010시즌 1위 경쟁

비정한 승부의 세계에서 두 감독은 숱하게 맞대결을 펼쳤다. 두 감독이 가장 뜨거운 승부를 펼친 시즌은 2009~2010시즌이었다. 정규리그 1위 자리를 놓고 마지막 날까지 한 치 앞을 내다볼 수 없는 숨 막히는 접전을 펼쳤다.

2010년 3월 7일, 프로농구 2009~2010시즌 정규리그 마지막 경기가 부산과 창원에서 같은 시간에 열렸다. 부산에선 전창진 감독의 홈팀 KT가 KT&G를 상대했고, 창원에선 유재학 감독의 원정팀 모비스가 홈팀 LG와 맞붙었다. 전날까지 전창진 감독의 KT와 유재학 감독의 모비스는 39승 14패로 공동 1위였다.

마지막 승부에서 두 팀은 나란히 이겼다. KT는 KT&G를 94 대 75로 꺾었고, 모비스는 LG에 80 대 69로 승리했다. 두 팀은 똑같이 40승 14패가 됐다. 두 팀이 나란히 기록한 한 시즌 40승은 전창진 감독이 2003~2004시즌 TG삼보(DB의 전신)에서 세운 한 시즌 팀 최다승과 타이 기록이다.

영광은 한 팀에게만 주어질 뿐이다. 승패와 승률이 똑같아지자 두 팀은 상대 전적을 따졌다. 그런데 이 또한 3승 3패로 같았다. 마지막으로 두 팀 간의 득점과 실점을 계산했다. 모비스는 472득점, KT는 424득점으로 모비스가 48점 앞섰다. 프로농구 초유의 일이었다. 결국 모비스가 정규리그 우승을 차지하며 유재학 감독이 활짝 웃었다. 반면 전창진 감독은 씁쓸함을 감추지 못했다. 이를 두고 차라리 두 팀이 단판 승부로 정규리그 우승 팀을 가렸으면 좋았을 것이라는 말도 나왔다.

얼마나 상처가 깊었던지, 전창진 감독은 이듬해 프로농구 개막 미디어 데이 행사에서 "앞으로 이길 게 뻔한 경기도 끝까지 한 골이라도 더 넣겠다"며 아픔을 곱씹었다. 이런 강력한 의지 덕분인지 전 감독의 KT는 이듬해인 2010~2011시즌 41승 13패로 정규리그 우승은 물론, 당시 한 시즌 최다승 기록까지 세우며 1년 전 아픔을 깨끗이 씻어냈다.

두 감독의 맞대결 결과는 어떨까. 2002년 1월 12일, 원주에서 전창진 감독은 TG 삼보 감독대행으로, 유재학 감독은 SK 빅스 사령탑으로 프로 첫 맞대결을 펼쳤다. 첫 맞대결부터 치열했다. 92 대 91, 단 1점 차로 유 감독의 SK가 짜릿한 승리를 거뒀다. 통산 맞대결 전적은 81전 43승 38패로 유재학 감독이 불과 5번 더 이겼다. 2012년까지는 전 감독이 36승 30패로 다소 앞섰지만, 2013년 1월 31일부터 2014년 12월 10일까지 유 감독의 모비스가 전 감독의 KT에게 파죽의 12연승을 거두면서 전적이 뒤바뀌었다.

두 감독이 함께 잘나가던 2008년부터 2012년까지 5년 동안은 14승 14패로 똑같았다. 그런데 안타깝게도 두 감독은 플레이오프에서 한 번도 만나지 못했다. 골득실까지 따지며 정규리그 1, 2위를 기록했던 2009~2010시즌, 두 감독의 챔피언전 맞대결 명승부를 기대했다. 하지만 KT가 4강 플레이오프에서 정규리그 3위 팀 KCC에게 덜미를 잡히는 바람에 챔프전 맞대결은 무산됐다.

냉혹한 승부, 그러나 그보다 더 뜨거운 우정

냉혹한 승부의 세계에서도 두 감독의 진한 우정이 알려지면서 잔잔한 감동을 주고 있다. 2006~2007시즌 때의 일이다. 유재학 감독의 모비스가 1위를 달리고 있었지만 전창진 감독의 동부는 하위권에 처져 있었다. 당시 전 감독은 원인 모를 무기력증에 빠져 있는 상태였다. 병원에서는 별다른 문제가 없다고 했다. 도대체 원인을 모르니 잠도 제대로 잘 수 없었다. 그러던 중 동부와 모비스의 경기가 열린 어느 날, 전 감독이 유 감독에게 자신의 '병'을 털어놓았다. 유 감독은 "창진이가 마음고생이 심할 것"이라면서 며칠 뒤 "용하다고 해서 구했는데 몸조리 잘하라"며 약을 건네주었다고 한다. 이듬해엔 상황이 뒤바뀌었다. 동부가 선두였고 모비스는 꼴찌를 다퉜다. 그때 전 감독은 "재학이도 성적이 좋아야 할 텐데…"라며 마음을 쏟고, 틈만 나면 전화로 위로했다.

2008~2009시즌 때 일이다. 농구팬들은 라이벌이자 친구인 두 감독의 '우정의 대결'을 기대했지만 4강 플레이오프에서 정규리그 1위 모비스는 정규리그 4위 삼성한테 졌고, 정규리그 2위 동부도 정규리그 3위 KCC한테 덜미를 잡히고 말았다. 특히 역대 정규리그 우승팀이 챔프전에 진출하지 못한 것은 모비스가 처음이었다.

전창진 감독은 이런 유재학 감독이 안쓰러웠던지 다음 시즌 플레이오프 미디어데이 행사에서 유재학 감독한테 "이번엔 꼭 우승하라"고 덕담을 건넸다. 뿐만 아니라 이듬해 3월 플레이오프에 진출한 감독 여섯 명이 모인 포토타임 때도 다른 감독들이 지켜보는 가운데 "올해는 재학이를 밀어주자"고 말해 폭소를 자아내기도 했다. 물론 농담이었지만 그 전 시즌에 상처받았던 친구를 위로하려는 마음 씀씀이가 엿보였다.

경쟁자로서 둘은 서로를 어떻게 평가할까. 전 감독은 "재학이는 농구에서 자신감이 있다. 선수들에게도 세게 나가는 친구"라며 유 감독의 카리스마를 높이 평가했다. 유 감독은 전 감독에 대해 "인간관계가 폭넓은 친구다. 선수 장악력이 뛰어난데 밀 때와 당길 때를 안다. 친할 때는 친하게 하고, 운동할 때는 혹독하게 운동을 시킨다. 선수들의 마음을 산다"고 평했다.

둘의 이러한 스타일 차이는 어린 시절의 서로 다른 환경에서 비롯된 것이기도 하다. 아버지가 교장선생님이었던 유 감독은 어린 시절 엄격한 교

육을 받고 자랐다. 원칙과 현실주의를 앞세우는 유 감독이 침착하고 냉철해 보이는 이유이기도 하다. 전 감독은 "어릴 때 우리 집이 제일 부자인 줄 알았다"고 할 정도로 넉넉한 집안에서 농구를 시작했다. 그런데 아버지의 사업 실패로 생활이 어려워졌고 버스비가 없어 걸어서 통학했을 정도로 고생을 했다. 유 감독이 말한 전 감독의 '폭넓고 유연한 인간관계'도 알고 보면 굴곡 있던 학창시절과 무관치 않다.

두 감독의 팀 색깔은 비슷하다. 특출한 선수는 없지만 모든 선수가 고루 활약한다. 높이에서 열세를 보여도 상대보다 한 발 더 뛰는 농구로 승리를 이끈다.

국내 프로농구 최고의 명장은 누구일까

정규리그 우승은 유재학 감독이 5번, 전창진 감독이 4번 차지했다. 역대 감독 중 1, 2위다. 챔피언전 우승은 유재학 감독이 5번, 전창진 감독이 3번 가져갔다. 하지만 올해의 감독상은 똑같이 역대 가장 많은 4번씩 수상했다.

통산 전적은 정규시즌에서 유재학 감독이 999경기 568승 431패, 전창진 감독이 732경기 426승 306패로 통산 승수는 유재학 감독이 더 많다. 하지만 유 감독이 사령탑을 네 시즌이나 더 지냈다. 정규시즌 통산 승률은 전 감독이 58.2퍼센트로 100경기 이상 치른 감독 가운데 최고 승률이다. 유 감독도 56.9퍼센트의 높은 승률을 기록 중이다. 플레이오프에선 유 감독 89경기 50승 39패, 전 감독 74경기 41승 33패를 기록했다.

전창진 감독은 2015~2016시즌을 앞두고 승부조작 및 불법 스포츠토
토 도박 혐의로 경찰 조사를 받았지만, 최종적으로 무혐의 처분을 받았
다. 하지만 전 감독은 이 일로 정든 코트를 떠나야 했다.

두 감독의 우정의 라이벌 대결은 다시 볼 수 없을지도 모른다. 하지만
코트 밖 우정은 진한 감동으로 농구팬들에게 영원히 남을 것이다.

유재학		전창진
1963년 3월 20일	출생	1963년 5월 20일
경복고-연세대-기아자동차	소속팀	용산고-고려대-삼성전자
999전 568승 431패(다승 1위)	통산 성적	732경기 426승 306패(다승 2위)
56.9%(2위)	통산 승률	58.2%(1위)
50승 39패(다승 1위)	플레이오프 통산	41승 33패(다승 2위)
5회(1위)	챔프전 우승	3회(공동 2위)
5회(1위)	정규리그 우승	4회(2위)
4회(공동 1위)	감독상 수상	4회(공동 1위)
43승 38패	맞대결 전적	38승 43패

프로농구 최다승 1위 유재학 감독(왼쪽)과 통산 승률 1위 전창진 감독은 초등학교 때부터 친구 사이다. 한국농구연맹(KBL) 사진 제공.

8 고교야구 최후의 라이벌, 김건우 vs 박노준

나는 지금도 8월 하면 봉황대기 전국고교야구가 생각난다. 한때 고교
야구는 대통령배, 청룡기, 봉황기, 황금사자기 4대 메이저대회가 있었다.
이 가운데 봉황기는 지역 예선 없이 전국의 모든 고교팀이 참가해 규모가
가장 컸다. 4개 메이저대회 중 역사는 제일 짧았지만 주최 측(《한국일보》)은
지역 예선을 없애고 32강전부터 그때그때 대진을 추첨하는 흥미로운 방식
으로 엄청난 인기를 모았다. 대회 이름도 '봉황대기'라고 불렀다.

1982년 프로야구 개막과 함께 고교야구 인기는 한순간에 눈 녹듯 사
라졌다. 그러나 프로야구 출범 직전 해, 그러니까 1981년까지만 해도 고교
야구 결승전 소식이 지상파 방송 〈9시 뉴스〉에 등장할 정도로 뜨거운 관
심을 모았다.

특히 1981년은 고교야구 마지막 스타를 배출한 해다. 이 가운데 선린상
고(현 선린인터넷고) 김건우와 박노준은 야구팬들의 뜨거운 사랑을 받으며 숱
한 화제를 뿌렸던 선수다. 하지만 두 선수는 '불운의 아이콘'이기도 했다.

3번 타자 선발투수 박노준과 4번 타자 구원투수 김건우

왼손잡이 박노준과 오른손잡이 김건우는 투타에서 뛰어난 재능을 보인 '야구천재'였다. 박노준은 1979년 봄, 고등학생이 되자마자 첫 출전한 대통령배 전국고교야구대회에서 1학년생으로 대회 MVP에 선정될 정도로 '될성부른 떡잎'이었다. 김건우 역시 고2 때 고교야구 최고의 타자에게 수여하는 '이영민 타격상'을 받을 만큼 빼어난 타격 실력을 자랑했다. 둘은 고2 때 청룡기 고교야구대회 우승의 영광도 함께 누렸다.

박노준은 선발투수와 3번 타자를, 김건우는 구원투수와 4번 타자를 맡았다. 두 선수가 고3이 되자 야구계에선 선린상고가 과연 몇 관왕을 차지

선린상고 동창이지만 프로에서 LG 트윈스와 OB 베어스로 갈라져 라이벌 대결을 펼쳤던 김건우(왼쪽)와 박노준. LG 트윈스 및 두산 베어스 사진 제공.

할 것인지가 관심이었다. 그런데 첫 대회였던 대통령배 대회부터 꼬이고
말았다. 선린상고는 1회전에서 군산상고에 덜미를 잡혔는데, 당시 군상상
고에는 1학년으로 전국 무대에 알려지지 않았던 조계현-장호익이라는 엄
청난 배터리(투수와 포수)가 있었다.

6월에 열린 청룡기 대회는 선린상고와 경북고가 결승전에서 맞붙었다.
그런데 결승전 당일 비가 와서 경기가 하루 연기됐는데, 다음 날 미끄러
운 그라운드에서 선린상고 선수들은 실수를 연발했고, 반대로 경북고는
행운이 잇따르면서 6 대 5, 1점 차이로 경북고가 행운의 우승을 거머쥐었
다. 당시 경북고 에이스는 성준 현 삼성 라이온즈 퓨처스팀 감독이었고,
타선의 핵심이 2학년이던 류중일 전 삼성 감독, 구원투수가 당시 1학년이
던 문병권 전 LG 선수였다. 반면 선린상고는 1, 3, 5, 7번은 왼손잡이, 2, 4,
6, 8번은 오른손잡이로 구성된, 이른바 지그재그 타선으로 큰 인기를 끌
었다. 타선의 핵심은 바로 3번 왼손 박노준, 4번 오른손 김건우였다.

8월에 열린 봉황대기에서는 선린상고와 경북고가 또다시 결승에서 맞
붙었고, 고교야구사에 길이 전해지는 명승부를 연출했다. 청룡기 우승을
빼앗긴 선린상고는 1회부터 타선이 폭발하며 3점을 뽑았다. 그런데 3번 타
자 박노준이 홈으로 들어오다가 발목이 부러지는 중상을 입었다. 박노준
에 이어 마운드를 지키던 김건우마저 6회에 어깨 건초염으로 마운드를 내
려갔다. 박노준과 김건우가 잇따라 불의의 부상으로 마운드에 설 수 없었
지만 선린상고에는 다른 팀에서 뛰었다면 에이스급이었던 이바오로가 있
었다. 하지만 그는 마운드를 이어받은 뒤 역전을 허용했고, 선린상고는 결
국 4 대 6으로 통한의 역전패를 당하고 말았다.

당시 야간 경기로 열린 결승전이 끝난 뒤 서울 동대문야구장 주변은 난

리가 났다. 선린상고 팬들은 너무 억울해서, 경북고 팬들은 너무 기뻐서 마신 술 때문에 동대문야구장 인근 술이 동이 났다는 농담까지 나돌 정도였다. 야구인 김동엽 씨가 진행하는, 당시 출근길 최고의 인기 프로그램이었던 MBC 라디오 〈홈런출발 김동엽입니다〉에서도 이 소식을 가장 먼저 소개할 만큼 장안의 화제였다. 그리고 1회 부상을 당해 구급차에 실려 간 박노준은 서울 안암동 한국병원에 입원했는데, 병원 앞에는 수백 명의 여학생팬들로 북새통을 이뤘다. 당시 김건우와 박노준은 연예인 톱스타를 능가하는 최고의 인기를 누렸다.

불운까지 닮았던 선린상고 두 야구천재

박노준과 김건우가 부상을 당한 선린상고는 그해 마지막 고교야구대회였던 황금사자기에 출전할 수 없었다. 황금사자기를 주최한 《동아일보》는 선린상고에 대해 "이빨 빠진 호랑이"라고 표현했다. 결국 선린상고와 김건우, 박노준은 전관왕을 차지할 것이라던 전망이 무색하게 단 1개의 대회도 제패하지 못한 채 불안했던 1981년 시즌을 마감했다.

너무나 불운했던 마지막 고교 생활을 마친 두 선수는 대학에 진학했다. 박노준은 고려대, 김건우는 한양대 유니폼을 입게 된 것이다. 특히 박노준은 대학 1학년 때이던 1982년 세계야구선수권대회 국가대표로 발탁됐다. 둘은 이어 1986년 프로에 나란히 데뷔했다. 공교롭게도 김건우는 MBC 청룡, 박노준은 OB 베어스에 나란히 1순위로 지명됐다. 선수도 라이벌, 팀도 라이벌이었던 셈이다.

데뷔 첫해 두 선수는 나란히 투수로 활약했고, 김건우는 18승 6패, 평균자책점 1.81, 박노준은 5승 6패 7세이브, 평균자책점 2.28의 좋은 성적을 거뒀다. 하지만 박노준은 팀 사정상 선발과 마무리를 오간 탓에 신인상은 김건우에게 돌아갔다.

이것이 호사다마였을까. 신인상을 받은 김건우는 이듬해 불의의 교통사고를 당하면서 하향 곡선을 그렸고, 결국 1991년을 끝으로 투수 글러브를 내려놓았다. 물론 1992년 타자로 전향해 한때 LG 트윈스의 4번 타자를 맡으며 시즌 초반 홈런 8개를 기록하기도 했다. 하지만 불운은 이어졌다. 또다시 베이스러닝 도중 부상을 당하면서 은퇴의 기로에 서게 된 것이다. 은퇴 직전이던 1997년 다시 한 번 투수 글러브를 끼고 마운드에 올랐지만 그게 마지막이었다. 그는 투수로서 프로 통산 36승 19패 3세이브, 평균자책점 2.73을 기록했고, 타자로서 통산 타율 0.255, 홈런 13개, 60타점을 남겼다.

박노준 역시 유난히 부상을 많이 당해 팬들의 마음을 아프게 했다. 타자로 활약한 1989년부터 1997년까지 프로 12년 동안 통산 타율 0.262, 765안타, 28홈런, 266타점으로, 타자로서는 김건우보다 나은 기록을 남겼다. 특히 쌍방울 시절이던 1994년에는 당시로선 적지 않은 서른세 살의 나이에 골든글러브를 수상해 팬들에게 감동을 주기도 했다. 하지만 이듬해 십자인대 부상이 결정타가 되면서 김건우와 똑같이 1997년 현역에서 물러났다. 박노준은 투수로서는 1986년부터 3년간 활약하면서 통산 5승 7패 7세이브, 평균자책점 3.13을 남겼는데, 이 기록은 김건우보단 좋지 않다.

투수 김건우와 타자 박노준의 8번 맞대결

재미있는 것은 프로 무대에서 김건우가 투수, 박노준이 타자로 3경기에 걸쳐 8번 맞대결을 펼쳤다는 점이다. 반대의 경우, 즉 박노준이 투수, 김건우가 타자인 적은 없었다.

첫 대결은 김건우가 MBC 청룡, 박노준이 OB 베어스 시절이던 1989년 5월 7일 이뤄졌다. 결과는 3타석 3타수 2안타 삼진 1개로 박노준의 판정승이었다. 두 번째 대결은 이듬해인 1990년 5월 9일, 1년 만에 재대결이 펼쳐졌고, 이번에도 박노준이 4타석 3타수 1안타, 그 1안타가 2루타였고, 볼넷 1개도 있었다. 마지막 대결은 김건우가 투수로 복귀한 1997년 8월 29일, 두 선수 모두 은퇴를 눈앞에 두고 만났다. 김건우는 LG 트윈스, 박노준은 쌍방울 레이더스 소속었는데, 딱 1번 만나서 박노준이 뜬공으로 물러났다. 결국 박노준은 김건우를 상대로 8타석 7타수 3안타 볼넷 1개, 삼진 1개로 비교적 강한 면모를 보였다.

'야구천재'라는 평가를 받고도 선수시절 지독하게 불운했던 둘은 은퇴 후 지도자로도 성공하지 못했다. 박노준은 한때 SBS에서 명해설가로 이름을 날리기도 했고, 2008년 서울 히어로즈(현 넥센 히어로즈) 초대 단장으로 선임되기도 했다. 이후 다시 JTBC에서 야구 해설도 하면서 우석대 레저스포츠학과 교수가 됐다.

김건우는 은퇴 직후 자신의 투수 경험을 담은 투수 훈련 이론서를 펴내는 집념을 보이기도 했다. 또 친정팀 LG에서 잠시 투수 코치를 한 뒤 평화방송과 MBC-ESPN에서 해설을 했다. 이후 야구교실을 운영하다가 2016년 10월부터 신생팀 경기도 평택 청담고 초대감독으로 활동하고 있다.

두 사람은 공통점이 많다. 같은 선린상고 출신으로 프로 무대에서 투타를 모두 겸비했고, 1997년을 마지막으로 현역에서 물러난 점도 똑같다. 부상 때문에 선수시절 불행했던 점도 닮았다. 만약 두 선수가 부상 없이 선수 생활을 길게 이어가며 멋진 활약을 펼쳤다면, MBC와 OB, LG와 두산의 서울 라이벌전도 둘의 '우정의 승부' 덕분에 더욱 뜨거웠을 텐데 그걸 보지 못하는 게 아쉽기만 하다.

김건우		박노준
1963년 8월 30일	출생	1962년 10월 26일
선린상고-한양대	출신 학교	선린상고-고려대
MBC 청룡-LG 트윈스	프로 소속팀	OB 베어스-쌍방울 레이더스
타율 0.255, 13홈런, 60타점	프로 통산 타자 기록	타율 0.262, 28홈런, 266타점
36승 19패 3세이브 (평균자책점 2.73)	프로 통산 투수 기록	5승 7패 7세이브 (평균자책점 3.13)
8타석 7타수 3안타 1삼진(투수)	맞대결 기록	8타석 7타수 3안타 1삼진(타자)
1986년 프로야구 신인상	수상 경력	1994년 골든글러브(외야수)

9 모래판의 황태자와 귀공자, 이태현 vs 황규연

"아이고! 오른쪽 팔은 움직이지도 않아요."(이태현)

"저도 마찬가집니다. 온몸이 안 아픈 곳이 없네요."(황규연)

경기 다음 날 나와 통화한 두 장사는 덩치답지 않게 엄살부터 떨었다. 하지만 수화기 너머로 들려온 '앓는 소리'가 예사롭지 않았다. 그도 그럴 것이 두 장사는 259명이 출전한 2009 천하장사씨름대회에서 1회전부터 결승전까지 무려 9경기를 치렀다. 대부분 자신들보다 열 살 이상 어린 후배들을 상대로였다.

결승전에서 아깝게 장사 타이틀을 놓친 이태현은 "이길 수 있었는데, (나 자신에게) 너무 화가 난다"며 여전히 분을 삭이지 못하고 있었다. 이런 이태현을 생각하면서 황규연은 "태현이하고는 씨름을 그만둬야 안 붙으려나 보다"며 껄껄 웃었다.

한때 모래판을 주름잡았던 이태현과 황규연은 라이벌이자 25년 지기 친구 사이다. 황규연이 한 살 많지만 실제로는 한 달 차이밖에 나지 않는다. 황규연은 1975년 12월 10일 서울에서 태어났고, 이태현은 1976년 1월 17일 경북 김천 출신이다.

고교시절 이태현은 황규연을 '누렁이'(이름의 황구와 발음이 비슷해서)라고, 황규연은 이태현을 '대가리'(머리가 크다고 해서)라고 부르며 놀렸다. 이태현은 "다 어렸을 때 얘기"라고 했고, 황규연도 "이제는 '황 장사' '이 장사' 하며 점잖게 부른다"며 웃었다. 그리고 언제부턴가 '모래판의 황태자'(이태현), '모래판의 귀공자'(황규연)라는 멋진 별명도 생겼다. 둘은 고등학교 때부터 은퇴할 때까지 20년 가까이 치열한 라이벌 대결을 펼쳤다.

이태현의 7개 대회 연속 우승 가로막은 황규연

두 선수가 처음 만난 것은 1993년 고등학교 3학년 때다. 1993년 당시 경북 의성고 3학년이던 이태현과 서울 동양공고 3학년이던 황규연이 씨름판에서 처음 기량을 겨뤘다. 둘 다 엄청난 거구였다. 키는 이태현이 196센티미터, 황규연이 187센티미터이고, 몸무게는 현역시절에 둘 다 135~140킬로그램 정도 나갔다. 고등학교 때는 이태현이 앞서갔다. 초고교급 스타로 각광받으며 6개 대회 연속 우승 기록도 가지고 있다. 그런데 고교시절 이태현의 7개 대회 연속 우승을 가로막은 주인공이 바로 황규연이다. 라이벌전의 서막이었던 셈이다.

민속씨름 성인 무대에서도 처음에는 이태현이 앞서갔다. 이태현은 프로입문 첫해인 1994년 추석대회부터 이듬해 8월 추석대회까지 1년 동안 지금도 깨지지 않고 있는 32연승 기록을 가지고 있다. 반면 황규연은 선수 생활 막바지에 불꽃 투혼을 보여주며 최고령 장사, 최고령 천하장사 기록을 세우고 라이벌 대결의 균형을 맞춰갔다.

씨름은 백두급(150킬로그램 이하), 한라급(110킬로그램 이하), 금강급(90킬로그램 이하), 태백급(80킬로그램 이하) 등 네 체급으로 나뉜다. 그리고 체급과 상관없이 모든 선수가 맞붙는 천하장사대회가 있다.

이태현과 황규연은 가장 무거운 체급인 백두급에서 맞붙었다. 둘의 현역시절 백두급은 몸무게 제한이 없었는데, 두 선수는 백두급을 양분하다시피 하면서 숱한 우승을 차지했다. 이태현이 백두급 국내 최다 기록인 20번 백두장사에 올랐고, 황규연도 11번이나 백두급 우승 기록을 가지고 있다. 천하장사는 이태현이 1994년과 2000년, 2002년 등 세 차례 차지했고, 황규연은 2001년과 2009년 두 차례 등극했다. 통산 우승은 이태현이 24번, 황규연 선수가 16번에 이른다. 둘이 합쳐서 무려 40번이나 씨름판을 들었다 났다 한 것이다.

전성기 지난 30대 중반에 불꽃 투혼으로 명승부 연출

프로 초년병 시절 황규연은 이태현에게 가려 만년 2인자였다. 2007년에는 서른두 살 나이에 무릎 수술을 2번이나 받았다. 그는 "그때 가장 힘들어 은퇴하려고 했다"고 말했다.

황규연이 자리를 비운 모래판은 '이태현 천하'였다. 그러나 이태현도 마냥 웃을 수는 없었다. 씨름 인기가 시들해지면서 정상에 올라도 공허했다. 이런저런 부상에 시달렸고, 씨름계의 침체로 민속씨름대회가 열리지 않아

씨름 해설위원으로 변신한 '모래판의 황태자' 이태현(왼쪽)과 가족과 함께 천하장사의 기쁨을 누리고 있는 '모래판의 귀공자' 황규연. 사진은 대한씨름협회 제공.

대회에 출전하지 못하는 시련을 겪기도 했다.

이태현은 2006년 3월 안동장사대회에서 무서운 기세로 치고 올라오는 후배들을 물리치고 열여덟 번째 백두장사에 오르며 이만기와 백두급 최다 우승 타이기록을 작성하기도 했다. 하지만 이태현은 그해 8월 은퇴를 선언해 주위를 깜짝 놀라게 했다. 씨름에서 이종격투기로 전향한 최홍만, 김영현 등에 이어 이태현에게도 유혹의 손길이 찾아온 것이다. 그러나 종합격투기로 잠시 외도했던 이태현은 쓰디쓴 실패를 맛본 채 2009년 씨름판에 복귀했다.

황규연도 이즈음 부상을 털고 모래판에 복귀했다. 그리고 이종격투기를 하다가 돌아온 이태현과 다시 라이벌 구도를 형성했다. 2009년 추석장사와 천하장사 결승전에서 연거푸 맞대결을 펼치며 제2의 전성기를 누렸다. 황규연의 씨름 인생도 뒤늦게 꽃을 피운 것이다.

두 선수의 라이벌 대결 중 최고의 명승부가 바로 이때, 30대 중반에 펼쳐졌다. 전성기가 지난 나이였지만 두 사람은 투혼을 보이며 후배들의 귀감이 됐다.

2009년 12월 13일, 경북 경주실내체육관에서 열린 제27회 천하장사대회 결승전. 황규연은 8년 만에, 이태현은 7년 만에 천하장사 타이틀에 도전하고 있었다. 또 누가 이기든 최고령 천하장사 기록을 세우는 경기였다.

둘은 이 대회가 열리기 2개월여 전인 그해 10월 4일 추석장사씨름대회 백두급 결승에서 맞붙었는데, 그땐 황규연이 이겼다. 이태현으로선 복수전이었던 셈이다.

첫 판은 두 달 전에 우승을 빼앗긴 이태현이 이겼지만 황규연이 연거푸 세 판을 이기면서 감격적인 우승을 맛봤다.

사실상 두 선수의 몸무게 차이가 승부를 갈랐다. 팽팽하던 둘째 판에서 제한시간 1분이 흘러 몸무게를 쟀는데, 이태현이 142.0킬로그램, 황규연이 139.1킬로그램으로 2.9킬로그램이 더 가벼운 황규연이 둘째 판을 따내면서 1 대 1을 만들었다. 이후 다급해진 이태현이 공격을 서두르다 경기를 그르치고 말았다. 다음 날 친구 사이인 두 선수가 전화 통화를 했는데, 이태현이 분을 참지 못했다고 한다.

그로부터 2년 뒤, 황규연은 은퇴를 앞둔 2011년 9월 추석장사씨름대회 백두급에서 조카뻘 선수들을 연거푸 물리치고 최고령 장사(만 36세 9개월)에 올랐다. 27년 씨름 인생에서 가장 잊을 수 없었던 순간이었다. 그는 "마지막이라는 생각으로 죽을힘을 다했다. 장사에 오르고 나니 이 나이에도 할 수 있구나 생각하며 스스로 대견했다"며 웃음 지었다.

라이벌전만큼이나 뜨거운 씨름 열정

이태현은 이에 앞서 2011년 3월 은퇴를 선언했다. 그해 11월 27일, 자신의 고향인 경북 김천체육관에서 열린 천하장사씨름대축제 때 4천여 명의 고향팬들로부터 뜨거운 박수를 받으며 은퇴식을 갖고 25년 씨름선수 생활을 마감했다. 이태현은 선수시절 착용했던 황금빛 장사복을 입고 경기장에 등장했다. 그리고 팬들에게 "제 고향에서 따뜻한 사랑을 받고 씨름판을 떠나게 돼 감사하다. 이제 모래판 위에서 씨름을 보여드리지는 못하지만 앞으로 씨름 발전을 위해 열심히 노력하겠다"는 인사말을 남겼다. 이어 자신이 선수시절 착용했던 샅바와 유니폼을 대한씨름협회에 헌정했다.

이태현이 헌정한 유니폼과 샅바는 씨름 전용 경기장이 만들어지면 홍보관에 전시될 예정이다. 그는 은퇴와 함께 모교인 용인대학교 교수 겸 씨름부 감독으로 제2의 인생을 살고 있다. 이태현의 스마트폰 프로필에는 오래전부터 '으라차차! 씨름사랑 나라사랑'이라는 문구가 적혀 있다. 그가 얼마나 씨름 발전에 매진하고 있는지 알 수 있는 대목이다.

황규연의 은퇴식도 그로부터 2년 뒤인 2013년 2월 11일, 설날장사씨름대회 때 전북 군산 월명체육관에서 열렸다. 옛날 임금님이 입었던 붉은색 곤룡포를 차려입은 황규연이 모래판 위에서 네 방향으로 관중들에게 차례로 큰절을 했다. 정든 모래판과 이별하는 순간이었다. 관중석에서 이 광경을 지켜보던 그의 아내 오선영 씨는 하염없이 눈물을 흘렸다. 정든 샅바와 씨름 경기복을 헌정하는 의식이 이어지는 동안에도 아내의 눈물은 그칠 줄 몰랐다. 군산 월명체육관을 가득 메운 관중 6천여 명은 뜨거운 박수와 환호로 한 시절 모래판을 호령했던 '영웅'을 떠나보냈다. 은퇴식을 마친 황규연은 "아쉬운 점도 많지만 홀가분하다. 씨름선수로서 행복했다"고 소회를 밝혔다.

황규연은 은퇴 후 소속팀 현대삼호중공업 코끼리씨름단 코치에 이어 2015년 감독대행, 그리고 2016년 감독을 맡아 정식 사령탑이 됐다. 하지만 마지막 프로팀이던 현대삼호중공업 코끼리씨름단이 2016년 말, 조선업계 불황으로 해체를 결정하면서 인생의 전부였던 씨름판을 떠나게 됐다. 황규연은 마흔두 살의 나이에 현대삼호중공업 총무부 과장으로 인생 2막을 살고 있다.

돌이켜보면 이태현과 황규연은 씨름판에서 산전수전 다 겪은 선수들이다. 1990년 말, IMF 사태로 프로 씨름단이 잇따라 해체되고 인기도 추락하면서 팀을 여러 번 옮겨야 했다. 이태현은 종합격투기로 잠시 외도했지만 이젠 모래판을 지키기 위해 누구보다 앞장서서 노력하고 있다. 황규연은 한국 최초의 씨름재단을 만드는 게 꿈이다. 이태현도 씨름의 묘미를 체험할 수 있는 장을 더 많이 만들었으면 하는 희망을 가지고 있다.

씨름에 대한 둘의 열정은 대단하다. 현역시절 둘의 우정과 라이벌전처럼 '모래판의 황태자'와 '모래판의 귀공자'는 여전히 뜨거운 열정을 품고 있다.

이태현		황규연
1976년 1월 17일	출생	1975년 12월 10일
경북 김천	고향	서울
196cm, 141kg	체구(선수시절)	187cm, 139kg
의성고-용인대	학교	동양공고-인제대
1993년 청구씨름단	프로 데뷔	1995년 세경씨름단
천하장사 3회(1994, 2000, 2002년) 백두장사 18회	장사 타이틀	천하장사 2회(2001, 2009년) 백두장사 5회

10 원조 우생순 맞수 대결, 임오경 vs 오성옥

'올림픽', '우생순' 하면 떠오르는 종목이 있다. 바로 대한민국 국가대표 여자 핸드볼팀이다. 그중에서도 1990~2000년대 올림픽과 세계선수권대회에서 최고의 활약을 펼치며 우리나라 여자 핸드볼을 세계 최정상으로 이끈 두 선수가 있다. 바로 임오경과 오성옥이다. 둘은 가까운 선후배이면서도 같은 포지션에서 보이지 않는 경쟁을 펼친 라이벌이었다.

한국 여자 핸드볼은 역대 올림픽에서 금메달 2개, 은메달 3개, 동메달 1개를 따냈고, 세계선수권대회에서도 금메달 1개, 동메달 1개를 일궈냈다. 임오경과 오성옥은 한국 여자 핸드볼이 1992년 바르셀로나올림픽 금메달, 1996년 애틀랜타올림픽 은메달을 따내는 데 주역으로 활약했고, 1995년 오스트리아 세계선수권대회 금메달과 2003년 크로아티아 세계선수권대회 동메달을 딸 때도 역시 팀의 에이스로 활약했다.

두 선수는 올림픽과 세계선수권대회에서 각별한 기록을 가지고 있다. 우선 오성옥은 1992년 바르셀로나올림픽부터 2008년 베이징올림픽까지 올림픽에 5회 연속 출전했다. 이는 우리나라 여성 가운데 올림픽 최다 출전 기록이다. 남녀를 통틀어선 빙상 이규혁의 6회(1994년 릴레함메르~2014년 소치) 출전이 최다 기록이다. 오성옥은 또 5번이나 올림픽에 출전하는 동안 금메달 1개, 은메달 2개, 동메달 1개를 따냈다. 세계선수권대회에서도 금메달 1개와 동메달 1개를 따냈는데, 세계선수권대회 은메달만 있었더라면 올림픽 금·은·동, 세계선수권 금·은·동메달을 모두 따내는 진기록을 세울 뻔했다. 또 올림픽에 5번 출전하는 동안 3번이나 어시스트 1위에 올랐고, 베스트7에도 2번이나 선발됐다.

임오경은 오성옥이 출전한 5번의 올림픽 가운데 3번을 함께 출전해 금메달 1개와 은메달 2개를 따냈다. 나머지 2번은 2000년 시드니올림픽을 앞두고 임신하는 바람에 출전하지 못했고, 2008년 베이징올림픽 때는 은퇴 후 해설위원으로 변신했다. 세계선수권대회에서는 금메달 1개와 동메달 1개를 오성옥과 함께 일궈냈다. 특히 한국 여자 핸드볼이 정상에 올랐던 1995년 오스트리아 세계선수권대회에서는 MVP(최우수선수)에 선정됐고, 1996년에는 국제핸드볼연맹이 수여하는 '올해의 선수'의 영광을 안았다.

세계선수권 MVP 임오경 vs 올림픽 금·은·동 오성옥

임오경은 1971년 12월 28일 전북 정읍에서 태어났고, 오성옥은 1972년 10월 10일 대전이 고향이다. 임오경이 1년 선배인데, 현역시절 포지션은 똑같이 주 공격수인 센터백이었다. 임오경은 키 166센티미터로 작은 편이었고, 오성옥도 171센티미터로 유럽 선수들에 견주면 그리 크지 않았지만 큰 체구의 유럽 선수들 틈바구니에서 엄청난 활약을 펼쳤다.

두 선수는 어릴 적부터 운동에 소질이 있었다. 임오경은 전북 정읍시 동신초등학교 4학년 때 핸드볼을 시작했다. 어렸을 때 운동신경이 뛰어나 남학생들과 달리기나 턱걸이 경쟁을 하곤 했는데, 이런 모습을 본 학교 핸드볼부 코치가 임오경이 초등학교 3학년 때 핸드볼을 권유했고, 그래서 4학년 때부터 본격적으로 시작했다. 그때 슛을 몇 개 던져보고는 핸드볼의 매력에 흠뻑 빠졌다.

오성옥은 대전 삼성초등학교 4학년 때 핸드볼을 시작했다. 초등학교 때부터 유난히 키가 커서 핸드볼부에서 눈독을 들였는데, 처음에는 운동하기 싫어서 도망을 다녔다. 그러다가 초등학교 5학년 때 패스를 캐치하는 모습이 어색하지 않게 곧잘 해서 곧바로 핸드볼부에 선발됐다.

임오경은 될성부른 떡잎이었다. 초등학교 6학년 때 서울에서 열린 전국대회에서 준우승을 차지했는데, 유망주로 꼽혀서 신문에 기사가 실릴 정도로 주목을 받았다. 오성옥도 고등학교 1학년 때 당시로선 역대 최연소 국가대표에 선발될 정도로 뛰어난 활약을 펼쳤다.

두 선수는 학창시절에 치열한 라이벌 대결을 펼쳤다. 그중에서도 가장 치열했던 경기가 하나 있다. 임오경이 중학교 3학년 때이고, 오성옥이 중학교 2학년 때 소년체전 결승에서 정읍여중(임오경)과 동방여중(오성옥)이 맞대결을 펼쳤다. 두 선수는 각각 양 팀의 골잡이로 공격을 이끌었고, 치열한 공방 끝에 전후반 60분 동안 끝내 승부를 가리지 못했다. 그리고 이어진 승부던지기 끝에 1년 후배였던 오성옥의 동방여중이 우승을 차지했다.

둘은 고등학교에 진학해서도 라이벌 대결을 펼쳤다. 오성옥은 1년 후배인데도 선배들을 뛰어넘는 기량으로 팀의 에이스 노릇을 했다. 더군다나

임오경과는 포지션이 주 공격수인 센터백으로 같았기 때문에 치열한 득점 경쟁을 펼치기도 했다.

학창시절 정읍여중·고 vs 동방여중·고 라이벌 대결

라이벌이자 절친한 선후배인 두 선수는 학창시절부터 언제나 상대를 의식했다. 하지만 임오경이 고등학교 1학년 때, 오성옥이 중학교 3학년 때 나란히 국가대표 상비군(후보군)에 발탁돼 태릉선수촌에서 함께 훈련하면서 무척 가까워졌다.

우리나라 여자 핸드볼은 1988년 서울 올림픽에서 금메달을 딴 뒤 세대교체를 단행했다. 1989년 1월, 새로 발표된 국가대표에 전북 정읍여고 2학년이던 임오경과 대전 동방여고 1학년이던 오성옥이 생애 처음으로 나란히 태극마크를 달게 됐다. 그도 그럴 것이 당시 국가대표팀에는 실업팀 언니들이 대다수였는데, 대표팀 막내였던 둘은 서로 의지하고 허드렛일을 함께 하면서 친자매 못지않게 가깝게 지냈다.

두 선수는 고등학교 졸업 후 실업팀 대신 대학을 선택했다. 한 살 언니인 임오경은 정읍여고 졸업 후 실업팀들의 집요한 스카우트 제의를 뿌리치고 한국체대를 선택했다. 당시로서는 파격적인 행보였다. 이어 1년 후배이던 오성옥도 임오경을 따라 한국체대에 진학했다.

임오경은 한국체대를 졸업하자마자 1994년 일본에 진출했다. 히로시마 이즈미, 지금의 히로시마 메이플 레즈라는 팀이었는데, 스물네 살 나이에 플레잉 코치에 이어 플레잉 감독으로 팀을 이끌었다. 2부 리그였던 팀을 이듬해 1부 리그 3위로 이끌었고, 3년 차 때는 1부 리그 정상까지 올려놓았다. 1년 후배인 오성옥 역시 한국체대를 졸업한 뒤 국내 실업팀 종근당에서 잠시 뛰다가 1998년 임오경이 이끌던 히로시마 메이플 레즈에 입단했다. 임오경과 오성옥, 두 선수가 이끌었던 팀은 천하무적이었고, 7년 연속 우승이라는 경이적인 기록을 세웠다.

팀의 우승과 함께 개인상은 저절로 따라왔다. 임오경은 일본 진출 이후 플레잉 감독 첫해였던 1996년, 팀을 우승으로 이끌면서 최우수선수(MVP)와 득점상, 감독상까지 무려 6개 상을 휩쓸었다. 그 이후에도 셀 수 없을 정도로 많은 상을 받았다.

오성옥은 일본 리그에서만 무려 5번이나 최우수선수(MVP)에 올랐다. 이후에는 유럽 무대에 진출해 오스트리아 히포방크에서 4년간 뛰면서 유럽오픈대회 MVP를 3번이나 차지했다. 임오경 역시 유럽 팀에서 스카우트 제의가 많았지만 감독 겸 선수로 팀을 이끌고 있었기 때문에 유럽 진출 제의를 뿌리쳤다.

임오경과 오성옥, 영화 〈우생순〉의 실제 주인공

임오경과 오성옥은 2008년 개봉한 영화 〈우리 생애 최고의 순간〉(우생순)의 실제 주인공들로도 유명하다. 영화 속에서 김정은 씨가 맡았던 김혜경 역의 실제 주인공이 임오경이고, 문소리 씨가 맡았던 한미숙 역의 실제 주인공이 오성옥이다. 하지만 실제 현실에서의 두 선수와는 다른 점이 많고, 픽션이 많이 가미됐기 때문에 영화는 그냥 영화로 봐달라는 게 두

1992년 바르셀로나올림픽 한국 여자 핸드볼 금메달의 주역 임오경(오른쪽) 선수와 오성옥 선수가 다정하게 포즈를 취했다. 사진은 오성옥 현 여자 청소년대표팀 감독 제공.

선수의 주문이다.

어쨌든 2004년 아테네올림픽 때 두 선수는 '엄마 선수'로 유명했다. 결혼은 후배인 오성옥이 먼저 했다. 1997년에 아들을 낳았는데 아테네올림픽 때 아홉 살이었다. 임오경의 딸도 아테네올림픽 때 여섯 살이었다. 두 아이는 어느덧 대학생과 고등학생이 됐다. 여기에 골키퍼 오영란까지 아테네올림픽 당시 주부선수는 세 명이나 됐다.

임오경은 오랜 일본 생활을 마치고 2008년 국내에 복귀해 여자 실업팀 서울시청 사령탑을 맡았다. 서울시청 감독이던 2011년에는 만 마흔 살의 나이로 전국체전에 선수로 출전해 화제가 되기도 했다. 오성옥은 만 서른여덟 살 때인 2010년 6월 일본 히로시마 메이플 레즈의 사령탑에 올랐다. 감독이 되고 나서도 1년가량 감독 겸 선수로 뛰다가 만 서른아홉 살 때인

2011년 정든 유니폼을 벗었다.

임오경 감독은 우리나라 여자 실업 핸드볼 최초의 여성 감독으로, 2018년 현재 서울시청을 11년째 이끌고 있다. 2014년부터 4년 연속 챔피언 결정전에 올랐고, 2016년에는 챔피언 결정전에서 삼척시청과 치열한 접전 끝에 정상에 오르며 만년 준우승의 한을 풀었다.

오성옥 감독은 2015년 3월, 무려 18년간의 일본과 유럽 생활을 청산하고 귀국했다. 오 감독은 2016년 18세 이하 여자 청소년대표팀을 맡아 체코에서 열린 세계대회에서 9승 1패로 10년 만에 3위로 이끌었다. 전승을 달리다 준결승에서 러시아에 3골 차로 쓴잔을 마신 게 뼈아팠다. 2017년 8월에는 아시아청소년대회에서 전승 우승을 이루며 지도력을 인정받고 있다. 만약 오성옥 감독이 여자 실업팀 지휘봉을 잡는다면 여성 감독 라이벌 구도로 침체된 핸드볼계에 새로운 활력을 불어넣을지도 모른다.

임오경		오성옥
1971년 12월 28일	출생	1972년 10월 10일
전북 정읍	고향	대전
1992년 바르셀로나올림픽 금메달 1996년 애틀랜타올림픽 은메달 2004년 아테네올림픽 은메달	올림픽 메달	1992년 바르셀로나올림픽 금메달 1996년 애틀랜타올림픽 은메달 2004년 아테네올림픽 은메달 2008년 베이징올림픽 동메달
1995 오스트리아 대회 금메달 2003 크로아티아 대회 동메달	세계선수권 메달	1995 오스트리아 대회 금메달 2003 크로아티아 대회 동메달
1995년 세계선수권대회 MVP 1996년 국제핸드볼연맹 '올해의 선수'	비고	올림픽 5회 연속 출전 올림픽 어시스트 1위(3회)

11 왼손과 오른손의 방망이 대결,
김재현 vs 김동주

SK와 두산의 프로야구 한국시리즈 2차전이 열린 2007년 10월 23일 인천 문학야구장. 홈팀 SK는 전날 열린 1차전에서 두산의 선발투수 다니엘 리오스에게 2 대 0 완봉패를 당했다. 2차전마저 내준다면 2패를 안고 잠실구장으로 원정을 떠나야 하는 절박한 상황이었다.

5회 말까지 3 대 3 동점에서 두산이 6회 초 노아웃 1루의 기회를 잡았다. 타석에는 두산의 거포 김동주가 섰다. 그런데 SK 투수 채병용이 던진 공이 두산 김동주의 몸에 맞았다. 김동주가 채병용을 뚫어지게 응시하며 불만을 표시하자, 채병용은 양팔을 벌려 "뭐? 뭐?" 하면서 절대 고의성이 없었다고 항변했다. 그러자 김동주가 화를 참지 못하고 마운드로 향했고, 순간 두 팀 더그아웃에 있던 모든 선수들이 그라운드로 몰려나오면서 벤치 클리어링(그라운드 위에서 선수 간 싸움이 벌어졌을 때 벤치를 비워두고 양 팀의 선수들이 몰려나와 뒤엉키는 것)이 일어났다.

험악한 분위기 속에서 흥분한 김동주의 화를 가라앉힌 선수가 바로

'친구' 김재현이었다. 빨간색 점퍼를 입고 더그아웃에 앉아 있던 김재현은 김동주를 뒤에서 끌어안아 만류하며 진정시켰다. 어쩌면 이 장면이 두 선수의 성격을 극명하게 보여주는 것일지도 모른다.

불같은 성격의 김동주와 차분한 성격의 김재현은 선수 생활 내내 '좌재현과 우동주'로 불리며 비교됐다. 프로야구 LG 트윈스와 SK 와이번스에서 활약하며 '캐넌히터'라는 별명을 가졌던 김재현과 두산 베어스의 최고 스타로 '두목곰'이라는 별명이 잘 어울렸던 김동주. 친구 사이인 둘은 초등학교 때 야구를 시작하면서 은퇴할 때까지 라이벌 구도를 이루며 늘 '적'으로 만나 경쟁했다.

초등학교 때부터 비교됐던 '좌재현 우동주'

김재현은 1975년 10월 2일생이고, 김동주는 1976년 2월 3일생이다. 김동주가 빠른 76년생이라 둘은 같은 학년이었다. 김재현은 서울 성동초등학교에서 야구를 시작해 신일중·고등학교를 졸업했고, 김동주는 부산에서 태어나 서울로 이사한 뒤 중대부속초등학교와 배명중·고등학교, 그리고 고려대학교를 거쳤다.

프로 입단은 김재현이 4년 빨랐다. 고졸 신인으로 1994년 LG 트윈스에 입단한 뒤 2005년 SK 와이번스로 트레이드됐고, 2009년까지 16년 동안 프로선수 생활을 했다. 반면 김동주는 고려대를 졸업하던 1998년 두산 베어스에 입단해 2013년까지 역시 16년 동안 두산에서만 프로 생활을 했다.

포지션은 김동주가 주로 3루수와 지명타자, 김재현은 외야수와 지명타자로 활약했다. 골든글러브(국내 프로야구에서 포지션별로 최우수 선수 10인에게 수상하는 상)는 김재현이 3번, 김동주가 4번 받았는데, 공교롭게도 둘이 영광의 자리를 함께한 동시 수상은 한 번도 없었다. 김동주는 2003년 타격왕과 2007년 출루율 타이틀을 거머쥐었고, 김재현은 2007년 한국시리즈 MVP의 영광을 안았다.

'두목곰' 김동주의 현역시절 모습.
두산 베어스 사진 제공.

어린 시절 둘은 서울 지역에서 함께 야구를 하다 보니 맞대결이 많았고 자연스럽게 라이벌 의식이 싹텄다. 특히 고등학교 때는 둘 다 초고교급 스타로 각광받았다. 함께 고교 무대를 누비던 당시 광주일고 이호준도 타격에 재능을 보였지만, 놀라운 배트 스피드를 자랑한 김재현과 파워와 기술을 두루 겸비한 김동주의 양강 구도가 더욱 선명했다.

김재현과 김동주는 고교 졸업 후 각각 프로와 대학으로 진로가 엇갈렸다. 당시 신일고 김재현은 연세대와 LG 트윈스의 치열한 스카우트 경쟁 속에 당시로서는 파격적인 계약금 9,100만 원을 받고 1994년 LG에 입단했다. 김동주도 두산 베어스의 스카우트 제안이 있었지만 고려대에 진학했다. 만약 김재현이 연세대를 택했다면 연-고대로 엇갈려 대학시절에도 뜨거운 라이벌 대결을 펼칠 뻔했다.

김동주는 4년 뒤 계약금 4억 5,000만 원이라는 당시로서는 천문학적인

'캐넌히터' 김재현의 현역시절 모습.
LG 트윈스 사진 제공.

금액에 두산 베어스에 입단했다. 이로써 두 선수는 서울 라이벌 LG와 두산으로 엇갈려 운명처럼 라이벌 경쟁을 이어갔다.

두산은 LG와의 서울 연고 신인선수 지명권이 주사위 던지기에서 순번제 지명으로 바뀐 뒤 김동주를 잡기 위해 1년 전인 1997년 LG에게 신인 지명권을 양보하기까지 했다. 이때 LG에 지명된 선수가 등번호 9번 '적토마' 이병규다.

LG의 '캐넌히터' vs 두산의 '두목곰'

김재현은 고졸 신인이던 1994년 주전 자리를 꿰차고 엄청난 활약을 펼쳤다. 그는 당시 한양대를 졸업한 유지현, 단국대 출신의 서용빈 등 두 대졸 신인선수와 함께 신인 트로이카를 형성하며 LG 돌풍의 주역으로 활약했다. 타순은 1번 유지현, 2번 김재현, 3번 서용빈이었는데, 당시 만 열아홉 살이던 김재현은 개막전부터 홈런을 때려내는 등 홈런 21개와 도루 21개로 신인선수 최초로 20-20 클럽에 가입하는 맹활약을 펼쳤다.

김재현의 소속팀 LG 트윈스는 그해 126경기에서 81승 45패(6할 4푼 3리)라는 경이적인 승률로 정규리그 우승을 차지했고, 곧이어 한국시리즈에서도 인천 연고이던 태평양 돌핀스를 4전 전승으로 물리치고 챔피언에 올랐다.

김동주는 프로로 직행한 김재현의 활약을 먼발치에서 지켜보며 훗날을 도모하고 있었다. 특히 김동주는 아마추어 선수 신분으로 한국 야구 대표팀에서 국제대회 때마다 부동의 4번 타자를 맡았다. 그리고 1998년 두산의 전신인 OB 베어스에 입단하자마자 첫해부터 홈런 24개와 89타점으로 이름값을 톡톡히 했다. 이어 2000년에는 30홈런 100타점을 돌파하며 전성기를 누렸는데, 당시 김동주는 심정수, 타이론 우즈와 함께 두산의 막강 중심타선인 '우동수' 트리오 중에서도 핵심이었다.

두 선수는 LG 트윈스와 두산 베어스 시절 포스트시즌에서 더욱 불꽃 튀는 경쟁을 펼쳤다. 1998년과 2000년 2번 맞대결을 펼쳤는데 두 선수는 팀의 주축 선수로 활약했고 양 팀은 1승 1패로 균형을 이뤘다.

우선 김동주는 신인이던 1998년 준플레이오프에서 LG와 만났다. 그러나 두산은 2차전 때 7 대 6으로 앞서다가 9회 말 7 대 7 동점을 허용한 뒤 연장 10회 말 2루수 에드가 케세레스의 뼈아픈 실책으로 통한의 역전패를 당했다. 반면 2000년 플레이오프에서는 두산이 6차전에서 안경현의 동점 홈런과 심정수의 역전 홈런으로 시리즈 전적 4승 2패를 만들며 한국시리즈에 올랐다.

LG와 두산 소속이었던 두 선수는 '잠실 라이벌'이었는데도 고교시절만큼 라이벌로 크게 부각되지는 못했던 게 사실이다. 포지션과 스타일에서 오는 이질감이 가장 큰 이유였다. 김재현은 외야수이자 중장거리형 타자였던 데 반해, 김동주는 내야수이자 거포형 타자였기 때문이다. 물론 두 선수 모두 3할대 타율에 두 자릿수 홈런을 때릴 수 있을 정도로 힘과 정교함을 겸비했지만, 묘하게도 엇갈린 행보를 거듭했다. 서로 부상당한 시기가 엇갈렸고, 김재현이 FA(자유계약) 대박을 터뜨리며 SK 와이번스로 이적할 때 김동주는 돌연 은퇴를 선언하는 등 계속 엇박자를 그렸다.

SK와 두산에서 한국시리즈 2년 연속 맞대결

하지만 김재현이 SK 와이번스로 이적한 뒤 두산과 SK는 한국시리즈에서 잇따라 맞붙으면서 둘의 라이벌 관계도 제2막이 펼쳐졌다.

김재현은 2005년, 4년간 계약금 8억 원 등 총액 20억 7,000만 원에 SK로 이적했다. LG에서 22억 원을 제시했지만 FA 2년 차 때 규정 타석과 시즌 타율 2할 8푼을 채우지 못하면 다시 협상한다는 조건에 실망해 SK로 떠나버린 것이다. 그리고 2007년 김동주의 두산과 한국시리즈에서 맞붙었다. 당시 김재현은 타격 부진으로 2군에만 2번이나 내려갔다 오는 등 타율 1할 9푼 6리로 매우 부진했다. 하지만 김성근 감독은 경험 많은 김재현을 한국시리즈 엔트리에 넣었는데 이게 대박을 터뜨렸다.

김성근 감독과 김재현은 LG에서도 질긴 인연이 있었다. 김재현은 LG 시절이던 2002년 삼성 라이온즈와의 한국시리즈에서 '고관절 무혈괴사증'이라는 희귀병으로 제대로 걷지도 못하는 상황이었다. 당시 LG 트윈스의 사령탑이 바로 김성근 감독이었다. 그런데 2승 3패로 밀리고 있던 6차전에서 김 감독은 김재현을 대타로 기용했고, 김 감독의 기대대로 적시타를 때려냈다. 2루타성 타구였지만 김재현은 절뚝거리며 1루 베이스를 밟는 부상 투혼을 보였다.

김동주의 2007년 시즌은 김재현과 대조적이었다. 126경기에 출장하면서 타율 3할 2푼 2리에 홈런 19개, 78타점으로 좋은 활약을 펼쳤다. 특히 출루율에서 전체 1위(4할 5푼 7리)에 올랐고, 장타율과 출루율을 합한 OPS에서도 전체 3위(9할 9푼 1리)에 올랐다.

2007년 한 시즌 동안 화려했던 김동주와 초라했던 김재현. 그러나 한국시리즈에서는 정반대의 결과가 나왔다. 김재현은 한국시리즈 6경기에서 23타수 8안타, 타율 3할 4푼 8리, 2홈런, 4타점으로 맹타를 휘둘렀다. 반면 김동주는 3차전까지 8타수 무안타에 그치는 등 17타수 2안타, 타율 1할 1푼 8리, 홈런 없이 2타점이라는 초라한 성적을 냈다.

특히 김재현은 팀이 2연패로 위기에 몰렸던 3차전에서 결승타를 쳤고, 4차전에서는 승부에 쐐기를 박는 홈런, 5차전에서도 8회 초 천금 같은 결승 3루타, 6차전에서도 결정적인 쐐기 솔로포를 터뜨리며 SK가 2패 뒤 4연승으로 한국시리즈 우승을 차지하는 데 크게 기여했을뿐더러 자신은 MVP의 영예를 차지했다.

그런데 당시 두 선수는 경기는 물론이고 매너에서도 큰 차이를 보였다. 한국시리즈 2차전 6회 초 두산 김동주와 SK 채병용 사이에 빈볼 시비가 일어났을 때 흥분한 김동주의 화를 가라앉힌 선수가 김재현이었다.

반대로 3차전 6회 초에는 SK 김재현과 두산 이혜천 사이에 빈볼 시비가 일어나 난투극이 펼쳐졌는데, 김동주는 주위의 만류에도 화를 참지 못하고 더그아웃에서 방망이를 내동댕이치는 등 이성을 잃은 모습을 보였다.

두 선수는 이듬해인 2008년에도 한국시리즈에서 맞대결을 펼쳤다. 그리고 2007년의 데자뷰처럼 두산이 1차전을 이겼지만 SK가 2~5차전을 내리 이기면서 4승 1패로 SK가 한국시리즈 2년 연속 우승에 성공했다. 당시 두산 김경문 감독은 베이징올림픽 전승 우승으로 주가를 한껏 높였지만, 다시 한 번 '야신' 김성근 감독에게 막히고 말았다.

2008년 한국시리즈에서는 김재현과 김동주, 두 선수 모두 쏠쏠한 활약을 펼쳤다. SK 김재현은 1, 2차전 홈런을 기록하면서 포스트시즌 13경기 연속 안타와 한국시리즈 8경기 연속 안타, 한국시리즈 6경기 연속 득점 등 풍성한 기록을 이어갔다. 김동주의 활약도 괜찮았지만 팀이 패하면서 빛이 바래고 말았다.

프로 통산 4할대의 엄청난 출루율

두 선수는 프로에서 똑같이 열여섯 시즌 동안 뛰었는데, 주목할 만한 것은 두 선수 모두 출루율이 4할이 넘었다는 점이다. 김동주는 4할 7리, 김재현은 4할 2리였다. 또 3할 이상 타율을 똑같이 여덟 시즌씩 기록했다.

통산 타율은 김동주 3할 9리, 김재현 2할 9푼 4리로 둘 다 3할 안팎의 고타율을 기록했고, 홈런과 타점은 김동주가 271홈런 1,088타점, 김재현이 201홈런 939타점으로 장거리 타자인 김동주 선수의 성적이 조금 앞섰다. 그러나 발도 빨랐던 김재현은 여기에 115개의 도루가 있었다.

두 선수는 엄청난 인기만큼이나 현역시절 별명도 많았다. 김동주는 두산 베어스의 주장을 맡아 '두목곰'이라는 별명으로 유명했고, 5월에 유난히 잘 친다고 해서 '오월동주'라는 별명도 있었다. 김재현은 타격이 시원시원해서 '캐넌히터'라는 별명이 잘 어울렸다.

김재현은 2010년 은퇴 이후 야구 해설을 하다가 2015~2016년에는 김

성근 감독이 이끌던 한화 이글스에서 타격 코치를 했다. 지금은 SPOTV
에서 야구 해설을 하고 있다. 반면 김동주는 야구계를 떠나 사업을 한다
는 소문이 들려오고 있다.

김재현		김동주
1975년 10월 2일	출생	1976년 2월 3일
서울	고향	부산
신일고-LG 트윈스-SK 와이번스	소속팀	배명고-고려대-두산 베어스
타율 0.294, 201홈런, 939타점, 115도루	프로 통산 성적 (16시즌)	타율 0.309, 271홈런, 1,088타점
3회 (1994, 1998, 2005년)	골든 글러브 수상	4회 (2000, 2003, 2007, 2008년)
2007년 한국시리즈 MVP	타이틀	2003년 타격왕
8회 (2000~2005년, 2008~2009년)	통산 3할 타율	9회 (1999~2003, 2005년, 2007~2009년)
0.402(2005년 출루율 1위)	프로 통산 출루율	0.407(2007년 출루율 1위)
우승 3회 (1994, 2007, 2008년) 준우승 4회 (1997, 1998, 2002, 2009년)	한국시리즈	우승 1회 (2001년) 준우승 3회 (2005, 2007, 2008)

12 42.195킬로미터 영웅들의 승부, 황영조 vs 이봉주

1936년 8월 9일은 독일 베를린올림픽 마라톤에서 손기정 선생이 금메달, 남승룡 선생이 동메달을 딴 날이다. 하지만 두 선생은 일장기를 달고 뛸 수밖에 없었던 식민지 조국의 청년들이었다.

그로부터 정확히 56년이 지난 1992년 8월 9일, 스페인 바르셀로나올림픽 마라톤에서 황영조 선수가 금메달을 따냈다. 이번에는 당당히 태극마크를 달고서였다. 이어 4년 뒤인 1996년 8월 4일 이봉주 선수는 미국 애틀랜타올림픽 마라톤에서 금메달 못지않은 값진 은메달을 따냈다.

20세기 초반 손기정과 남승룡이라는 걸출한 마라토너가 동지이자 라이벌이었다면, 20세기 후반 한국 최고의 마라토너는 '몬주익의 영웅' 황영조와 '봉달이' 이봉주다.

두 사람의 선수시절은 화려했다. 황영조는 굵고 짧았던 반면, 이봉주는 길고 꾸준했다. 황영조는 마라톤 풀코스를 딱 8번밖에 뛰지 않았고 스물여섯 살이라는 이른 나이에 은퇴했지만, 한국 육상계에 올림픽 금메달과 아시안게임 금메달을 선사했다. 반면 이봉주는 마흔이 다 될 때까지 19년 동안 무려 41번의 마라톤 풀코스를 완주하면서 올림픽 은메달과 아시안게임 2회 연속 금메달, 보스턴 마라톤 금메달 등의 업적을 남겼다.

두 선수는 개인적으로 각별한 인연이 있다. 황영조는 1970년 3월 22일생이고, 이봉주는 1970년 10월 10일생으로 동갑이다. 둘은 또 한때 같은 팀 코오롱에서 한솥밥을 먹기도 했고, 이봉주의 아내가 황영조의 중학교 동창생으로, 바로 황영조가 인연을 맺어줬다. 또 이봉주가 시합을 앞두고 경미한 교통사고를 낸 적이 있는데, 황영조가 자신이 운전했다고 나설 만큼 각별한 우정을 나누기도 했다.

'정봉수 사단' 코오롱에서 한솥밥 먹던 라이벌

이봉주의 고향은 충남 천안이다. 가난한 농부의 3남 2녀 중 막내로 태어났는데, 레슬링선수였던 형이 맨손으로 벽돌을 깨는 것을 보고 중학교 때는 투기 종목인 복싱과 태권도에 빠졌다. 육상과 인연을 맺은 것은 고등학교 1학년 때였다. 하지만 고등학교를 3번이나 전학할 만큼 우여곡절이 많았다. 천안농고에 들어가서 친구의 권유로 육상을 시작했는데, 등록금을 면제받을 수 있다는 소리에 삽교고로 재입학했다. 하지만 곧 육상부가 해체되는 바람에 광천고로 전학을 했고, 그곳에서 고3 때 전국체전 10킬로미터 3위에 오르면서 생애 첫 입상을 맛봤다.

황영조도 어린 시절 가정형편이 넉넉하지 않았다. 그는 강원도 삼척에서 2남 2녀 중 셋째로 태어났다. 어렸을 때부터 밭에서 일을 하거나 바다에서 해초를 캤는데, 그것이 운동신경을 키운 계기가 됐다. 삼척 근덕중학교 1학년 때 유도부, 육상부, 수영부 등 여러 운동부에서 가입을 권유받았지만 황영조가 택한 것은 사이클부였다. 타고난 심폐 기능으로 도로 사이클 선수로 가능성을 인정받았지만, 강릉 명륜고등학교에 진학한 뒤 그가 선택한 종목은 육상이었다. 그는 폐활량이 좋았기 때문에 중장거리 선수로 적합했는데, 처음엔 1,500미터를 뛰다가 5,000미터, 1만 미터 등 본격적인 장거리 선수로 활약했다.

고등학교 1학년 때 전국체전 1만 미터에서 은메달을 딴 것을 시작으로 고3 때는 경호역전경주대회에서 3개 구간 신기록을 달성하고, 이어 전국체전에서 5,000미터와 1만 미터 2관왕에 올랐다.

이봉주가 당시의 황영조를 또렷이 기억할 만큼 황영조가 이미 유명했던 데 비해 황영조는 고등학교 때 이봉주의 존재를 몰랐다고 한다. 황영조는 고교 졸업 후 코오롱에 입단했는데 실업 1년 차 때 전국체전에서 대회 신기록을 세우며 5,000미터와 1만 미터 2관왕에 오르면서 한국 육상 중장거리의 강자로 떠올랐다. 그런데 이듬해 우연한 기회에 마라톤의 길로 접어들었다. 팀에서 그해 3월 열린 동아국제마라톤대회에서 동료 선수들의 기록을 끌어올리기 위한 페이스메이커로 마라톤 훈련을 시작한 것이다. 그런데 마라톤 완주는커녕 40킬로미터 이상을 뛰어본 적도 없었던 황영조가 처음 달린 대회에서 3위에 입상한 것이다.

이 무렵 이봉주도 실업팀에 가서야 마라톤을 시작했다. 이봉주는 고3 때 관동대와 코오롱에서 동시에 스카우트 제의를 받았지만, 돈도 벌고 야간대학(서울시립대)도 다닐 수 있는 서울시청을 택했다. 그리고 1990년 10월 전국체전에서 처음으로 마라톤 풀코스를 뛰었는데 덜컥 2위에 올랐다. 육상을 시작한 지 4년, 마라톤을 시작한 지 1년도 안 돼서 일을 낸 것이다. 하지만 그 이후 극심한 슬럼프를 겪으면서 이봉주의 마라톤 인생 마흔한 차례의 풀코스 완주 가운데 가장 기록이 저조했던 2시간 19분대와 20분 대를 기록했다. 이후 1993년 정봉수 감독이 이끌었던 코오롱에 입단하면 서 황영조와 한솥밥을 먹게 됐고 새로운 마라톤 인생에 접어들었다.

바르셀로나 금메달 황영조 vs 애틀랜타 은메달 이봉주

두 선수는 서로를 의식하면서 올림픽 금메달을 향한 본격적인 라이벌 대결을 벌였다. 둘은 동갑내기 친구 사이지만 전성기가 조금 다르다. 황영 조의 전성기가 1990년대 초반이었다면 이봉주는 1990년대 중반 이후에 뚜렷한 족적을 남겼다. 서로 비슷한 시기에 마라톤을 시작했지만 황영조 는 1996년, 만 스물여섯 살의 이른 나이에 은퇴한 반면, 이봉주는 불혹을 앞둔 2009년까지 선수로 뛰었다.

그런데도 둘은 라이벌 의식이 강했다. 한때 코오롱에서 한 식구로 지냈 지만 두 사람 사이에는 보이지 않는 경쟁심이 강하게 존재했고, 특히 황영 조가 1992년 바르셀로나올림픽에서 금메달을 따자 이봉주는 '더 열심히 노력해서 황영조를 뛰어넘겠다'는 의지로 가득했다.

이즈음 이봉주는 항상 황영조보다 먼저 아침 훈련을 시작하고, 늦게 끝내는 것을 원칙으로 삼았다. 훈련을 마치고 숙소에 돌아오면 황영조의 신발부터 확인하고, 신발이 없으면 다시 나가서 더 뛰고 들어왔을 정도였 다. 황영조 역시 올림픽 2회 연속 금메달에 대한 부담감이 컸을 때 이봉주를 생각하면서 재기를 다졌다.

황영조는 한국 마라톤계의 '깜짝 스타'다. 바르셀로나올림픽 1년 전인 1991년 7월 영국 셰필드에서 열린 하계 유니버시아드대회에서 대회 최고 기록인 2시간 12분 40초로 금메달을 따냈다. 하지만 이때까지도 황영조는 마라톤선수가 아니라 5,000미터와 1만 미터의 국가대표 선수였다. 그해 10월 아시아육상선수권대회에서는 1만 미터에서 우승을 차지하기도 했다. 황영조 자신조차 "이때까지도 마라톤선수 전향에 대해 반신반의했다"고 말할 정도였다.

그러다가 일본 역전경주대회에서 내로라하는 일본 선수들을 모두 제치고 구간 1위에 올랐다. 구간 기록을 42.195킬로미터로 환산하면 2시간 9분대가 가능했고, 마라톤선수로 성공할 수 있다는 자신감이 생겼다. 다시 말해 바르셀로나올림픽을 불과 9개월 앞두고 본격적으로 마라톤을 시작한 것이다. 1991년 겨울부터 체계적으로 마라톤 훈련을 했고, 이듬해인 1992년 2월에는 일본 벳푸-오이타 국제마라톤대회에서 2시간 8분 47초의 한국 최고 기록을 세우며 한국 마라톤계를 깜짝 놀라게 했다. 당시 한국 최고 기록 2시간 11분 2초를 단숨에 2분 15초나 단축했고, 당시 세계 최고 기록(2시간 6분 50초·에티오피아 벨라이네 딘사모)과도 1분 57초 차이밖에 나지 않는 좋은 기록이었다.

그런데 바르셀로나올림픽 경기 당일 발바닥 통증으로 하마터면 레이스를 포기할 뻔했다. 황영조는 고질적인 족저근막염을 앓고 있었는데, 경기 당일 발바닥이 너무 아파 걷기조차 어려웠다고 한다. 다행히 5킬로미터 정도를 달리다 보니 발바닥 통증이 거짓말처럼 싹 사라졌고, 결국 56년 만에 역사적인 올림픽 금메달을 조국에 안겼다. 특히 1936년 베를린올림픽 때 손기정 선생이 '비스마르크 언덕'에서 영국의 어니스트 하퍼를 따돌렸다면, 황영조는 '몬주익 언덕'에서 치열한 레이스를 펼치던 일본의 모리시타 고이치를 제치고 극적인 우승을 차지했다. 황영조의 금메달은 한국 올림픽 출전 사상 올림픽 메인스타디움에 애국가가 처음 울려 퍼진 역사적인 순간이었다.

황영조는 올림픽 금메달 이후에도 승승장구했다. 1994년 4월 보스턴 마라톤대회에서 2시간 8분 9초의 한국 최고 기록을 세웠다. 그리고 그해 10월 열린 히로시마 아시안게임에서 2시간 11분 13초의 기록으로 다시 한 번 금메달을 땄다.

짧고 굵었던 황영조, 대기만성형 이봉주

황영조는 1996년 애틀랜타올림픽을 불과 4개월 앞두고 그해 3월 출전한 동아국제마라톤대회에서 2시간 25분 45초의 저조한 기록으로 29위에 그쳤고, 얼마 지나지 않아 갑작스럽게 은퇴를 선언했다. 당시 황영조의 나이 불과 스물여섯 살이었다. 황영조는 훗날 "솔직히 더 뛸 수 있었고, 올림픽 금메달을 딸 자신도 있었지만 올림픽과 아시안게임 금메달, 한국 최고 기록 등 모든 걸 이루고 나니 더 뛸 의미가 없었다. 정상에 있을 때 그만두는 게 멋있다고 생각했다"고 털어놨다.

이봉주는 황영조가 은퇴하던 1996년부터 혜성처럼 나타났다. 그해 일본 후쿠오카 마라톤대회에서 우승하면서 황영조를 대신할 한국 마라톤의 대표주자로 떠올랐다. 이어 그해 8월 4일 애틀랜타올림픽에서 남아프리카공화국의 조시아 투과니(2시간 12분 36초)에게 불과 3초 뒤지는 2시간 12분 39초로 선전을 펼치며 은메달을 따냈다. 그리고 1998년 방콕아시안게임(2시간 12분 32초), 2002년 부산아시안게임(2시간 14분 04초)에서 잇따라 금메달을 따내면서 한국 마라톤 사상 최초로 아시안게임 2회 연속 금메달에 성공했다. 황영조가 금메달을 딴 1994년 히로시마 아시안게임까지 포함하면 한국이 3회 연속 아시안게임 마라톤 정상에 오른 것이다.

2000년에는 후배 김이용 선수에 대한 코오롱의 부당한 처우에 반발해 임상규 감독, 오인환 코치 등과 함께 팀을 탈퇴하면서 무적 선수가 됐지만 삼성전자 육상단 창단 멤버로 입단해 더욱 의욕적으로 운동에 전념했고, 그해 도쿄 마라톤에서 지금까지도 깨지지 않고 있는 한국 최고 기록 2시간 7분 20초의 기록을 세웠다.

이봉주가 현역시절을 되돌아보며 가장 아쉽게 생각하는 대회가 2000년 시드니올림픽이다. 2000년 시드니올림픽은 이봉주가 훈련도 많이 했고, 컨디션도 좋아 금메달에 대한 기대감이 높았다. 하지만 레이스 도중 경쟁 선수와 부딪치는 바람에 또 한 번 좌절을 겪어야 했다.

하지만 이봉주는 오뚝이처럼 일어났다. 2001년 세계 최고 권위의 보스턴 마라톤대회에서 금메달을 따내며 시드니올림픽 좌절의 아쉬움을 조금이나마 털어냈다. 그리고 만 서른아홉 살이던 2009년 10월 21일, 선수로서 마지막 대회인 제90회 전국체전에서 어린 후배들을 제치고 정상에 올랐다. 이 대회를 끝으로 전 세계 그 누구도 해내지 못한 마흔한 번째 마라톤 풀코스 완주의 금자탑을 세우고 정들었던 마라톤화를 벗었다.

1992년 바르셀로나올림픽 금메달리스트 황영조(왼쪽)와 1996년 애틀랜타올림픽 은메달리스트 이봉주. 대한체육회 사진 제공.

황영조		이봉주
1970년 3월 22일	출생	1970년 10월 10일
강원 삼척	고향	충남 천안
1991년 유니버시아드대회 금메달 1992년 벳푸 국제마라톤 은메달 1992년 바르셀로나올림픽 금메달 1994년 히로시마 아시안게임 금메달	주요 대회 입상	1996년 애틀랜타올림픽 은메달 1998년 방콕 아시안게임 금메달 2002년 부산 아시안게임 금메달 2001년 보스턴 마라톤 금메달
8회	풀코스 완주	41회
2시간 8분 9초 (1994년 보스턴 마라톤)	최고 기록	2시간 7분 20초 (2000년 도쿄 국제마라톤)

13 코트에서 예능까지,
   서장훈 vs 현주엽

중학생 시절, 한 살 터울의 형과 동생은 틈만 나면 어울렸다. 농구공을 주고받으며 코트에서 함께 땀을 흘렸다. 재활을 핑계로 땡땡이도 같이 쳤다. 시시덕거리며 사춘기를 함께 보냈던 농구 인생의 동반자. 그러나 어른이 된 뒤에는 '최고의 자리'를 놓고 불꽃 튀는 자존심 경쟁을 펼쳤다.

형은 누구도 넘볼 수 없는 국내 프로농구 사상 최다 득점과 최다 리바운드의 주인공이 됐고, 동생 역시 누구도 넘볼 수 없는 출중한 실력으로 NBA급 기량에 가장 근접했다는 평가를 받았다. 한국 농구가 낳은 불세출의 슈퍼스타 '국보급 센터' 서장훈과 '매직 히포' 현주엽 얘기다. 휘문중-휘문고 1년 선후배 사이인 둘은 대학 때는 연세대-고려대로 나뉘어 치열한 라이벌전을 펼쳤고, 프로에서는 SK에 같이 입문했지만 곧 헤어진 이후 항상 '적'으로 만났다.

서장훈은 프로농구 통산 열여섯 시즌 동안 경기당 평균 20점에 가까운 놀라운 득점력의 소유자다. 어떤 상황에서도 기복 없는 꾸준한 플레이를 보였다. 현주엽은 내·외곽을 가리지 않는 올라운드 플레이어로 코트를 휘저었다. 특히 빅맨임에도 가드보다 더 넓은 시야와 패싱 능력으로 2004~2005시즌에는 어시스트 부문 2위에 오르기도 했다. 나란히 코트를 떠난 뒤 어느덧 불혹을 훌쩍 넘긴 두 사람은 2017년 4월 말, 현주엽이 창원 LG 사령탑으로 선임되기 직전까지 라이벌 무대를 TV 예능으로 옮겨 입담 대결을 펼쳤다.

야구선수였던 서장훈, 씨름선수가 될 뻔했던 현주엽

서장훈과 현주엽은 한 살 터울로 서울에서 태어났다. 서장훈은 1974년 6월 3일생이고, 현주엽 선수는 1975년 7월 27일생이다. 서장훈은 태어날 때부터 4.2킬로그램의 초우량아였다고 한다. 아버지 서기춘 씨 역시 188센티미터의 장신이다. 현주엽도 아버지 쪽이 기골이 장대한 거인 집안이다. 특히 어머니 홍성화 씨는 1960년대 국가대표 농구선수였다.

서장훈은 서울 학동초등학교 3학년 때 야구를 시작해 선린중학교 1학년 때까지 투수와 중견수로 뛰었다. 프로야구 두산과 한화에서 뛰었던 이도형, 그리고 한화에서 뛰었던 이영우 등이 서장훈의 야구 동기생들이다.

야구를 그만둔 것은 키가 너무 커버렸기 때문이었다. 중1 때 키가 180센티미터였는데, 중2 때 189센티미터, 중3 때 이미 2미터를 넘어서 202센티미터까지 자랐다. 서장훈은 키가 한창 자라던 중학교 2학년 때 휘문중학교로 전학을 가서 농구로 전향했다. 서장훈은 나중에 맨발로 쟀을 때 207센티미터로 하승진이 등장하기 전까지 국내 최장신 농구선수였다.

현주엽도 비교적 늦게 농구를 시작했다. 현주엽 역시 서울 도성초등학교 6학년 때 키가 176센티미터로 아주 컸다. 하지만 통통한 체구가 눈에 띄어 엉뚱하게도 씨름부의 유혹을 받았다. 본인은 농구가 하고 싶어서 휘문중학교에 입단 테스트를 받았지만 통과하지 못했는데, 이른바 '뺑뺑이'로 휘문중학교에 배정을 받으면서 농구 특기생이 아닌 일반 학생으로 입학해 농구를 시작했다.

둘은 지금의 명성에 걸맞지 않게 중학교 1, 2학년 때는 후보 선수였다. 당시 휘문중학교 센터는 3학년 박준영, 2학년 윤제한이 지키고 있었는데, 2학년 서장훈과 1학년 현주엽은 설 자리가 없었다. 둘 다 중학교에 올라와 농구를 시작했기 때문이다. 주전으로 뛰지 못했던 둘은 틈만 나면 재활을 핑계로 수영장에 가는 게 낙이었다. 하지만 벤치 생활은 오래가지 않았다. 서장훈은 키가 훌쩍 크면서 주전이 됐고, 현주엽도 이내 주전으로 뛰는 일이 잦아졌다.

고등학교에 진학한 뒤 둘이 뛰었던 휘문고는 천하무적이었다. 당시 고교 농구는 서장훈·현주엽의 휘문고, 전희철·우지원의 경복고, 김병철·이세범의 용산고가 3등분하고 있었는데, 서장훈과 현주엽이 1, 2학년 때는 세 학교가 팽팽했지만 서장훈의 1년 선배이던 전희철, 우지원, 김병철 등이 졸업한 뒤에는 휘문고 천하가 됐다.

경기당 30~40점은 우습게 넣는 두 선수를 잡기 위한 대학팀의 러브콜은 일찌감치 시작됐다. 서장훈이 먼저 연세대를 택한 뒤 1년 후배인 현주엽은 고심 끝에 고려대로 진로를 정했다. 현주엽은 1993년 3월, 대학연맹전에서 고려대가 8강 진출에 실패한 것을 보면서 고려대로 마음을 굳혔다. 이미 대학 최강의 전력을 갖춘 연세대보다는 고려대에 들어가 자신의 가

치를 증명해보고 싶었던 것이다. 그는 고교 선수로는 이례적으로 그해 3월 31일 기자회견까지 열어 고려대 진학을 발표했다. 이미 대학생이던 서장훈은 연세대 1학년 때 대학팀 최초로 농구대잔치 우승을 차지하는 데 앞장서며 자신은 MVP의 영예까지 안았다.

연세대 서장훈 vs 고려대 현주엽, 치열했던 라이벌전

둘의 진로가 연세대와 고려대로 엇갈리면서 대학 무대에서 나란히 팀의 에이스로 라이벌 대결을 펼치게 됐다. 사실 포지션은 센터와 포워드로 달랐지만, 현주엽이 서장훈을 막는 일이 잦아지면서 둘이 매치업 되는 경우가 많았다.

둘의 첫 대결은 1994년 MBC배 대학농구대회. 고려대는 일찌감치 연세대를 만나 28점 차로 크게 졌다. 고려대 선수들은 전원 삭발을 하고 절치부심했다. 패자부활전을 통해 결승까지 오른 고려대는 연세대에 승리를 거두고, 최종 결승에서 다시 연세대와 맞붙었다.

경기는 치열했다. 연세대가 경기 내내 앞서갔지만 종료 1분을 남기고 고려대 양희승의 골로 동점이 됐다. 고려대 현주엽은 마지막 공격에서 회심의 레이업슛(드리블해 달려오다가 골 근처에서 점프한 상태로 백보드나 링에 볼을 올려놓듯이 하는 슛)을 날렸다. 그런데 심판의 휘슬이 울렸다. 연세대 김택훈의 반칙. 남은 시간은 불과 0.4초였다. 현주엽은 자유투 2개를 침착하게 모두 성공시키면서 대학 첫 무대를 감격의 우승으로 장식했다.

여기서 잠시 그 당시 연세대와 고려대 베스트5를 살펴보자. 현주엽이 1학년이던 1994년 당시 고려대는 1학년 현주엽과 신기성, 2학년 양희승, 3학년 김병철과 전희철이 베스트5였다. 연세대는 문경은이 졸업했지만 4학년 이상민, 3학년 김훈, 우지원, 석주일, 2학년 서장훈이 베스트5를 이뤘다. 즉 이상민이 4학년이었던 연세대가 고려대보다 조금 우위였다. 그러나 이듬해인 1995년 이상민이 졸업하고 서장훈도 1년간 미국 유학을 떠나면서 고려대가 전관왕을 달성했다. 특히 고려대는 20연승을 이어가다가 그해 가을 대학연맹전 예선 첫 경기에서 홍익대에 3점 차로 덜미를 잡히면서 연승이 좌절됐다. 이유는 발목 부상으로 현주엽이 결장했기 때문. 고작 2학년이던 현주엽의 팀 내 위상을 새삼 확인해준 경기였다.

서장훈은 1년 유학을 마치고 1996년 3학년으로 복학했다. 현주엽과 학년이 같아진 것이다. 즉 둘이 3학년이던 1996년과 4학년이던 1997년은 두 선수의 자존심을 건 라이벌 대결이 최고조에 이르렀다. 서장훈은 복귀하자마자 고려대의 7회 연속 우승 행진에 제동을 걸며 대학농구 정상에 복귀했다. 이후 연세대는 파죽지세로 44연승 행진을 이어가며 1970년대 말 고려대가 세운 49연승에 도전했다. 하지만 1970년대 말 고려대 이충희, 임정명의 후예들은 기록 경신을 허락하지 않았고, 그 선봉에 현주엽이 섰다.

두 선수의 대학 무대 마지막 대결은 1997~1998 농구대잔치 4강 플레이오프였다. 1997년 초, 이미 프로농구가 출범했던 터라 당시 농구대잔치는 대학팀들의 잔치였다. 즉 연세대-고려대의 4강 플레이오프에서 승리하는 팀의 우승은 '떼놓은 당상'이었다. 현주엽은 4강 플레이오프 3경기에서 평균 30점을 넣는 맹활약을 펼치며 서장훈과의 맞대결에서 우위를 점했다. 하지만 승부는 2승 1패로 연세대가 챔피언 결정전 진출권을 따냈고, 내친김에 우승까지 차지했다.

농구대잔치에서 서장훈의 연세대는 대학팀으로 1997년 프로 출범 이전까지 2번이나 정상에 올랐고, 서장훈은 2번 모두 MVP를 차지했다. 하지만 현주엽의 고려대는 결국 한 번도 농구대잔치 우승을 차지하지 못했다. 그 뒤 현주엽은 고려대가 아닌 상무에서 뛰던 2001~2002 농구대잔치에서 팀의 우승을 이끌고 자신도 MVP를 차지하며 아쉬움을 달랬다. 지금은 농구대잔치 우승을 밥 먹듯 하는 상무지만 이때 우승이 상무로선 농구대잔치 최초의 정상 등극이었다. 또 현주엽으로서는 당시 상무 감독이었던 추일승 현 고양 오리온 감독과의 인연도 이때 시작됐다.

짧은 만남 그리고 긴 이별

서장훈과 현주엽은 나란히 대학을 졸업한 뒤 프로에서는 공교롭게도 같은 팀에서 뛰게 됐다. 1997년 초, 8개 팀으로 출범한 프로농구는 1997~1998시즌부터 프로농구에 참가하는 신생팀 진로와 LG에게 93학번 졸업생들을 상대로 대학 우선 지명권을 줬는데, LG는 양희승, 박재헌, 박훈근, 박규현이 졸업하는 고려대를 택했고, 진로는 추승균이라는 걸출한 에이스가 있는 한양대를 선택했다. 당시엔 서장훈의 진로가 오리무중이었기 때문에 두 팀 모두 연세대를 택하지 않은 것이다. 그런데 서장훈이 미국 유학 1년 만에 귀국하면서 상황이 돌변했다. 서장훈을 잡기 위해 두 팀 모두 연고 우선 지명학교를 연세대로 바꾸겠다고 주장하고 나섰다. 결국 우여곡절 끝에 진로가 한양대 대신 연세대를 우선 지명하면서 서장훈은 진로로 가게 됐고, 진로가 나중에 SK에 인수되면서 서장훈의 프로 첫 팀은 청주 SK가 됐다. 어쨌든 이 일로 추승균의 진로도 대전 현대로 바뀌었고, '이성균 트리오'(이상민-조성원-추승균)가 완성될 수 있었다.

94학번인 현주엽이 1998~1999시즌을 앞둔 드래프트에서 전체 1순위로 SK의 지명을 받으면서 현주엽-서장훈 두 선수는 휘문고 졸업 이후 5년 만에 다시 같은 팀에서 한솥밥을 먹게 됐다. 당시 청주 SK 안준호 감독은 추첨을 통해 전체 1순위를 뽑은 뒤 "우승이야"라고 외쳐 장내를 웃음바다로 만들었다. 전체 1순위는 곧 현주엽을 의미했고, 이것은 또 서장훈과 현주엽, 두 선수가 한 팀에서 뛴다는 것을 뜻하는 것이었다. 그러나 SK의 운명은 안준호 감독의 바람과는 달리 영 딴판으로 흘러갔다.

서장훈, 현주엽의 미묘한 자존심 대결과 포지션 중복에 따른 부조화, 게다가 외국인 선수 기대주였던 토니 러틀랜드의 부진이 겹치면서 SK는 우승은커녕 19승 26패로 전체 10개 팀 가운데 8위에 머물며 플레이오프조차 오르지 못했다.

서장훈과 현주엽의 개인 성적은 뛰어났다. 두 선수 똑같이 45경기 가운데 34경기에 출전했는데, 서장훈은 경기당 평균 25.4득점, 현주엽도 경기당 평균 23.9득점을 올렸다. 리바운드도 서장훈 평균 14개, 현주엽 평균 6~7개를 기록했다. 두 선수의 기록을 합하면 50득점에 20리바운드다. 하지만 이것은 어디까지나 산술적인 계산일 뿐, 둘이 같이 뛰면 시너지 효과는커녕 엇박자가 났다. 둘 다 자신이 공을 가지고 자신이 주도하는 농구를 하는 스타일이었기 때문이다.

결국 안준호 감독이 경질되고 후임으로 선임된 최인선 감독은 현주엽을 트레이드시켰다. 1999년 12월 24일, 크리스마스이브에 청주 SK 현주엽과 여수 코리아텐더 조상현이 맞트레이드됐다는 빅뉴스가 전해졌다. 이로써 서장훈과 현주엽의 만남은 1년 반 만에 이별을 고하고 말았다. 사석에서는 허물없이 다정하게 지내는 사이였지만, 코트 안에서는 둘 다 팀의 에이스가 되길 원하면서 미묘한 경쟁을 펼쳤던 두 선수는 '공생'할 수 없었던 것이다. 이후 두 선수의 희비는 극명하게 엇갈렸다. 서장훈은 2번의 우승과 2번의 정규리그 MVP, 1번의 챔피언 결정전 MVP의 영예를 안았다. 반면 지독하게도 운이 없었던 현주엽은 우승은커녕 챔피언 결정전조차 경험하지 못했다.

서장훈은 1999~2000시즌 도중 현주엽이 떠나자마자 청주 SK에서 연세대 후배인 조상현, 황성인 등을 이끌고 우승을 차지했다. 상대팀은 신선우 감독과 '이성균 트리오'가 건재하며 3년 연속 우승을 노리던 대전 현대였다. 서장훈은 이때 정규리그와 챔피언 결정전 MVP를 동시에 거머쥐었다. 서장훈은 이후 서울 삼성으로 팀을 옮겨 2005~2006시즌 다시 한 번 우승의 영예를 맛봤다. 공교롭게도 당시 삼성의 사령탑은 청주 SK 시절 스승이던 안준호 감독이었다. 그리고 다시 한 번 정규리그 MVP에 등극했다. 하지만 이때는 울산 모비스의 양동근과 함께 프로농구에서 전무후무한 공동 MVP 수상자가 됐다.

반면 현주엽은 뛰어난 재능에도 불구하고 열 시즌 동안 단 한 번도 정상을 경험하지 못했다. 그는 현역시절 주변 사람들에게 "KBL에서 뛰는 웬만한 간판선수들은 모두 우승을 맛봤지만 나는 그렇지 못했다. 꼭 우승하고 싶다"며 우승에 대한 간절함을 내비치기도 했다. 하지만 그는 6강과 4강 플레이오프에만 4번 진출했을 뿐, 챔피언 결정전조차 오르지 못했다. 플레이오프에서 팀 성적은 1승 9패에 그쳤다. 지독히도 팀 운이 없었던 것이다. 그가 우승할 수 있었던 가장 좋은 기회가 있긴 있었다. 우승에 가장

서장훈과 현주엽이 현역시절 전주 KCC와 창원 LG 소속으로 맞대결을 펼치고 있다.
한국농구연맹(KBL) 사진 제공.

근접했던 순간은 창원 LG에서 뛰던 2006~2007시즌이었다. 당시 LG는 '우승 청부사' 신선우 감독을 영입하며 무관의 아픔을 씻어내려고 안간힘을 썼다. 외국인 에이스 찰스 민렌드와 현주엽을 중심으로 정규리그 2위를 차지하며 우승 가능성을 부풀렸다. 하지만 부산 KTF와의 4강 플레이오프 3차전에서 또 다른 외국인 선수 퍼비스 파스코가 심판을 폭행해 영구 제명되는 사상 초유의 사건이 일어났다. 홈에서 열린 1, 2차전을 내준 LG는 파스코의 퇴장에도 천신만고 끝에 원정에서 열린 3차전을 이겼지만, 4차전에서 외국인 선수 한 명만 뛰는 한계를 극복하지 못하고 결국 부산 KTF에게 1승 3패로 밀려 챔피언 결정전에 오르지 못했다.

'국보급 센터' 서장훈 vs '포인트 포워드' 현주엽

서장훈은 왜 위대한 선수였나. 그는 프로 통산 열여섯 시즌 동안 688경기에서 1만 3,231점을 기록했다. 당당히 통산 득점 1위다. 경기당 평균 19.2점의 놀라운 기록이다. 현역시절 막바지에 득점력이 뚝 떨어진 것을 감안하면 전성기 때는 경기당 30점 가까운 득점을 올렸다는 얘기다. 통산 득점 2위(1만 19점)인 동기생 추승균(현 전주 KCC 감독)과의 격차는 무려 3,212점이나 난다.

서장훈이 전주 KCC에서 뛰던 2008년 11월 19일, 프로농구 역사상 처음으로 1만 득점을 달성하던 순간, 상대팀이 하필 현주엽이 뛰고 있던 창원 LG였다. 서장훈은 현역시절 "골대 밑에서 몸싸움을 기피한다"는 비판을 많이 받았다. 하지만 승부욕이 강해 리바운드만큼은 적극적이었다. 통산 리바운드도 5,235개(경기당 평균 7.6개)로 1위다. 통산 리바운드 2위인 원주 동부 김주성과의 격차가 크다. 김주성이 은퇴할 때까지 서장훈의 기록을 넘어서기는 사실상 불가능하다.

현주엽은 만능 플레이어답게 프로 통산 열 시즌 동안 트리플더블을 7번이나 달성했다. 포인트가드 출신인 주희정의 8번에 이어 통산 2위다. 그는 고질적인 무릎 부상 때문에 현역시절 막바지에 경기당 평균 득점이 한 자릿수로 떨어졌다. 하지만 포워드이면서도 어시스트가 뛰어나 '포인트 포워드'라는 신조어를 만들어냈다. 통산 어시스트가 5.2개에 이르렀고, 2004~2005시즌에는 무려 7.83개의 어시스트로 전체 2위에 오르기도 했다. 또 경기 매너가 좋아 선수시절 내내 테크니컬 파울이 딱 5번에 그쳤고, 2006년에는 모범선수상도 받았다.

프로에서는 '최고'의 자리를 다투던 라이벌이었지만, 국가대표팀에선 한솥밥을 먹는 동료였다. 둘은 나란히 아시안게임에 3번 출전해 금메달 1개와 은메달 2개를 일궈냈다. 1994년 히로시마, 1998년 방콕 대회에선 중국에 밀려 은메달에 머물렀지만 2002년 부산 아시안게임에서는 마침내 중국을 누르고 한국 남자 농구가 20년 만에 금메달을 따는 데 앞장섰다. 특히 현주엽은 중국과의 결승전에서 최고의 활약을 펼쳤다. 88 대 90으로 패색이 짙던 종료 직전 중국 후웨이동의 자유투 2개가 연이어 실패한 뒤 멋진 드리블 돌파에 이은 레이업슛으로 동점을 만들고 승부를 연장으로 끌고 갔다. 현주엽은 연장전에서도 과감한 1 대 1 돌파와 중거리슛으로 중국 수비를 농락하며 연속 득점을 해 서장훈, 김승현과 함께 우승의 최대 히어로가 됐다.

두 선수는 현역 막바지에 같은 팀에서 의기투합해 우승해보자고 다짐했지만, 결국 그 꿈은 이루지 못한 채 현주엽은 2009년 5월 만 서른네 살에, 서장훈은 2013년 3월 만 서른아홉 살에 정든 코트와 작별했다.

두 선수는 더 이상 코트에서 볼 수 없는 농구팬들의 아쉬움을 예능에서 달래줬다. 서장훈이 2014년 먼저 예능에 발을 들여놓았고, 현주엽은 서장훈의 권유로 2015년 예능에 데뷔했다. 서장훈은 이제 완전히 '방송인'이 됐고, 현주엽은 케이블 TV에서 고정 MC를 맡기도 했다. 비시즌에만 '방송인'이고, 시즌 때는 '체육인'이라며 선을 그었던 현주엽은 결국 친정팀 창원 LG의 부름을 받고 사령탑으로 코트에 복귀했다. 현주엽이 프로농구 감독이 됐을 때, 서장훈이 무척 부러워했다는 후문이다. 언젠가 둘이 코트에서 사령탑 대결을 펼칠 날이 올지도 궁금하다.

현역시절 때로는 미묘한 감정으로 대립도 했고, 때로는 서로에게 자극이 되며 코트에서 열정을 불태웠던 두 사람이 이제는 서로 다독이고 아껴주며 '제2의 인생'을 살아가는 모습이 정겨워 보인다.

14 폭격기와 불도저의 모래판 승부, 김기태 vs 이주용

씨름팬들은 1980년대의 민속씨름에 대한 추억이 있다. '작은' 이만기가 '큰' 이준희나 이봉걸을 거꾸러뜨릴 때 쾌감을 느꼈다. 이만기는 한라급이었다. 백두급(150킬로그램 이하)이 힘을, 금강급(90킬로그램 이하)과 태백급(80킬로그램 이하)이 기를 위주로 한다면, 한라급은 힘과 기를 겸비한 체급이다. 특히 힘과 기를 겸비하고 모래판을 호령하는 고수들의 라이벌 대결이라면 씨름팬들의 심장은 요동친다.

'폭격기' 김기태와 '불도저' 이주용은 2011년 9월 여수 추석장사대회 결승전에서 첫 맞대결을 펼친 뒤 김기태가 은퇴하기 직전인 2016년까지 짧지만 굵은 현역 최고의 불꽃 승부를 벌였다.

김기태는 현역시절 한라장사 10번에 빛나는 최강자였다. 이주용은 금강장사에 9번이나 등극한 뒤 2011년 6월 한라급으로 체급을 올려 당시 한라급 최강자 김기태에 도전장을 내밀었다. 라이벌 대결의 시작이었다.

김기태와 이주용은 여러 면에서 대척점에 있다. 씨름은 상대를 들어서 넘기는 들씨름과 밑을 파고드는 밑씨름으로 나뉘는데, 김기태는 안다리, 밭다리, 들배지기 등 전형적인 들씨름을 구사하고, 이주용은 오금당기기, 뒤집기 등 밑씨름의 대명사다. 이렇다 보니 김기태는 속전속결로 경기를 끝내는 단기전을 선호하고, 이주용은 시간을 끌면 끌수록 유리한 장기전에 강하다. 그래서 붙은 별명이 김기태는 '폭격기', '안다리의 달인'이고, 이주용은 '불도저', '오금당기기의 달인'이다.

소속팀도 라이벌이다. 김기태가 나온 인하대와 이주용의 출신 학교 경기대는 씨름 맞수다. 두 학교는 '경인전', '인경전'이라는 이름으로 한때 씨름과 배구 두 종목 교류전도 벌인 적이 있다. 김기태의 현역시절 소속팀 현대삼호중공업과 이주용의 현 소속팀 수원시청도 단체전으로 열리는 한 씨름 큰마당 결승에서 단골로 맞붙는 '앙숙'이었다.

내겐 재미있었던, 혹은 재미없었던 씨름

김기태는 1980년 9월 13일 충남 청양에서 태어났고, 이주용은 1983년 3월 28일 전북 고창이 고향이지만 경기도 수원에서 어린 시절을 보냈다. 둘 다 어린 시절 집안 형편은 넉넉지 못했다. 김기태의 아버지는 충남 청양에서 농사를 지었고, 어머니는 공장에 다녔다. 그는 "어머니가 친구들 사이에서 기죽지 말라고 용돈을 넉넉히 주셨던 기억이 난다"고 했다.

이주용의 아버지는 경기도 수원에서 바둑 기원을 했지만 벌이가 시원치 않았다. 이주용이 처음 씨름을 한다고 했을 때 엄마와 누나들은 모두 반대했지만, 아버지는 찬성했다. "운동하면 돈 안 드는 줄 알고 그러셨대요."

어렸을 때는 둘 다 씨름선수 체격이 아니었다. 어린 김기태는 키는 컸지만 비쩍 마른 체형이었다. 운동을 유난히 좋아했던 그는 씨름보다 육상을 먼저 시작했다. 100미터가 주 종목이었다. 1991년 초등학교 5학년 때 군 대표 선발대회를 앞두고 선생님이 씨름도 한번 해보라고 권했다. 그런데 덜컥 1등을 했다. "선생님이 '씨름이랑 육상 중 어떤 종목으로 나갈래?' 하시길래, '기왕이면 1등한 씨름으로 나가겠다'고 했죠. 그래서 씨름을 시작하게 됐어요."

어린 이주용은 몸이 약했다. 초등학교 1학년 때 일이다. 체육시간에 선생님이 반 아이들을 운동장 한구석의 씨름장으로 데려갔다. "선생님은 대뜸 키 작은 저와 우리 반에서 가장 뚱뚱했던 애랑 씨름을 시키더라고요. 샅바도 없이 허리춤을 잡고 했는데 그만 제가 이겼죠. 반 친구들은 '와~ 대단하다' 하면서 제 어깨를 주물러줬어요." 어쩌면 그렇게 씨름선수가 될 운명이었나 보다. 이주용이 씨름부에 들어간 것은 초등학교 4학년 때였다. 순전히 먹을 것 때문이었다. "학교에선 흰 우유만 주는데 씨름부에선 딸기우유랑 초코우유를 줬어요. 빵도 제과점 빵을 3개씩 주고. 매주 수요일엔 삼겹살도 줬어요. 어렸을 땐 먹을 것에 약하잖아요, 하하."

두 사람은 본격적으로 씨름을 배웠다. 하지만 훈련 과정은 대조적이었다. 김기태는 흥미 만점이었다. "씨름부 선생님이 겨울에 선수들을 산에 데리고 가서 산토끼를 한 마리 잡아오라고 했어요. 그때는 산토끼가 많을 때였죠. 눈앞에 보이는데도 못 잡아요. 뛰고 구르고 난리도 아니었죠." 김기태는 산토끼를 잡느라 땀을 뻘뻘 흘렸다. 산악훈련이 따로 없었다. "여름에는 도로에서 러닝을 시켰어요. 선생님은 8킬로미터 정도 떨어진 곳에 미리 가서 투망 치고 고기 잡아 어죽을 끓이셨죠. 우리는 어죽 먹겠다는 생각에 8킬로미터를 단박에 달렸어요." 김기태는 복싱선수 출신이었다는 그 선생님을 잊지 못한다. 그는 "나도 지도자가 되면 그렇게 시키고 싶다"고 했다.

반면 이주용은 훈련 과정이 너무 지루했다. "처음 씨름부에 들어가서 기둥 잡고 자세 잡는 연습만 6개월을 했어요. 샅바를 못 차게 하더라고요. 30분 자세 잡고 10분 쉬는 것을 반복했는데 어린아이들 누가 씨름을 재밌어 했겠어요." 그만두는 친구가 속출했지만 어린 이주용은 포기하지 않았다. "그땐 제가 씨름을 가장 못했어요. 제 또래가 다섯 명이 있었는데, 신기하게도 중학교, 고등학교 올라가면서 한 명씩 한 명씩 이겼죠. 그때마다 저한테 진 아이는 자존심이 상했던지 씨름을 그만뒀어요."

괴로웠던 고교시절, 숙소 이탈의 아픈 추억

두 선수 모두 고통스러운 고교시절을 보냈다. 매도 많이 맞았다. 이주용은 "이겨도 맞고, 져도 맞았다"고 했다. 김기태는 "선배들한테 하루에 한 번은 꼭 맞았다. 차라리 새벽에 맞으면 하루 종일 편안한데 오후까지 별일 없으면 언제 맞을지 조마조마했다"고 털어놨다.

이주용 역시 "코치님이 3년 내내 긴장을 풀어주지 않았다"고 했다. 결국 고3 가을에 숙소를 이탈하는 사건이 벌어졌다. 전국체전을 앞두고 키도 크고 골격이 커지면서 몸무게가 84킬로그램으로 불어났다. 제한 체중은 70킬로그램이었다. 무려 14킬로그램을 빼야 하는데 아무리 운동을 해도 빠지지 않았다. 죽을힘을 다해 운동을 했는데 체육부장 선생님이 다시 운동을 시키려고 따라오라고 했다. "선생님은 자전거를 타고 있었는데 따라가는 척하다가 골목길로 내뺐죠."

그 뒤 2주 만에 학교로 돌아갔다. 당시 고형근 감독이 "넌 이제부터 내 제자가 아니다, 인사도 하지 마라"고 했다. 하지만 이주용은 고 감독과 마주칠 때마다 큰 소리로 인사했고, 얼마 뒤 제자를 용서했다. 고 감독은 현재 이주용의 소속팀 수원시청 감독이다.

김기태는 고교 때 살인적인 훈련 일정을 소화했다. 새벽 5시 30분부터 밤 10시까지 하루 네 차례 10시간을 훈련했다. 더 견딜 수 없었던 것은 선배들이었다. "고1 때 내 동기 두 명이 선배 스무 명을 모셨다. 야구방망이로 50대씩 맞았다"고 했다. 1학년 가을 어느 날 밤, 몰래 숙소를 나가려고 짐을 쌌다. "교문을 나서려는데 보름달에 어머니 얼굴이 보였어요. 차마 발길이 안 떨어지더라고요. 그래서 다시 숙소로 돌아갔죠."

김기태는 고2 때부터 전국을 휩쓸었다. 고3 때인 1998년에는 강원도 동해 망상대회에서 대학생 형들을 모조리 물리치고 고교생으로는 처음으로 정상에 올랐다. "그때 아마 씨름계에 제 이름이 처음 알려졌고, 당시 LG 이준희 감독님 눈에 든 것 같아요."

이주용도 경기대에 진학한 뒤 실력이 급성장했다. "고교 때 기초를 튼튼히 쌓은 덕분에 대학에 와 응용력과 창의력이 생기자 씨름이 너무 재미있었다"고 했다. 이주용은 대학 3학년 때 통일장사에 오르며 이름을 날렸다.

김기태와 이주용은 자주 만나지 못했다. 체급도 다르고, 나이 차이도 세 살이나 났기 때문이다. 서로의 존재를 알고는 있었지만 둘이 기억하는 만남은 2004년께 LG에서 잠시 한솥밥을 먹을 때다. 당시 김기태는 프로팀 LG에 몸담고 있었고, 대학생이던 이주용은 LG의 스카우트 표적이 돼 연습생으로 경기도 구리 숙소에 머물며 훈련을 같이 했다.

김기태는 "경기대 재학생이던 주용이가 훈련하러 들어왔는데, 첫인상이 다부져 보였다. 인사성도 밝고 운동도 정말 열심히 해 기억에 남는다"고 전했다. 그는 "어느 날 주용이를 제 차에 태워 형이 일하던 골프장을 간 적이 있다. 차를 타고 가면서 이런저런 얘기를 많이 했는데, 주용이가 기억할지 모르겠다"며 웃었다.

이주용의 기억이다. "기태 형은 프로에 가자마자 신인인데도 몇 번 한라장사를 했다. 텔레비전으로 기태 형을 보면서 '와~ 멋지다' 하는 탄성을 저절로 내뱉었다. 대학 3학년 때 LG에서 스카우트 제의가 와서 연습생으로 LG에 들어갔다. 아파트 2개 층을 숙소로 사용하며 운동을 같이 했는데, 기태 형이 유난히 저를 예뻐해주셨다." 이주용도 승용차를 함께 탔던 추억을 차종까지 정확히 기억하고 있었다. "한번은 기태 형의 오피러스 승용차를 타고 골프장에 갔다. 승용차를 몰고 다니던 프로 형들이 멋있어 보였고, 저에겐 선망의 대상이었다. 그때 기태 형이 맛있는 식사도 사주고 했던 기억이 난다."

가슴 설렌 첫 번째 라이벌 대결

씨름은 네 체급(백두, 한라, 금강, 태백)으로 나눠지고, 1년에 체급별 4개 대회(설날, 보은, 청양단오, 추석)가 있다. 그리고 연말에는 체급과 무관한 천하장사대회가 열린다.

김기태는 한라급에서, 이주용은 금강급에서 이름을 떨쳤다. 2011년 초에는 설날장사에서 나란히 우승한 뒤 KBS 〈아침마당〉에도 나란히 출연해 '수다'를 떨었다. 이주용은 그해 6월, 금강급에서 한라급으로 체급을 올렸다. "금강급에서 아무리 많이 우승해도 백두급과 한라급만큼 주목받지 못해" 아쉬움이 컸기 때문이다. 그는 "한라급에서 한 판, 두 판 이기다 보니 자신감이 생겼고, 어느새 기태 형과 대적할 만한 실력이 됐다"고 했다.

둘의 첫 대결은 2011년 9월 여수 추석장사대회 결승전이었다. 체급을 올리고 두 번째 대회에 나온 이주용을 상대로 김기태는 작전을 완벽히 짰다. 이주용은 "기태 형이 저의 특기인 오금당기기를 잡히는 척 미끼를 주고 상체를 옆으로 흘려 중심을 잃게 한 뒤 되치기를 했다. 완벽히 당했다"고 혀를 내둘렀다. 둘째 판, 셋째 판도 마찬가지였다. 3 대 0, 김기태의 완벽한 승리였다.

이주용은 절치부심했다. 4개월 뒤 2012 설날대회에서 첫 한라장사에 올랐다. 하지만 김기태는 햄스트링 부상이라 출전하지 못했다. 이주용은 우승 인터뷰에서 "기태 형을 이겨야 진정한 챔피언"이라고 말했다. 김기태는 그 시각 재활훈련 중이었다. "TV로 주용이 인터뷰를 봤어요. 큰 자극이 됐죠." 김기태는 "주용이가 한라급으로 올라왔을 때 잘할 것이라고는 생각했지만 이렇게 빨리 성장할 줄은 몰랐다"고 했다.

대부분 선수들은 자신을 이긴 선수를 만나면 자신감을 잃기 마련이다. 하지만 이주용은 달랐다. 그는 "한 번 졌던 상대한테는 다시 지지 않으려고 한다. 기태 형한테 진 뒤 주변 사람들에 '기태 형과 맞붙게 해달라', '타도 김기태'라고 말하고 다녔다"고 했다.

마침내 기회가 왔다. 2012년 9월 2일, 경북 청도에서 열린 한씨름 큰마당. 단체전으로 진행되는 이 대회에서 이주용은 김기태를 2 대 0으로 가

'폭격기' 김기태(왼쪽)와 '불도저' 이주용이 승부에 앞서 샅바를 잡고 있다.
대한씨름협회 사진 제공.

볍게 제압했다. 이번에도 작전이 승부를 갈랐다. 이주용은 자신의 '필살기' 인 오금당기기를 사용하지 않았다. 그는 "기술에 변화를 줬다. 샅바를 놓치게 해 장기전을 펼쳤고, 태클로 들어가 이겼다"고 했다. 밑씨름의 승리였다. 김기태의 회고다. "샅바를 딱 잡아보니 안 되겠더라. 너무 안일하게 생각했다. 지고 나서 속으로 '주용아! (정신 차리게 해줘서) 고맙다'라고 했다."

이후 둘의 맞대결 기회는 좀처럼 찾아오지 않았다. 2012년 이주용은 설날대회와 청양 단오대회, 그리고 2013년 다시 설날대회 우승을 차지하며 승승장구했다. 하지만 이때부터 부상과 슬럼프가 찾아왔다. 김기태 역시 2012년 4월 보은대회 우승으로 한라급에서만 아홉 번째 정상에 오른 뒤 지독한 '아홉수'에 시달렸다.

마침내 두 선수의 세 번째 라이벌 대결이 1년 4개월 만인 2014년 1월 31일 충남 홍성에서 열린 설날장사대회 8강전에서 성사됐다. '미리 보는 결승전'이나 다름없던 8강전에서 김기태는 첫 판을 먼저 내줬지만 들배지기(상대편의 샅바를 잡고 배 높이까지 들어올린 뒤 자기의 몸을 살짝 돌리면서 상대를 넘어뜨리는 기술)로 두 판을 연이어 가져오며 짜릿한 역전승을 거뒀다. 1년 9개월 만에 '아홉수'에서 벗어나며 통산 열 번째 한라장사에 등극하면서 김용대(은퇴, 14회)에 이어 역대 한라장사 우승 기록 2위에 올랐다.

이주용이 '복수'에 성공하기까지는 그리 긴 시간이 걸리지 않았다. 두 달 뒤인 2014년 3월 29일 충북 보은에서 열린 보은장사씨름대회 8강전에서 만난 김기태를 꺾고 맞대결 전적 2승 2패를 만들었다. 그러나 이주용은 이 대회 4강전에서 김기태의 소속팀 후배인 '복병' 박병훈에게 지는 바람에 웃을 수 없었다.

다시 두 달 뒤, 다섯 번째 맞대결은 결승전에서 제대로 맞붙었다. 그해 6월 1일 충남 청양군민체육관에서 열린 청양 단오장사씨름대회 한라급 결승이었다. 청양은 바로 김기태의 고향이다. 고향팬들은 김기태를 일방적으로 응원했다. 하지만 승부는 원정경기나 다름없던 이주용의 완승이었다. 이주용은 첫 판 안다리 공격을 시도하는 김기태를 번쩍 들어 뒤집기로 눕혔고, 둘째 판에서는 잡채기(상대를 들려고 하면 상대는 넘어지지 않으려고 밑으로 중심을 잡는데, 이때 상대의 다리 샅바와 허리 샅바를 왼쪽으로 당겨 넘기는 기술)로 김기태를 제압했다. 셋째 판에선 모래판 밖으로 벗어난 김기태가 '고의 장외'를 선언받았다. 라이벌전을 3 대 0 완승으로 장식한 이주용은 "김기태 선배와 만나 2번 지긴 했지만 2014년 보은대회 이후 '이길 수 있다'는 자신감이 있었다"고 말했다.

3번이나 맞대결을 펼친 2014년은 김기태가 만 서른네 살, 이주용이 만 서른한 살이었다. 김기태는 전성기를 지나고 있었고, 이주용은 물오른 최전성기였다. 두 선수는 2년 뒤 두 차례 더 맞대결을 펼쳤지만, 만 서른여섯 살로 은퇴를 앞두고 있었던 김기태가 이주용을 당해낼 수는 없었다. 그래도 은퇴 직전인 2016년 추석장사대회는 두 선수가 다시 한 번 결승에서 맞붙어 팬들의 흥미를 자극했다.

첫 판부터 치열했다. 김기태는 경기 시작과 함께 선제공격으로 이주용의 중심을 무너뜨리려고 했다. 그러나 이주용은 김기태의 배지기를 덮걸이(오른 다리를 상대의 왼다리 바깥쪽으로 걸어서 넘어뜨리는 기술. 덫걸이)에 이은 밀어치기로 막아내며 1 대 0으로 앞서나갔다. 두 번째 판에선 이주용이 김기태가 손쓸 틈도 없이 경기 시작 9초 만에 다시 한 번 밀어치기로 이겼다. 장기전에 강한 이주용이 되레 속전속결로 상대의 허를 찌른 것이다. 이주용은 세 번째 판도 깔끔한 밀어치기로 따내며 3 대 0으로 경기를 마무리했다. 추석대회 무관의 징크스가 있었던 이주용은 라이벌 김기태를 꺾고 징크스까지 날려버렸다.

김기태로서는 이것이 현역 마지막 무대가 됐다. 사실 추석대회 전부터 유일한 프로팀이었던 소속팀 현대삼호중공업 코끼리 씨름단이 팀 해체를 결정하면서 뒤숭숭한 분위기였다. 김기태는 추석대회 우승으로 후배들에게 용기도 주고, 선수 생활의 '유종의 미'도 거두고 싶었지만 뜻대로 되지 않았다. 그는 그해 11월 천하장사대회에 코끼리 씨름단의 선수가 아닌 코치 신분이었다. 추석대회의 아쉬운 준우승 뒤 은퇴를 선언하고 정든 모래판을 떠났다. 선수시절 10번이나 한라장사에 올랐던 그는 2017년부터 코끼리 씨름단을 인수한 전남 영암군청 감독으로 제2의 모래판 인생을 살고 있다.

이주용은 금강장사 8번, 통합장사 1번, 한라장사 8번 등 무려 17번이나 꽃가마를 타면서 현역선수 최다 우승의 영예를 안았다.

사실 이주용이 나타나기 전까지 김기태는 최고였다. 한라급에선 적수가 없었고, 천하장사에도 딱 한 뼘 모자란 적이 있었다. 2008년 남해 천하장사대회 때는 '제2의 이만기' 열풍을 불러일으켰다. 몸무게 104킬로그램이었던 김기태는 8강에서 153킬로그램의 김승현, 4강에서 142킬로그램의 백성옥을 꺾었다. 결승 상대는 170킬로그램의 윤정수였다. 지금은 백두급도 150킬로그램 이하로 체중 제한이 있지만, 당시 백두급은 무제한이었다. 김기태는 66킬로그램의 압도적인 무게 차이에도 5판 3선승제 결승에서 두 차례나 윤정수를 눕혀 마지막 판까지 승부를 몰고 갔다. 하지만 힘에 부친 나머지 마지막 고비를 넘지는 못했다. 김기태는 "작은 선수가 큰 선수를 자꾸자꾸 이기고 결승까지 올라가니까 관중들이 모두 '김기태'를 연호했다. 초인적인 힘이 나왔고 씨름하면서 가장 짜릿했던 순간이었다"고 회상했다.

이주용은 김기태에 대해 "그가 없었다면 지금의 나도 없었을 것이다. 내겐 큰 자극제가 된 선배였다"고 말한다. 둘은 라이벌 대결을 앞두고 상대를 머릿속으로 그리며 치열하게 연구에 연구를 거듭했던 진정한 '맞수'였다.

지도자로 변신한 김기태는 '제자' 최성환을 키워 이주용과 대적했다. 최성환은 1992년생으로 이주용보다 아홉 살이나 어리다. 그는 중학교 시절 두 차례나 지능지수(IQ) 151을 찍은 '멘사' 회원(IQ 148 이상)일 만큼 두뇌 플레이가 뛰어나며 상대의 기술을 역이용하거나 빈틈을 잡아내는 것이 탁월하다. 한라급인 최성환은 김기태 감독의 기대대로 2017년 설날대회, 단오대회, 추석대회를 석권하며 3관왕에 올랐다. 특히 추석대회에서는 결승에서 이주용을 만나 접전 끝에 3 대 2로 이기고 바로 1년 전, 추석대회 결승에서 스승의 은퇴 무대 패배를 대신 설욕했다.

김기태		이주용
1980년 9월 13일	출생	1983년 3월 28일
충남 청양	고향	전북 고창
공주농고-인하대- 현대삼호중공업(은퇴)	소속팀	원농고-경기대-수원시청
187cm, 106kg	체격	180cm, 105kg
한라장사 10회	수상 경력	금강장사 9회, 한라장사 8회

15 끝내 맞붙지 못한 세계챔피언, 장정구 vs 유명우

한국인 프로복싱 역사상 세계 타이틀을 가장 오랫동안 보유했던 두 선수. 1980년대 프로복싱의 엄청난 인기몰이 속에 같은 체급에서 돌주먹을 자랑했던 두 선수. 그러나 팬들의 뜨거운 열망에도 끝내 라이벌 대결은 성사되지 못했다. 주인공은 '짱구' 장정구와 '작은 들소' 유명우다. 만약 두 선수가 맞대결을 펼쳤다면 어떤 결과가 나왔을지는 20여 년이 흐른 지금도 여전히 복싱팬들의 입에 오르내리는 화젯거리다.

장정구는 1988년 WBC(세계복싱평의회) 라이트플라이급 15차 방어에 성공한 뒤 챔피언 벨트를 자진 반납했다. 1983년 3월부터 1988년 6월까지 무려 5년 3개월이나 챔피언 벨트를 보유했다. 유명우는 WBA(세계복싱협회) 주니어플라이급 17차 방어에 성공하며 아직도 깨지지 않고 있는 한국 프로복싱 사상 최다 방어 기록을 보유하고 있다. 챔피언 자리에 앉은 기간도 1985년 12월부터 1991년 4월까지 무려 5년 4개월로 장정구보다 한 달가량 길다.

통산 전적은 장정구가 42전 38승 4패, 유명우는 39전 38승 1패로 장정구는 4번 졌고, 유명우는 딱 1번밖에 지지 않았다. 하지만 장정구도 4패 중 3패가 은퇴를 번복하고 복귀한 뒤에 당한 것이다. 통산 KO율은 장정구가 17KO승, 유명우가 14KO승으로 장정구(40퍼센트)가 유명우(36퍼센트)보다 조금 높다. 장정구는 2010년, 유명우는 2013년 국제복싱 명예의 전당에 나란히 헌액됐다.

두 선수의 최전성기는 1980년대 중후반으로 겹친다. 당시 이들의 맞대결은 최고의 빅카드로 꼽혔지만 이런저런 이유로 결국 성사되지 못했다. 두 선수는 그동안 언론과의 인터뷰에서 이에 대해 언급한 적이 있다. 장정구는 "링에 올라갈 때 진다는 생각은 안 한다. 그런 마음으로 싸웠을 것"이라며 자신감을 보였다. 반면 유명우는 "만약 맞대결이 펼쳐졌다면 내가 무조건 졌을 것이다. 그의 경기 방식은 나와 맞지 않는다"며 몸을 낮췄다.

두 선수 모두 인파이터였지만 스타일은 조금 달랐다. 장정구가 상대에 따라 변칙적인 경기 운영을 했다면, 유명우는 상대적으로 안정적인 경기 운영을 하면서도 꾸준히 상대를 밀어붙이는 스타일이었다.

둘 다 초등학교 졸업하자마자 복싱 입문

장정구는 1963년 2월 4일 부산에서 태어났고, 유명우는 1964년 1월 10일 서울 출신이다. 나이는 장정구가 한 살 더 많다. 프로 데뷔도 장정구가 1980년, 유명우가 1982년으로 장정구가 2년 빠르다. 키는 장정구 161센티미터, 유명우 163센티미터로 유명우가 2센티미터 정도 더 크고, 몸무게는 현역시절 최경량급인 같은 체급에서 뛰었기 때문에 비슷했다고 볼 수 있다.

두 선수가 복싱에 입문한 계기는 조금 달랐다. 우선 장정구는 부산 아미동 빈민가에서 거친 유년시절을 보냈는데, 필리핀의 세계챔피언 벤 빌라폴로에게 도전장을 냈던 김현치 선수에게 반해 부산 아미초등학교를 졸업하자마자 '복싱 명문' 극동체육관에 들어가면서 복싱을 시작했다.

반면 유명우는 비교적 유복한 가정에서 자랐는데, 초등학교 6학년 때 같은 반 친구가 우연히 가져온 글러브를 끼어본 것이 복싱에 입문한 계기가 됐다. 서울 용산구 한강중학교에 입학하자마자 역시 서울 봉천동의 '복싱 명문'이었던 대원체육관에 입문했다.

둘 다 비교적 이른 나이인 만 열두 살 때 복싱을 시작했는데 장정구는 복싱 글러브를 끼자마자 유소년 시절부터 각종 아마추어 대회에서 좋은 성적을 거두고 성공가도를 달렸다. 하지만 복싱계의 편파 행정에 환멸을 느끼게 되는데, 전국체전 부산 예선에서 우승을 해도 본선 진출권은 다른 선수에게 준다거나, 특정 선수와의 시합 때 판정 불이익을 받은 경우도 있었다. 이 때문에 장정구는 프로에서는 진정한 실력으로 승부할 수 있다고 판단하고 프로 전향을 서둘렀다.

유명우는 중학교 3학년 때 전국학생신인선수권대회를 통해 데뷔했는데 워낙 체구가 작아 신장과 리치(양손을 뻗었을 때 손이 미치는 거리)에서 밀리는 바람에 포인트 위주의 아마추어 성적은 겨우 1승 3패에 그쳤다. 하지만 이때 이미 복싱 기술이 높은 수준에 올라 웬만한 프로 선수와도 대등하게 스파링을 할 정도였다.

마침내 두 선수는 프로에 데뷔했다. 장정구는 만 열일곱 살 때인 1980년 11월 17일 MBC 신인왕전을 통해 프로에 데뷔했고, 이 대회에서 우수

선수상을 수상하며 주목을 받았다. 유명우는 만 열여덟 살이던 1982년 3월 24일 김득구와 김강민의 라이트급 동양타이틀전 오프닝 경기로 데뷔전을 치렀다. 그는 4라운드 경기에서 최병범 선수에게 판정승을 거두고 데뷔전을 승리로 장식했다. 이때부터 유명우는 36연승 행진을 이어갔다.

그날 김강민을 이긴 김득구는 WBA 라이트급 타이틀 도전권을 얻었고, 그해 11월 미국으로 건너가 챔피언 레이 맨시니(Ray Mancini)와 대결하다가 쓰러진 뒤 끝내 숨을 거두고 말았다.

'안방 호랑이' 꼬리표 속 말년의 억울한 패배

두 선수는 차츰 복싱팬들에게 이름을 알리기 시작했다. 장정구는 1982년 9월 18일 파나마의 일라리오 사파타에게 세계 타이틀 도전장을 냈다. 하지만 이 경기에서 사파타는 긴 리치를 활용한 아웃복싱을 펼쳤고, 결국 장정구는 고전 끝에 1 대 2로 판정패했다. 유명우는 1984년 12월 필리핀의 에드윈 이노센시오를 누르고 동양챔피언에 등극했다. 이어 손오공과의 라이벌 매치에서 7회 KO승을 거두며 세계 타이틀 도전권을 얻었다.

장정구는 6개월 뒤인 1983년 3월 26일, 세계 타이틀에 도전했다가 실패했던 일라리오 사파타에게 다시 도전장을 내밀었다. 그리고 이번에는 상대를 철저히 분석해 3회 TKO승을 거두고 마침내 WBC 라이트 플라이급 세계챔피언에 올랐다.

유명우는 1985년 12월 8일 WBA 주니어플라이급 챔피언이었던 미국의 조이 올리보를 대구로 불러들여 판정승을 거두고 세계챔피언에 올랐다.

이후 장정구는 15차 방어, 유명우는 17차 방어까지 성공하며 나란히 5년 넘게 세계챔피언 벨트를 보유했다.

두 선수는 세계 타이틀을 방어하면서 큰 고비가 몇 차례 있었다. 장정구의 경우 1984년 8월 18일 경북 포항에서 열린 일본의 도카시키 가쓰오와의 4차 방어전이었다. 당시 장정구는 체중을 무려 14킬로그램이나 감량한 데다 포항의 찜통더위와 맞서야 했다. 더욱이 8·15 광복절 사흘 후에 경기가 열려서 일본 선수에게는 절대 질 수 없는 경기였다. 결국 장정구는 엄청난 정신력으로 9회 TKO승을 거둔 뒤 기쁨에 겨워 오열했다. 하지만 엄청난 체력 소모로 몸에 수분이 많이 빠져나가 눈물조차 나오지 않았다는 일화가 전해졌다.

유명우의 고비는 18차 방어전에서 찾아왔다. 1991년 12월 17일 일본 원정으로 치른 이오카 히로키와의 경기였다. 유명우는 그때까지 36전 전승 14KO승을 이어가고 있었으니 겁날 게 없었고 경기도 근소하게나마 우세했다. 그런데 심판들의 채점 실수로 1 대 2 판정패를 당하고 타이틀을 잃고 말았다. 20차 방어전을 마치고 명예롭게 타이틀을 반납하고 은퇴하려던 계획이 수포로 돌아간 것이다.

두 선수는 롱런에 성공했지만 대부분 국내에서 방어전을 치러 '안방 호랑이'라는 달갑지 않은 꼬리표가 따라다녔다.

장정구는 일본의 구시켄 요코가 가지고 있던 13차 방어 기록을 넘어서 15차 방어까지 성공했다. 하지만 14차 방어까지 국내에서 가졌고, 15차 방어전을 처음으로 일본 원정으로 치렀다. 15차 방어전 상대는 11차 방어전 상대였던 일본의 오하시 히데유키였다. 일본 고라쿠엔 경기장에서 열린 이 경기는 경량급에서 흔히 볼 수 없는 난타전 끝에 장정구가 다운을 무려 7번이나 빼앗으며 8회 TKO승을 거뒀다. 그리고 장정구는 이 경기를 끝으로 타이틀을 스스로 반납했다.

유명우도 17번의 방어전을 모두 국내에서 치렀는데, 공교롭게도 첫 해외 원정에 나섰던 18차 방어전에서 심판들의 채점 실수로 일본의 이오카에게 억울한 패배를 당하고 타이틀을 잃고 말았다.

두 선수 모두 챔피언에서 내려온 뒤 명예 회복을 별렀다. 억울한 패배를 당한 유명우는 WBA에서 판정을 번복할 수 없다는 통보를 받았고, 결국 제소 끝에 이오카와의 재경기가 받아들여졌다. 타이틀을 억울하게 빼앗긴 뒤 11개월 만에 다시 일본에서 이오카의 3차 방어전 상대로 치러진 리턴매치에서 유명우는 2 대 0의 판정승을 거두고 명예 회복에 성공했다. 이후 1993년 7월, 일본의 호소노 유이치를 물리치고 1차 방어에 성공한 뒤 챔피언 벨트를 자진 반납했다. 프로 통산 전적은 39전 38승(14KO) 1패. 유일한 패배가 잘못된 판정으로 기록된 이오카와의 승부였다.

같은 체급에서 비슷한 시기에 WBC와 WBA 세계챔피언을 지낸 장정구(왼쪽)와 유명우는 결국 통합 타이틀 매치를 치르지 못한 채 은퇴했다. 한국권투위원회 사진 제공.

장정구는 챔피언 벨트를 스스로 내려놓은 지 1년 만에 다시 링에 복귀했다. 하지만 '경량급의 타이슨'으로 불렸던 멕시코의 움베르토 곤잘레스, 그리고 태국의 소트 치탈라타와 무앙카이 키티카셈에게 잇따라 패배를 당한 뒤 영원히 링을 떠났다. 아쉬운 점은 3경기 모두 우세한 경기를 펼치고도 심판진의 석연치 않은 판정으로 패배를 맛봐야 했다는 것이다. 이로써 장정구는 프로 통산 42전 38승 4패를 기록했다. 4번 중 3번이 은퇴 직전의 다소 억울한 패배였다.

끝내 무산된 라이벌 매치는 거액의 대전료 탓

당시 두 선수의 수입은 어마어마했다. 1980년대 후반 당시 프로야구 최고 스타 최동원의 연봉이 7,000만 원 정도였고, 강남의 30평 아파트가 7,000만 원가량 했을 때인데 장정구는 국내 스포츠 선수 중 최고액인 연간 2억 4,000만 원의 수입을 올렸다. 유명우도 1988년 3억 8,000만 원의 대전료를 받았는데, 이것은 국내 프로복서 중 최고액 기록으로 남아 있다.

두 선수의 맞대결이 무산된 이유는 대전료 탓이 컸다. 두 선수의 통합 타이틀전 애기가 많이 나왔지만 당시 두 선수의 대전료를 맞추기는 현실적으로 어려웠다. 지는 선수는 명예와 자존심에 치명적인 타격을 입기 때문에 프로모터 쪽에서는 최소 3억 원 이상의 대전료를 준비해야 했는데, 그 누구도 이런 거액을 조달할 방법이 없었다고 한다.

두 선수가 은퇴한 지 20여 년이 넘어 뜬금없이 맞대결 이야기가 나왔다. 2017년 2월 1일, 삼일절을 한 달 앞둔 시점에 가수 김장훈 씨의 소속사인 '공연세상'은 "삼일절 특집으로 복싱팬들에게 꿈의 매치였던 전 세계 챔피언 장정구와 유명우의 레전드 매치를 독도에서 개최한다"고 밝혔다. 공연세상 측은 "독도의 불규칙한 기상 상황을 고려해 대전 날짜는 3월 1일부터 3월 중순까지 가능성을 열어놓는다"며 "두 선수는 조만간 기자회견을 통해 경기 진행방식과 계획을 밝힐 예정"이라고 했다.

하지만 '레전드 매치'는 흐지부지 성사되지 못했고, 어떤 이유로 무산됐는지도 알려지지 않았다. 결국 두 선수의 라이벌 대결은 50대의 중년이 되어서도 복싱팬들의 궁금증만 유발한 채 무산되고 말았다.

장정구		유명우
1963년 2월 4일	출생	1964년 1월 10일
부산	고향	서울
42전 38승 4패(17KO승)	통산 전적	39전 38승 1패(14KO승)
WBC(세계복싱평의회) 라이트플라이급	챔피언	WBA(세계복싱협회) 주니어플라이급
15차 방어(5년 3개월) (1983년 3월~1988년 6월)	방어 기간	17차 방어(5년 4개월) (1985년 12월~1991년 4월)

16 터보 가드와 컴퓨터 가드, 김승기 vs 이상민

"김승기-이상민 '적과의 동침'", "다른 길 걸은 농구계 대표적 앙숙", "연합군 상무 우승 위해 굳은 악수"

1996년 2월 18일자 《중앙일보》 기사 제목이다. 즉 지금으로부터 20년도 더 지난 기사다. 이것만으로도 김승기 안양 KGC 인삼공사 감독과 이상민 서울 삼성 감독의 오랜 라이벌 관계를 엿볼 수 있기에 첫머리에 실었다.

지금은 나란히 양복을 입고 벤치에서 선수들을 지휘하는 사령탑이지만 현역시절엔 '오빠부대'의 대장들이었다. 상반된 스타일의 두 최고 가드가 맞대결을 벌일 때면 농구팬들은 더욱 열광했다. 거침없이 탱크처럼 밀고 들어가는 저돌적인 인파이터였던 김 감독은 남성팬들의 절대 지지를 받았고, 지능적이면서 예리한 아웃복서 스타일인 이 감독은 여성팬들의 우상이었다. 그래서 붙은 별명이 '터보 가드'와 '컴퓨터 가드'다. 두 감독은 지난 시즌 프로농구 챔피언 결정전에서 맞붙으며 과거 라이벌 관계가 다시 부각됐다.

남성미 넘친 '터보 가드' vs 정교한 패스의 '컴퓨터 가드'

두 감독은 모두 1972년생이다. 하지만 2월에 태어난 김승기 감독이 1년 선배다. 김 감독은 중앙대 90학번, 이 감독은 연세대 91학번이다. 둘은 청소년대표, 대학대표, 국가대표 선발 때마다 강화위원들을 고민에 빠지게 했다. 유난히 국제대회에 강한 김승기와 국내 코트에서 돋보였던 이상민을 놓고 강화위원들은 '국제용', '국내용'을 거론하며 맞섰다.

걸어온 길도 사뭇 다르다. 김 감독은 용산고-중앙대-삼성전자-TG(현 DB)에서 뛰었고, 이 감독은 홍대부고-연세대-현대전자(현 KCC)-삼성을 거쳤다. 대학 문을 나선 뒤 삼성과 현대로 진로가 엇갈린 것도 묘하다. 한솥밥을 먹었던 건 대표팀과 상무시절뿐이다.

중·고교 시절 코트에서 늘 '적'으로 맞섰던 두 사람이 처음 이야기를 나눈 것은 1990년이다. 일본 나고야에서 열린 아시아청소년대회에 함께 태극마크를 달고 출전했던 것이다. 당시 김 감독은 중앙대 1학년이었고, 이 감독은 홍대부고 3학년이었다. 둘은 같은 포지션(가드)으로 선발됐으니 각별할 수밖에 없었다. 둘은 서로의 첫 만남을 어떻게 기억할까. 김 감독은 "나는 그냥 깨부수는 저돌적인 농구를 했다면 이 감독은 그때도 정말 예쁘게 농구를 잘했다"며 치켜세웠다. 이 감독은 김 감독이 자신의 존재를 잘 모르던 시절부터 김 감독을 잘 알았다고 했다. 그는 "승기 형은 용산고 전승 멤버였다. 승기 형이 농구하는 것을 보고 많이 부러워했다. 그래서 용산고 경기를 많이 챙겨봤다"고 했다.

두 감독은 1990년대 초중반 농구대잔치에서 대학 돌풍을 일으켰던 주인공들이다. 연세대 91학번인 이상민 감독은 수많은 여성팬들을 몰고 다

넜다. 드라마 〈응답하라 1994〉에서 여주인공 성나정이 죽자 살자 쫓아다녔던 '영원한 오빠'가 바로 그다. '산소 같은' 깔끔한 외모에 정교한 패스와 간간이 터뜨리는 3점슛까지 나무랄 데가 없었다. 경기 전 몸을 풀 때는 엄청난 탄력으로 덩크슛까지 꽂았고, 그때마다 소녀팬들은 자지러졌다. 연세대 주 득점원이던 골 밑의 서장훈과 외곽의 문경은의 활약도 '컴퓨터 가드' 이상민이 없었다면 반감됐을 터다.

연세대 가드 이상민의 최고 라이벌은 중앙대 가드 김승기였다. 김 감독은 당시 가드치고는 흔치 않은 근육질 몸에 힘이 좋았다. 거침없고 파워 넘치는 돌파력은 그의 전매특허였다. '터보 가드'라는 별명 그대로였다. 수비에선 상대 센터와의 몸싸움에도 밀리지 않을 정도였다. 힘이라면 누구에게도 뒤지지 않는 현주엽 현 창원 LG 감독과 국가대표팀에서 씨름을 한 적이 있다. 당연히 현주엽의 승리를 예견했지만 결과는 무승부였다. 둘이 합쳐 바지가 다섯 벌이나 찢어질 정도의 대혈전이었다.

'잡초'와 '꽃'으로 대조적이던 프로 생활

김승기 감독은 중앙대를 졸업하던 1994년 현대와 기아의 스카우트 공세를 뿌리치고 삼성에 입단했다. 국가대표로도 큰 활약을 펼쳤다. 1997년 사우디아라비아에서 열린 아시아선수권대회에선 한국이 중국을 꺾고 28년 만에 정상에 오르는 데 혁혁한 공을 세웠다. 강동희의 뒤를 이을 최고의 가드로 주목받았다.

그런데 사우디아라비아에 다녀온 뒤 무릎이 고장 났다. 그는 "너무 아파 걷기도 힘들었다. 양쪽 무릎에선 뼈가 삐져나오기 시작했다"고 회고했다. 화려했던 선수 생활은 그때부터 내리막이었다. 하필 프로가 막 출범했던 시기였다. 김 감독은 "경쟁에서 밀리지 않으려고 아프다는 말을 꺼낼 수가 없었다"고 말했다. 아픈 무릎에 진통제를 맞아가며 9년이나 더 뛰었다. 서울 삼성에서 원주 TG 삼보로, 다시 울산 모비스로 떠돌이 생활을 했다. 그런데도 2001~2002시즌에는 54경기 전 경기에 출전해 풀타임에 가까운 경기당 평균 34분 45초를 뛰며 10득점, 어시스트 4.7개, 리바운드 2.7개를 해냈다. 그 시즌에 '수비 5걸상'을 받을 정도로 수비는 더 악착같았다. 그리고 서른세 살에 코트를 떠났다.

김 감독이 선수시절 잡초 같았다면, 이 감독은 꽃처럼 화려했다. 1993

'터보 가드' 김승기의 현역시절 모습.
사진은 한국농구연맹(KBL) 제공.

~1994시즌 연세대를 대학팀 최초로 농구대잔치 우승까지 이끌었고, 프로 데뷔 후에도 두 차례나 정규리그 MVP에 올랐다. 특히 9년 연속 올스타 최다 득표는 프로 농구의 '전설'로 남아 있다.

김승기와 이상민은 둘 다 프로에서 우승을 맛봤다. 하지만 감흥은 달랐다. 이상민 감독은 전주 KCC(전신 대전 현대 포함) 시절 3번이나 정상에 올랐다. 2003~2004시즌엔 챔피언 결정전 MVP까지 받았다. 반면 김승기 감독은 2002~2003시즌 TG 삼보에서 프로 입문 이후 처음 우승을 맛봤다. 그러나 주전 가드였던 후배 신기성을 받쳐주는 백업 가드였다. 이 감독이 축제의 주역이었다면 김 감독은 그늘에 가려져 있었다. 게다가 곧 더 큰 시련이 찾아왔다. 팀은 정상에 올랐지만 그는 TG 삼보를 떠나야 했다. 울산 모비스 정훈과 트레이드된 것이다. 2005년에는 '코트의 미아'가 될 뻔도 했다. 모비스에서 FA(자유계약선수)로 풀린 뒤 인천 전자랜드의 영입 제안을 받았다. 그런데 계약 마감 시한을 하루 앞두고 갑자기 '없던 일'이 됐다. 극적으로 친정팀 원주 동부로 가지 못했다면 허망하게 코트를 떠날 뻔했다.

2007~2008시즌에는 코치로 동부의 우승과 함께했다. 그러나 코치 역시 그림자일 뿐이었다. 그리고 지난 시즌 감독으로 우승을 차지했다. 프로농구 최초로 선수, 코치, 감독으로 우승을 차지한 것이다. 그리고 자신이 우승의 주역이 된 것도 처음이었다. 그는 "초·중·고·대학까지 밥 먹듯 우승했는데 프로에서 무릎 부상을 당한 뒤 이렇게 정상에 오르는 게 어려운 줄 몰랐다"고 털어놓았다.

이상민 감독에게도 시련이 없었던 것은 아니다. 가장 충격

'컴퓨터 가드' 이상민의 현역시절 모습.
사진은 한국농구연맹(KBL) 제공.

적인 일은 2007~2008시즌을 앞둔 2007년 5월, KCC가 삼성에서 FA로 풀린 서장훈을 영입하면서 이상민을 보호선수에서 제외한 것이다. 결국 삼성은 서장훈의 보상 선수로 이상민을 지목했다. '영원한 현대맨'일 것 같던 그가 라이벌 삼성 유니폼을 입게 될 줄은 아무도 몰랐다. 이상민은 금세라도 눈물을 흘릴 것 같은 표정으로 삼성 입단 기자회견을 가졌다.

챔피언전 앞두고 치열한 신경전 펼친 두 감독

지도자 생활은 김승기 감독이 먼저 시작했다. 김 감독은 은퇴 후 2006년 5월 원주 동부 코치와 부산 KT 코치를 거치는 등 차근차근 지도자 수업을 밟았다. 2015년 안양 KGC 인삼공사 감독대행을 맡기 전까지 코치로만 거의 10년 세월을 보냈다.

하지만 사령탑에 오른 것은 이상민 감독이 먼저다. 이 감독은 2012년 삼성 코치를 지내다 2014년 4월 감독으로 부임해 네 번째 시즌을 치르고 있다. 데뷔 시즌엔 최하위를 찍었지만 이듬해 5위로 6강 플레이오프에 올랐고, 지난 시즌엔 챔피언 결정전에서 준우승을 차지했다. 점점 좋아지는 성적표다.

반면 김 감독은 2015년 9월 안양 KGC 인삼공사 감독대행을 맡은 뒤 2016년 1월 1일자로 정식 감독이 됐다. 지휘봉을 잡은 첫 시즌(2015~2016시즌) 플레이오프에 진출해 4강까지 올랐고, 두 번째 시즌(2016~2017시즌)에는 마침내 정상에 올랐다. 이번이 감독으로 맞이하는 세 번째 시즌이다.

두 감독은 2016~2017시즌 챔피언 결정전에서 진검승부를 펼쳤다. 당시 둘의 현역시절 라이벌 관계가 새삼 흥미를 끌었다. 2017년 4월 20일 열린 챔피언 결정전 미디어데이에서 두 사람은 서로의 과거를 이렇게 술회했다. 이 감독은 "승기 형이 주축인 용산고는 철옹성이었다. 고등학생 땐 '승기 형 정도만 했으면…' 하고 부러워했다"고 치켜세웠다. 그러자 김 감독은 "이 감독은 수비할 때 근성이 대단했다. 공을 따내려는 집념이 강했다. 그런 수비가 삼성 선수들에게 잘 이식된 것 같다"고 덕담을 건넸다. 하지만 웃음꽃이 핀 것은 잠시였다. 본격적으로 챔피언전 이야기가 나오자 가벼운 신경전을 펼쳤다. 김 감독이 "코치 생활을 오래했기 때문에 팀을 조직적으로 이끄는 점이 더 낫다"고 말하자, 이 감독은 "나는 코치를 오래 못했지만 챔피언 결정전을 많이 경험했다"고 맞받았다.

사실 당시 인삼공사는 여러 면에서 유리했다. 정규리그 1위를 차지해 곧바로 4강 플레이오프에 직행했고, 4강 플레이오프에서도 울산 모비스를 3연승으로 제압하고 일찌감치 챔프전에 올랐다. 반면 삼성은 6강 플레이오프에서 인천 전자랜드와, 4강 플레이오프에서 고양 오리온과 모두 5차전까지 가는 대접전을 치렀다. 피 말리는 승부를 10경기나 치렀기 때문에 지칠 대로 지친 상황이었다.

김 감독은 이 점을 의식하며 "우리는 오래 쉬었다"며 여유를 보였다. 그는 "정규리그에서 우승하는 꿈을 꾼 데 이어 플레이오프에서도 우승하는 꿈도 꿨다"고 했다. 이에 질세라 이 감독은 "체력만 가지고 농구를 하는 게 아니다. 정신력과 집중력은 인삼공사보다 낫다. 플레이오프를 10경기나 치르면서 경기력과 끈끈한 팀워크가 좋아졌다"고 맞섰다. 그는 이어 "우리가 정규리그에서 인삼공사에 4승 2패로 앞섰다. 챔프전에서도 4승 2패로 끝내고 싶다"며 상대를 자극했다.

두 팀을 이끈 두 사령탑은 매 경기 명승부를 펼쳤다. 예상대로 인삼공사는 1차전에서 체력의 우위를 앞세워 먼저 웃었다. 그런데 커다란 악재가 생겼다. 단신 외국인 선수 키퍼 사익스가 1차전 도중 발목을 다치면서 2차전부터 나오지 못하게 된 것. 예상대로 삼성은 2차전에서 반격에 성공했다. 사익스가 빠진 인삼공사보다 삼성이 유리해 보였다. 게다가 2차전에선 1쿼터 때 인삼공사 이정현과 삼성 이관희의 몸싸움으로 경기가 과열되기도 했다. 하지만 인삼공사는 외국인 선수가 한 명만 뛰고도 데이비드 사이먼과 오세근을 앞세워 3차전과 5차전을 승리하며 되레 3승 2패로 앞서갔다. 우승까지 1승만 남겨둔 인삼공사는 6차전에 대체 외국인 선수 마이클 테일러까지 활용했고, 경기 종료 2.1초 전 이정현의 결승골로 88 대 86으로 이기고 마침내 챔피언에 등극했다. 역대 챔피언 결정전에서 가장 늦게 나온 결승 득점일 정도로 극적인 순간이었다.

두 감독은 공교롭게도 지난해의 포스트시즌에서도 만났다. 6강 플레이오프에서 만나 당시에도 김 감독의 인삼공사가 3승 1패로 이겼다. 2번의 포스트시즌 맞대결에선 김 감독이 모두 웃었지만, 정규시즌에선 삼성의 이 감독이 조금 앞선다. 둘의 첫 맞대결 시즌이던 2015~2016시즌엔 김 감독의 인삼공사가 4승 2패로 우위를 점했지만, 그다음 시즌(2016~2017시즌)엔 반대로 이 감독의 삼성이 4승 2패로 앞서며 '명군'을 불렀다. 그리고 2017년 10월 14일, 시즌 개막전이자 두 팀의 시즌 첫 맞대결에서 이 감독의 삼성이 82 대 70으로 이겨 챔프전 아픔을 다소나마 씻어냈다.

두 감독의 사령탑 통산 맞대결은 정규시즌에선 이 감독의 삼성이 7승

6패, 포스트시즌에선 김 감독의 인삼공사가 7승 3패로 각각 앞섰다. 종합 전적은 23전 13승 10패로 김 감독이 3번 더 웃었다. 두 팀은 2017년 12월 2일 삼성의 홈인 잠실체육관에서 시즌 두 번째 대결을 펼쳤는데, 이 감독의 삼성이 인삼공사를 82 대 74로 누르고 승리했다.

두 감독의 농구 인생 전체를 보면 앞서거니 뒤서거니 하는 양상이다. 고교 때는 김 감독이 우위에 있었다면, 대학과 프로에선 이 감독이 더 화려했다. 그리고 지도자로서는 김 감독이 다시 앞서가고 있다. 두 감독의 승부는 어쩌면 지금이 정점인지도 모른다.

김승기		이상민
1972년 2월 26일	출생	1972년 11월 11일
서울	고향	서울
용산고-중앙대-삼성전자-TG(현 DB)	소속팀	홍대부고-연세대-현대전자(현 KCC)-삼성
터보 가드	별명	컴퓨터 가드
2016~2017시즌 우승	감독 성적	2016~2017시즌 준우승

끝나지 않는,
끝날 수 없는
3부 영원한 라이벌

1 부자와 서민의 120년 축구 전쟁, 레알 마드리드 vs FC 바르셀로나

1968년 7월 11일, 스페인 프로축구 레알 마드리드의 홈구장 베르나베우 경기장에서 코파 델 레이(Copa del Rey, 해마다 열리는 스페인 축구 클럽 간 대항전) 결승전이 레알 마드리드(레알)와 FC 바르셀로나(바르사)의 라이벌 대결로 열렸다. 이 경기에서 원정팀 바르사가 1 대 0으로 승리하자 이에 격분한 레알팬들은 이 경기의 주심 안토니오 리고에게 원성의 화살을 돌렸다. 그가 바르사에 호의적으로 판정했다는 게 이유였다. 홈 관중들은 그를 향해 유리병 같은 물건을 닥치는 대로 집어던졌다. 이 경기 이후 스페인에선 축구 경기장에 병을 지참하는 것이 금지됐다.

2년 뒤인 1970년 같은 대회(코파 델 레이) 8강전에서는 반대 상황이 벌어졌다. 베르나베우에서 열린 1차전은 레알이 2 대 0으로 이겼고, 바르사의 홈구장 캄프 누에서 열린 2차전에서는 바르사가 1 대 0으로 앞서고 있었다. 그런데 레알의 공격수 마누엘 벨라스케스가 바르사의 수비수 호아킴 리페의 반칙으로 넘어지자 주심 에밀리오 구루체타가 레알에게 페널티킥을 선언했다. 홈 관중들은 일제히 주심에게 야유를 보냈다. 이에 항의하던 바르사 주장 엘라디오가 퇴장당하자 관중들은 더욱 흥분했다. 일부 관중들이 경기장으로 난입했고, 이 바람에 경기가 중단됐다. 반칙으로 페널티킥을 얻어낸 벨라스케스는 훗날 자신이 페널티 구역 바깥에서 넘어졌음을 시인했다.

축구에서 같은 지역이나 도시를 연고로 벌이는 라이벌 경기를 '더비(derby)'라고 한다. 영국의 작은 도시 더비의 축구팀 세인트피터스와 올세인트가 벌였던 치열한 축구경기에서 유래한 말이다. 오늘날 전 세계 축구팬들의 눈과 귀를 사로잡는 가장 뜨거운 더비는 영국이 아닌 스페인의 '엘 클라시코'다. '고전의 승부'라는 뜻의 엘 클라시코는 스페인 프로축구 프리메라리가의 FC 바르셀로나와 레알 마드리드가 펼치는 라이벌전이다. 두 팀에 소속된 세계 최고의 축구선수 크리스티아누 호날두(레알 마드리드)와 리오넬 메시(FC 바르셀로나)가 펼치는 맞대결도 축구팬들의 입맛을 당기게 한다.

두 팀은 100년이 넘는 역사 동안 팀 색깔과 선수 구성, 구단 경영까지 너무나 대조적인 면모를 보이며 라이벌 대결을 더욱 흥미롭게 만들고 있다.

카스티야와 카탈루냐 지역 간 탄압과 저항의 역사

레알과 바르사, 두 팀은 구단이 만들어진 배경부터 확연히 다르다. 레알 마드리드는 지역 축구선수였던 훌리안 팔라시오스가 스페인에서 공부하던 영국 옥스퍼드대와 케임브리지대 졸업생들을 모아 1902년 창단했다.

초창기엔 'FC 마드리드'란 이름으로 창단과 동시에 스페인리그에 참가해 1905년 스페인컵에서 첫 우승을 차지했다. 이후 스페인 국왕 타이틀이 걸린 '킹스컵'에서 4연패를 거두면서 1920년 스페인 국왕 알폰소 13세로부터 왕립을 뜻하는 'REAL(스페인어로 헤알)'이라는 칭호를 받았다. FC 바르셀로나는 레알 마드리드보다 3년 전인 1899년 스위스 FC 바젤의 축구선수이던 한스 감퍼와 그의 지지자 열 명이 모여 만든 팀이다.

두 팀이 라이벌을 넘어 앙숙이 된 계기는 1936년 스페인 내전으로 두 팀의 연고지 마드리드와 바르셀로나가 정치적으로 대립하면서부터다. 상류층을 규합해 반란을 일으킨 프란시스코 프랑코 우파 독재정권은 1950~1960년대 마드리드를 기반으로 한 카스티야 왕족의 지원을 받아 바르셀로나를 기반으로 했던 카탈루냐 사람들의 좌익 분리 독립운동을 가혹하게 탄압했다. 당시 FC 바르셀로나의 회장(호셉 수뇰)은 좌익 성향 정치인으로 프랑코 장군의 정적이었던 반면, 프랑코는 레알 마드리드를 전폭적으로 지원했다.

결국 두 팀 간 대결은 카스티야 왕정이 지원하는 부유층과 카탈루냐 서민층 간 대결구도가 돼버렸다. 막강했던 프랑코 독재정권은 카탈루냐 언어인 카탈란을 쓰지 못하게 했고 카탈루냐 국기마저 없애버렸다. 바르셀로나의 팀 이름까지 FC 바르셀로나에서 카스티야 왕정식인 CF 바르셀로나로 바꿔버렸다. 하지만 프랑코 정권도 바르셀로나의 홈구장인 캄프누에서만큼은 카탈루냐 언어의 사용을 막지 못했고, 카탈루냐 시민들은 캄프 누에서 그들의 언어로 노래하고 응원했다. 특히 레알 마드리드와의 경기에선 '카탈루냐는 스페인이 아니다'라는 문구로 프랑코 정권에 대한 분노를 일시에 표출하기도 했다. 지금의 '엘 클라시코'는 100년 넘게 이어

져온 카스티야와 카탈루냐 지역 간 탄압과 저항의 역사가 어우러졌다고
볼 수 있다.

레알은 최고 스타 영입, 바르사는 유망주 자체 육성

두 구단은 세계적인 스타 선수들이 많기로 유명한데 선수 영입 방법도
아주 다르다. 레알은 2000년대 초부터 이미 실력이 검증된 유명 선수를
비싼 몸값을 주고 영입하는, 이른바 '갈락티코 정책'을 썼다. 반면 바르사
는 유소년 때부터 선수를 체계적으로 키워 실력 있는 스타를 스스로 만
들어내는 '칸데라' 시스템을 고수하고 있다.

레알은 2000년 바르사에서 뛰던 루이스 피구(포르투갈)를 당시 최고 이
적료인 3,700만 파운드(약 546억 원)에 영입해 바르사팬들의 분노를 사기도
했다. 이후 2001년부터 호나우두(브라질)와 지네딘 지단(프랑스), 데이비드
베컴(잉글랜드), 호베르투 카를로스(브라질) 등 당시 최고의 선수들을 엄청난
몸값에 데려갔다. 이들이 거둔 성적은 예상보다 저조했지만 해외 중계권
료와 유니폼 판매 등 세계 최고 선수들을 영입해 거둔 마케팅 수익은 엄
청났다.

이들이 '갈락티코 1기'라면, 2009년에는 '갈락티코 2기' 멤버로 불리는
크리스티아누 호날두(포르투갈)를 비롯해 히카르도 카카(브라질), 카림 벤제
마(프랑스), 메수트 외질(독일) 등이 레알에 합류했다.

반면 바르사 선수 상당수는 라 마시아(La Masia)라는 바르셀로나 축구학
교 출신인데, 아르헨티나의 리오넬 메시 역시 열세 살 때 스페인으로 건너

가 라 마시아에서 성장했다. 라 마시아는 어린 선수들에게 개인기보다는 팀워크와 자기희생을 가르치고 있는데, 2010년 남아공월드컵에서 환상의 팀워크로 스페인의 우승을 일군 안드레스 이니에스타, 세르히오 부스케츠, 카를레스 푸욜 등도 FC 바르셀로나 출신으로 라 마시아에서 축구를 배웠다.

이런 칸테라 시스템을 지속할 수 있었던 힘은 시민들로 구성된 구단의 지배 구조 덕분이다. 역사적으로 FC 바르셀로나는 그들의 팬인 지역주민 17만 명이 소유하고 있는 팀이다. 모든 결정은 팬이 내리고 이들 중 무작위로 선택된 사람들이 소시스(sosis)라는 경영진을 구성해 구단을 운영한다. 시민이 돈을 모아 구단 운영자금을 대기 때문에 바르셀로나는 전통적으로 유명 기업들의 지원을 받지 않고 유니폼에 광고도 부착하지 않았다.

하지만 이 금기는 2006년 유엔아동긴급구호기금(UNICEF) 로고를 유니폼에 달면서 107년 만에 깨졌다. 이마저도 바르사 구단 매출의 0.7퍼센트를 유니세프에 기부금으로 내겠다는 조건이 달려 있었다.

두 팀은 구단 가치에서도 치열한 자존심 싸움을 벌이고 있다. 미국의 경제전문지 《포브스》가 해마다 발표하는 '세계 20개 프로축구팀 시장가치'를 보면 바르사와 레알은 2위와 3위 자리를 놓고 엎치락뒤치락하고 있다. 2017년 6월 발표에서도 잉글랜드 프리미어리그의 맨체스터 유나이티드(36억 9,000만 달러·약 4조 1,300억 원)에 이어 나란히 2위와 3위를 차지했다. 바르사는 36억 4,000만 달러(약 4조 1,040억 원)로 2위를, 레알은 35억 8,000만 달러(약 4조 364억 원)의 근소한 차이로 3위를 기록했다. 레알의 구단 가치가 전년도보다 2퍼센트 하락하면서 2, 3위 자리가 바뀌었다.

특히 바르사는 2018~2023년 나이키와 공식 스폰서 계약을 맺었는데,

매년 1억 6,800만 달러(약 1,894억 원)를 받는다. 이는 과거 맨체스터 유나이티드가 아디다스와 계약한 연간 1억 1,100만 달러의 계약 조건을 뛰어넘는 금액이다.

선수 연봉에서도 양 팀은 라이벌이다. 미국의 《ESPN 매거진》이 해마다 조사하는 세계 프로 스포츠 구단 선수 연봉에서 두 팀은 800만 달러(약 90억 원)를 웃도는 선수 평균 연봉으로 늘 상위 톱5 안에 든다. 특히 2012년 조사에서는 바르사와 레알이 각각 791만 달러와 735만 달러로 전 세계 프로 스포츠팀 가운데 1위와 2위를 기록하기도 했다.

기나긴 라이벌 역사만큼이나 많은 사연

100년이 넘는 기나긴 라이벌 역사만큼이나 두 팀 간의 사연도 많다. 두 팀을 오간 선수들의 경우 때로는 거센 비난을, 때로는 칭송을 받았다. 루이스 피구는 비난의 대상이 됐다. 그는 1995년부터 2000년대 초까지 바르사에서 뛰다 레알 마드리드로 이적했다. 바르사에서 주장까지 맡으면서 유로 2000에서의 맹활약으로 높은 인기를 누리던 피구의 레알 이적은 바르사팬들에겐 큰 충격이었다. 마침내 2002년 11월 23일, 바르사 홈구장 캄프 누에 발을 디딘 피구를 향해 바르사 관중들은 피구의 유니폼을 불태우고 유리병, 당구공, 심지어 돼지머리까지 던졌다. 경기는 15분 동안 중단됐고, 이후 피구는 캄프 누에서 경기를 뛸 수 없었다.

카메룬 출신의 사무엘 에투는 열여섯 살 때이던 1997년 레알에 입단했지만 두각을 나타내지 못하고 여러 팀에 임대됐다. 그러다 2004년 바르사

로 완전 이적한 에투는 첫 시즌에서 25골을 터뜨리며 팀 우승에 기여했
다. 에투는 우승 후 카메라 앞에서 "마드리드 돼지들아, 챔피언을 경배하
라"라고 소리쳤다가 레알팬들의 원성을 샀다.

1953년 콜롬비아에서 뛰던 알프레도 디 스테파노를 영입하기 위한 두
팀의 줄다리기는 결국 4년 동안 한 시즌마다 양 팀에서 번갈아 뛴다는 황
당한 협약으로 이어졌다. 하지만 이 협약은 스테파노 스카우트에 먼저 나
섰던 바르사팬들의 분노를 샀고, 바르사 구단주는 스테파노를 완전히 레
알에 넘겼다. 그런데 스테파노는 레알에서 엄청난 활약을 펼쳐 바르사팬
들의 더 큰 미움을 샀다.

레알 마드리드와 FC 바르셀로나의 라이벌전인 '엘 클라시코'는 116년 동안 236경기가 열렸지
만 레알이 단 3승을 앞섰을 뿐이다.

레알은 브라질의 축구 스타 호나우지뉴가 너무 못생겼다면서 계약을 파기했다. 레알팬들은 이해할 수 없었다. 호나우지뉴는 바르사로 이적해 2005년 11월 19일 레알의 홈구장 베르나베우 경기장에서 열린 프리메라 리가 경기에서 2골을 넣으며 바르사의 3 대 0 승리를 이끌었다. 그가 교체될 때 레알팬들은 기립박수로 그를 격려했다.

심판의 편파 판정 시비 등으로 얼룩진 경기도 많았다. 1916년 코파 델 레이에서 두 팀은 서로 홈경기를 이긴 뒤 재경기에서도 6 대 6으로 비겨, 다시 한 번 재경기를 치렀다. 그런데 레알이 4 대 2로 리드하자 바르사 선수들은 심판이 편파적이라며 퇴장해버렸다. 이후 레알은 바르사팬들의 위협 속에 결승전을 치러 아틀레틱 빌바오에 0 대 4로 졌고, 경찰의 호위를 받으며 경기장을 빠져나갔다.

1961년 유러피언컵에선 반대로 레알이 편파 판정의 희생양이 됐다. 16강에서 맞붙은 두 팀은 1차전에서 2 대 2로 비긴 뒤 2차전에서 바르사가 2 대 1로 이겨 8강에 올랐다. 그런데 2차전에서 레알은 3골이나 심판이 무효를 선언하는 바람에 억울하게 탈락했다.

엘 클라시코 역사상 가장 황당한 경기는 1943년 6월 13일 코파 델 레이 준결승 2차전이다. 바르사는 홈에서 열린 1차전에서 3 대 0으로 이겨 결승 진출이 유력했다. 그런데 원정 2차전에서 레알에 무려 11 대 1로 졌다. 카탈루냐 언론들은 2차전이 시작되기 직전 스페인 국가보안부장이 바르사 선수들의 탈의실에 들어와 위협을 가해 선수들이 제대로 뛸 수 없었다고 폭로했다. 엄청난 파문 속에 결국 양 팀 구단주가 스페인 축구협회의 권고로 사의를 표했고, 이 경기는 스페인 축구협회에 의해 무효 처리됐다.

116년 동안 레알 95승, 바르사 92승, 무승부 49경기

두 팀은 1902년 5월 13일 코파 델 레이의 전신인 코파 데 라 코로나시온에서 역사적인 첫 대결을 벌였다. 결과는 바르사의 3 대 1 승. 이 경기를 시작으로 2017년까지 116년 동안 236경기(친선경기 제외)에서 '축구 전쟁'을 펼쳐왔다. 역대 전적은 236경기에서 레알 마드리드가 95승, FC 바르셀로나가 92승, 무승부 49경기였다. 116년 동안 불과 3승 차이밖에 안 난다. 두 팀의 통산 골은 레알이 399골, 바르사가 384골로 역시 역사에 견주면 근소한 차이다.

2011년까지 두 팀은 86승 46무 86패로 승패가 똑같았다. 하지만 2017년 8월 14일과 17일, '2017 스페인 슈퍼컵(수페르코파 데 에스파냐)' 1·2차전에서 레알이 3 대 1, 2 대 0으로 잇따라 승리하면서 4승 차로 벌어졌다가 가장 최근 대결인 2017년 12월 23일 리그 경기에서 바르사가 3 대 0으로 이겨 3승 차가 되었다. 스페인 슈퍼컵은 프리메라리가 우승팀(레알)과 코파 델 레이 우승팀(바르사)이 맞붙은 왕중왕 성격의 대회였다.

정규리그에서는 1928년부터 90년 가까이 175번 맞붙으면서 레알이 72승, 바르사가 70승, 무승부가 33경기였다. 레알이 불과 2승 앞서 있다. 정규리그 맞대결 통산 골은 레알이 284골, 바르사가 280골로 역시 긴 역사에 견주면 불과 4골 차이다.

두 팀 모두 맞대결 홈경기 승률이 70퍼센트를 넘는다. 레알은 홈에서 88전 52승 15무 20패, 바르사는 87전 49승 18무 20패다. 레알의 승률은 71.2퍼센트이고, 바르사도 71.0퍼센트에 이른다. 그만큼 홈팬들의 열광적인 응원이 원정팀에겐 큰 부담이 됐다는 것을 알 수 있다.

정규리그 이외의 경기에서도 두 팀의 역대 전적은 팽팽하다. UEFA 챔피언스리그에서는 통산 8경기에서 레알이 3승, 바르사가 2승, 무승부 3번이었고, 레알이 13골, 바르사가 10골을 넣었다. 스페인 슈퍼컵에서는 14번 맞붙어 레알이 8승 2무 4패로 앞섰고, 통산 골 수에서도 30 대 18로 우위를 점했다.

반면 코파 델 레이에선 33경기 중 바르사가 14승, 레알이 12승, 무승부 7번으로 바르사가 앞섰고, 통산 골 수는 레알(64골)과 바르사(63골)가 비슷했다. 지금은 폐지된 코파 데 라리가에서도 바르사가 6전 2승 4무로 한 번도 지지 않았고, 통산 골 수도 13 대 8로 앞섰다.

2017~2018 프리메라리가가 한창이다. 오는 5월 6일 통산 237번째 엘 클라시코가 예정돼 있다. 또 어떤 팀이 먼저 역사적인 엘 클라시코 100승에 도달할 지도 관심사다. 레알과 바르사, 바르사와 레알은 앞으로 또 어떤 전설과 어떤 사연을 그라운드에서 만들어낼지 궁금하다.

레알 마드리드 (Real Madrid)		FC 바르셀로나 (FC Barcelona)
1902년 3월 6일	창단	1899년 11월 29일
베르나베우(8만 1,044명)	홈 구장(수용 규모)	캄프 누(9만 9,354명)
95승 49무 92패 (72승 33무 70패)	통산 맞대결 전적 (프리메라리가 맞대결 전적)	92승 49무 95패 (70승 33무 72패)
399골	맞대결 통산 골	384골
33회	프리메라리가 우승	24회
12회	UEFA 챔피언스리그 우승	5회
81회	통산 우승 횟수	89회

2 동부에서 74년, 서부에서 60년, SF 자이언츠 vs LA 다저스

미국 프로야구 메이저리그의 최대 '앙숙'은 뉴욕 양키스와 보스턴 레드삭스로 알려져 있다. 그런데 이 두 팀보다 더 오랜 라이벌 역사 속에 팽팽한 승부를 펼치며 서로 못 잡아먹어 안달인 두 팀이 있다. 바로 로스앤젤레스 다저스와 샌프란시스코 자이언츠다. 두 팀은 무려 134년째 으르렁거리고 있다.

두 팀은 서로를 끔찍이 싫어한다. 역대 세 번째 흑인 MVP(1962년) 출신인 다저스의 모리 윌스는 팀 후배가 자이언츠 선수와 포옹하려 하자 "자이언츠 유니폼을 입고 있는 한 너의 친구가 아니다"라고 했고, 샌프란시스코 역대 네 번째 신인왕(1975년) 출신으로 다저스 외야수 레지 스미스와 앙숙이었던 존 몬테푸스코는 "누가 리그 우승을 하는지 관심 없다. 다저스만 아니면 된다"고 했을 정도다. 윌스와 몬테푸스코는 두 팀의 대결을 '전쟁'이라고 표현했다. 팬들도 마찬가지다. 심지어 2011년에는 자이언츠팬이 다저스팬들에게 폭행을 당해 뇌손상을 입었고, 2013년에는 다저스팬이 자이언츠팬에게 살해당하는 끔찍한 일까지 일어났다.

지금의 양대 리그가 정착된 1901년 이후 다저스와 자이언츠가 치른 시즌은 117차례. 그런데 놀랍게도 2016년까지 상대보다 더 높은 순위로 시즌을 끝낸 경우가 58차례로 똑같았다. 2017시즌 다저스가 내셔널리그 서부지구 우승을 차지하며 한발 앞서 나가게 되었다. 하지만 앞으로 또 어떤 일이 벌어질지는 아무도 모른다.

동부에서 서부로… 134년째 으르렁대는 '앙숙'

로스앤젤레스 다저스와 샌프란시스코 자이언츠의 라이벌 역사는 19세기 후반으로 거슬러 올라간다. 자이언츠는 1879년 원래 뉴욕을 연고로 한 트로이 트로얀스라는 팀명으로 창단됐다가 4년 뒤인 1883년에 뉴욕 고덤스로, 그리고 다시 2년 뒤인 1885년에 뉴욕 자이언츠라는 이름으로 팀명을 바꿨다.

그리고 다저스의 전신 브루클린(뉴욕의 자치구) 다저스(당시엔 브루클린 애틀랜틱스)가 1884년 창단되면서 뉴욕 자이언츠와 뉴욕을 연고로 라이벌이 됐다. 다저스(Dodgers)라는 팀 이름이 생기기까지 오랜 시간이 걸렸는데, 브루클린 애틀랜틱스에 이어 브루클린 그레이스(1885~1887년), 브루클린 브라이드그룸스(1888~1890년), 브루클린 트롤리 다저스(1891년), 브루클린 슈퍼배스(1899~1910년), 브루클린 로빈스(1914~1931년)에 이어 마침내 1932년 브루클린 다저스가 됐다. 다저스는 원래 '피하는 사람들', '속임수를 잘 쓰는 사람들'이라는 뜻으로, 이전 연고지인 브루클린 시민들이 거리의 전차

들을 피해 다니는 모습을 보고 지었다는 설과 브루클린 시민 가운데 무임 승차하는 사람이 많아 이런 이름이 붙었다는 설이 있다.

흥미롭게도, 1957년까지 무려 74년 동안 뉴욕을 연고로 라이벌 관계를 이어오던 두 팀은 1958년 연고지를 나란히 캘리포니아 주의 로스앤젤레스와 샌프란시스코로 옮기게 된다. 당시 다저스의 월터 오말리 구단주는 재정상의 이유 등으로 로스앤젤레스를 새 연고지로 삼았는데, 홈구장을 미네소타 주로 옮기려던 당시 자이언츠의 호레이스 스토넘 구단주에게 "캘리포니아 주에서 계속 라이벌 관계를 이어가자"고 설득해 자이언츠 역시 샌프란시스코로 옮기게 됐다. 자이언츠는 미국 캘리포니아 주 북쪽의 샌프란시스코, 다저스는 남쪽의 로스앤젤레스를 대표하며 내셔널리그 서부지구를 호령하는 전통의 강팀들이 됐고, 미국 동부에서 74년 동안 펼친 라이벌 대결이 서부로 옮겨와 60년째 이어지고 있는 것이다.

두 팀이 라이벌이 된 계기가 있었다. 바로 1889년 월드시리즈 무대였다. 여기서 의문이 생긴다. 같은 리그에 속해 있는 두 팀이 어떻게 월드시리즈에서 만날 수 있었을까. 지금처럼 내셔널리그 챔피언과 아메리칸리그 챔피언이 월드시리즈에서 격돌하기 시작한 것은 1903년(피츠버그 파이어리츠 vs 보스턴 아메리칸스)부터였고, 그 전에는 내셔널리그와 아메리칸 어소시에이션이 월드시리즈에서 맞붙었다(1884~1890년).

월드시리즈의 기원은 공교롭게도 두 팀의 라이벌 관계가 시작된 1884년으로 거슬러 올라간다. 1876년 내셔널리그(NL)가 출범한 데 이어 1882년 아메리칸 어소시에이션이라는 새로운 리그가 창설되자 양대 리그 우승팀끼리 맞붙는 챔피언십이 추진됐고, 2년 뒤인 1884년 프로비던스 그레이스(내셔널리그)와 뉴욕 메트로폴리탄스(아메리칸 어소시에이션)가 최초로 5

전 3선승제의 월드시리즈를 펼쳤다. 당시 '월드 챔피언십 시리즈(World's Championship Series)'로 불린 이 시리즈에서 그레이스가 3연승으로 최초의 우승을 차지했다. 3년 뒤인 1887년에는 무려 10선승제로 열려 15차전까지 펼친 끝에 내셔널리그 소속의 디트로이트 울버린스가 아메리칸 어소시에이션 소속의 세인트루이스 브라운스를 10승 5패로 물리치고 정상에 올랐다. 그리고 1889년 마침내 내셔널리그 소속이던 자이언츠의 전신 뉴욕 자이언츠와 아메리칸 어소시에이션 소속이던 다저스의 전신 브루클린 브라이드그룸스의 월드시리즈가 열렸고, 6선승제 시리즈에서 자이언츠가 6승 3패로 우승했다. 다저스의 당시 팀 이름이 브라이드그룸스인 것은 팀에 새신랑이 많았기 때문이었다.

이 월드시리즈에서 두 팀은 팽팽하게 맞서며 뜨거운 열기를 내뿜었다. 어떻게 보면 이 경기는 그 전까지 단순 이벤트성 경기였던 '월드 챔피언십 시리즈'에 승부욕을 불어넣은 계기가 됐다. 시리즈에서 패배한 다저스는 약이 바짝 올랐지만, 이듬해인 1890년부터 다저스가 내셔널리그에 편입되면서 두 팀의 월드시리즈는 지금까지 성사된 적이 없다. 다저스는 이듬해 정규리그에서 자이언츠를 상대로 10승 8패로 앞서며 월드시리즈 패배의 아쉬움을 조금이나마 털어냈다. 그리고 리그 우승을 차지해 월드시리즈까지 올랐다(루이스빌 콜로넬스와 3승 1무 3패로 공동 우승).

월드시리즈는 1891년 아메리칸 어소시에이션이 해체되면서 10년 동안 (1893~1902년) 명맥이 끊겼다(1892년에는 내셔널리그끼리 월드시리즈를 진행했다). 이후 1901년 아메리칸리그(AL)가 출범하면서 1903년 9전 5선승제의 월드시리즈로 부활했다. 하지만 1904년에는 내셔널리그 우승팀 뉴욕 자이언츠가 "수준 낮은 아메리칸리그와 경기하기 싫다"며 보스턴 필그림스(현 레드삭스)와의 월드시리즈를 거부했다. 그러자 메이저리그 사무국은 이듬해인 1905년부터 7전 4선승제의 월드시리즈를 명문화했다.

통산 전적 자이언츠 1,158승 vs 다저스가 1,136승… 겨우 22승 차

두 팀의 역사적인 첫 대결은 1884년 4월에 열렸는데, 자이언츠의 전신 뉴욕 고덤스가 다저스의 전신 브루클린에 8 대 0으로 이겼다.

두 팀은 1901년 이후 메이저리그에서 가장 많은 맞대결(2,307경기)을 치렀다. 무승부였던 13경기를 제외하면 자이언츠가 1,158승, 다저스가 1,136승으로, 자이언츠가 겨우 22승을 더 올렸을 뿐이다. 승률로 따지면 자이언츠가 50.5퍼센트, 다저스가 49.5퍼센트로 겨우 1퍼센트 차이다.

두 팀은 중요한 길목에서 상대를 가로막아 감정이 더 좋지 않았다. 자이언츠는 1982년 다저스의 포스트시즌 진출을 가로막았고, 다저스도 1993년 자이언츠에게 연승을 거두며 자이언츠의 포스트시즌 진출 꿈을 좌절시켰다. 공교롭게도 두 팀의 싸움으로 이득을 본 팀은 2번 모두 애틀랜타 브레이브스였다. 더욱 공교로운 것은 두 팀이 포스트시즌에서 붙은 적이 한 번도 없다는 것이다.

두 팀의 역대 성적도 엇비슷하다. 역대 월드시리즈 챔피언은 LA 다저스가 6회(1955, 1959, 1963, 1965, 1981, 1988년), 샌프란시스코 자이언가 8회(1905, 1921, 1922, 1933, 1954, 2010, 2012, 2014년)로 자이언츠가 2번 더 많다. 내셔널리그 우승 기록은 다저스와 자이언츠가 23번씩 똑같다. 두 팀이 정면 대결을 펼치는 내셔널리그 서부지구 우승은 다저스가 16번, 자이언츠가 8번으로 다저스가 두 배나 더 많다.

월드시리즈 우승은 다저스가 1988년 이후 29년이나 인연을 맺지 못한 반면, 자이언츠는 2010년과 2012년, 2014년 등 2010년 이후에만 3번이나 월드시리즈를 제패했다. 다저스는 2013년부터 5년 연속 지구 우승을 차지하며 메이저리그 정상을 노렸지만 번번이 좌절했다.

그런데 흥미로운 점이 있다. 자이언츠는 전통적으로 강타자를 많이 배출했고, 다저스는 훌륭한 투수들이 많았다. 우선 자이언츠 출신 강타자로는 통산 660홈런, 1,903타점을 기록한 전설의 타자 윌리 메이스, 메이저리그 사상 최초로 400도루 400홈런을 기록했고, 한 시즌 최다 홈런인 73개의 홈런을 터뜨린 배리 본즈가 대표적이다. 반면 LA 다저스에는 샌디 쿠팩스, 돈 드라이스데일, 오렐 허샤이저까지 좋은 투수가 많았다. 현역 투수 중에선 메이저리그 투수 최고 영예인 사이영(Cy Young award) 상을 3번이나 받은 클레이튼 커쇼가 있다. 특히 1950년대 중반부터 1960년대 말까지 당대 최고의 투수 샌디 쿠팩스와 돈 드라이스데일을 앞세운 다저스와 그 시대 최고의 거포 윌리 메이스와 윌리 매코비를 보유했던 샌프란시스코의 투타 대결은 흥행의 보증수표였다.

두 팀의 라이벌 관계가 꼭 남의 나라 얘기만은 아니다. 두 팀에서 뛴 한국인 선수들이 적지 않기 때문이다. 다저스에서는 박찬호(1994~2001년·2008년), 최희섭(2004~2005년), 서재응(2006년), 류현진(2013~현재) 등 역대 네 명의 선수가 다저스 유니폼을 입었고, 자이언츠에서는 송승준(2005년)과 김선우(2006년), 이학주(2016년)가 자이언츠 산하 마이너리그 팀에 몸담은 적이 있었으며, 황재균(2017년)은 자이언츠 소속으로 메이저리그 무대를 밟은 유일한 한국 선수가 됐다.

타자가 방망이로 포수 내려친 역사상 최악의 벤치 클리어링

라이벌 팀이라면 빠질 수 없는 것이 감정 대립이다. 두 팀의 감정이 극에 달한 첫 번째 사건은 1914년 자이언츠 존 맥그로 감독과 호흡을 맞췄던 윌버트 로빈슨 코치가 다저스(당시 팀 이름은 브루클린 로빈스) 감독으로 부임하면서부터다.

둘은 자이언츠에서 감독과 코치로 1911년부터 3년 연속 월드시리즈에 올랐지만 번번이 정상 등극에 실패했다. 이 무렵 맥그로 감독은 로빈슨 코치에게 폭언도 서슴지 않았고, 참다못한 로빈슨 코치가 맥그로 감독의 얼굴에 맥주를 뿌린 일도 있었다. 결국 맥그로 감독은 로빈슨 코치를 해고했고, 로빈슨은 자이언츠의 라이벌 다저스 지휘봉을 잡으면서 '앙숙'이 됐다.

1934년 자이언츠 빌 테리 감독은 다저스를 자극하는 발언으로 다저스의 분노를 샀다. 자이언츠는 테리가 선수 겸 감독으로 뛴 1933년 워싱턴 세나터스를 4승 1패로 제치고 팀 역대 여섯 번째 월드시리즈 우승을 차지했다. 반면 다저스는 5할 승률에도 못 미치는 성적으로 리그 6위에 그쳤다. 그러자 테리 감독은 다저스의 다음 시즌 예상 성적을 묻는 질문에 "다저스가 아직 리그에 있느냐"고 반문했고, 다저스는 치밀어 오르는 분노에 치를 떨어야 했다.

감정싸움의 막장은 벤치 클리어링이다. 두 팀의 가장 끔찍했던 벤치 클리어링은 1965년 8월 23일, 자이언츠의 홈구장 캔들스틱 파크에서 일어났다. 치열한 선두 경쟁 와중에 만난 두 팀은 에이스 샌디 쿠팩스(다저스)와 후안 마리첼(자이언츠)의 에이스 맞대결로 후끈 달아올랐다. 그런데 두 팀

미국 프로야구 샌프란시스코 자이언츠와 로스앤젤레스 다저스는 동부에서 서부로 똑같이 연고지를 옮겨 라이벌전을 이어가고 있다.

선발투수들은 연신 타자 몸 쪽으로 위협구를 던졌고, 주심이 두 투수에게 경고를 주는 상황까지 이르렀다. 그런데 투수가 아닌 포수 위협구로 사달이 났다. 투수 마리첼이 타석에 있을 때 다저스 포수 존 로스보로가 쿠팩스에게 공을 돌려주는 과정에서 일부러 공을 마리첼의 귀를 스치듯 그의 얼굴에 바짝 붙여서 던졌다. 화가 머리끝까지 치민 마리첼은 들고 있던 방망이로 로스보로의 머리를 때렸다. 양 팀 선수가 벤치를 박차고 나온 것은 물론이다. 로스보로는 열네 바늘이나 꿰매는 중상을 입었다. 결국 마리첼에게는 8경기 출장 정지와 1,750달러의 벌금이 부과됐다. 그러자 다저스는 징계가 너무 약하다면서 1,750경기 출장 정지를 시켜야 한다고 비난했다. 흥미롭게도 훗날 도미니카공화국 출신의 마리첼은 네 살 위였던 로스보로와 절친한 친구가 됐고, 2002년 로스보로가 69세를 일기로 세상을 떠났을 때 운구를 맡기도 했다.

1947년부터 10년 동안 다저스에서 뛰었던 메이저리그 최초의 흑인 선수 재키 로빈슨은 자이언츠의 표적이었고, 결국 1951년 자이언츠 투수 살 매길과 충돌해 벤치 클리어링이 일어나기도 했다.

메이저리그의 2018시즌이 다가오고 있다. 다저스는 자이언츠가 2010년 대에 3번이나 달성한, 그리고 2017시즌에 아쉽게 놓친 월드시리즈 우승을 꿈꾸고 있다. 자이언츠는 다저스의 7년 연속 지구 우승을 저지해야 한다. 서로가 서로를 물리쳐야 달성 가능한 목표, 그게 라이벌의 숙명이다.

LA 다저스 (Los Angeles Dodgers)		SF 자이언츠 (San Francisco Giants)
1883년	창단	1883년
다저스타디움 (5만6,000명)	홈 구장 (수용 규모)	AT&T파크 (4만1,584명)
6회 (1955, 1959, 1963, 1965, 1981, 1988년)	월드시리즈 우승	8회 (1905, 1921, 1922, 1933, 1954, 2010, 2012, 2014년)
23회	리그 우승	23회
16회	지구 우승	8회
1,136승 13무 1,158패 (50.5%)	통산 맞대결 (승률)	1,158승 13무 1,136패 (49.5%)

3 밤비노가 가른 희비, 뉴욕 양키스 vs 보스턴 레드삭스

뉴욕 양키스와 보스턴 레드삭스는 두말할 나위 없는 메이저리그 대표 '앙숙'이다. 그 유명한 1920년 '밤비노의 저주'가 발단이 됐지만, 어쩌면 그 깊숙한 배경에는 미국의 대표 도시라는 서로 간의 자존심이 깔려 있는지 모른다. 두 팀 팬들은 아직도 월드시리즈에선 져도 두 팀 간 맞대결에선 절대 져선 안 된다는 승부욕을 가지고 있다. 실제로 1946년 '저주'의 첫 번째 희생양 자니 페스키는 "두 팀의 맞대결이 월드시리즈보다 더 큰 의미가 있다"고 했고, 2014년 은퇴한 양키스의 '캡틴' 데릭 지터는 "두 팀의 라이벌 관계는 (다른 도시의 라이벌들과) 차원이 다르다"고 했다.

두 팀의 역사는 똑같다. 1901년 8개 팀으로 출범한 아메리칸리그에 함께 참여했다. 보스턴 레드삭스는 1869년 만들어진 보스턴 레드스타킹스의 감독 헨리 라이트를 영입하면서 팀의 애칭을 '레드삭스'로 정했다.

뉴욕 양키스는 1901년 메릴랜드 주 볼티모어에서 설립된 볼티모어 오리올스가 시초였다. 지금의 볼티모어 오리올스와는 전혀 다른 팀이다. 이어 2년 뒤 1903년 뉴욕으로 연고지를 옮기면서 팀 이름을 '뉴욕 하이랜더스'로 바꾸었고, 영국 보병연대 이름인 하이랜더스 대신 1913년 지금의 '양키스'로 명명됐다.

사실 이때까지 두 팀은 지금처럼 대놓고 으르렁대던 '앙숙'은 아니었다. 하지만 미묘한 라이벌 의식은 존재했다. 뉴욕은 세계 경제의 중심지이고, 보스턴은 명문대가 즐비한 학문의 도시다. 보스턴은 오래전부터 유럽의 관문으로 통하며 수준 높은 문화예술이 도시를 지배했다. 뉴욕은 1946년 국제연합(UN) 본부가 들어서면서 '세계의 수도'라는 자부심이 더욱 강해졌다. 그러니 녹색 그라운드에서 맞붙는 두 팀의 대결은 마치 두 도시인들의 자존심을 건 '대리전'의 성격을 띨 수밖에 없었다.

베이브 루스를 헐값엔 넘긴 '해리 프레지의 죄악'

초창기 메이저리그 최강팀은 레드삭스였다. 1903년 내셔널리그 우승팀과 아메리칸리그 우승팀 간 열린 최초의 월드시리즈에서 레드삭스는 피츠버그를 5승 3패(당시엔 9전 5선승제)로 제압하고 정상에 올랐다. 이후 20년 동안 4회(1912, 1915, 1916, 1918년) 더 우승 트로피를 거머쥐었다.

초창기 레드삭스가 강팀으로 군림할 수 있었던 배경에는 일간지 《보스턴 글로브》의 발행인 찰스 테일러의 아들 존 테일러가 있었다. 그는 레드삭스 구단을 인수한 뒤 과감하게 투자했다. 1901년 3,500달러의 연봉을 주고 영입한 사이 영의 활약으로 레드삭스는 최고의 팀으로 부상했다. 1901년 이후 3년 연속 다승왕을 차지한 영은 1903년 월드시리즈에서 4번 등판해 2승 1패 1.85의 평균자책점을 기록하며 팀의 첫 월드시리즈 우승을 이끌었다. 1914년에는 베이브 루스(Babe Ruth)가 합류했다. 그는 투타에서 모두 뛰어난 재능을 보였다. 그는 1918년부터 마운드보다 방망이에 치중했고, 그해 개인 첫 두 자릿수 홈런(11개)으로 가능성을 보이더니 1919년 29개로 팀내 최다 홈런을 기록했다. 당시 레드삭스의 팀내 홈런 2위가 12개를 친 가비 크라바스였으니 루스의 존재감은 대단했다.

그런데 1920년 정말 황당하고 어이없는 일이 일어났다. 당시 레드삭스 해리 프레지 구단주는 빌린 돈을 갚지 못해 빚 독촉에 시달리고 있었다. 그는 선수를 팔아 재정난을 타개해보려 했고, 단돈 12만 5천 달러에 루스를 양키스로 트레이드했다.

후폭풍은 거셌다. 이 소식에 가장 격분한 사람은 루스의 타자 전향을 주도했던 레드삭스의 에드 배로 감독이었다. 그는 오랜 노력 끝에 루스가 막 타자로서 거포 기질을 보일 무렵 구단주가 홀랑 다른 팀에 선수를 내줘버렸으니 그저 어이없고 기가 찰 노릇이었다. 배로 감독은 프레지 구단주에게 "당신이 얼마나 엄청난 실수를 했는지 아느냐"고 따졌다. 결국 배로 감독은 바로 그해 시즌이 끝난 뒤 양키스 단장을 맡았고, 레드삭스 선수들을 데려오는 데 앞장섰다.

그 시각, 양키스 제이콥 루퍼트 구단주는 천하를 얻은 기분이었다. 그것도 양키스 선수를 한 명도 내주지 않고 헐값에 루스를 얻었으니 말이다. 그는 기자회견에서 "우리가 레드삭스에서 루스를 현금 10만 달러 정도에 트레이드해왔다"고 자랑스럽게 떠벌렸을 때 대다수 기자들은 믿지 않았지만 곧 사실로 확인되자 경악했다. 보스턴팬들은 황당하기 짝이 없었다. 이를 두고 레드삭스팬들은 '해리 프레지의 죄악(Harry Frazee's Crime)'이라고 표현했다.

이후 두 팀은 천당과 지옥으로 극명하게 엇갈렸다. 타격에 눈을 뜬 루스는 양키스 줄무늬 유니폼을 입고 1920년 54홈런, 1921년 59홈런을 터뜨리며 엄청난 활약을 펼쳤다. 1934년까지 양키스에서 열다섯 시즌을 뛰는 동안 무려 659개의 홈런을 때렸다. 한 시즌 평균 44홈런이다. 그의 통산 714홈런은 1974년 4월 8일 행크 아론이 715번째 홈런을 쳐 깨질 때까지 무려 40년 가까이 유지됐다.

양키스는 루스가 몸담은 15년 동안 7번이나 월드시리즈에 올라 우승 4회(1923, 1927, 1928, 1932년), 준우승 3회(1921, 1922, 1926년)를 차지했다. 반면 레드삭스는 6년 연속 리그 꼴찌(1925~1930년)를 기록하는 등 이 기간 동안 9번이나 최하위를 벗어나지 못했다.

월드시리즈 7차전 4번이나 찾아온 '밤비노의 저주'

그런데 보스턴팬들이 더 미치고 팔짝 뛸 일은 루스가 사망하기 2년 전부터 일어났다. 마침내 '밤비노의 저주'가 레드삭스를 휘감은 것이다. 베이브 루스는 이탈리아 이민 2세인데, '밤비노'는 이탈리아 말로 베이브, 즉 갓난아기라는 뜻으로 루스를 일컫는 애칭이었다.

레드삭스는 1946년부터 20세기가 끝날 때까지 월드시리즈에 4번 진출했지만 4번 모두 마지막 7차전에서 패하는 묘한 일이 반복됐다. 선수들은 무엇에 홀린 사람처럼 어이없는 실책을 연발하면서 눈앞에서 우승을 놓치곤 했다. 1946년 '에노스 슬로터의 미친 대시(Enos Slaughter's mad dash)', 1967년의 '불가능한 꿈(Impossible Dream)', 1975년 '칼튼 피스크의 홈런(Carlton Fisk's home run)', 그리고 1986년 '빌 버크너의 실책(Bill Buckner's error)'이 여기서 비롯된 말들이다.

레드삭스는 1946년 월드시리즈에서 세인트루이스 카디널스와 맞붙었지만, 3승 3패로 맞선 마지막 7차전에서 유격수 조니 페스키의 중계 플레이(릴레이. 외야에서 주자의 진루를 막기 위해 홈플레이트나 3루로 공을 송구할 때, 중간에 다른 수비수가 공을 잡아 연결하는 것) 실수로 결승점을 헌납해 시리즈 전적 3승 4패로 좌절했다. 페스키는 3 대 3으로 맞선 8회 초 2사 1루에서 중견수의 송구를 받은 뒤 머뭇거리다가 홈으로 질주하던 에노스 슬로터를 아웃시키지 못해 레드삭스팬들의 '역적'이 됐다. 3 대 4로 뒤진 레드삭스는 당시 9회 초 1사 1, 3루의 역전 찬스를 잡았지만 끝내 득점에 실패하며 땅을 쳤다.

레드삭스는 1967년 월드시리즈에서 역시 세인트루이스와 맞붙었는데, 홈런왕과 타점왕에 오른 칼 야스터젬스키를 앞세운 레드삭스가 유리해 보였다. 그러나 세인트루이스 밥 깁슨은 마지막 7차전을 포함해 월드시리즈에서 3승을 모두 완투승으로 장식하며 '불가능한 꿈'을 현실로 만들었다. 세인트루이스 타선에선 루 브록이 4할 1푼 7리에 도루 7개로 펄펄 날았고, 로저 매리스는 3할 8푼 5리에 7타점의 맹타를 휘둘렀다.

레드삭스의 1975년 월드시리즈 상대는 피트 로즈, 조 모건, 토니 페레스 등 '빅 레드 머신'을 앞세워 전성기를 구가하던 신시내티 레즈였다. 레드삭스는 패색이 짙던 6차전 12회 말 월드시리즈에서 가장 극적인 홈런의 하나로 꼽히는 칼톤 피스크의 끝내기 홈런으로 역전승하며 승부를 마지막 7차전으로 몰고 갔다. 하지만 7차전에서 3 대 0의 리드를 지키지 못하고 9회 초 조 모건에게 역전타를 허용하며 3 대 4로 믿기지 않는 역전패를 당했다. 레드삭스는 이 월드시리즈에서 득점, 팀 타율, 팀 평균자책점에서 모두 신시내티에 앞서고도 우승하지 못하며 저주에 울었다.

1986년 월드시리즈는 '밤비노의 저주'가 절정에 달한 시리즈였다. 뉴욕메츠와 맞붙은 레드삭스는 5차전까지 3승 2패로 앞섰고, 6차전 연장 10회 말 투아웃까지 5 대 3으로 앞서 우승을 눈앞에 뒀다. 그런데 이때부터 정말 믿을 수 없는 일이 벌어졌다. 연속 3안타를 맞고 1실점한 뒤 투수 봅 스탠리의 폭투로 5 대 5 동점을 허용했다. 그리고 1루수 빌 버크너의 끝내기 알까기로 5 대 6 충격의 역전패를 당했다. 멘탈이 무너지고 넋이 나간 레드삭스 선수들은 7차전에서 5 대 8로 지면서 저주에 몸서리쳤다.

양키스는 월드시리즈 우승 27회, 아메리칸리그 우승 40회를 차지한 미국 프로야구 최고의 명문 구단이 됐다. 반면 레드삭스는 월드시리즈 우승 8회, 아메리칸리그 우승 13회로 양키스에는 턱없이 못 미친다. 1918년 우승 이후 무려 86년 동안 '밤비노의 저주'에 시달렸기 때문이다.

2년 연속 챔피언전 '마지막 승부' 2003년 양키스, 2004년 레드삭스 웃었다

레드삭스와 양키스는 2003년 아메리칸리그 챔피언십 시리즈에서 맞붙었다. 그야말로 '원수를 외나무다리에서 만난' 격이었다. 정규리그에선 양키스가 101승 61패로 아메리칸리그 전체 승률 1위로 동부지구 우승을 차지했고, 레드삭스는 95승 67패로 동부지구 2위에 올라 와일드카드로 포스트시즌에 진출했다. 나란히 디비전 시리즈를 통과한 두 팀은 챔피언십 시리즈에서 3승 3패로 맞섰다. 마침내 마지막 7차전. 레드삭스는 8회 초까지 5 대 2로 앞서 월드시리즈 진출이 눈앞에 보였다. 레드삭스는 '밤비노의 저주'를 깰 절호의 기회를 잡는 듯했다.

레드삭스 선발투수 페드로 마르티네스는 7회까지 잘 던졌다. 제이슨 지암비에게 솔로 홈런 2개를 맞은 게 실점의 전부였다. 그런데 레드삭스 테오 엡스타인 단장은 그래디 리틀 감독에게 마르티네스가 투구 수 100개를 넘기면 구위가 급격히 떨어지는 점을 강조하면서 그때는 무조건 투수를 바꾸라고 신신당부했다. 그리고 운명의 8회 말 양키스의 공격. 마르티네스의 투구 수가 100개째 되자 리틀 감독이 마운드에 올라갔다. 그러고는 "마르티네스가 더 던질 힘이 있다"며 교체하지 않았다. 그 결과는 참혹했다.

양키스는 이때부터 데릭 지터, 버니 윌리엄스, 마쓰이 히데키, 호르헤 포사다의 연속 안타가 터지면서 극적으로 5 대 5 동점을 만들었다. 그리고 연장 11회 말 레드삭스는 양키스 애런 분에게 끝내기 홈런을 맞고 85년 묵은 '밤비노의 저주'에 다시 한 번 치를 떨었다.

리틀 감독은 바로 잘렸고, 필라델피아 필리스 감독을 역임한 테리 프랑코나가 새로 사령탑으로 부임했다. 또 포스트시즌에서 강한 모습을 보인 커트 실링을 애리조나 다이아몬드백스에서 트레이드해오고, 마무리투수 키스 폴크까지 영입했다. 이렇게 준비한 2004년 시즌, 레드삭스는 다시 한 번 양키스와 아메리칸리그 챔피언십 시리즈에서 맞붙었다. 하지만 레드삭스는 1~3차전을 내리 패하며 벼랑 끝에 몰렸다. 그리고 4차전에서도 9회 초까지 3 대 4로 끌려갔다. 게다가 양키스 마운드는 철벽 마무리 마리아노 리베라였다. 모두가 졌다고 생각했을 때, 기적이 일어났다.

선두 타자 케빈 밀라가 볼넷을 골라 나가자 곧바로 대주자 데이브 로버츠(현 LA 다저스 감독)가 나왔고, 결국 아슬아슬하게 2루 도루에 성공했다. 이어 빌 뮬러가 중견수 앞 적시타를 치면서 로버츠가 홈에 들어와 극적으로 4 대 4 동점을 만들었다. 그리고 연장 12회 말, 데이비드 오티즈의 끝내기 투런 홈런으로 레드삭스가 극적으로 이겼다. 경기가 끝났을 때 시간은 다음 날 새벽 1시가 넘어 있었다. 하지만 시리즈 전적은 여전히 양키스가 3승 1패로 앞선 상태였다.

5차전은 4차전의 데자뷰였다. 2 대 4로 끌려가던 레드삭스가 8회 말 리베라를 상대로 4 대 4 동점을 만들었고, 연장 14회 말 오티즈의 끝내기 안타까지, 4차전과 판박이였다. 그리고 6차전은 그 유명한 '핏빛 양말'의 주인공 커트 실링의 호투로 레드삭스가 4 대 2로 이겼다. 보스턴 선발투수 실링은 오른쪽 발목 힘줄이 끊어진 상황에서 힘줄을 묶는 임시 처방을 받고 등판했다가 배어나온 피가 흰 양말을 흥건히 적시면서 '핏빛 투혼'이라는 찬사를 받았다. 공교롭게도 보스턴의 팀 이름이 '레드삭스'였기에 훗날 실링의 핏빛이 밤비노의 저주를 물리쳤다는 그럴싸한 말까지 돌았다.

레드삭스는 결국 7차전에서 양키스를 10 대 3으로 물리치고 1년 전 패배를 시원하게 설욕했다. 특정한 두 팀이 포스트시즌에서 2년 연속 마지막 7차전까지 펼친 것은 메이저리그 역사상 처음이었다. 더욱이 '3연패 뒤 4연승'의 기적 같은 승리를 이끈 것도 메이저리그 포스트시즌 역사상 레드삭스가 처음이다. 레드삭스는 내친김에 그해 월드시리즈에서 세인트루이스 카디널스를 4연승으로 누르고 86년 만에 지긋지긋했던 밤비노의 저주에서 벗어났다. 훗날 실링의 핏빛 양말은 경매에 붙여져 9만 달러(약 1억 원)에 낙찰됐다.

'밤비노의 저주'로 유명한 뉴욕 양키스와 보스턴 레드삭스가 경기를 펼치고 있다.

최근 10년간 맞대결 양키스 94승 vs 레드삭스 91승

만날 때마다 못 잡아먹어 안달인 두 팀의 대결에서 벤치 클리어링이 빠질 리 없었다. 먼저 1973년 8월 2일 레드삭스 홈구장 펜웨이파크에서 열린 경기. 2 대 2 동점에서 맞선 9회 초 양키스 3루 주자 서먼 먼슨은 진 마이클이 번트를 시도하자 그대로 홈으로 질주했고 레드삭스 포수 칼튼 피스크와 충돌했다. 공교롭게도 먼슨 역시 포수였는데, 평소 감정이 좋지 않았던 둘은 그대로 주먹을 주고받았고, 양 팀 더그아웃에서 모든 선수들이 뛰쳐나오며 벤치 클리어링이 일어났다. 피스크는 1976년에도 양키스 루 피넬라와 홈에서 다시 한 번 충돌했다.

2년 연속 챔피언십 시리즈에서 맞붙어 7차전까지 혈투를 벌였던 2003년에는 레드삭스 투수 페드로 마르티네스가 벤치 클리어링 도중 양키스의 고령의 돈 짐머 코치를 바닥에 내팽개쳐 엄청난 논란을 일으켰고, 2004년에는 레드삭스 제이슨 배리텍이 양키스 알렉스 로드리게스의 얼굴에 주먹을 날려 집단 난투극으로 번지기도 했다.

레드삭스가 저주에서 헤어나온 지도 어언 10여 년이 흘렀다. 1903년 이후 두 팀의 통산 전적은 2,161번 만나 양키스가 1,180승, 레드삭스가 981승을 거뒀다. 승률로는 양키스가 5할 4푼 6리, 레드삭스가 4할 5푼 4리다. 순위가 앞선 시즌 역시 양키스가 79번, 보스턴이 36번으로 양키스가 우위다. 하지만 2008년부터 2017년까지 최근 10년간 두 팀의 맞대결 전적은 팽팽하다. 185번 맞붙어 양키스가 94승, 레드삭스가 91승을 거뒀다. 2008년부터 2010년까지 3년 동안 매 시즌 9승 9패로 똑같았고, 2011년 이후 양키스가 4번, 레드삭스가 3번 상대 전적에서 앞섰다.

치열하게 맞붙으며 20세기 100년의 '전설'을 써내려간 두 팀이 21세기에는 또 어떤 맞수 대결로 '전설'을 만들어낼지 궁금하다.

뉴욕 양키스 (New York Yankees)		보스턴 레드삭스 (Boston Redsox)
1883년	창단	1883년
27회	월드시리즈 우승	8회
40회	리그 우승	13회
18회	지구 우승	9회
1,180승 981패 (54.6%)	통산 맞대결 (승률)	981승 1,180패 (45.4%)

4 운명인가 숙명인가, 축구 라이벌, 한국 vs 일본

1954년 3월 7일, 일본 도쿄 메이지신궁(明治神宮) 경기장. 전날 내린 진눈깨비로 엉망이 된 그라운드에서 역사가 시작된다. 바로 한국과 일본의 '소리 없는 축구 전쟁' 한일전이다. 몇 해 전 영국의 대중지《인디펜던스》가 '세기의 스포츠 국가 대항 라이벌전 11선'을 선정한 적이 있는데, 한국과 일본의 축구 경기가 8위에 선정됐다.

축구 한일전은 60년 넘게 숱한 명승부를 연출하면서 온 국민을 들뜨게 했다. 역대 전적은 78차례 맞붙어 41승 23무 14패로 한국이 크게 앞서 있다. 올림픽 축구대표팀 간의 역대 전적도 4승 4무 4패로 팽팽하다가 2012년 이후 런던올림픽 3-4위전 승리 등으로 우리나라가 6승 4무 5패로 1승이 더 많다.

국제축구 무대에서 먼저 두각을 나타낸 것은 일본이었다. 일본은 1968년 멕시코올림픽에서 동메달을 따면서 한국보다 앞서갔다. 하지만 1980년대 이후로는 한국의 일방적인 우세였다. 한국은 1986년 멕시코월드컵 최종예선 1, 2차전에서 일본을 연파하고 32년 만에 월드컵 본선에 진출한 뒤 2018년 러시아월드컵까지 9회 연속 월드컵 본선 무대를 밟았다.

반면 일본은 카타르 도하에서 열린 1998년 프랑스월드컵 아시아 지역 최종예선에서 경기 종료 10초를 남기고 이라크에 동점을 허용하면서 다 잡았던 티켓을 한국에 내주는 아픔을 겪었다. 일본에겐 '도하의 악몽'이었고, 한국에게는 '도하의 기적'이었다. 일본은 자동 출전권이 주어진 2002 한일월드컵에서야 비로소 월드컵 무대를 밟았다.

월드컵과 마찬가지로 올림픽 예선에서도 번번이 우리나라가 일본을 제치고 올림픽 티켓을 거머쥐곤 했다. 1992년과 1996년 말레이시아에서 열린 바르셀로나올림픽과 애틀랜타올림픽 아시아 지역 최종예선에서 우리나라가 1 대 0, 2 대 1로 잇따라 이기고 올림픽에 출전했다. 특히 2012년 런던올림픽 3-4위전에서 일본에 통쾌한 2 대 0 승리를 거두고 동메달을 따내면서 축구에 관한 한 1968년 멕시코올림픽 동메달을 유일한 자랑거리로 여기던 일본이 이제는 한국 앞에서 할 말이 없어지게 됐다. 더욱이 올림픽 대표팀은 2004년 이후부터 이때까지 일본에 2무 3패로 5경기 연속 승리가 없었는데, 가장 중요한 경기에서 승리를 거둬 기쁨이 배가 됐다.

한국, 최근 다섯 차례 한일전 1승 2무 2패로 열세

최초의 한일전은 스위스월드컵 아시아 지역 예선전이었다. 당시 이승만 대통령은 "일본 선수를 한국 땅에 들일 수 없다"고 해서 '홈 앤드 어웨이' 방식의 예선전 두 경기를 모두 일본에서 치렀다. 한국 선수들도 "일본에 진다면 현해탄(대한해협)에 빠져 죽겠다"며 필사즉생의 각오로 경기를 치렀다. 한국은 1954년 3월 7일 최초의 한일전에서 일본을 5 대 1로 대파했고, 일주일 뒤 2차전에서 2 대 2 무승부를 기록하며 사상 처음으로 월드컵 본선 출전권을 따냈다.

해방 이후에 열린 1950~1960년대 한일전은 16전 8승 5무 3패로 한국이 앞섰다. 특히 이 시기에는 한국 국민들의 반일 감정 때문에 일본 선수들이 한동안 한국에 오지 못했기 때문에 16경기 중 8경기가 일본에서 열렸고, 5경기가 제3국에서 열렸는데도 한국이 일방적인 우위를 보였다.

한국에서 한일전이 처음 열린 것은 1960년대 들어서인데, 1960년 11월 6일 서울 효창운동장에서 열린 칠레월드컵 아시아 지역 예선 1차전에서 한국은 정순천 선수가 2골을 넣는 활약으로 일본을 2 대 1로 물리치고 첫 한일전 안방경기를 승리로 장식했다.

1970~1980년대는 한일 축구 정기전이 열리면서 두 나라 사이에 활발한 교류가 이뤄졌다. 한일 정기전은 첫 대회가 1972년 일본에서 시작된 이후 두 나라를 오가면서 열렸는데, 일본 도쿄에서 열린 1회 대회는 사이좋게 2 대 2로 비겼고, 한국에서 열린 2회 대회 때는 한국이 2 대 0으로 이겼다. 하지만 이듬해 일본에서 열린 3회 대회는 한국이 4 대 1로 크게 졌는데, 이때 허용한 4골은 축구 한일전 역사상 한국의 최다 실점 기록이다. 이후 한국은 4회 대회부터 정기전이 마지막으로 열린 15회 대회까지 9승 1무 2패로 일본을 일방적으로 압도했다. 한일 정기전은 1991년을 끝으로 중단됐고, 지금은 간간이 친선경기만 열리고 있다.

한일 정기전을 중단할 만큼 일방적으로 밀렸던 일본이지만 1990년대 이후에는 일본 축구도 많이 성장하며 지금은 한국 축구를 크게 위협하고 있다. 1990년대만 따지면 6승 5무 3패로 한국이 앞선다. 그러나 다이너스티컵에서 두 차례 승부차기 패배는 무승부로 기록됐기 때문에 실제로는 6승 3무 5패로 팽팽했다.

그리고 2000년대(4승 6무 3패)에는 그 격차가 더욱 좁아졌고, 최근 다섯 차례 한일전에서는 한국이 오히려 1승 2무 2패로 뒤지고 있다. 특히 2011년 삿포로에서 열린 한일 친선경기에서는 3 대 0으로 지면서 역대 한일전 최다 점수 차 패배 타이기록이라는 불명예를 떠안았다. 이어 2013년 7월 28일 안방인 서울 올림픽주경기장에서 열린 동아시안컵에서는 윤일록이 전반 동점골을 넣었지만 가키타니 요이치로(세레소 오사카)에게 전반 선제골과 후반 결승골 포함 2골을 내주며 2 대 1로 뼈아픈 패배를 당했다. 이 경기는 2000년 4월 이후 13년 만에 잠실에서 열린 한일전이었지만 아쉽게 지고 말았다. 2015년 8월 5일 중국 우한에서 열린 동아시안컵에서 장현수가 페널티킥으로 선제골을 넣었지만 야마구치 호타루(세레소 오사카)에게 동점골을 내주며 1 대 1로 비겼다. 그러나 가장 최근인 2017년 12월 16일 동아시안컵 3차전에서는 원정경기였음에도 4 대 1로 대승을 거뒀다. 김신욱(2골)과 정우영, 염기훈이 골을 넣으며 2010년 5월 24일 이후 무려 7년 7개월 만에 한일전에서 승리했다.

한일전은 '단두대 매치' 한 · 일 감독 통산 열네 명 물러나

한일전에는 올드팬들을 설레게 하는 '추억의 명승부'도 많았다. 중년 남성팬들이 술 한잔 걸치면 입에 올리는 최고의 명승부는 '도쿄대첩'이다.

한국이 1997년 9월 28일 일본 도쿄에서 열린 프랑스월드컵 최종예선에서 2 대 1로 짜릿한 역전승을 거둔 경기인데, 일본은 외국인 선수 로페즈 와그너를 귀화시키면서 사상 첫 월드컵 본선 진출을 열망했다. 일본은 후반 22분 야마구치 모토히로의 로빙슛(골키퍼의 머리 위를 넘기는 높고 느린 슛)으로 선제골을 뽑았고 시간이 얼마 남지 않아 한국은 패색이 짙었다. 그러나 한국은 후반 38분 서정원의 헤딩골로 동점을 만들고 종료 4분 전 이민성이 왼발 중거리슛으로 대역전 드라마를 만들었다. 도쿄를 울게 하고 한국을 춤추게 한 당시의 경기는 한일전의 '전설'로 기억되고 있다.

1994년 히로시마 아시안게임 8강전도 '각본 없는 드라마'를 연출한 명장면으로 꼽힌다. 게다가 축구에서 가장 재미있다는 3 대 2 펠레 스코어 (불세출의 스타 펠레가 "축구는 1골 차 승부가 가장 재미있다. 그중 3 대 2 스코어가 가장 이상적이다"라고 말한 데서 비롯된 것)로 이겼기에 더욱 짜릿한 승부였다. 한국은 전반 20분 일본의 미우라 가즈요시에게 선제골을 허용해 1 대 0으로 끌려갔다. 하지만 후반 16분 황선홍의 감각적인 힐패스를 유상철이 A매치 데뷔골로 연결하면서 1 대 1 동점을 만들었고, 3분 뒤 황선홍이 역전 헤딩골까지 작렬시켰다. 그런데 이게 끝이 아니었다. 후반 40분 일본의 주장 이하라 마사미에게 35미터 중거리슛을 내줘 승부는 2 대 2 원점으로 돌아가고 말았다. 결국 한국은 후반 추가시간 때 황선홍이 일본 수비수의 반칙으로 페널티킥을 얻어낸 뒤 직접 골까지 성공시켜 3 대 2의 짜릿한 드라마를 마무리 지었다.

이 밖에 1985년 11월 3일 서울 잠실종합운동장에서 열린 멕시코월드컵 최종예선에서 허정무의 결승골로 32년 만에 월드컵 본선 진출을 확정 지었던 경기도 있다. 또 1998년 4월 1일 역시 잠실종합운동장에서 열린 친선경기도 축구팬을 추억에 젖게 한다. 이날은 비가 억수처럼 퍼붓던 날인데, '일본 킬러' 황선홍은 1 대 1로 팽팽하던 후반 28분 빗물이 고인 골문 앞에서 볼이 뜨자 몸을 날려 가위차기슛으로 결승골을 뽑아냈다. 빗물 위로 미끄러지며 포효하던 '황새' 황선홍의 골 세리머니는 아직도 생생하다.

한일전은 곧잘 감독들의 목이 달아나는, 이른바 '단두대 매치'이기도 하다. 60년 넘는 한일전 역사를 통틀어 두 나라 감독 열네 명이 패배의 책임을 지고 감독직에서 물러났다. 일본 대표팀 감독이 열 명이나 경질된 반면 한국팀 감독은 네 명이 물러나는 데 그쳐 상대적으로 일본이 더 심했다.

역대 최고 '일본 킬러'는 4경기 5골 넣은 황선홍

역대 한일전에서 일본에 유난히 강했던 '일본 킬러'는 누구일까. 우선 한일전에서 가장 많은 골을 넣은 선수는 '황금의 다리'로 불린 1950년대 축구 스타 최정민 전 대표팀 감독과 1970년대 슈퍼스타 차범근 전 대표팀 감독으로 나란히 6골씩 기록했다.

황선홍 현 FC 서울 감독과 박성화 전 올림픽대표팀 감독이 5골로 그 뒤를 이었다. 특히 황 감독은 현역시절 자신이 출전한 한일전 4경기에서 모두 결승골을 뽑아내며 가장 순도 높은 활약을 펼쳤다. 이어 1970년대 초에 활약했던 박이천 선수가 4골, 이영무 전 축구협회 기술위원장, 허정무·조광래 전 축구대표팀 감독들이 3골씩 넣었다.

한일전을 통틀어 해트트릭은 딱 2번 나왔는데, 1975년 8월 9일 말레이

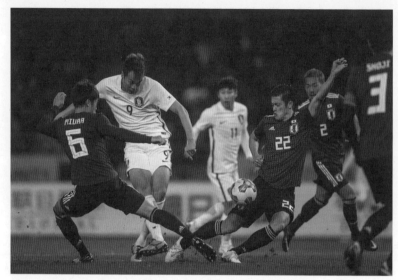

한국과 일본의 축구 경기는 '전쟁'이나 마찬가지다. 사진은 2017년 12월 동아시안컵에서 맞붙었던 장면. 대한축구협회 사진 제공.

시아 메르데카컵에서 차범근 선수가 혼자 3골을 넣으면서 일본을 3 대 1로 이겼고, 1979년 6월 16일 서울운동장에서 열린 정기전에서 박성화 선수가 해트트릭을 기록하면서 4 대 1 대승을 이끌었다.

　60년 넘는 세월 동안 한국과 일본 두 나라는 축구공을 두고 치열하게 싸웠다. 영광과 좌절이 교차했고, 서로를 넘어서기 위해 젖 먹던 힘까지 다 쏟아부었다. 두 나라 축구는 '숙적'이 있었기에 발전할 수 있었다. 그리고 나란히 아시아를 넘어섰다. 앞으로 축구 한일전에서는 또 어떤 드라마가 펼쳐질지 궁금하다.

5 NBA를 양분한 명가, LA 레이커스 vs 보스턴 셀틱스

2017년 6월 막을 내린 2016~2017시즌 미국프로농구(NBA) 챔피언 결정전은 골든스테이트 워리어스와 클리블랜드 캐벌리어스가 NBA 역사상 처음으로 3년 연속 챔피언전에서 맞붙어 화제를 모았다. 그러면서 NBA 71년 역사상 무려 12번이나 챔피언전에서 맞붙어 최고의 라이벌로 꼽히는 LA 레이커스와 보스턴 셀틱스가 새삼 주목받았다. 두 팀은 챔피언전에서 3년 연속 대결한 적은 없지만 4번이나 2년 연속으로 맞붙었고, 특히 1962년부터 1966년까지 5년 사이에 4번이나 챔피언전을 치렀다. 그리고 숱한 슈퍼스타들을 배출하며 NBA 역사를 양분했다.

통산 우승 횟수 셀틱스 17회, 레이커스 16회

보스턴 셀틱스와 LA 레이커스는 NBA의 최고 명문 구단들이다. 셀틱스는 1946년 NBA 창립 멤버로 뉴욕 닉스, 디트로이트 피스톤스와 함께 NBA에서 가장 오랜 역사를 자랑한다. 아울러 통산 17번의 NBA 최다 우승에 빛나는 팀이다. 팀명인 셀틱스(Celtics)는 1914년부터 1939년까지 존재했던 보스턴 지역의 전설적인 프로팀 '오리지널 셀틱스'에서 따온 것이다. NBA의 전신인 BAA와 NBL이 창설되기 전에도 미국에는 이미 프로팀들이 있었는데, 당시 최고의 강팀이 바로 '오리지널 셀틱스'였다.

LA 레이커스는 보스턴 셀틱스보다 1년 늦은 1947년 창단했는데, 당시에는 호수(lake)가 많은 미네소타 주 미네아폴리스가 연고지였다. 그래서 팀명도 레이커스가 됐는데, 이후 1960년 연고지를 지금의 LA로 옮겼지만 팀명은 계속 '레이커스'를 사용하고 있다. 레이커스는 17회 우승을 차지한 보스턴 셀틱스에 이어 두 번째로 많은 16회 정상에 올랐다. 보스턴의 우승이 1960년대에 집중돼 있는 반면, 레이커스는 꾸준히 좋은 성적을 낸 전통의 명문 구단이다.

NBA는 1946~1947시즌 출범 이후 2016~2017시즌까지 71번의 시즌을 치렀는데 두 팀이 합작한 우승 횟수가 33회에 이른다. NBA 역사에서 거의 절반의 우승을 두 팀이 나눠가진 것이다. 두 팀에 이어 많이 우승한 팀 3위가 시카고 불스의 6회, 공동 4위가 샌안토니오 스퍼스와 골든스테이트 워리어스의 5회로 두 팀의 우승 횟수와는 큰 차이를 보인다.

보스턴 셀틱스와 LA 레이커스는 양대 콘퍼런스(미국프로농구는 동부 콘퍼런스와 서부 콘퍼런스, 즉 2개의 지구로 나뉨) 우승과 디비전 우승은 물론 챔피언전 우승도 숱하게 일궜다. 레이커스는 31회나 서부 콘퍼런스를 제패했고, 셀틱스도 21회나 동부 콘퍼런스 정상에 올랐다. 레이커스는 2년에 1번, 셀틱스도 3년에 1번 정도는 NBA 챔피언전에 올랐다는 얘기다. 디비전(동부 콘퍼런스와 서부 콘퍼런스에는 각각 3개씩의 디비전이 있음) 우승은 레이커스가 33회, 셀틱스가 31회에 이른다.

챔피언전에는 레이커스가 더 많이 올랐지만 우승은 셀틱스가 1번 더 차지했다. 레이커스는 31번 챔프전에 올라 16번 우승하고 15번 준우승을 차지해 우승 승률(5할 1푼 6리)이 5할이 약간 넘는다. 반면 셀틱스는 21번 결승에 올라 17번이나 우승을 차지해 80퍼센트가 넘는 높은 우승 승률(8할 1푼)을 자랑한다.

통산 승률은 정규시즌과 플레이오프 모두 LA 레이커스가 더 높다. 정규시즌에서 레이커스가 통산 3,308승 2,249패, 승률 5할 9푼 5리이고, 셀틱스는 정규시즌 통산 3,274승 2,286패, 승률 5할 8푼 8리이다. 전통의 명가답게 두 팀 모두 3,000승을 돌파한 데다 6할에 가까운 높은 승률을 기록 중이다.

플레이오프에서는 레이커스가 446승 298패로 5할 9푼 9리, 셀틱스가 333승 257패로 5할 6푼 4리를 기록했다. 레이커스의 플레이오프 승률은 6할에 가까울 정도로 높다. 정규시즌과 플레이오프를 합하면 레이커스가 3,754승 2,547패(승률 5할 9푼 6리), 셀틱스가 3,607승 2,543패(승률 5할 8푼 7리)다. 앞으로 어느 팀이 먼저 통산 4,000승에 도달할지도 관심거리다.

NBA 71년 동안 통산 12번이나 챔프전 맞대결

두 팀은 메이저리그로 치면 보스턴 레드삭스와 뉴욕 양키스 같은 앙숙인데, 챔피언전 맞대결도 많이 펼쳤다. 멀게는 1959년부터 가깝게는 2010

년까지 챔프전에서 수차례 맞대결을 펼쳤는데, 수많은 슈퍼스타와 자신들만의 확실한 팀 컬러를 앞세워 숱한 명승부를 보여줬다.

두 팀의 챔피언전 맞대결은 무려 12번이나 성사됐는데, NBA 전체 팀 수가 30개나 되는 점을 감안하면, 두 팀이 얼마나 챔프전에서 자주 만났는지 실감할 수 있다. 12번의 챔프전에서 보스턴 셀틱스가 9번, LA 레이커스가 3번 우승을 차지했다. 하지만 최근 다섯 차례 챔프전에서는 3승 2패로 오히려 LA 레이커스가 앞서 있다.

보스턴 셀틱스는 8년 연속 우승 기록도 가지고 있다. 셀틱스는 1959년 챔프전에서 레이커스를 처음 만났는데 이때부터 1966년까지 무려 8년 연속 NBA 정상을 정복했다. 또 1957년부터 1966년까지 10년 연속 동부 콘퍼런스에서 우승한 기록도 가지고 있다. 셀틱스의 첫 번째 전성기는 바로 이 시기인데, 특히 1960년대에는 10년간 1967년 한 해만 빼고 9번이나 정상에 올랐다. 당시 '보스턴 왕조'를 이끌던 감독은 명장 레드 아워바흐이고, 선수는 최고의 스타 빌 러셀을 비롯해서 밥 쿠지, 빌 셔먼, 톰 하인존, 에드 멕컬리, 샘 존스 등 NBA 역사에 길이 남은 선수들이 주축을 이뤘다.

반면 LA 레이커스는 셀틱스보다 8년이나 빠른 1949년 첫 우승을 차지했다. 이때부터 시작해 창단 초창기 6년 동안 5번이나 정상에 오르면서 NBA 역사상 최초의 왕조, 즉 다이너스티로 불렸다. 전성기는 1950년대와 1980년대, 그리고 2000년대라고 할 수 있다. 1950년대에는 당대 최고의 센터 조지 마이칸과 짐 폴라드, 험 쉐이퍼 등이 주축이었다. 특히 마이칸의 키는 1950년대에선 보기 드문 208센티미터에 이르렀다. 이어 1980년대에는 매직 존슨, 2000년대에는 샤킬 오닐과 코비 브라이언트라는 슈퍼스타가 존재했다.

미국 프로농구 최고의 라이벌 LA 레이커스와 보스턴 셀틱스는 1960년대 월트 체임벌린과 빌 러셀, 1980년대 매직 존슨과 래리 버드의 라이벌 대결로도 유명하다.

두 팀이 배출한 슈퍼스타가 많았던 만큼 영구결번도 수두룩하다. 특히 보스턴 셀틱스는 21개의 영구결번과 스물두 명의 영구결번 선수를 보유해 메이저리그 뉴욕 양키스와 함께 미국 프로 스포츠 최고 기록을 가지고 있다. 대표적인 영구결번 선수는 6번 빌 러셀(센터·1956~1969년), 14번 밥 쿠지(가드·1950~1963년), 15번 톰 하인슨(포워드·1956~1978년), 17번 존 하블리첵(포워드·1962~1978년), 19번 돈 넬슨(포워드·1965~1976년), 21번 빌 셔먼(가드·1951~1961년), 24번 샘 존스(가드 1957~1969년), 32번 케빈 맥헤일(포워드·1980~1993년), 33번 래리 버드(포워드·1979~1992년) 등이다. 18번을 달고 뛰었던 짐 로스컷옵(포워드·1955~1964년)도 영구결번 선수의 영예를 안았지만, 후배들이 18번을 달고 뛸 수 있도록 영구결번 지정을 사양했다.

LA 레이커스의 영구결번 선수는 모두 아홉 명이다. 13번 윌트 체임벌린(센터·1968~1973년), 22번 엘진 베일러(포워드·1958~1971년), 32번 매직 존슨(가드·1979~1991년), 33번 카림 압둘자바(센터·1975~1989년), 34번 샤킬 오닐(센터·1996~2004년), 42번 제임스 워디(포워드·1982~1994년) 등이다.

두 팀이 배출한 뛰어난 선수 가운데 라이벌 대결로 더욱 인기를 모은 선수가 있다. 팀도 라이벌이고, 선수도 라이벌이었던 셈인데, 우선 1960년대 보스턴 셀틱스의 빌 러셀(Bill Russell)과 LA 레이커스의 윌트 체임벌린(Wilt Chamberlain)을 꼽을 수 있다. 러셀은 키 206센티미터에 몸무게 100킬로그램 정도였던 반면, 체임벌린은 216센티미터, 125킬로그램으로 키는 10센티미터 더 컸고, 몸무게는 20킬로그램 이상 더 나갔다. 그런데도 체임벌린은 더 빠르고 더 점프력이 좋은 최고의 선수였다. 무엇보다 체임벌린

하면 1경기 100득점 신화의 주인공이다.

두 최고 센터 간의 역사적인 첫 대결은 1958년 11월 7일 벌어졌는데, 러셀은 22득점 35개 리바운드를, 체임벌린은 35득점 28개 리바운드를 기록했다. 득점은 체임벌린이 많았지만 신체적인 조건에서 밀린 러셀이 리바운드 수에서 오히려 앞섰다. 두 선수는 정규리그에서 98번 맞대결을 펼쳤는데, 러셀의 보스턴이 57승 41패로 우위를 보였고, 플레이오프에서도 49번이나 만나 러셀의 보스턴이 29승 20패로 앞섰다.

두 선수는 절친한 친구 사이기도 했다. 러셀이 두 살 위였는데, 원정경기를 가면 서로가 상대방을 자기 집으로 초대해 저녁식사를 함께 하는 절친이었다. 하지만 두 선수 사이에는 엄청난 경쟁의식이 있었다. 연봉 계약을 할 때도 상대 선수보다 조금이라 더 받으려고 자존심을 세우곤 했다. 1965년에는 러셀이 연봉 협상 마지막 날까지 사인을 하지 않고 버티다가 체임벌린이 당시로서는 NBA 최고 연봉이었던 10만 달러에 재계약을 체결하자, 1시간 뒤 러셀이 보스턴과 10만 1달러에 재계약을 맺었다. 불과 1달러 차이였지만, 소속팀에 7번의 우승을 안겼던 러셀의 자존심이 6번의 득점왕과 4번의 리바운드왕에 오르며 개인기록에서 앞섰던 체임벌린을 넘어선 것이다.

빌 러셀과 월트 체임벌린이 1950~1960년대 같은 포지션에서 당대 최고의 센터 대결을 펼쳤다면, 1980년 매직 존슨(Magic Johnson)과 래리 버드(Larry Bird)는 가드와 포워드로 포지션이 달랐는데도, 엄청난 라이벌 대결을 벌였던 사이다. 존슨은 뒤에도 눈이 달렸다는 말을 들을 정도로 패싱 능력이 뛰어난 선수였고, 버드는 눈을 감고도 골을 넣는다는 말을 들을 정도로 슛이 정확한 외곽슈터였다. 두 선수의 라이벌 대결은 대학시절이던 1979년 NCAA 결승전 맞대결로 거슬러 올라간다. 당시 예상을 뒤엎고 매직 존슨이 이끌었던 미시간주립대가 래리 버드로 상징되던 인디애나주립대를 75 대 64로 꺾고 우승을 차지했다. 또 NBA에서는 서로 콘퍼런스가 달랐음에도 열두 시즌 동안 37번이나 맞대결을 펼쳤는데, 존슨이 이끌던 LA 레이커스가 정규리그에서는 11승 7패, 3번에 걸친 챔프전에서도 11승 8패로 근소한 우세를 보이며 2번 우승을 차지했다.

1969년, 1984년, 2010년 챔프전 명승부

두 팀이 NBA 챔피언 결정전에서 펼친 명승부 중에서 우선 1968~1969 시즌 챔프전 얘기부터 하자면 이렇다. 두 팀은 NBA 파이널에서 1959년 처음 만난 이후 10년 동안 7번이나 파이널에서 만났는데, 승자는 언제나 보스턴 셀틱스였다. 이중 1962년과 1966년, 1969년 파이널은 마지막 7차전까지 갔는데, 그중에서 1969년 파이널은 월트 체임벌린과 제리 웨스트, 엘진 베일러가 포진한 LA 레이커스의 우승을 의심하는 이가 거의 없었다. 반면 셀틱스는 평균 나이 서른세 살의 노령 팀이었고, 서른일곱 살의 감독 겸 주장 빌 러셀은 노쇠해서 체임벌린의 상대가 되지 못했다. 보스턴은 예상대로 1, 2차전 LA 원정에서 2연패를 당했다. 그런데 홈에서 3차전을 이긴 뒤 4차전도 연장 끝에 승리하면서 이변을 예고했다. 마침내 3승 3패에서 맞선 마지막 7차전에서 셀틱스는 108 대 106으로 레이커스를 제압하고 챔피언에 올랐다.

두 팀이 1984년에 펼친 챔피언 결정전도 역사에 남을 최고의 파이널로 꼽힌다. 1984년 파이널은 래리 버드와 매직 존슨이 처음으로 파이널에서 만난 경기로 더욱 관심을 모았다. 또 레이커스에는 서른여덟 살의 나이에도 전성기의 기량을 과시하던 카림 압둘 자바와 2년 차 슈퍼스타 제임스 워디가 있었고, 셀틱스에는 꾸준한 올스타 센터 로버트 패리시와 슈팅가드 데니스 존슨이 포진했다. 객관적인 전력에서 레이커스가 앞섰지만 셀틱스는 2차전 극적인 역전승과 4차전 연장전 승리를 거두면서 4승 3패로 또다시 정상에 올랐고, 레이커스와의 파이널 시리즈 맞대결 8전 전승의 기분 좋은 징크스를 이어갔다.

가장 최근에 펼쳐진 2010년 챔프전도 7차전까지 가는 뜨거운 명승부였다. 코비 브라이언트를 앞세운 레이커스가 우세할 것으로 예상했지만, 5차전까지 오히려 2승 3패로 끌려갔다. 하지만 6차전과 7차전을 홈에서 연거푸 이기면서 셀틱스 징크스에서 완전히 벗어나, 역사상 열여섯 번째 챔피언에 올랐다. 또 레이커스의 필 잭슨 감독은 역대 최다인 개인 통산 열한 번째 우승을 일군 사령탑으로 기록됐다.

최근 두 팀의 성적은 2013년을 기점으로 희비가 엇갈리고 있다. 2013년에는 두 팀 모두 약속이라도 한 듯 동부와 서부 콘퍼런스에서 나란히 7위로 플레이오프에 올랐는데, 보스턴 셀틱스는 동부 콘퍼런스 1라운드에서 뉴욕 닉스에 2승 4패로 졌고, 레이커스도 서부 콘퍼런스 1라운드에서 샌안토니오 스퍼스에 4전 전패로 완패를 당하며 나란히 2라운드 진출에 실패했다.

그 뒤 레이커스는 2016~2017시즌까지 4년 연속 성적이 바닥을 헤매고 있다. 서부 콘퍼런스 15개 팀 가운데 2014년 14위, 2015년 14위, 2016년 15위, 2017년 14위다. 반면 셀틱스는 2015년부터 3년 연속 플레이오프 진출에 성공했고, 특히 2016~2017시즌에는 동부 콘퍼런스 1위를 차지했다. 동부 콘퍼런스 세미파이널에서는 워싱턴 위저즈에 4승 3패를 거두고 동부 콘퍼런스 파이널에 올랐지만 르브론 제임스가 이끈 클리블랜드 캐벌리어스에 1승 4패로 쓴잔을 마시고 챔프전 진출에 실패했다.

NBA 역사를 양분한 보스턴 셀틱스와 LA 레이커스. 두 팀의 라이벌 매치는 지구상에 NBA가 존재하는 한 영원히 이어질 것이다.

LA 레이커스 (Los Angeles Lakers)		보스턴 셀틱스 (Boston Celtics)
1947년	창단	1946년
16회	통산 우승	17회
31회	콘퍼런스 우승	21회
33회	디비전 우승	31회
3승 9패	챔프전 맞대결	9승 3패

6 서남아시아의 크리켓 전쟁,
인도 vs 파키스탄

영국의 대중지 《인디펜던스》가 '세기의 스포츠 국가대항 라이벌전 11선'
을 선정한 적이 있다. 그 목록의 1위에 꼽힌 라이벌전이 바로 인도와 파키
스탄의 크리켓 경기다. 인도와 파키스탄의 크리켓 경기는 전쟁과 똑같다. 어
떤 이는 "총과 총알이 아닌 공과 배트로 하는 전쟁"이라고 말했을 정도다.

두 나라는 앙숙으로, 여기엔 역사적인 배경이 있다. 인도는 힌두교를 믿
고 힌두어를 쓰는 데 반해, 파키스탄은 이슬람교를 믿고 우르두어를 쓴다.
두 나라는 역사 이래 평화로운 시절이 드물 만큼 항상 대립해왔다. 특히
영국은 인도의 분열을 노린 식민지 정책으로 파키스탄의 이슬람연맹을 물
밑으로 지원했다. 1947년 인도가 영국에서 독립했고, 파키스탄도 1956년
인도에서 분리 독립했다. 하지만 파키스탄 독립 후에도 두 나라는 종교적
갈등과 카슈미르 독립 등의 이유로 세 차례나 전쟁을 벌였고, 국경 분쟁,
방글라데시 독립, 핵무기 개발 등으로 지금도 사사건건 부딪치고 있다. 따
라서 게릴라전과 국지전이 끊이지 않고 발생하고 있는 게 현실이다.

특히 두 나라는 일촉즉발의 핵 대결로 세계를 긴장시킨 적도 있는데, 인도가 1998년 5월 파키스탄 국경 근처에서 다섯 차례나 핵실험을 실시하자 파키스탄도 보름 뒤 여섯 차례에 걸친 지하 핵실험으로 대응했다. 이 같은 정치적·이념적 갈등과 분노가 크리켓 경기에 고스란히 담겨 있는 것이다.

총과 총알이 아닌 공과 배트로 하는 전쟁

크리켓 경기는 두 나라에서 모두 '국민 스포츠' 대접을 받는 인기 스포츠다. 70년에 걸쳐 서로 으르렁대던 두 나라가 크리켓 맞대결을 벌일 때면 선수들은 죽기 아니면 까무러치기 식으로 사활을 건다. 두 나라 국민들은 줄잡아 15억 명(인도 13억 명+파키스탄 2억 명)이 텔레비전 앞에 모일 정도로 열기가 뜨겁다. 관공서와 상점이 모두 일찌감치 문을 닫고, 유명 기업인과 연예인들은 경기를 보려고 전용기를 타고 경기장이 열리는 도시를 찾을 정도다. 어느 한쪽이 승리를 거두면 요란한 폭죽과 광란의 도가니에 빠지고, 진 쪽은 밤늦게까지 시위를 벌이곤 한다. 또 경기장에는 만약의 사태에 대비해 엄청난 경찰력을 동원, 삼엄한 경계를 펼치기도 한다.

두 나라의 크리켓 경기는 8~9시간을 넘는 혈투를 벌이곤 한다. 2011년 3월 30일, 인도 펀자브 주 모할리 경기장에서 열린 인도와 파키스탄의 크리켓 월드컵 준결승전도 8시간을 넘겼다. 이날 오후 2시 30분에 시작된 경기는 무려 8시간 20분 만인 밤 10시 50분에 끝났다. 스코어는 인도가 260점, 파키스탄이 231점을 기록하면서 인도가 불과 29점 차로 파키스탄을 물리쳤다. 사실 이날 경기는 2008년 인도 뭄바이의 한 호텔에서 일어

인도와 파키스탄의 크리켓 경기는 스포츠 국가대항 라이벌전 1위에 꼽힐 만큼 치열하다.

난 폭탄 테러로 두 나라의 관계가 악화일로를 걷던 중 처음으로 만난 것이었다. 이때 테러로 무려 166명이 희생된 인도의 정부는 테러 배후로 이슬람 무장단체와 파키스탄 정보부를 지목하고 있었다.

그런데 아이러니하게도 이날 경기는 두 나라가 화해하는 계기가 됐다. 경기를 앞두고 만모한 싱 인도 총리와 유수프 라자 길라니 파키스탄 총리가 정상회담을 갖고, 이른바 '크리켓 외교'를 펼친 것이다. 이날 만남은 2001년 이후 파키스탄 정상이 인도를 처음 방문한 것인데, 두 정상은 만찬을 함께 하면서 담소를 나눴으며 경기에 앞서 같이 경기장으로 들어가 선수들과 악수를 나누고 격려했다.

'사실상의 결승전'이었던 이날 경기에서 종료 직전 인도의 승리가 확실시되자 VIP석에 있던 싱 총리가 손뼉을 치며 축하하기 시작했고, 인도 의회당 총수 소니아 간디는 두 손을 번쩍 들며 환호했다. 인도의 승리가 확정되는 순간 인도의 주요 도시 곳곳에서는 폭죽이 터지기 시작했다. 그리고 쇼핑몰과 대학 강당 등의 대형 스크린 앞에 몰려들었던 관람객들이 일제히 환호성을 지르는 등 인도 전역은 축제 분위기에 빠져들었다. 반면 파키스탄 국민들은 크게 실망했고 파키스탄령 카슈미르 지방 수도인 무자파라바드 중심가에서는 패배에 분노한 팬 수백 명이 시위를 벌이기도 했다.

예선에선 인도, 결승에선 파키스탄 승리에 희비 교차

2017년 6월, 두 나라 국민들의 눈과 귀가 영국 버밍엄으로 향했다. 챔피언트로피 크리켓 선수권대회에서 앙숙 관계인 인도와 파키스탄의 피할 수 없는 대결이 펼쳐진 것이다. 이 대회는 1998년 방글라데시에서 처음 개최돼 8회째를 맞이했는데, 영국, 인도, 파키스탄, 스리랑카, 남아프리카공화국, 방글라데시, 호주, 뉴질랜드 등 총 8개국이 참가했다.

마침내 6월 4일 오후 3시, 예선 첫 경기가 두 나라의 맞대결로 시작됐다. 먼저 파키스탄의 국가가 울렸고 이후 인도 국가가 연주됐다. 경기는 갑작스런 우천으로 잠시 중단됐다가 다시 재개되는 등 9시간에 걸친 사투 끝에 인도가 319점, 파키스탄이 164점으로 인도의 완승으로 끝났다. 인도 사람들은 아웃카운트가 하나하나 늘어날 때마다 환호성을 질렀고, 마침내 아홉 번째 아웃카운트가 올라가자 환호성은 절정에 이르렀다. 그리고 서로 약속이나 한 듯 "바라트 마따 끼! 자야!(Bhart mata ki! jaya! 인도의 영광)"를 외쳤다. 인도 크리켓 대표팀의 주장 비라트 콜리(Virat Kohli)는 이날 50점을 득점하며 팀 승리를 이끌었다

그런데 대반전이 일어났다. 2017년 6월 19일, 영국 런던에서 열린 이 대회 결승전에서 인도와 파키스탄이 다시 맞붙었는데 이번에는 파키스탄이 338 대 158 대승을 거뒀다. 예선 첫 경기에서 파키스탄이 인도에 대패했기 때문에 이번에도 싱거운 승부가 예상됐지만 결과는 정반대였다. 참가한 8개국 중 최약체로 불린 파키스탄이 반전을 이룬 것이다.

파키스탄의 우승이 확정된 직후 두 나라 국민들의 반응은 극명하게 나뉘었다. 텔레비전 중계를 보던 파키스탄 국민들은 모두 밖으로 쏟아져 나와 폭죽을 쏘아올리고 "알라께서 기도에 응답해주셨다"며 파키스탄 국기를 흔들어댔다. 어린이들이 거리에서 춤을 추는 사이로 노점상들이 공짜 사탕을 나눠주기도 했다. 이튿날 선수단이 귀국한 파키스탄의 진나 국제공항은 환영 인파로 북새통을 이뤘다.

반면 인도 뉴델리의 코노트 플레이스에서 시끌벅적하게 "파키스탄 타도" 구호를 외치며 경기를 관람하던 인도 국민들은 패배 뒤 찬물을 끼얹은 듯 침묵했다. 화를 참지 못한 일부 국민들은 텔레비전을 부수기도 했고, 인도 크리켓 대표팀의 사진을 불태우기도 했다. 런던 현지에서는 흥분한 양쪽 팬들을 막다가 경찰관 여섯 명이 부상을 입었다.

심지어 영국과 인도의 언론 매체들에 따르면, 크리켓 결승전 경기에서 파키스탄을 응원했다는 이유로 인도에서 열다섯 명이 체포됐다는 보도가 나오기도 했다. 인도 마디아프라데시 주 경찰은 이 대회 결승전에서 친파키스탄적인 구호를 외친 이들을 보안법 위반으로 체포했다. 주민 신고로 출동한 경찰은 《인디아 투데이》에 "경기 결과도 나빴는데 파키스탄에 대한 이들의 응원으로 소란이 일어날 수 있다고 판단했다"고 밝혔다.

인도와 파키스탄의 크리켓 통산 전적은 196번 맞붙어서 파키스탄이 91회 이겼고, 인도가 61회 승리해 상대 전적에서는 파키스탄이 앞선다. 하지만 무승부도 44회나 나올 정도로 박빙의 승부도 많았다.

두 나라 스포츠 스타가 결혼한 일도 있었다. 한마디로 현대판 '로미오와 줄리엣'인 셈이다. 2010년 4월 인도와 파키스탄을 대표하는 스포츠 스타들의 결혼식으로 두 나라가 뒤집어졌다. 주인공은 인도 여자 테니스 스타 사니아 미르자(Sania Mirza)와 파키스탄 크리켓 국가대표 쇼아이브 말리크(Shoaib Malik)다. 국경을 초월한 사랑을 선택한 죄로 이들은 하루아침에 역적으로 내몰렸다. 특히 인도인들의 분노는 말로 표현하기 힘들 정도였다.

하지만 두 나라 국민들 중에는 "인도와 파키스탄, 방글라데시는 원래 하나의 나라였다"며 화해를 강조하는 이들도 적지 않다. 이들은 "두 나라가 경기장 안에서나 밖에서 서로를 너무 미워하지 않았으면 좋겠다. 우리는 하나였다는 것을 기억해야 한다"고 강조한다. 실제로 2011년 당시 두 나라 정상의 '크리켓 외교' 이후 양국의 관계가 잠시 회복되기도 했다. 양쪽이 잇따라 유화의 몸짓을 취하면서 해빙 분위기가 조성됐다. 두 나라가 핵보유국이기 때문에 국제사회는 더더욱 두 나라의 화해 분위기를 반겼다.

크리켓은 인도와 파키스탄의 국민 스포츠로 남녀노소 할 것 없이 누구나 즐기는 생활 스포츠다. 전기도 들어오지 않는 시골에서 사람들이 모여 크리켓을 즐기는 모습은 평화롭기만 하다. 뜨거운 라이벌 관계를 형성한 크리켓이 차분하게 두 나라의 평화에 기여하는 날이 올 것으로 믿는다.

7 잠실벌 한 지붕 두 가족, LG 트윈스 vs 두산 베어스

LG 트윈스와 두산 베어스. 두산 베어스와 LG 트윈스. 두 팀 팬들은 상대 팀 이름이 먼저 등장하는 것조차 용납하지 않는다. 잠실야구장을 함께 쓰는 '한 지붕 두 가족'이지만 라이벌을 넘어 '앙숙'이 된 지 오래다.

두 팀이 라이벌이 된 것은 1985년으로 거슬러 올라간다. 두산의 전신 OB 베어스는 1982년 한국 프로야구 출범 당시 한국야구위원회(KBO)로부터 '3년 후 연고지 서울 이전'을 약속받고 충청도를 연고지로 삼았다가 1985년에 서울로 올라왔다. 이때부터 원래 서울이 연고지였던 LG의 전신 MBC 청룡과 '서울 라이벌'이 됐다.

이를 두고도 두 팀 팬들 사이에서는 '역사 논쟁'이 치열하다. 두산팬들은 "원래 OB가 서울 연고로 정해졌는데 방송사인 MBC의 파워에 밀려 충청도로 내려간 것"이라고 주장한다. 이에 대해 LG팬들은 "근거 없는 주장이다. 역사를 왜곡하지 마라"고 반박한다.

1985년 서울로 연고지를 옮긴 OB 베어스는 그해 1년 동안 동대문야구장을 홈구장으로 사용했다. MBC는 1982년 원년에 동대문구장을 홈으로 쓰다가 1983년부터 잠실구장으로 옮겼다. 이 때문에 당시엔 "강북=OB, 강남=MBC"라는 말도 나왔다. 그러다가 이듬해인 1986년부터 LG와 두산이 잠실구장을 함께 홈구장으로 사용하면서 '한 지붕 두 가족'이 됐다. LG팬들은 "2000년대 들어 두산이 LG보다 성적이 좀 좋다고 잠실구장 주인 행세를 하는데, 한 번 셋방은 영원한 셋방"이라고 목소리를 높인다. 두산팬들은 "말도 안 되는 소리"라고 코웃음을 친다.

90년대 LG 전성기는 '주사위 던지기'에서 이긴 덕분

두 구단의 자존심 대결은 굉장하다. 두산 구단 관계자는 "LG와 맞대결할 때면 눈에 보일 만큼 선수들 집중력이 높아진다"고 말한다. LG 구단 관계자도 "두산과의 경기는 선수들 승부욕이 훨씬 더 강해진다"고 전한다.

두 팀이 한창 자존심 싸움을 벌일 때는 두산 구단에서 시즌 전에 선수들한테 "첫째는 우승이고, 둘째는 LG전 필승"이라고 강조하기도 했다. 반면 LG는 "1990년대 중반까지 두산을 별로 의식하지 않았다. 오히려 과거 해태(KIA의 전신)나 삼성을 라이벌로 생각했다"고 주장한다. 그러다가 1998년 이후 두산과의 상대 전적에서 자꾸 밀리면서 자존심이 상했고, 그때부터 두산에 대한 라이벌 의식이 아주 강해졌다는 것이다.

1990년대에는 장외 승부가 치열했다. 신인 우선 지명을 위한 '운명의 주사위 던지기'가 그것이었다. 두 팀은 똑같이 서울을 연고지로 했기 때문에 주사위 2개를 던져 합친 숫자가 많은 팀이 서울 연고 선수 가운데 1차지명권을 가졌다. 1990년대 초에는 유난히 거물 신인이 많았는데, 주사위만 던졌다 하면 늘 LG가 이겼다. LG는 덕분에 1991년 송구홍, 1992년 임선동, 1993년 이상훈, 1995년 심재학, 1996년 이정길을 잇따라 지명했다. 1994년에는 LG(유지현)와 두산(류택현)의 지명 선수가 달라 주사위를 던지지 않았다.

두산은 1998년에 딱 한 번 이겼는데 이마저도 이겼다기보다는 이때부터 순번제 지명으로 제도가 바뀌게 되자 김동주를 잡기 위해 1년 전인 1997년에 LG에 신인 지명권을 양보한 덕분이었다. 그런데 LG는 1997년 이병규를 지명해 쏠쏠한 재미를 봤다. 1990년대 LG의 전성시대는 두산을 이긴 주사위 덕분이었다고 해도 과언이 아니다.

그러나 LG는 2002년 준우승을 끝으로 기나긴 암흑기에 접어들었다. 두산과의 상대 전적에서도 밀리기 시작했다. 급기야 두산과의 주말 3연전을 앞둔 2005년 5월 18일, LG 구단은 "두산한테 이길 때까지 두산전 홈경기에서 관중들을 무료 입장시키겠다"고 선언해 엄청난 화제를 불러일으켰다. LG는 2004년 8월 21일부터 이때까지 두산에 7연패를 당하고 있었다. 그런 결기에도 불구하고, 2005년 5월 20일 경기에서 두산에 1 대 5로 역전패를 했다. 두산전 8연패였다. LG 구단은 약속대로 다음 날인 5월 21일 경기에 관중들을 무료 입장시켰다. 프로야구 사상 초유의 '무료 입장 경기'가 펼쳐진 것이다.

이날 잠실구장은 기세가 오른 두산팬들과 약이 바짝 오른 LG팬들로 후끈 달아올랐다. 3만 관중이 1만 5천 명씩 양쪽으로 나뉘어져 3루 쪽은 흰색 막대풍선의 두산팬들로, 1루 쪽은 빨간색 막대풍선의 LG팬들로 가득 찼다. 야구장 왼쪽은 흰색, 오른쪽은 빨간색으로 장관을 이뤘다. 이날 경기는 결국 LG가 9 대 5로 이겼고, 무료 입장 이벤트는 한 경기로 끝이 났다. 하지만 경기가 끝난 뒤에도, 두산팬들은 "불쌍해서 져줬다"고 했고, LG팬들은 "핑계대지 마라"면서 인터넷에서 치열한 설전을 벌였다.

맞수 의식이 강하다 보니 두 팀은 서로 트레이드도 잘 하지 않는다. 맞트레이드는 33년 동안 딱 3번에 불과했다. 라이벌 팀끼리는 혹시나 트레이드를 잘못해서 상대팀 전력을 보강시켜주는 게 아닌가 하는 부담감이 작용하기 때문에 일반적으로 트레이드를 꺼린다.

두 팀 간 최초의 맞트레이드는 1990년 1월 22일 당시 OB의 재일동포 투수 최일언과 LG의 강타자 김상호를 맞바꾼 것인데, 두 팀 팬들에겐 충격적인 '사건'이었다. 또 2008년 6월 3일 두산의 투수 이재영, 발 빠른 왼손타자 김용의와 LG의 수비형 포수 이성열, 스위치 타자(좌우 타석 어디에서든 타격을 할 수 있는 타자) 최승환을 맞바꾼 2 대 2 트레이드가 있었다. 당시 LG는 선발과 불펜이 동시에 무너지면서 마운드 보강이 절실했고, 두산은 백업 포수가 필요했기에 실로 오랜만에 트레이드를 단행했다.

현금 트레이드나 웨이버 공시로 팀을 옮긴 경우도 많지 않은데, 최초의 사례는 프로야구 원년 개막전 결승 만루 홈런의 주인공인 MBC 이종도가 1985년 1월 16일 OB로 간 것이었다. 당시엔 두 팀의 라이벌 의식이 그리 강하지 않을 때였다. 두산에서 LG 유니폼으로 갈아입은 경우는 1999년 1월 22일 류택현과 2013년 11월 30일 김선우가 있다. 류택현은 1994년부터 2014년 은퇴할 때까지 스물한 시즌을 뛰면서 122홀드(홀드는 자기 팀이 리드하고 있는 상황에서 등판, 다음 투수에게 리드하는 상황을 물려주고 강판한 투수에게 주어짐)를 기록했고, 아직도 깨지지 않고 있는 역대 투수 최다 경기 출장 기록(901경기)을 가지고 있다. 메이저리그 출신인 김선우는 라이벌이자 친정팀인 두산을 상대로 2014년 개막전 선발투수로 등판해 화제를 모았다.

두 팀은 개막전에서 10번이나 맞붙은 개막전 맞대결 단골이다. 1980년대에는 6번이나 개막전에서 맞붙을 만큼 자주 만났는데, 그 이후에는 2005년과 2006년, 2011년, 2013년에 만났다. 역대 개막전 상대 전적은 두산이 10전 9승 1패로 LG를 압도했다.

특히 1980년대 OB의 투수 장호연은 개막전에서 유난히 '서울 라이벌' MBC(LG 포함)에 강했다. 그는 개막전에서만 MBC(LG 포함)를 상대로 5번 선발 등판해 무려 4승을 따냈고, 그중 완봉승 1번을 포함해 완투승이 2번이나 있었다. 공이 빠르지 않으면서도 능청스럽게 타자의 타이밍을 빼앗는다고 해서 '짱꼴라'라는 별명으로 유명했는데, 라이벌 MBC(LG 포함)를 제물 삼아 '개막전의 사나이'라는 또 다른 별명이 붙기도 했다.

두 팀의 가장 최근 개막전 승부는 3년 전인 2014년 3월 26일 펼쳐졌다. 당시 두산의 더스틴 니퍼트와 LG 김선우가 선발 등판했는데, 두산이 호르헤 칸투의 역전 3점 홈런에 힘입어 5 대 4로 이겼다.

최근 9년간 맞대결 두산 77승, LG 75승으로 팽팽

프로야구 원년인 1982년부터 2017년까지 36년 동안 두 팀의 상대 전적은 어떨까. 정규리그에서 36년 동안 667번 맞붙었고, 두산이 336승, LG가 304승으로 두산이 32번 더 이겼다. 무승부는 17번 있었다. 승률로 따지면 두산이 5할 2푼 5리, LG가 4할 7푼 5리로 근소한 차이다. 포스트시즌에서는 통산 15번 만나 두산이 8승 7패로 1번 더 이겼다. 정규리그와

프로야구 LG 트윈스와 두산 베어스의 라이벌 대결은 언제나 팬들의 가슴을 뛰게 한다. LG 트윈스 사진 제공.

포스트시즌을 모두 합하면 두산 기준으로 672전 344승 17무 311패다.

두 팀의 역대 맞대결은 1982~1989년(MBC-OB 시절), 1990~1997년(LG 우세 시기), 1998~2008년(두산 우세 시기), 2009~2017년(접전 시기) 등 크게 네 시기로 나눌 수 있다. MBC와 OB가 맞붙었던 1980년대에는 여덟 시즌 동안 OB가 77승 5무 70패로 약간 앞섰다. 그 뒤 LG가 MBC를 인수한 1990년부터 1997년까지 여덟 시즌 동안은 86승 5무 55패로 LG의 일방적인 우세였다. LG는 여덟 시즌 가운데 1993년(9승 9패 동률)을 빼곤 해마다 상대 전적에서 OB에 앞섰다.

그러나 1998년부터는 상황이 완전히 역전됐다. 두산은 2008년까지 열한 시즌 동안 127승 3무 73패로 LG를 철저히 제압했다. 열한 시즌 가운데 LG에게 우위를 내준 해는 2000년(LG 10승 9패)이 유일하다. 하지만 그 시즌도 사연이 있다. 두산이 플레이오프에서 '만만한' LG와 맞붙기 위해 막판 2경기를 일부러 져줬다. LG로서는 암흑기였던 셈이다. 공교롭게도 두산이 LG에 우위를 보이기 시작한 것은 OB에서 두산으로 이름을 바꾼 시기(1999년)와 거의 일치한다.

한 가지 흥미로운 것은 1990년부터 2004년까지 열다섯 시즌 전적만 떼어놓고 보면 LG와 두산은 135승 7무 135패로 똑같다. LG의 두산 징크스도 이제는 벗어날 조짐을 보인다. 2009년부터 2017년까지 최근 9시즌 전적은 77승 75패 2무로 두산이 2번 더 이겼다. 2009년과 2012년, 2014년엔 LG가, 2010년과 2011년, 2016년, 2017년엔 두산이 상대 전적에서 앞섰고, 2013년과 2015년엔 8승 8패로 우열을 가리지 못했다.

LG는 상대 전적에서 뒤질 뿐만 아니라 정규리그 마지막 고비 때마다 두산에 번번이 발목이 잡혀 땅을 치곤 했다. 대표적인 경우가 1986년과 1995년이다. 1986년 시즌 때 전기리그 5위에 그쳤던 당시 OB가 후기 리그에서 MBC를 불과 1경기 차로 제치고 플레이오프 티켓을 거머쥐었다. 1995년에는 LG가 시즌 내내 정규리그 1위를 달렸지만, 시즌 막판까지 LG에 6경기나 뒤져 있던 OB가 반 경기 차로 뒤집고 정규리그 우승을 차지했다. 당시 LG는 정규리그 3위 롯데와의 플레이오프에서 2승 4패로 무너지며 한국시리즈 진출에 실패했다. 반면 OB는 한국시리즈에서 롯데를 4승 3패로 제치고 1982년 원년 이후 통산 두 번째 정상을 맛봤다.

2013년에는 정반대의 일이 일어났다. 막판까지 2위 경합을 벌이던 LG와 두산, 넥센 등 서울 연고 세 팀이 10월 5일 마지막 경기에서 순위가 결정될 판이었다. 2위가 가장 유력했던 팀은 넥센. 대전 원정경기에서 최하위 한화를 이기면 자력으로 2위가 되는 상황이었다. LG와 두산은 맞대결을 펼치고 있었지만 넥센이 한화에 져야만 맞대결에서 이기는 팀이 2위가 될 수 있는 어려운 상황이었다. 결과는 LG의 기적 같은 2위 등극이었다. 한화가 넥센을 2 대 1로 잡아줬고, 6회까지 0 대 2로 끌려가던 LG는 두산에 5 대 2로 역전승을 거뒀던 것이다.

역대 포스트시즌에서도 두 팀은 팽팽히 맞섰다. 1993년과 1998년 준플레이오프에서는 LG가 잇따라 짜릿한 역전승을 거뒀다. 특히 두산은 1998년 10월 9일 준플레이오프 2차전에서 7 대 6으로 앞서다가 9회 말 7 대 7 동점을 허용한 뒤 10회 말 2루수 에드가 캐세레스의 뼈아픈 실책으로 통한의 역전패를 당했다.

반면 2000년과 2013년 플레이오프에서는 두산이 웃었다. 두산은 2000년 플레이오프 6차전에서 안경현의 동점 홈런과 심정수의 역전 홈런으로 시리즈 전적 4승 2패를 만들며 한국시리즈에 올랐다. 2013년 플레이오프에서도 정규리그 4위 두산이 정규리그 2위 LG를 3승 1패로 꺾고 한국시리즈에 진출했다. 포스트시즌 역대 전적도 두산이 8승 7패로 2013년 역전에 성공했다.

명승부와 빈볼 시비 많았던 어린이날 3연전

두 팀은 라이벌 의식이 강하다 보니 빈볼 시비도 잦았다. 특히 LG가 두산에 밀리기 시작한 1990년대 말에는 유난히 자주 충돌했다. 1998년 5월 7일 경기에서 LG 김동수가 OB 투수 류택현의 투구에 옆구리를 강타당했다. 그러자 김동수가 마운드로 뛰쳐나갔는데, 이때 쏜살같이 달려온 1루수 타이론 우즈에 의해 허리를 감긴 채 넘어졌다. 그라운드는 난장판이 됐고 이 과정에서 우즈는 LG 선수에게 스파이크로 엉덩이를 걷어차여 옷이 찢어지고 타박상을 입기도 했다.

2004년 7월 25일에는 LG 투수 서승화가 두산 장원진에게 빈볼을 던졌다가 집단 몸싸움이 벌어졌고, 2007년 5월 4일에는 LG 투수 봉중근이 두산 안경현에게 초구에 머리 쪽으로 위협구를 던졌다가 두 선수가 나란히 퇴장당한 일도 있었다.

가장 최근의 빈볼 사건은 2011년 10월 2일에 있었다. LG 투수 유원상이 두산 오재원에게 던진 공이 머리 뒤쪽으로 날아가면서 방망이에 직접 맞았다. 이에 흥분한 두 팀 선수가 뒤엉켰고, 양 팀 고참인 LG 이병규와 두산 김동주는 얼굴을 붉히면서 언쟁을 벌이기도 했다.

두 팀은 어린이날 3연전을 많이 벌인다. 어린이날은 프로야구 대목이

다. 따라서 한국야구위원회(KBO)는 1996년부터 2017년까지 두 시즌(1997,
2002년)만 빼곤 스무 차례나 어린이날 3연전을 일부러 두산과 LG 경기로
편성하고 있다. 빈볼 시비도 어린이날 3연전에서 많이 나왔을 만큼 두 팀
선수들은 어린이날 3연전에 유난히 승부욕이 강하다.

어린이날 역대 전적은 52번 맞붙어 두산이 32승, LG가 25승, 무승부 1
번으로 두산이 7경기를 더 이겼다. '위닝시리즈(두 팀이 3일간 3경기를 치른 결과
2승한 팀을 위닝시리즈를 했다고 표현)'는 2017년까지 스무 차례의 어린이날 3연
전 가운데 두산이 12번, LG가 7번이었다(2016년에는 1경기 우천 취소로 1승 1패).

어린이날에는 유난히 명승부도 많았다. 1998년 어린이날 경기에서 LG
임선동과 두산의 전신 OB 이경필이 선발로 맞붙었는데, LG 박종호가 연
장전 만루에서 OB 투수 강병규를 상대로 끝내기 몸에 맞는 공으로 승리
를 거뒀다. 하지만 이듬해인 1999년 어린이날에는 그해 OB에서 이름을
바꾼 두산이 9 대 9 동점에서 9회 말 LG 투수 차명석을 상대로 안경현 선
수가 끝내기 홈런으로 짜릿한 역전승을 거뒀다.

어린이날 3연전 중에서도 아직도 팬들에게 회자되는 경기가 있다. 두산
팬들에겐 영원히 잊고 싶지 않은 극적인 역전승이었고, 반대로 LG팬들에겐
기억에서 영원히 지우고 싶은 악몽 같은 경기였다. 2000년 5월 7일, 두산은
9회 초 투아웃까지 5 대 10으로 뒤지다가, 이도형의 3타점 싹쓸이 2루타와
장원진의 적시타로 10 대 10 동점을 만들며 승부를 연장으로 몰고 갔다.
그리고 연장전 끝에 기어이 11 대 10으로 이겼다. 이 경기는 두산팬들 사
이에 '5·7 대첩'이라는 이름의 동영상으로 인터넷에 나돌 정도다.

2001년 5월 6일 경기는 프로야구사에 길이 남을 명승부로 기록됐다. 연
장 15회까지 두 팀이 3 대 3으로 비겼는데, 이 경기는 그 당시 프로야구 1

경기 양 팀 최다 타석(127타석) 신기록과 1경기 양 팀 최다 투구(507개), 1경기 최장 시간(5시간 45분) 등 신기록을 세울 만큼 혈전이었다.

LG-두산 '더그아웃 시리즈' 볼 수 있을까

프로야구 36년 역사상 두산과 LG가 한국시리즈를 펼친 적은 단 한 번도 없다. 1995년 정규리그에서 불과 반(0.5) 경기 차로 두산이 1위, LG가 2위를 차지하자, 팬들은 한국시리즈에서 '잠실 맞수' 대결을 갈망했다. 그러나 플레이오프에서 LG가 롯데에게 지면서 '서울 라이벌'의 한국시리즈 격돌은 성사되지 못했다.

메이저리그에서는 1956년 같은 뉴욕 연고의 뉴욕 양키스와 브루클린 다저스(현 LA 다저스)가 월드시리즈에서 만나자 당시 뉴욕 시내를 통과하는 지하철을 타고 두 팀의 홈구장을 오갈 수 있다 해서 '지하철 시리즈'라고 불렀다. 2000년에는 아메리칸리그를 제패한 뉴욕 양키스와 내셔널리그 챔피언 뉴욕 메츠가 월드시리즈에 오르며 44년 만에 '지하철 시리즈'가 재현됐다.

만약 두산과 LG가 한국시리즈를 벌인다면 '더그아웃 시리즈'로 불릴지도 모른다. 잠실구장에서 모든 경기가 열리고 더그아웃만 서로 맞바꿀 뿐이기 때문이다. LG와 두산의 '더그아웃 시리즈', 상상만 해도 즐겁다.

두산 베어스		LG 트윈스
1982년	창단	1982년
서울(잠실구장)	연고지(홈구장)	서울(잠실구장)
우승 5회 (1982, 1995, 2001, 2015, 2016년) 준우승 6회 (2000, 2005, 2007, 2008, 2013, 2017년)	통산 우승	우승 2회 (1990, 1994년) 준우승 4회 (1983, 1997, 1998, 2002년)
336승 17무 304패 (승률 0.525)	정규리그 맞대결	304승 17무 336패 (승률 0.475)
8승 7패	플레이오프 맞대결	7승 8패
9승 1패	개막전 맞대결	1승 9패
32승 1무 25패	어린이날 3연전	25승 1무 32패

8 한국 프로축구 대표 더비 슈퍼매치, FC 서울 vs 수원 삼성

스페인 프로축구 프리메라리가에 레알 마드리드와 FC 바르셀로나의 라이벌 매치 '엘 클라시코'가 있다면 한국 프로축구에는 FC 서울과 수원 삼성의 라이벌 대결 '슈퍼매치'가 있다. 1996년 6월 16일 첫 맞대결 이후 20여 년 동안 100경기 가까운 두 팀의 대결은 국내 프로축구 K리그에서 가장 뜨거운 흥행카드다. 만나기만 하면 4만 명이 넘는 구름관중을 몰고 다닌다. 특히 역대 5만 관중 이상을 3번이나 기록하는 등 역대 K리그 관중 톱10 가운데 두 팀의 맞대결이 5번이나 차지하고 있다. 두 팀은 정상을 향한 중요한 길목에서 서로 맞붙으며 숱한 명승부를 펼쳐왔다.

'서정원 유니폼 화형식'으로 격한 감정 대립

두 팀은 K리그에서 FC 서울이 통산 6번, 수원 삼성이 통산 4번 우승을 차지한 명문 구단들이다. 구단 역사는 FC 서울이 훨씬 길다. FC 서울은 1983년 12월, 안양 LG 치타스라는 이름으로 창단했고, 수원 삼성 블루윙스는 1995년 12월 창단해 1996년에야 프로리그에 뛰어들었다. 두 팀은 모기업 LG와 삼성이 전자업계 맞수인 데다가 초창기 연고지가 안양과 수원으로 지리적으로도 가까웠다.

라이벌 관계에 불인 불인 것은 1999년이다. 1996년 창단 첫해 K리그 준우승을 이끈 수원 삼성의 김호 감독과 조광래 코치가 극심한 불화를 겪으면서 1997년 결별했다. 그리고 1999년 안양 LG의 사령탑으로 조광래 감독이 취임하면서 두 팀 사이가 껄끄러워졌다.

더욱이 1997년까지 안양 LG에서 뛰었던 서정원이 프랑스 프로축구 1부 리그의 RC 스트라스부르를 거쳐 1999년 K리그로 복귀하면서 애초 복귀를 약속했던 자신의 친정팀 안양 LG가 아니라 돌연 수원 삼성으로 이적하는 사건이 발생했다. 안양 LG는 애초 약속이행을 조건으로 지급했던 이적료의 절반을 반환하라는 소송을 제기했다. 하지만 서정원은 이면계약을 이유로 이를 거부하면서 법정 공방까지 벌였다. 2004년 대법원의 최종판결에 따라 서정원이 FC 서울에 3억 원을 보상하는 것으로 마무리됐지만, 두 팀 간 감정의 골은 이미 깊어질 대로 깊어진 뒤였다.

1999년 3월 20일에 열린 슈퍼컵에서 안양 LG팬들은 '서정원 유니폼 화형식' 퍼포먼스를 펼쳤다. 하지만 이 경기에서 서정원은 친정팀 안양 LG의 수비 진영을 마음대로 휘저으며 어시스트 2개를 기록했고, 해트트릭을 달성한 샤샤와 함께 수원 삼성의 5 대 1 대승을 이끌었다.

약이 오를 대로 오른 안양 LG는 선수들에게 특별수당까지 지급하며 승부욕을 자극했다. 또 조광래 감독은 수원 삼성에서 만들었던 훈련 프로그램을 똑같이 안양 LG에 적용시키면서 '타도 삼성'을 부르짖었고, 마침내 2000년 K리그 우승과 함께 1999년까지 해마다 열세였던 수원 삼성과의 상대 전적도 2000년 한 해 동안 5전 3승 1무 1패의 우세로 바꿔놓는 데 성공했다.

2003년에는 반대상황이 나왔다. 일본 J리그 교토 퍼플 상가에 임대됐던 고종수가 2004년 원 소속구단인 수원 삼성 합류를 거부하고 안양 LG로 이적을 추진해 다시 한 번 두 팀이 대립했다.

두 팀 서포터즈의 감정싸움도 치열하다. 서로 상대방을 '치토스'(안양 LG의 구단명인 치타스를 비하하는 용어)와 '닭날개'(수원 삼성의 구단명인 블루윙스를 비하하는 용어)로 비꼬며 라이벌 의식에 기름을 부었다. 2003년에는 두 팀 서포터즈들이 이런 별명과 관련된 대형 걸개를 만들어 서로 격한 신경전을 벌였다. 수원 삼성 서포터가 경기장 내 현수막에 불을 지른 방화 사건도 일어났고, 수원 삼성에서 뛰던 안정환이 관중석으로 뛰어올라가 FC 서울 팬과 충돌한 일도 있었다.

2016년 FA컵 결승 승부차기 10 대 9로 엇갈린 명승부

두 팀의 대결을 예전에는 '지지대 매치'로 부르다가 지금은 '슈퍼매치'로 칭한다. 과거 FC 서울이 안양을 연고지로 할 때 수원과 안양 사이에 위치한 고개 이름이 '지지대 고개'라 '지지대 매치' 혹은 '지지대 더비'로 불렸던 것이다. 그 뒤 2004년 안양 LG가 서울로 연고지를 옮긴 뒤 두 팀의 라이벌 대결은 지금의 '슈퍼매치'가 됐다. 그 유래는 수원 삼성 홍보팀

직원이 2008년 홈경기를 앞두고 보도자료를 만드는 과정에서 수원-서울 대결 앞에 붙일 수식어가 있으면 좋겠다고 생각해 '슈퍼 클라시코' 등 여러 후보를 떠올리다가 FC 서울 측에 '슈퍼매치'가 어떻겠느냐고 제안했고, 서울 측이 괜찮다는 반응을 보여 처음 사용한 것으로 알려져 있다.

그 후 슈퍼매치는 구름관중을 몰고 다녔다. 2007년 4월 8일 서울 월드컵경기장에서 열린 두 팀의 대결은 5만 5,397명의 관중이 들어차 역대 슈퍼매치 관중 1위를 기록했다. 또 2011년 3월 6일 서울 월드컵경기장에서 K리그 개막전으로 열린 슈퍼매치는 5만 1,606명이 들어차 K리그 개막전 사상 최다 관중 기록과 함께 역대 슈퍼매치 2위를 기록했다. 2012년 8월 18일 서울 월드컵경기장에서 열린 슈퍼매치도 5만 787명을 기록하는 등 5만 관중 이상을 3번이나 기록했다. 그런데 이 3경기 모두 원정팀인 수원의 승리로 끝나 서울로선 '슈퍼매치 5만 관중=패배'라는 달갑지 않은 징크스가 생겼다.

두 팀의 통산 맞대결 평균 관중은 2만 명을 훌쩍 넘어, 1만 명가량인 K리그 평균 관중 수의 두 배에 달한다. 특히 2010년 이후 열린 '슈퍼매치' 평균 관중은 4만 명을 넘는다.

두 팀은 묘하게도 중요한 길목에서 맞대결을 펼친 적이 많다. 1999년 아디다스컵 결승전을 시작으로 2001~2002시즌 아시안클럽챔피언십 결승, 2008년 K리그 챔피언 결정전, 2016년 FA컵 결승에서 서로 양보할 수 없는 치열한 일전을 펼쳤다. 1999년 8월 11일, 서울 동대문운동장에서 열린 두 팀의 아디다스컵 결승전은 수원이 2 대 2로 맞선 후반 고종수의 결승골과 종료 직전 샤샤의 쐐기골로 4 대 2로 이겼다. 서울의 전신 안양은 정광민의 2골로 전반을 앞서갔지만 뼈아픈 역전패를 당했다.

하지만 안양은 복수에 성공하는 데 채 한 달이 걸리지 않았다. 그해 10월 6일 수원에서 열린 정규리그 3차전 맞대결에서 1 대 2로 끌려가다가 후반 종료 직전 수비수 정현호 선수의 동점골에 이어 2분 뒤 정광민의 역전골이 터지면서 3 대 2로 극적인 역전승을 거뒀다. 이 경기 주심은 최초의 여성 국제심판 임은주 씨였는데 판정 논란에 휩싸이기도 했다.

2000년 4월 9일, 두 팀의 대한화재컵 조별리그 A조 경기는 무려 9골을 주고받는 치열한 공방 끝에 수원이 5 대 4로 이겼다. 이는 슈퍼매치 사상 두 팀 합계 최다골 기록으로, 여전히 깨지지 않고 있다.

2002년 4월 5일에는 AFC 챔피언스리그의 전신인 아시안클럽챔피언십 결승에서 두 팀이 만났다. 이란의 테헤란 아자디경기장에서 열린 결승전에서 수원이 승부차기 끝에 4 대 2로 이기고 감격의 우승을 차지했다.

2008년 12월 7일, 수원에서 열린 K리그 챔피언 결정전 2차전도 최고의 명승부였다. 수원은 1차전 원정경기에서 비긴 뒤 2차전에서도 1 대 1로 맞서고 있었다. 연장전 분위기가 감돌던 후반 36분 에두가 얻어낸 페널티킥을 송종국이 성공시키면서 극적으로 우승을 차지했다. 수원이 우승 세리머니를 펼치는 동안 하늘에서 눈이 내려 더욱 극적인 분위기가 연출됐다.

2016년에는 두 팀이 오랜만에 정상에서 만났다. 두 팀은 FA컵 결승 1, 2차전을 똑같이 홈에서 2 대 1로 이겼다. 특히 서울은 12월 3일 열린 2차전 홈경기에서 1 대 1로 맞선 후반 종료 직전 윤승원의 극적인 결승골로 1, 2차전 합계 3 대 3이 되면서 승부를 연장까지 몰고 갔다. 두 팀은 연장전·후반 30분 동안 공방을 이어갔지만 끝내 승부를 가리지 못했고, 운명은 승부차기에 맡겨졌다. 이날 경기는 두 팀이 한 명씩 퇴장당해 열 명씩 맞섰는데, 승부차기에 9번 키커까지 실수 없이 모두 골을 성공시켜 9 대 9

가 됐다. 결국 열 번째 키커는 두 팀의 골키퍼였다. 10번 키커로 나선 서울 골키퍼 유상훈이 찬 공은 골대를 벗어나고 말았다. 이어 수원 골키퍼 양형모의 슈팅은 골문 안으로 들어가면서 수원이 10 대 9로 극적인 우승을 차지했다.

통산 슈퍼매치 35승 26무 31패로 수원의 근소한 우세

두 팀은 K리그 명문 구단이다. K리그에서는 성남이 통산 우승 7번, 준우승 3번으로 가장 많이 정상을 밟았다. 그다음이 서울로 우승 6번, 준우승 5번이다. 수원은 우승 4번, 준우승 4번을 차지하면서 포항(우승 5번, 준우승 4번)에 이어 4위를 기록 중이다. 부산(우승 4번, 준우승 3번), 전북(우승 4번, 준우승 2번)과 우승 횟수는 같지만 준우승 횟수에서 앞선다.

반면 FA컵에서는 수원이 우승 4번, 준우승 3번으로, 포항과 함께 최다 우승 팀이다. 포항은 3위가 세 차례 더 있어 굳이 따지면 포항이 앞선다. 서울은 우승 2번, 준우승 2번으로 성남(우승 3회, 준우승 3회, 3위 3회), 전북(우승 3회, 준우승 2회, 3위 3회), 전남(우승 3회, 준우승 1회, 3위 3회)에 이어 6위를 달리고 있다.

AFC 챔피언스리그에서는 수원이 두 차례 정상에 오른 반면 서울은 아직 우승과 인연을 맺지 못했다. 이 가운데는 2002년 결승에서 수원에 승부차기로 진 뼈아픈 기억도 있다.

두 팀은 1996년 6월 16일 처음 맞대결을 벌인 이후 지금까지 K리그, AFC 챔피언스리그, FA컵 등을 통해 21년 동안 91번이나 맞붙었다. 통산

프로축구 K리그 FC 서울과 수원 삼성의 라이벌 대결은 '슈퍼매치'로 불리는 한국 프로축구의
대표적인 더비. 한국프로축구연맹 사진 제공.

전적은 수원이 35승, 서울이 31승을 거뒀고, 25번은 무승부를 기록했다(승부차기는 무승부).

서울은 안양 시절이던 1999년 10월부터 3년 동안 수원을 상대로 정규시즌 9연승을 거두기도 했다. 하지만 수원은 2010년 8월부터 2012년 10월 3일까지 서울에 7연승을 달리면서 천적 관계를 뒤집었다. 그런데 서울은 2015년 이후 13경기에서 7승 4무 2패로 앞서며 격차를 다소 줄였다.

특히 K리그 정규시즌에는 통산 65번 맞붙어 수원이 26승, 서울이 24승을 거뒀고, 15번은 승부를 가리지 못했다. 서울이 1경기만 더 이겼다면 두 팀의 승패는 같아졌을 만큼 격차는 종이 한 장에 불과하다.

두 팀의 맞대결 골득실은 수원이 124골, 서울이 105골로 수원이 19골 앞서 있다. 두 팀간 맞대결에서 가장 많은 골을 넣은 선수는 서울의 데얀(Dejan)으로 7골이다. 이어 서울의 정조국, 박주영, 정광민과 수원의 박건하가 6골을 넣었다. 또 서정원은 공교롭게도 '이적 파문의 주인공'으로 서울의 전신인 안양 유니폼을 입고 3골을 넣은 뒤 수원으로 이적해 3골을 넣어 '슈퍼매치'에서 통산 6골을 터뜨렸다. 그는 현재 수원 삼성의 사령탑이다.

서울의 윤주태는 2015년 11월 7일 서울 월드컵경기장에서 열린 K리그 클래식 수원과의 경기에서 혼자 4골을 몰아넣으며 팀의 4 대 3 승리를 이끌었다. 윤주태의 4골은 슈퍼매치 사상 한 경기 개인 최다골 기록이다. 서울의 박주영은 2007년 3월 21일 서울 월드컵경기장에서 열린 컵대회에서 해트트릭을 기록하며 팀의 4 대 1 승리에 수훈갑이 됐다. 한때 수원 차범근 감독이 서울과 맞대결을 벌일 때 박주영에 대한 공포감을 털어놓을 정도로 박주영은 '수원 킬러'다운 모습을 보였다. 반면 수원은 박건하가 유난히 서울과의 경기에 강했다. 6골과 함께 어시스트도 5개로 슈퍼매치에서 11개의 공격포인트를 기록했다. 수원의 염기훈은 슈퍼매치 사상 가장 많은 어시스트 7개의 기록을 가지고 있다.

FC 서울		수원 삼성
1983년 12월 22일	창단	1995년 12월 15일
서울 월드컵경기장 (6만 6,704명)	홈구장 (수용 규모)	수원 월드컵경기장 (4만 3,959명)
6회	K리그 우승	4회
2회	FA컵 우승	4회
–	AFC 챔피언스리그 우승	2회
3회	기타 대회 우승	10회
11회	통산 우승 횟수	21회
35승 26무 31패 (24승 15무 26패)	통산 맞대결 (정규리그)	31승 26무 35패 (26승 15무 24패)
105골(70골)	통산 맞대결 득점 (정규리그)	124골(83골)

9 기업 전쟁의 농구 대리전, 현대전자 vs 삼성전자

1979년 초, 고려대 졸업을 앞둔 이동균은 키 174센티미터의 가드였다. 삼성은 이동균을 비롯해 고려대 졸업 예정 선수 세 명을 자신들의 제주도 전지훈련에 동행시켰다. 그런데 그해 1월 25일 밤, 현대 측이 그룹 소유의 8인승 경비행기를 제주로 보냈다. 그리고 삼성 팀과 함께 전지훈련 중이던 이동균을 몰래 태워 울산으로 날아갔다. 이동균은 울산 현대중공업 귀빈실과 현대 계열의 다이아몬드호텔 등에서 숨어 지냈다. 한마디로 '007작전'을 방불케 하는 일이었다.

현대 측 주장은 "삼성이 먼저 우리 선수를 납치했다"는 것이다. 당시 고려대 졸업 예정 선수 네 명 중 황유하와 문재국은 현대가, 진효준과 이동균은 삼성이 영입하기로 삼성과 합의했는데, 삼성이 약속을 어기고 황유하를 뺀 나머지 세 선수를 제주도 전지훈련에 데리고 갔다고 주장했다. 이에 대해 삼성 측은 "이동균 선수가 이미 8개월 전에 삼성에 입단동의서를 내고 훈련 중이었다"며 "우리 선수를 돌려달라"고 항의했다. 결국 당시

대한농구협회가 중재에 나섰고, 경비행기로 현대 측에 납치된 이동균은 삼성으로 되돌아갔다. 그리고 삼성의 제주 전지훈련에 동행했던 문재국은 현대 유니폼을 입게 됐다.

1978년 봄, 한 달 간격으로 나란히 남자 농구팀을 창단한 현대와 삼성은 라이벌을 넘어 앙숙이었다. 당시엔 삼성그룹 이병철 회장과 현대그룹 정주영 회장이 재계 1위 자리를 놓고 치열한 자존심 대결을 펼칠 때였다. 1910년생(이병철 회장)과 1915년생(정주영 회장)으로 같은 세대에 한국 재계를 이끈 두 회장은 남자 농구 대결을 마치 자신들의 '자존심 대리전'인 양 엄청난 돈과 관심을 쏟으며 승리를 북돋웠다. 1983년 점보시리즈라는 이름으로 시작한 농구대잔치는 두 팀의 라이벌 대결이 절정에 달했던 시기다. 세월이 흘러 1997년 프로농구가 출범하고, 현대는 KCC로 이름이 바뀌었지만 두 팀의 라이벌 대결은 40년째 이어지고 있다.

스카우트 경쟁의 막장, '이동균 경비행기 납치사건'

1977년 가을, 당시 남자 성인 농구계에는 새바람이 불었다. 현대와 삼성 두 대기업이 농구단을 창단하겠다고 선언한 것이다. 그때까지 우리나라 남자 성인 농구팀은 금융 팀과 군인 팀 위주였다. 특히 1960~1970년대에는 한국은행과 산업은행이 양대 산맥이었다. 흥미로운 것은 산업은행과 한국은행의 독특한 계보다. 경복고 출신은 연세대를 거쳐 한국은행에 들어가는 게 관례였고, 휘문고 출신은 고려대를 거쳐 산업은행에 입단하는 것이 공식처럼 돼 있었다. 그러다가 기업은행이 창단하면서 금융권 세 팀이 남자 성인 농구 무대에서 각축을 벌였다. 이런 구도에 기업 팀으로는 처음으로 삼성과 현대가 뛰어들었으니, 두 팀은 그야말로 태풍의 눈이었다.

창단은 삼성 농구단이 조금 빨랐다. 1978년 2월 25일 닻을 올렸다. 그리고 정확히 27일 뒤인 3월 24일 현대 농구단이 출범했다. 두 팀은 창단 직전 해인 1977년 가을부터 대학 졸업 예정 선수들을 상대로 스카우트 경쟁을 펼치며 판을 짰다. 삼성은 연세대 이보선, 고려대 김정년, 한양대 이명조와 김평중 등이 주축이 됐고, 현대는 연세대 신선우와 박수교, 고려대 김상천 등을 중심으로 창단했다.

코칭스태프도 쟁쟁했다. 삼성은 이인표 감독과 김인건 코치, 현대는 이경재 감독과 방열 코치가 이끌었다. 현대 방열 코치와 삼성 김인건 코치는 나중에 나란히 감독으로 승격됐는데, 세 살 터울의 두 감독은 마치 이병철 삼성그룹 회장과 정주영 현대그룹 회장의 대리인처럼 '총성 없는 전쟁'을 이끌었다.

전쟁은 스카우트 단계부터 시작됐다. 당시엔 드래프트 제도가 없어서 한마디로 먼저 '찜'하는 팀이 임자였다. 두 팀은 풍부한 자금력을 앞세워 우수한 선수들을 싹쓸이했다. 이로 인한 부작용도 많았다. 현대와 삼성은 창단 때부터 선수들을 마구잡이로 스카우트하면서 두 팀에 모두 등록된 이중 등록 선수가 두 명이나 생겼다. 결국 두 팀이 협상을 통해 고려대 출신의 김상천은 현대로, 연세대 출신의 장봉학은 삼성으로 진로가 결정됐다.

두 팀의 스카우트 경쟁은 슈퍼스타가 등장할 때마다 결코 빼앗겨서는 안 된다는 자존심 대결로 치달았다. 고려대 출신의 이충희와 연세대를 졸업한 김현준이 대표적이었다. 현대가 1981년 이충희를 스카우트하며 만세를 부르자, 삼성은 2년 뒤 김현준을 붙잡으면서 '명군'을 불렀다. 두 팀의 스카우트 경쟁이 막장으로 치달았던 사건이 앞서 언급한 '이동균 경비행기 납치사건'이었다.

과열 경쟁이 빚은 '이봉걸 농구선수 만들기' 프로젝트

두 팀의 과열 경쟁으로 당대 최고의 씨름선수였던 이봉걸을 농구선수로 만들 뻔한 해프닝도 있었다. 1979년 말, 현대는 삼성을 이기기 위한 묘안으로 키 205센티미터의 '인간 기중기' 이봉걸을 농구선수로 전향시켰다. 이봉걸은 비교적 늦은 나이인 중학교 3학년 때 씨름을 시작했다. 하지만 대구 영신고교 3학년 때인 1978년 대통령기와 회장기 대회에서 선배들을 모조리 꺾고 정상에 오르며 모래판을 평정했다. 이봉걸은 고교 졸업 후 현대중공업 씨름단에 입단했다. 하지만 당시 현대중공업 씨름단은 감독이 공석이었다. 이봉걸은 한 매체와의 인터뷰에서 "씨름부 선배들이 운동할 생각은 안 하고 감독 자리만 노리고 있어서 씨름에 회의를 느끼고 있었다"며 "이 무렵 현대 농구단에서 영입 제안이 와서 수락했다"고 말했다.

당시 한국 농구대표팀 센터진은 190센티미터 안팎이었다. 대표팀 주전 센터였던 신선우가 188센티미터, 그보다 후배들인 이문규(190센티미터), 임정명(188센티미터), 박종천(194센티미터)도 2미터를 넘지 못했다. 맨발로 키를 재면 197센티미터, 농구화를 신고 재면 2미터였던 조동우가 나타났을 때 농구계가 주목하며 반겼지만 키 238센티미터인 중국의 센터 무태추(목철주)가 버티고 있는 중국은 흔한 말로 '넘사벽'이었다.

1978년 방콕아시안게임 당시 삼일상고에서 뒤늦게 농구를 시작한 키

203센티미터의 고교 3학년 하동기를 발탁할 정도로 한국 농구는 장신에 목이 말라 있었다. 이때 나타난 205센티미터의 큰 키와 씨름으로 다져진 힘으로 중무장한 이봉걸은 현대 농구단뿐만 아니라 한국 농구의 구세주처럼 느껴졌다.

현대는 이봉걸을 집중 조련했다. 빨리 감을 익혀야 한다며 잠을 잘 때나 밥을 먹을 때도 농구공을 끼고 있게 했다. 그러나 어엿한 농구선수로 성장하기 위해선 적어도 4~5년은 훈련을 받아야 하는데, 당시 이봉걸의 나이는 이미 20대 중반이었다. 이봉걸은 딱 석 달 만인 1979년 3월 숙소를 이탈하고 말았다. 석 달 동안 이봉걸이 코트에서 실제 경기를 뛰어본 시간은 일본 전지훈련 때 일본 팀과의 연습경기에 투입된 딱 10분이 전부였다.

이봉걸 선수의 숙소 이탈에 대해선 현대 측과 이봉걸 선수의 주장이 크게 엇갈린다. 이봉걸은 "현대가 자신에게 2,000만 원을 주기로 하고, 먼저 600만 원을 준 뒤 나머지 1,400만 원은 한 달 후에 주기로 했는데, 두 달, 석 달이 지나도 주지 않자 농구단을 뛰쳐나갔다"고 주장했다. 정식 계약서 없이 구두 계약으로 현대 측의 말만 믿었다가 배신을 당했다는 것이다. 1970년대 말 2,000만 원이면 지금의 수억 원 정도의 가치다.

그러나 현대 측은 이봉걸 선수가 큰돈을 받고도 숙소를 무단이탈한 이른바 '원조 먹튀'라고 맞섰다. 숙소를 이탈한 이봉걸은 대구에 사는 5촌 당숙의 음식점에서 지냈다. 그런데 현대 농구단 관계자들이 찾아왔고, 이봉걸은 끝내 농구단 복귀를 거절했다. 이봉걸은 "현대 측이 언론에 나를 비난하는 기사를 흘려서 여론의 뭇매를 맞았다"고 회상했다. 양쪽의 갈등은 깊어졌고, 뒤늦게 충남대를 졸업한 이봉걸은 현대중공업 씨름단의 라이벌 팀이었던 럭키금성 황소씨름단에 입단해 친정팀에 비수를 꽂았다.

삼성과 현대의 역사적인 첫 대결은 1978년 코리안리그 3차 대회였다. 현대는 창단 첫 경기에서 김동광이 이끌던 기업은행에 58 대 67로 졌다. 반면 삼성은 산업은행을 79 대 60으로 물리치고 창단 첫 경기를 기분 좋은 승리로 장식했다. 두 번째 경기가 바로 두 팀의 역사적인 라이벌 대결이었다. 결과는 현대의 49 대 41 승리. 스코어가 말해주듯 농구라기보다는 격투기에 가까운 격렬한 경기였다. 서로 죽기 살기로 압박수비를 펼치면서 좀처럼 골을 넣지 못했다. 삼성은 기대를 모은 이보선과 김평중이 나란히 부상으로 힘을 쓰지 못했다. 아무튼 현대는 창단 첫 승리를 라이벌 삼성을 상대로 거두는 기쁨을 누렸다.

전성기는 삼성이 먼저였다. 진효준, 박인규, 신동찬 등이 팀을 이끌며 1979~1980년 우승을 도맡았다. 그러나 1981년 이충희와 이원우가 가세한 현대는 기존 신선우, 박수교 등과 시너지를 내면서 주도권을 빼앗았다.

두 팀의 라이벌전 2라운드는 점보시리즈라는 이름으로 1983년 12월, 화려하게 막을 올린 농구대잔치다. 그 무렵 두 팀의 이름도 삼성전자, 현대전자로 바뀌며 '전자 라이벌전'으로 불렸다. 첫 대회부터 두 팀은 팽팽하게 맞섰다. 1차 대회에서 삼성이 우승하자 2차 대회에서는 현대가 정상에 올랐다. 3차 대회에서 삼성이 다시 1위를 탈환했으나, 챔피언전에서는 끝내 현대가 웃었다. 이듬해에는 삼성이 설욕에 성공했다. 1, 2차 대회에서 1위에 오른 뒤 3차 대회에서 현대에게 우승을 내줬지만 챔피언전에서 현대를 물리치고 복수에 성공했다. 두 팀의 컬러는 대조적이었다. 현대는 공격 농구를 지향했고, 삼성은 적극적인 수비가 돋보였다. 그러나 1985년부터 한

몸이나 다름없던 '중앙대-기아'가 가세하면서 농구대잔치 결승에서 두 팀이 맞대결을 벌인 적은 없다.

현대는 1985년과 1986년 결승에서 중앙대를 연이어 제압하고 농구대잔치 2년 연속 우승에 성공했다. 1985년 중앙대는 한기범(82학번), 김유택(83학번), 허재(84학번)가 주축이었고, 1986년에는 한기범이 졸업한 대신 강동희(86학번)가 들어왔다. 하지만 대학생이 실업팀을 넘기엔 조금 모자랐다. 1987년에는 삼성이 유재학, 한기범, 김유택이 주축이던 기아를 물리치고 3년 만에 정상 탈환에 성공했다.

그러나 허재가 기아에 입단한 1988년부터는 상황이 완전히 달라졌다. 기아는 이때부터 1992년까지 5년 연속 우승에 성공했다. 현대와 삼성은 번갈아 결승에 올랐지만 기아 우승의 조연에 그쳤다.

1983년부터 프로농구 출범 직전인 1996년까지 농구대잔치에서 현대는 우승 3회, 준우승 4회를 차지했고, 삼성은 우승 2회, 준우승 4회를 기록했다. 현대가 1번 더 정상에 올랐지만 엇비슷한 성적이었다. 농구대잔치 통산 전적은 1983년부터 1993년까지 11년간 현대가 35전 19승 16패로 3번 더 이겼다.

프로농구 시대 '라이벌전 3라운드'

1997년 2월 1일은 역사적인 프로농구 개막일이다. 삼성과 현대도 나란히 프로농구에 동참했다. 현대는 대전을, 삼성은 수원을 연고지로 삼았다. 프로농구 초창기에는 현대가 더 잘나갔다. 신선우 감독이 지휘봉을 잡고 이상민-조성원-추승균 트리오와 프로농구 초창기 최고의 외국인 선수 조니 맥도웰(Johnny Mcdowell)이 환상적인 호흡을 자랑하며 1997~1998시즌과 1998~1999시즌 2년 연속 정상에 올랐다. 맥도웰의 통산 7,077득점은 2015년 11월, 애런 헤인즈(Aaron Haynes·고양 오리온)가 경신하기까지 오랫동안 외국인 선수 통산 최다 득점 기록으로 남아 있었다.

현대는 후신 KCC를 포함해 5번이나 프로농구 정상에 올랐는데, 이상민(2003~2004시즌)-조성원(1999~2000시즌)-추승균(2008~2009시즌) 트리오는 사이좋게 한 번씩 챔피언전 MVP 트로피에 입맞춤했다.

삼성은 2000~2001시즌 마침내 프로 첫 정상을 정복했다. 김동광 감독이 이끈 삼성은 문경은과 주희정, 아티머스 맥클래리가 맹활약하며 챔피언 결정전에서 창원 LG를 4승 1패로 제쳤다. 그해 MVP는 주희정이 차지했다. 삼성은 이후 안준호 감독이 이끌던 2005~2006시즌 울산 모비스를 4전 전승으로 가볍게 제치고 다시 한 번 정상에 올랐다. 당시 삼성은 서장훈, 강혁, 이규섭 등이 주축이었고, 챔피언전 MVP는 공수에서 맹활약한 강혁이 차지했다.

삼성이 프로 출범 첫 우승에 오르던 2001년 봄, 현대는 모기업인 현대전자 농구단을 금강고려화학(KCC)에 72억 원을 받고 매각했다. KCC는 정주영 전 명예회장의 친동생 정상영 명예회장이 창업주다. 연고지도 2001~2002시즌부터 대전에서 전주로 옮겼다. 삼성도 같은 해 연고지를 수원에서 서울로 바꿨다. 대전 현대-수원 삼성 라이벌 구도는 이제 서울 삼성-전주 KCC 대결로 바뀐 것이다.

두 팀은 2006~2007시즌까지 열한 시즌 동안 플레이오프에 단골로 진출했다. 두 팀 모두 열한 시즌 중 8번씩 올랐고, 동반 플레이오프 진출도 6

번이나 됐다. 하지만 플레이오프에서 맞대결은 번번이 무산됐다. 6번 모두 6강 플레이오프 대진표상 반대쪽에 위치했다.

고대하던 플레이오프에서의 만남은 그동안 맞대결이 불발됐던 아쉬움을 털어버리기라도 하듯 2007~2008시즌부터 무려 4년 연속 이뤄졌다. 특히 2008~2009시즌에는 마침내 정상에서 진검승부를 펼치기도 했다. '농구 명가'의 라이벌 대결, 사상 최초의 정규리그 3위(KCC) - 4위(삼성) 대결로 관심을 모았던 챔피언전은 그룹 총수가 큰 관심을 갖고 경기장을 찾을 정도로 메가톤급 이벤트였다.

플레이오프 기간 동안 적절한 사자성어를 구사하며 인기를 끌었던 삼성 안준호 감독은 챔프전에 앞서 "정규리그와 플레이오프, 챔피언 결정전까지 40승을 채우고 서울의 찬가를 부르겠다"고 말했다. 챔피언전에서 4승을 채우면 딱 40승이었다. 반면 KCC 허재 감독은 "농구 대통령이 서울의 찬가를 못 부르게 하겠다"고 맞받아쳤다. 승부는 일진일퇴였다. 삼성이 첫 판을 잡았지만 KCC는 2, 3, 4차전을 내리 따내며 우승을 눈앞에 뒀다. 하지만 삼성은 5, 6차전을 연거푸 이기며 드라마를 '마지막 승부'로 몰고 갔다. 삼성은 현대 출신의 명가드 이상민이 친정팀을 괴롭혔고, KCC는 최장신 하승진의 높이가 돋보였다. 전주에서 열린 마지막 7차전에서 발목 부상 중이던 KCC 하승진은 진통제 투혼을 보였고, 추승균은 24득점으로 펄펄 날았다. 결국 프로농구 최초의 두 팀 간 '라이벌 결승전'은 KCC의 승리로 막을 내렸다. 아울러 삼성 안준호 감독의 '40승 꿈'은 39승에 머물며 좌절됐다.

2007~2008시즌부터 네 시즌 연속 펼쳐진 포스트시즌 맞대결의 승자는 언제나 KCC였다. 2007~2008시즌 4강 플레이오프(KCC 3승),

현대와 삼성의 농구 라이벌전은 '기업의 대리전'으로 시작해 어느덧 40년의 세월이 흘렀다. 사진은 프로농구 서울 삼성(삼성전자의 후신)과 전주 KCC(현대전자의 후신)의 라이벌 대결. 한국농구연맹(KBL) 사진 제공.

2008~2009시즌 챔피언전(KCC 4승 3패), 2009~2010시즌 6강 플레이오프(KCC 3승 1패), 2010~2011시즌 6강 플레이오프(KCC 3승)에서였다. 플레이오프 통산 전적은 KCC가 13승 4패로 압도했다.

두 팀의 마지막 플레이오프 대결이었던 2010~2011시즌 6강 플레이오프에서 삼성 안준호 감독은 KCC에게 3전 전패를 당한 뒤 지휘봉을 내려놓았다. 반면 허재 감독의 KCC는 삼성을 제물로 2008~2009시즌 정상에 오른 데 이어 안 감독이 사퇴하던 그해 챔피언마저 거머쥐었다. 두 팀의 희비가 극명하게 엇갈린 시기였다.

최근 4~5년간 두 팀은 약속이라도 한 듯 부진에 빠져 있다. 특히 2014~2015시즌에는 두 팀이 최하위를 다퉜다(9위 KCC, 10위 삼성). 순위표 맨 아래를 두 팀이 차지한 것은 8개 팀이 참가한 원년(7위 현대, 8위 삼성) 이후 처음이었다.

두 팀은 한때 전성기를 이끌던 이상민(삼성)과 추승균(KCC)으로 사령탑을 교체해 재도약을 꿈꾸고 있다. 두 감독은 공교롭게도 최근 2년간 나란히 챔피언전에서 쓴잔을 마셨다. 추 감독은 2015~2016시즌 추일승 감독이 이끄는 고양 오리온에 졌고, 이 감독은 2016~2017시즌 김승기 감독의 안양 KGC 인삼공사의 벽을 넘지 못했다.

두 팀의 프로 통산 정규리그 전적은 2016~2017시즌까지 스물한 시즌 동안 119전 66승 53패로 KCC(현대 포함)가 앞선다. 무려 40년간 아웅다웅하며 '농구 명가'를 일군 두 팀이 앞으로 또 어떤 명승부를 펼칠지 궁금하다.

현대전자(KCC)		삼성전자
1978년 3월 24일	창단	1978년 2월 25일
3회(1983, 1985, 1986년)	농구대잔치 우승	2회(1984, 1987년)
19승 16패	농구대잔치 맞대결	16승 19패
5회 (1998, 1999, 2004, 2009, 2011년)	프로농구 우승	2회 (2001, 2006년)
66승 53패	프로농구 맞대결	53승 66패
13승 4패	플레이오프 맞대결	4승 13패

10 여자 농구 바스켓 전쟁, 우리은행 vs 신한은행

우승을 확정지으려는 우리은행과 우승을 저지하려는 신한은행. 그것은 마치 전쟁 같았다. 일진일퇴의 공방으로 코트는 후끈 달아올랐고, 관중들은 목이 터져라 응원했다. 두 팀 감독은 흐르는 땀을 닦아내며 선수들을 독려했다. 그런데 엉뚱한 곳에서 '사고'가 터졌다. 3쿼터 초반 신한은행 곽주영이 우리은행 양지희의 골밑슛을 막다가 네 번째 파울을 범했다. 양지희의 슛이 들어가 동점이 됐고, 추가 자유투까지 성공해 45 대 44로 역전이 됐다. 신한은행 임달식 감독은 펄쩍 뛰며 항의하다 첫 번째 테크니컬 파울을 받았다. 임 감독은 이어 3쿼터 종료 3분 48초를 남기고 심판에게 욕설을 했다는 이유로 두 번째 테크니컬 파울을 받고 퇴장당했다. 임 감독은 "내가 하지도 않은 욕을 했다고 한다"며 어이없어 했다. 경기는 이때부터 우리은행 쪽으로 급속히 기울었고, 우리은행은 안방에서 정규리그 우승 축포를 터뜨렸다.

2014년 3월 2일, 여자 프로농구 우리은행의 홈구장인 춘천 호반체육관에서 있었던 일이다. 만날 때마다 호각지세(互角之勢)로 맞서며 정규시즌 맞대결 6경기에서 3승 3패를 기록한 두 팀은 정규리그 우승의 향방을 좌우할 정면승부 7차전에서 결국 우리은행이 웃었다. 두 팀은 20여 일 뒤 챔피언전(5전 3승제)에서 다시 만났다. 3차전까지 2승 1패로 앞선 우리은행은 3월 29일 열린 4차전에서 신한은행을 67 대 66으로 물리치고 감격의 우승을 차지했다.

우리나라 여자 농구는 유난히 라이벌이 많았다. 실업농구 시절 태평양화학과 한국화장품의 화장품업계 라이벌, 선경과 코오롱의 섬유업계 라이벌이 있었고, 농구대잔치 우승컵을 놓고 번번이 정상에서 만났던 국민은행과 동방생명(현 삼성생명)도 빼놓을 수 없는 '맞수'였다. 출범 20년을 맞은 여자 프로농구는 초창기 현대와 삼성의 재계 라이벌전이 있었고, 그 뒤엔 삼성생명과 금호생명의 보험업계 라이벌도 존재했다.

하지만 적어도 최근 10여 년은 우리은행과 신한은행, 신한은행과 우리은행의 맞수 대결이 가장 불꽃 튀었다. 두 팀은 매 시즌 만날 때마다 격렬한 승부를 펼치고 있고, 특히 2014~2015시즌에는 판정 시비와 감독 징계로 번질 만큼 경기장 안팎에서 날카롭게 대립해 많은 화제를 몰고 다녔다.

대표팀보다 더 잘한 우리은행의 전신 상업은행

우리은행은 현존하는 우리나라 여자 농구팀 가운데 가장 긴 역사를 자랑한다. 국내 최초의 여자 농구단은 1957년 창단한 한국은행이다. 이어 이듬해인 1958년 4월 1일 상업은행이 창단해 현재까지 건재하고 있다. 사람 나이로 치면 환갑이다. 한국은행과 상업은행은 뜨거운 라이벌 관계를 형성하며 우리나라에 여자 농구 붐이 일어나는 기폭제가 됐다. 두 팀은 1961년부터 정기전을 열면서 여자 농구가 당시 우리나라 스포츠의 최고 인기 종목으로 자리매김하는 데 큰 기여를 했다.

한국여자농구연맹(WKBL) 역사관에는 당시 두 팀의 라이벌전을 이렇게 적어놓고 있다. "한은팀과 상은팀의 정기전이 열린 첫날, 수용 능력이 3천 명이던 서울 운동장에는 유료 입장객 5천여 명과 무료 입장객 2천여 명 도합 7천여 명의 관객이 몰려들어 그 인기를 증명하였다."

여자 농구는 1960~1970년대 전성기와 1980~1990년대 농구대잔치 시기, 그리고 2000년대 프로리그를 거치면서 많은 팀들이 생겼다 사라졌다. 하지만 우리은행만큼은 성적이 좋건 나쁘건 60년 동안 한결같이 여자 농구단을 지켜왔다. 변한 것이라곤 팀 이름이 상업은행에서 한빛은행으로, 그리고 지금의 우리은행으로 바뀌었을 뿐이다.

여자 농구 초창기에는 우리은행이 한국 여자 농구의 역사였다. 우선 1960년대 우리은행의 전신 상업은행은 박신자-김명자-김추자 트리오가 구름관중을 몰고 다녔다. 원로 농구인들은 "당시 여자 농구가 펼쳐진 서울 장충체육관에는 바늘 하나 꽂을 자리가 없을 정도였다"고 회고한다. 이런 인기에 편승해 박정희 군사독재정권이 국민들의 관심을 스포츠로 돌리려고 여자농구대회까지 만들었다. 바로 1963년 '박정희 장군배 쟁탈 동남아 여자농구대회'였다. 상업은행은 이 대회에서 단일팀으로 출전해 5년 연속 정상에 올랐다. 이 대회는 1973년까지 명맥이 유지됐는데, 우리나라가 10번 중 6회 대회를 제외한 9번 모두 우승을 차지했다.

1964년 4월, 페루 세계여자농구선수권대회에는 국가대표를 구성하지 않고 상업은행이 단일팀으로 출전하고도 8위에 올랐다. 국가대표를 구성하는 것보다 손발이 잘 맞는 상업은행 단일팀이 더 효과적이라고 판단한 것이다. 이어 한국 여자 농구를 세계 2위에 올려놓은 1967년 5월 체코 세계선수권대회 역시 상업은행 선수를 주축으로 대표팀이 구성됐다. 이 대회에서 한국을 준우승으로 이끈 주역이 '삼보(三寶)', 즉 세 보물로 불린 상업은행의 박신자, 김명자, 김추자 선수였다. 특히 눈부신 플레이로 세계를 사로잡은 박신자는 베스트5에 선정되기도 했다. 이어 도쿄 유니버시아드대회에서도 상업은행이 주축이 된 대표팀이 정상에 올랐고, 이듬해인 1968년 제2회 아시아여자농구선수권대회 역시 우승은 상업은행이 주축이 된 우리나라 차지였다.

여자 농구는 1970년대 들어 최고의 황금기를 구가했다. 국민 속의 인기 스포츠로 자리매김하자 기업들은 앞다투어 여자 농구팀을 창단했다. 덕분에 한때 실업팀이 10개를 훌쩍 넘을 정도로 많았다.

1960년대 최전성기를 구가하던 상업은행은 1970년대 들어 침체의 늪에 빠졌다. 팀이 워낙 많다 보니 우수한 선수가 분산됐고 전력도 평준화되면서 과거에 견줘 성적이 추락한 것이다. 특히 1970년대에는 박찬숙의 태평양화학과 김영희의 한국화장품이 최고의 라이벌이었다. 동종업계인 데다 박찬숙과 김영희라는 당대 최고의 센터가 라이벌 대결을 펼친 덕분에 두 팀의 경기는 최고의 흥행 보증수표였다.

1980년대는 1983년 겨울에 출범한 '점보시리즈'라는 이름의 농구대잔치 시기였다. 당시엔 역시 동종업계 맞수이기도 했던 코오롱과 선경의 라이벌 구도가 인기를 끌었다. 이런 구도에서 상업은행은 여전히 '변방'이었다. 이따금 결승에 올라도 정상 문턱을 넘지 못했다. 그 당시 최고 성적은

1985년 전국체전 우승이 고작이었다. 그런데도 상업은행은 팀을 해체하지 않고 꿋꿋이 유지했다. 조금만 성적이 좋지 않아도 팀을 순식간에 없애버리는 다른 팀들과는 대조적이었다.

만년 하위팀 상업은행이 1992년 농구대잔치에서 강력한 우승 후보 SKC(선경의 후신이자 SK의 전신)를 57 대 54로 꺾는 이변을 일으키며 우승한 적이 있었다. 당시 SKC에는 고액 선수가 즐비했지만 상업은행의 당시 1년 예산은 SKC 스타 선수 한 명의 몸값 절반에도 못 미치는 4,500만 원이었다. 이 때문에 상업은행의 승리를 보도한 어떤 신문은 '돈만으론 이길 수 없다'라는 제목을 뽑기도 했다.

현대건설 여자 농구단을 인수한 신한은행

신한은행의 전신은 1986년 창단된 현대중공업 여자 농구단이다. 현대중공업은 현대산업개발, 현대건설로 이름이 바뀌는데, 어쨌든 1986년을 기점으로 하면 어느덧 팀 역사는 30년을 넘어선다. 우리은행보다 28년이나 늦게 창단해 우리은행 역사의 절반에 불과하다. 하지만 현대는 창단 당시 삼성 계열의 삼성생명과 현대-삼성 라이벌 구도를 형성하며 순식간에 여자 농구 판도를 뒤흔들었다. 현대 여자 농구단은 고(故)정주영 현대그룹 명예회장이 상당히 애착을 가진 것으로 알려졌는데, 현대는 농구대잔치 시절에 우승 2번, 준우승 4번을 차지했다.

프로농구 출범 초창기에는 현대 하이페리온과 삼성 블루밍스의 라이벌 대결이 인기를 끌었다. 1999년 여름리그 때는 삼성이 13승 2패, 현대가 12

승 3패로 불과 1경기 차로 정규리그 1, 2위가 갈렸다. 이어 2000년 겨울리그 때도 1경기 차 1, 2위로 희비가 엇갈렸다. 이즈음 현대는 만년 준우승 팀이라는 꼬리표가 따라다녔다. 현대는 1999년 프로 출범 이후 2004년 해체될 때까지 준우승만 4번 차지했다.

그 뒤 현대그룹이 해체되면서 현대건설 여자 농구단도 18년의 여자 농구단 역사를 마감했다. 당시 전주원, 김영옥, 진미정, 선수민 등 현대 선수들은 모텔을 전전하며 눈물겹게 훈련하면서 인수할 팀을 기다렸다.

마침내 2004년 6월, 신한은행이 현대건설 여자 농구단을 인수해 창단했다. 현대 선수들로서는 신한은행이라는 안정적인 팀을 맞이하면서 안도했다. 신한은행은 이듬해인 2005년 겨울리그부터 리그에 참여했지만 6개 팀 중 8승 12패로 꼴찌에 머물렀다. 그런데 딱 6개월 만에 거짓말처럼 반전이 일어났다. 신한은행은 초대 이영주 감독과 전주원 코치 체제로 출발했는데, 전주원 코치가 선수로 복귀하자마자 2005년 여름리그 때 정상에 올랐다. 꼴찌 팀이 반년 만에 완전히 달라진 모습으로 우승을 차지한 것이다. 정규리그에서는 12승 8패로 3위에 머물렀지만, 4강 플레이오프에서 정규리그 2위 국민은행을 2승 1패로 따돌리고 챔피언 결정전에 오른 뒤 당시 최강 전력을 자랑하며 15승 5패로 정규리그 우승을 차지했던 우리은행을 챔피언 결정전에서 3전 전승으로 물리치는 파란을 일으킨 것이다.

라이벌이 시작된 2005년 여름리그 챔프전

우리은행과 신한은행의 라이벌 관계가 시작된 것은 바로 이때부터였다. 2005년 여름리그 챔피언전은 전문가들 모두가 우리은행의 우세를 점쳤다. 정규리그에서는 2승 2패로 팽팽했지만 전력은 우리은행이 나은 게 사실이었다. 당시 우리은행은 가드 김영옥을 중심으로 김계령-이종애-홍현희로 이어지는 트리플 포스트가 막강했다. 반면 신한은행은 전주원 외엔 뚜렷한 스타가 없었다. 하지만 신한은행은 진미정, 선수진(뒤에 선수민으로 개명), 강영숙 등 수비가 좋은 선수들이 끈끈한 수비농구를 펼치며 다윗과 골리앗의 싸움이라는 승부에서 대이변을 일으켰다. 여자 프로농구 사상 정규리그 3위를 차지하고 우승한 것도 처음 있는 일이었고, 특히 챔피언전에서 3전 전승으로 우승한 팀도 당시 신한은행이 최초였다.

하지만 우리은행은 불과 반년 만에 설욕에 성공했다. 2006년 겨울리그에서 우리은행은 16승 4패로 정규리그 1위, 신한은행은 15승 5패로 정규리그 2위였고, 결국 챔피언전에서 다시 만났다. 춘천 호반체육관에서 열린 1차전은 신한은행의 승리였다. 6개월 전 악몽이 되풀이되는가 싶었지만, 우리은행 박명수 감독은 1차전 패배에도 입가에 미소가 감돌았다. 그는 "오늘 경기로 신한은행의 작전이 모두 드러났다"며 회심의 미소를 지었다. 그의 말처럼 이후 2~4차전의 승자는 우리은행이었고, 결국 우리은행은 신한은행을 1패 뒤 3연승으로 누르고 역전 우승을 차지했다.

당시 양 팀 선수들의 신경전도 대단했다. 우리은행 최고참 김영옥은 안산 원정경기에서 이긴 뒤 이른바 '개다리 춤'을 선보여 신한은행 홈팬들과 선수들을 자극했다. 또 당시 우리은행 박명수 감독이 상대팀 신한은행 위성우 코치를 나무라는 장면이 목격돼 논란이 일기도 했다.

당시 두 팀은 우승은 못해도 상대팀에겐 질 수 없다는 라이벌 의식 때문에 선수들이 맞대결 전날에는 잠도 못 이뤘다고 한다. 양 팀의 최고참 전주원과 김영옥 두 선수의 남편들은 한때 일식집 동업을 할 정도로 가까운 사이였지만, 아내들은 코트에서 치열한 승부를 펼쳐왔다는 점도 흥미롭다.

두 팀의 팽팽했던 균형은 엉뚱하게도 우리은행 박명수 감독의 성추행 사건으로 깨졌다. 박 감독은 2006년 초, 해외 전지훈련지에서 고등학교를 막 졸업한 선수를 감독 방으로 불러 강제로 추행했다. 피해 선수는 박 감독의 친딸과 같은 고등학교에서 함께 농구를 했던 사이로 알려져 더욱 큰 충격을 줬다. 박 감독은 이 사건으로 WKBL에서 영구 제명됐다.

당시 우리은행 선수들은 반박명수파와 친박명수파로 나눠지면서 '반박' 선수들이 대거 트레이드되기도 했다. 이후 우리은행은 네 시즌 연속 꼴찌를 비롯해서 6년 동안이나 침체의 늪에 빠졌다.

반면 이 기간 동안 신한은행은 승승장구했다. 2007년 봄, 임달식 감독이 부임하면서 최강의 전력을 갖춰나갔는데, '정신적 지주'였던 전주원 플레잉 코치에 정선민, 하은주가 가세하면서 천하무적이 됐다. 여기에 강영숙, 이연화, 최윤아, 김연주, 김단비, 김규희로 이어지는 젊은 선수들이 꾸준히 성장하면서 한국 프로스포츠 사상 전무후무한 6년 연속 정규리그-챔피언전 통합우승을 달성했다.

그러나 공교롭게도 신한은행 위성우, 전주원 코치가 우리은행 감독과 코치로 자리를 옮긴 2012~2013시즌부터 두 팀의 라이벌 대결이 다시 뜨거워졌다. 두 팀의 라이벌전 2라운드인 셈이다. 만년 꼴찌팀이던 우리은행은 이

신한은행 김단비(왼쪽) 선수와 우리은행 이승아 선수가 치열하게 공을 다투며 라이벌전을 펼치고 있다. 한국여자농구연맹(WKBL) 사진 제공.

때부터 2016~2017시즌까지 5년 연속 통합우승을 달성하며 환골탈태했다.

2012~2013시즌부터 외국인 선수 제도가 다시 도입되면서 신한은행은 이른바 '하은주 효과'가 반감된 반면, 우리은행은 6년 동안 하위권을 맴돈 덕분에 드래프트 1, 2순위로 뽑은 유망주들이 성장하면서 신한은행을 넘어설 수 있었다. 여기에 위성우 감독의 카리스마가 더해지면서 우리은행 선수들은 정신력까지 단단해졌다.

신한은행 6년 연속 통합우승의 주역이던 임달식 감독과 위성우 감독은 이젠 '적'으로 만나 치열한 승부를 펼쳤다. 2013~2014시즌에는 3차전까지 서로 안방에서 승리를 거두다가 4차전에서 우리은행이 신한은행의 '안방불패' 신화를 깨뜨리며 승리했다. 반면 신한은행은 6차전에서 우리은행의 정규리그 우승을 저지하면서 '명군'을 불렀다.

결국 두 팀은 정규리그 마지막 7차전에서 혈투 끝에 감독 퇴장 사태까지 이어졌다. 신한은행이 전반까지 앞서가다가 3쿼터에서 벤치 테크니컬 파울 2개로 신한은행 임달식 감독이 퇴장당했고, 이때 우리은행이 순식간에 10점을 보태면서 승부가 갈렸다. 당시 심판은 임달식 감독이 심판에게 욕설을 했다고 주장했지만 한국여자농구연맹은 이 같은 사실을 확인하지 못한 채 임 감독한테 벌금 150만 원의 중징계를 내려 신한은행 쪽의 반발을 샀다.

신한은행은 이 사건 때문에 더더욱 챔피언 결정전에서 설욕을 다짐했다. 챔피언전 역시 엄청난 열기를 뿜어내는 명승부였고, 결국 우리은행이 시리즈 전적 3승 1패로 정상에 올랐다. 4경기 중 3경기가 5점 차 이내 승부였고, 특히 마지막 4차전은 67 대 66, 불과 1점 차로 희비가 갈렸다.

2014~2015시즌에는 우리은행이 정규시즌에서 4승 3패로 1번 더 이겼

다. 하지만 당시 우리은행의 개막 후 17연승을 저지한 상대가 바로 신한은행이었다. 우리은행은 2003년 여름리그 삼성생명(현 삼성)이 세운 개막 후 15연승을 넘어선 데 이어 여자 프로농구 사상 단일시즌 최다 연승 기록인 2008~2009시즌 신한은행의 19연승 기록에 내심 도전했지만, 바로 그 신한은행에 막혀 좌절됐다.

우리은행은 2016~2017시즌에도 개막 후 13연승을 달려 신기록 경신이 기대됐으나 2016년 12월 15일 안방인 아산 이순신체육관에서 열린 시즌 열네 번째 경기에서 신한은행에 55 대 58로 뼈아픈 패배를 당했다.

신한은행은 2014~2015시즌 우리은행과 정상에 만나 설욕하길 기대했다. 하지만 플레이오프에서 국민은행에 충격의 2연패(51 대 54, 62 대 65)를 당해 챔피언 결정전에도 오르지 못했다. 그리고 여덟 시즌 동안 신한은행을 이끌었던 임달식 감독도 경질되고 말았다. 이후 신한은행은 2015~2016, 2016~2017 두 시즌 연속 하위권(5위, 4위)에 머물렀고, 우리은행과의 상대 전적에서도 두 시즌 동안 1승 13패로 철저하게 눌렸다.

우리은행 정규리그 우승 7번, 신한은행 챔프전 우승 7번

여자 프로농구는 2016~2017시즌까지 27번의 정규시즌을 치렀다. 여자 프로농구 역사는 2018년 20년을 맞이하지만 2006년까지 여름리그와 겨울리그로 나뉘어 1년에 2번의 시즌을 치렀기 때문에 27번의 시즌이 된다. 그동안 정규리그 우승은 우리은행이 10번, 신한은행과 삼성(삼성생명의 후신)이 6번씩 차지했다. 챔피언 결정전 우승도 우리은행이 9번, 신한은행이

8번, 삼성생명이 5번으로 뒤를 잇고 있다. 삼성과 함께 세 팀이 여자 프로농구 역사를 삼등분한 셈이다. 하지만 최근 11년 동안 신한은행이 6년 연속, 우리은행이 5년 연속 정상에 올라 여자 프로농구를 양분하고 있다.

두 팀의 여자 프로농구 역대 통산 전적은 정규시즌에서 신한은행이 전신 현대 시절을 포함해 131전 70승 61패로 앞선다. 승률은 신한은행이 53.4퍼센트, 우리은행이 46.6퍼센트로 큰 차이가 없다. 신한은행 인수 이후인 2005년 겨울리그부터 따져도 50승 42패로 신한은행이 조금 우위에 있다. 2010년부터 2012년까지 우리은행을 상대로 19연승을 거둔 게 컸다. 하지만 최근 세 시즌 동안은 우리은행이 17승 4패를 거두며 간격을 많이 좁혔다. 챔피언 결정전에서는 4번 맞붙어서 우리은행이 3번, 신한은행이 1번 웃었다. 챔피언전 전적도 우리은행이 9승 6패로 앞선다.

우리은행과 신한은행은 2017~2018시즌 개막전부터 맞대결을 펼쳤다. 두 팀은 만날 때마다 코트를 후끈 달군다. 더불어 팬들의 흥분지수도 치솟는다. 두 팀이 펼치는 라이벌전, 벌써부터 선수들의 심장이 쿵쾅거리고 팬들의 가슴도 두근거린다.

우리은행		신한은행
1958년 4월1일	창단	1985년 2월 15일 (2004년 9월 20일 현대 인수)
9회 (2003 겨울 및 여름, 2005 겨울, 2006 겨울, 2013~2017년)	여자 프로농구 챔피언	8회 (2002 여름, 2005 여름, 2007 겨울, 2008~2012년)
61승 70패(승률 46.6%)	통산 맞대결	70승 61패(승률 53.4%)
9승 6패	챔프전 맞대결	6승 9패

11 통산 500승을 다툰 동해안 더비, 울산 현대 vs 포항 스틸러스

포항은 경상북도에 자리하고 있다. 울산은 지금은 광역시지만 예전엔 경상남도에 편입돼 있었다. 경상북도 포항시에서 울산광역시까지 거리는 7번 국도를 따라 70여 킬로미터. 자동차로 1시간 남짓 걸린다. 두 도시에는 프로축구 명문팀이 있다. 바로 포항 스틸러스와 울산 현대다. 두 팀의 맞대결은 '동해안 더비', '7번 국도 더비'로 불린다.

K리그 최고의 라이벌은 '슈퍼매치'로 불리는 FC 서울과 수원 삼성이다. 하지만 포항과 울산도 국제축구연맹(FIFA)이 인정한 K리그 대표 라이벌 중 하나다. FIFA는 2009년 공식 홈페이지에 〈클래식 풋볼(Classic Football)-라이벌〉 코너를 통해 "울산과 현대의 '동해안 더비'는 K리그를 대표하는 명문 팀 간 경기이자 K리그에서 가장 오랜 역사를 가진 더비 경기"라고 소개했다. 특히 "두 팀의 맞대결은 수많은 명승부를 연출했고, 흥미진진한 스토리도 많다"고 전했다.

두 구단은 역사와 전통을 자랑하는 프로축구 K리그 명문 구단들이다.

특히 2017년에는 누가 먼저 프로 통산 최초로 500승을 달성하느냐를 놓고 치열한 경쟁을 펼쳤다.

논란의 중심에 섰던 김병지, 오범석, 설기현

국내 프로축구는 프로야구보다 1년 늦은 1983년 출범했다. 포항은 실업축구 시절이던 1973년 창단한 뒤 1983년 프로축구 출범과 함께 프로로 전환해 우리나라 최초의 프로축구단이라는 영예를 안고 있다.

울산은 현대 호랑이 축구단이라는 이름으로 프로 2년 차인 1984년부터 프로축구에 뛰어들었다. 하지만 모기업인 현대자동차는 1972년 순수 아마추어 직장인 축구팀으로 창단했고, 1980년부터 이와 별도의 실업축구단을 가지고 있었다. 프로 출범 이후에는 경기·인천을 연고지로 삼았다가 광역 연고제가 시행된 1987년에는 강원도로 연고지를 이전했고, 1990년 현재의 연고지인 울산광역시에 정착했다.

따라서 포항과 울산의 '동해안 더비'는 1990년부터 시작됐다. 하지만 그때만 해도 라이벌 의식이 강하지는 않았다. 두 팀이 '앙숙'이 된 것은 1998년 K리그 플레이오프 2차전이 발단이 됐다. 당시 포항은 1차전에서 3 대 2로 이겼고, 2차전도 경기 종료 직전까지 1 대 1로 비기면서 챔피언 결정전 진출을 눈앞에 두고 있었다. 그런데 후반 45분 울산의 골키퍼 김병지가 프리킥 상황에서 공격에 가담해 극적인 헤딩골을 성공시켰다. 1·2차전 합계 4 대 4가 된 것이다. 결국 승부차기까지 펼친 끝에 골키퍼 김병지가 활약한 울산이 포항을 4 대 1로 이기고 챔피언 결정전에 진출했다.

이후 두 팀의 경기는 만날 때마다 과열됐고, 특히 2001년 김병지가 울산에서 포항으로 이적하면서 두 팀 서포터즈의 감정싸움은 극에 달했다. 김병지는 울산의 프랜차이즈 스타로 1992년 1월부터 2001년 1월까지 만 9년을 울산에서 뛰었다. 하지만 하필이면 라이벌 팀 포항으로 이적해 논란의 중심에 섰다.

두 팀의 라이벌 관계에 불을 붙인 선수는 또 있다. 러시아에 진출했던 포항 오범석이 1년 4개월 만인 2009년 K리그에 복귀하면서 라이벌 팀 울산으로 이적한 것이다. 그런데 오범석은 이듬해인 2010년 친정팀 포항과의 두 차례 경기에서 모두 골을 넣는 바람에 포항팬들로부터 미움을 샀다.

설기현도 논란의 중심에 선 선수다. 설기현은 10년간의 해외 생활을 청산하고 2010년 포항에 입단해 16경기에서 7골과 3개의 어시스트를 기록하는 좋은 활약을 펼쳤다. 그런데 시즌이 끝난 뒤 연봉과 포지션 문제로 포항과 결별하고 울산으로 이적해 화제가 됐다. 당시 두 팀의 대결은 '설기현 더비'라고 불릴 정도로 애증 관계가 심했고, 설기현은 포항 원정경기 때마다 포항팬들에게 거센 비난을 받았다.

34년 동안의 맞대결, 포항 192골, 울산 190골

두 팀은 울산이 프로로 뛰어든 1984년 이후 2017년까지 34년 동안 맞대결을 펼쳤다. 160번의 통산 맞대결 결과는 포항이 59승, 울산이 51승을 거뒀고, 50번 무승부를 기록했다. 통산 득점은 포항 192골, 울산 190골로 34년의 긴 세월 동안 단 2골밖에 차이가 나지 않는다. 흥미로운 점은 정규리그에서는 포항이 52승 44무 40패로 12번이나 더 이겼지만, 컵 대회에서는 반대로 울산이 11승 6무 7패로 앞서 있다는 점이다.

두 팀은 2017년 국내 프로축구 통산 최초의 500승 달성을 놓고 치열한 경쟁을 펼쳤다. 시즌 전까지 포항은 489승, 울산은 488승을 올려 동해안 더비로 펼쳐질 개막전 맞대결부터 500승을 향해 불꽃 튀는 경쟁을 벌였다. 1승이 뒤졌던 울산은 2017년 7월 19일 강원과의 원정경기에서 승리하면서 포항을 제치고 프로축구 K리그 구단 최초로 500승을 달성하는 영광을 안았다. 포항은 9월 20일 역시 강원과의 홈경기에서 5 대 2로 대승을 거두며 통산 500승을 달성했다. 하지만 울산에 이미 영광을 빼앗긴 김 빠진 500승이었다.

두 팀은 명문 구단답게 우승도 많이 일궜다. 포항은 정규리그에서 우승

프로축구 K리그 울산 현대와 포항 스틸러스의 '동해안 더비'는 언제나 치열하다. 한국프로축구연맹 사진 제공.

5번, 준우승 4번을 차지했고, 울산은 우승 2번, 준우승 7번을 기록했다. FA컵을 포함한 컵대회에서는 울산과 포항이 똑같이 6번씩 정상에 올랐다. AFC 챔피언스리그에서는 포항이 3번, 울산이 1번 우승했다.

두 팀은 K리그 플레이오프나 FA컵 4강전처럼 중요한 길목마다 자주 만나면서 맞수다운 명승부를 보여주었다. K리그에서는 2011년 플레이오프와 2013년 K리그 클래식 마지막 경기가 대표적이고, FA컵에서는 딱 3번 만났는데 그 3번이 모두 4강전이었다.

이 가운데 2011년 플레이오프는 포항으로서는 기억하기 싫은 악몽이었다. 당시 플레이오프는 정규리그 3위와 6위, 4위와 5위가 토너먼트를 펼쳐서 이 네 팀 가운데 살아남은 마지막 한 팀이 2위와, 그리고 여기서 이긴 팀이 1위와 격돌하는 방식이었다. 포항은 2위로 플레이오프에 진출한 상황이었고, 울산은 6위로 플레이오프에 오른 뒤 서울과 수원을 잇따라 물리치고 2위 포항과 맞대결을 펼치게 됐다. 2011년 11월 26일, 포항의 홈구장 스틸야드에서 2만 1,317명의 많은 관중이 들어찬 가운데 열린 이 경기에서 포항은 2번이나 페널티킥을 얻었지만 울산 골키퍼 김승규의 선방에 막혔다. 반면 울산은 1번의 페널티킥 기회를 설기현이 성공시켜 1 대 0으로 이기고 챔피언 결정전에 진출했다. 포항으로선 땅을 치고 통곡할 경기였다.

포항은 2년 뒤 '복수'에 성공한다. 2013년 12월 1일 열린 K리그 클래식 마지막 경기는 공교롭게도 1위 울산과 2위 포항의 맞대결이었다. 울산은 홈에서 비기기만 해도 우승을 차지할 수 있었지만, 포항은 반드시 이겨야 우승이 가능한 경기였다. 울산은 김신욱과 하피냐가 출장하지 못하는 상황이었는데, 두 선수의 부재를 실감하면서 득점을 못했지만 경기 종료 직전까지 실점도 하지 않아 이대로 0 대 0으로 끝난다면 우승이었다. 그런데 포항은 후반 추가시간에 중앙 수비수 김원일이 결승골을 성공시키면서 울산을 1 대 0으로 꺾고 극적인 역전 우승을 일궈냈다.

김병지 은퇴식 날 복수에 성공한 울산

3번의 FA컵 4강전도 명승부였다. 공교롭게도 두 팀의 역대 FA컵 맞대결은 4강에서만 1996년, 1998년, 2001년 3번 맞붙었는데, 1996년 첫 대결에서는 후반 35분 조진호의 결승골로 포항이 1 대 0으로 이기고 결승에 올라 내친김에 우승까지 차지했다.

두 팀은 그다음 두 경기에서 연장 접전 끝에 장군과 멍군을 불렀다. 1998년 FA컵 4강전에서는 포항이 1 대 0으로 앞서갔지만, 울산이 후반 37분 김종건의 동점골에 이어 연장전에서 서동원의 결승골로 2 대 1로 이기고 결승에 올랐다. 반대로 2001년 FA컵 4강전에서는 1 대 1 동점 상황에서 맞은 연장에서 포항 윤보영의 페널티킥 결승골로 포항이 2 대 1로 이기고 결승에 올랐다.

2016년 6월 29일 열린 포항의 홈경기는 '동해안 더비' 역사상 가장 큰 점수 차가 났던 경기로 기록됐다. 포항이 울산에서 이적해온 양동현의 선제 결승골 활약에 힘입어 4 대 0 대승을 거뒀다. 포항은 2013년 5월부터 3년 넘게 울산과의 홈경기에서 승리가 없었는데 시원한 승리로 불명예 기록도 끊어냈다.

울산은 이 경기 직전 K리그 경기에서 선발로 뛴 열한 명의 선수 중 일곱 명을 교체한 것이 대패의 원인으로 꼽혔다. 이에 격분한 울산팬들이 윤정환 감독의 해명을 요구하며 구단 버스를 가로막는 사태까지 벌어졌다.

당연히 그다음 경기에 관심이 쏠렸다. 석 달이 지난 2016년 9월 18일, 이번에는 울산 홈구장인 문수경기장에서 통산 153번째 동해안 더비가 열렸다. 이 경기는 공교롭게도 두 팀을 모두 거쳤던 골키퍼 김병지의 은퇴식이 있었다. 결국 울산은 멘디의 결승골로 포항에 1 대 0 승리를 하면서 석 달 전 0 대 4 대패의 수모를 되갚았다.

두 팀을 거쳐간 역대 감독들의 면면도 화려하다. 포항은 1986년 구단 최초로 리그 우승을 이끈 최은택 감독에 이어 포항 스틸러스 출신의 이회택 감독이 1988년과 1992년 두 차례 리그 우승을 이끌며 구단 역사상 가장 긴 6년간 사령탑에 재임했다. 그 뒤 1993년 허정무, 1995년 박성화, 2000년 최순호 감독 등이 사령탑을 맡았고, 황선홍 감독이 2011년부터 5년간 팀을 이끌면서 2013년에는 K리그와 FA컵을 석권해 '더블'을 달성하기도 했다. 최순호 감독은 2016년 9월부터 다시 감독을 맡아 구단 역사상 최초로 2번이나 포항 사령탑에 오른 감독이 됐다.

울산의 역대 사령탑도 쟁쟁한 얼굴들이다. 프로축구 초창기 문정식, 조중연, 김호 감독에 이어 차범근 감독이 서른일곱 살의 젊은 나이에 1990년 사령탑에 올랐다. 차 전 감독은 1993년과 1994년 시즌 포항 사령탑이었던 허정무 감독과 맞수 대결을 펼쳐 큰 관심을 모았다. 이 두 시즌 동안 전적은 4승 6무 3패로 포항의 허정무 감독이 딱 1경기 더 이겼다.

이어 고재욱 감독이 1994년부터 2000년까지 팀을 이끌면서 1996년 구단 최초로 리그 우승을 이끌었고, 컵대회 정상에도 2번이나 올랐다. 김정남 감독은 2000년부터 무려 아홉 시즌이나 팀을 이끌면서 리그와 컵대회에서 각각 1번씩 우승을 차지했고, 2009년부터 지휘봉을 잡은 김호곤 감독은 2012년 구단 최초로 챔피언스리그 정상에 오르기도 했다. 2018년 현재 울산의 사령탑은 윤정환 감독에 이어 팀을 이끌고 있는 김도훈 감독이다.

두 팀을 거쳐간 스타 선수들도 열 손가락으로 모두 헤아리기 어려울 정도로 많다. 우선 포항은 44년의 긴 역사만큼 한국 축구를 대표하는 간판 스타들을 많이 배출했다. 1970년대 스트라이커 이회택을 필두로 최순호, 이흥실, 이기근, 박경훈, 박태하, 고정운, 하석주, 홍명보, 황선홍, 김기동, 이동국 등 슈퍼스타들이 그들이다. 울산 역시 허정무 전 국가대표팀 감독을 비롯해 최강희, 이상철, 김종건, 신연호, 신흥기, 김현석, 유상철, 김신욱, 김승규 등 숱한 스타 선수들을 배출했다. 두 팀을 모두 거쳐간 선수는 김병지, 우성용, 설기현, 오범석, 양동현 등이다.

울산 현대		포항 스틸러스
1983년 12월 6일	창단	1973년 4월 1일
울산 문수경기장 (4만 4,102명)	홈구장 (수용 규모)	포항 스틸야드 (2만 5,000명)
2회	K리그 우승	5회
-	FA컵 우승	4회
1회	AFC 챔피언스리그 우승	3회
6회	기타 대회 우승	2회
9회	통산 우승 횟수	14회
51승 50무 59패 (40승 44무 52패)	통산 맞대결 (정규리그)	59승 50무 51패 (52승 44무 40패)
190골(170골)	통산 맞대결 득점 (정규리그)	192골(157골)

12 사학의 영원한 맞수, 연세대 vs 고려대

'연세우유' 때문에 사달이 날 줄은 아무도 몰랐다. 1986년 고려대와 연세대의 농구 정기전에서 경기가 중단됐다가 끝내 취소되는 초유의 사태가 벌어졌다. 사건은 전반 12분 30초께 일어났다. 골밑에서 리바운드를 다투던 2학년 동기생 연세대 최병식과 고려대 이완규가 뒤엉킨 채 함께 넘어졌다. 이를 본 두 팀 선수들이 모두 벤치를 박차고 뛰쳐나와 서로 몸싸움을 벌였다. 그때 흥분한 관중들이 코트를 향해 우유를 던졌다. 입장하면서 나눠준 연세우유였다. 긴급히 장내를 정돈하고 경기를 재개했지만 우유 때문에 코트가 미끄러워 정상적인 경기 진행이 어려웠다. 대한농구협회와 심판진은 고려대가 25 대 21로 이기고 있는 상황에서 결국 무승부 결정을 내렸다. 농구 정기전 도중 흥분한 관중들이 경기장에 난입하거나 경기 막판 몸싸움하는 선수들 때문에 경기 진행에 큰 차질을 빚은 적은 있지만, 경기 자체가 취소된 경우는 이때가 유일했다.

연세대와 고려대, 고려대와 연세대. 우리나라 대학 스포츠의 영원한 맞수다. 두 학교가 펼치는 정기전은 해마다 9월 셋째 주 금요일과 토요일에 치러진다. 역대 전적은 지금과 같은 경기 방식이 정착된 1965년부터 종합 전적을 따져 2017년까지 47번의 정기전에서 연세대가 19승 10무 18패로 딱 한 번 더 이겼다. 하지만 개별 종목 승패에서는 오히려 고려대가 100승 37무 98패로 2승이 더 많다.

그중에서도 역대 가장 뜨거운 승부를 펼친 종목은 농구다. 농구는 2017년까지 47전 21승 5무 21패로 전적이 똑같다. 역대 전적에서 축구(20승 12무 15패)와 야구(25승 6무 16패)는 고려대가 앞서고, 아이스하키(22승 10무 15패)와 럭비(24승 4무 19패)는 연세대가 우위다.

1943년 일제 징병제 전까지도 56전 28승 28패로 팽팽

두 학교 정기전의 역사를 살펴보자. 두 학교의 첫 스포츠 대결은 농구도, 축구도, 야구도 아닌 테니스였다. 1925년 5월 30일 조선체육회 주최로 열린 '제5회 전 조선 정구대회'에서 두 학교, 즉 당시에는 연희전문학교와 보성전문학교가 처음으로 맞붙었다.

그 이후 농구와 축구가 자주 맞대결을 펼쳤는데, 흥미로운 것은 1943년 일제의 징병제 때문에 시합이 전면 중지되기 전까지 농구는 56전 28승 28패, 축구는 28전 14승 14패로 두 학교의 맞대결 전적이 똑같았다. 어쩌면 이때부터 이미 라이벌 의식이 싹텄는지도 모르겠다.

본격적으로 정기전이 시작된 것은 해방 이후였다. 1945년 12월에 축구부와 농구부 졸업생들이 경기를 가졌는데, 축구는 12월 4일, '제1회 연·

보 OB축구전'을 열었고, 농구는 12월 21일과 22일 이틀 동안 YMCA 체육관에서 'OB농구전'을 펼쳤다.

이듬해인 1946년 10월에는 졸업생이 아니라 재학생끼리 축구와 농구 대항전을 열었고, 이것이 지금까지 이어지고 있는 정기전의 효시가 됐다. 10년 뒤인 1956년에는 야구와 럭비, 아이스하키 세 종목이 추가되면서 지금처럼 5개 종목이 됐다. 그리고 1965년부터는 이틀 동안 다섯 종목을 치르는 경기 방식이 자리를 잡았다.

정기전은 우리 현대사의 아픔 때문에 무산된 적도 있었다. 우선 1961년부터 1964년까지 5·16 군사 쿠데타로 무려 4년이나 중단됐다. 또 1971년과 1972년에는 박정희 정권이 학생들의 소요사태를 우려해 중단시켰고, 1980년과 1983년에도 역시 전두환 정권이 학생들이 운집하는 것을 우려해 열지 못하도록 했다. 가장 최근에는 1996년 한총련 사태로 중단된 적이 있다.

개별 종목이 열리지 못한 적도 몇 차례 있었다. 1975년에는 야구를 제외한 4개 종목이 무산됐는데, 불의의 교통사고 때문이었다. 두 학교의 정기전을 앞두고 고려대 농구부와 축구부 선수들이 그해 8월 14일부터 29일까지 경남 진해의 해군사관학교에서 합숙훈련을 했다. 이어 8월 30일 전지훈련을 마치고 서울로 돌아오는 길에 마산 마진고개 내리막길에서 고려대 농구부와 축구부 서른두 명을 태운 버스가 전복되는 바람에 고려대 축구부 조원규 선수가 숨지고 많은 선수들이 다쳤다. 조원규는 차범근과 함께 고려대 공격진을 이끌었던 선수로, 100미터를 12초에 주파하는 준족이었고, 그해 7월 대통령배 축구대회에서 3경기 5골을 넣으며 득점상까지 받은 유망주였다. 9월 1일 열린 영결식에서는 차범근이 조사를 낭독하기도 했다.

2015년 정기전은 50주년 이벤트로 두 학교 올스타 축구경기가 열렸는데, 고려대에서는 차범근, 박성화, 서정원, 홍명보 등, 연세대에서는 허정무, 김호곤, 조광래, 최용수 등 역대 축구 스타들이 총출동해 즐거운 한때를 보냈다.

50주년 정기전은 첫날 고려대가 야구와 농구에서 승리했지만 연세대가 첫날 아이스하키와 둘째 날 럭비에서 승리하면서 2승 2패로 균형을 맞췄다. 결국 마지막 축구에서 승부를 내려고 했으나 1 대 1로 비기면서 50주년 정기전은 두 학교가 사이좋게 2승 1무 2패로 비겼다.

9회 말 투아웃 고려대 이종도의 극적인 동점 홈런

두 학교 정기전에서는 극적인 승부도 많이 나왔는데, 가장 극적인 승부는 우선 1997년 아이스하키 경기를 꼽을 수 있다. 종료 12초 전에 고려대 백승훈의 기적 같은 결승골로 고려대가 5 대 4로 이겼다. 아이스하키는 연세대가 1990년부터 지금까지 딱 3번밖에 지지 않았는데, 그중 1번이 바로 이때였다.

럭비 역시 극적인 승부가 많이 나오는 종목인데, 1970년 연세대가 종료 15초 전 트라이(상대편 골라인 너머로 공을 가지고 달려가거나 인골에 공을 찍는 것으로 5점이 주어짐)를 성공하면서 8 대 6으로 극적인 역전승을 안았고, 고려대는 2003년 역전에 역전을 거듭하다가 후반 추가시간 때 페널티킥을 성공시키면서 19 대 18로 극적인 재재역전승을 거뒀다.

야구에서도 극적인 승부가 많았다. 1970년 정기전에서 연세대 투수 유남호의 호투가 이어졌는데, 연세대가 1 대 0으로 앞서던 9회 초 투아웃 후에 고려대 이종도의 극적인 동점 솔로 홈런이 터지면서 1 대 1로 비겼다. 그런데 30년이 지난 2000년 정기전에서도 똑같은 상황이 재연됐다. 연세대 선발투수 조용준이 9회 투아웃까지 안타 3개만 내주고 완봉승을 눈앞에 두고 있었는데, 1 대 0으로 앞서던 9회 투아웃 이후 유격수 실책으로 1 대 1 동점으로 끝났다.

농구는 정기전 5개 종목 중 유난히 사건사고가 많았다. 1986년 우유 투척 사태로 경기가 중단되는 초유의 사태에 이어 2006년에도 난항을 겪었다. 2006년 9월 22일, 잠실실내체육관에서 열린 농구 정기전은 연세대 혼혈 귀화선수 이동준이 뛰느냐 못 뛰느냐를 놓고 양 팀이 날카롭게 대립하다가 오후 5시에 예정됐던 경기가 6시 40분에야 겨우 점프볼 할 수 있었다.

연세대가 선수 명단에 이동준(다니엘 산드린)을 넣은 것이 발단이었다. 고려대는 이동준이 빠져야 경기를 시작할 수 있다며 경기를 거부하고 나섰다. 이동준은 당시 미국에서 한국으로 국적을 바꾼 선수로 대학농구연맹에서는 독일과 룩셈부르크 리그 등에서 뛴 그의 프로 경력을 문제 삼아 아마추어 선수 자격 인정을 유보하고 있던 터였다. 그러나 상급단체인 대한농구협회는 이동준이 귀화 후 3개월이 지난 9월 13일부터 국내 아마추어 대회에 출전하는 데 문제가 없다고 밝힌 상태라 선수의 자격을 놓고 두 학교가 팽팽히 맞섰다.

박건연 당시 연세대 감독은 "연세대 학생이고 대한농구협회에서 이번 전국체전에도 뛰어도 좋다고까지 유권해석을 내린 선수인데 왜 논란이 되

'사학의 영원한 맞수' 연세대와 고려대가 농구 라이벌전을 펼치고 있다.
한국대학농구연맹 사진 제공.

는지 모르겠다"고 답답해했다. 반면 진효준 당시 고려대 감독은 "다니엘 산드린(이동준의 미국명)이 엔트리에 들어 있는 한 경기를 할 수 없다"고 버텼다. 또 고려대 응원단은 "연세대가 신성한 아마추어 경기에 프로선수를 내보낸다"면서 "정신 차려, 연세!"를 외쳐 체육관은 일촉즉발의 분위기가 연출됐다.

1시간 정도 지난 뒤 고려대는 선수단을 철수시키며 강경하게 맞섰고, 진효준 고려대 감독은 선수단 버스에 몸을 실었다. 고려대 선수들은 "경기가 무산됐다"며 응원단 앞에 올라가 인사까지 했다. 고려대 주장이었던 신제록은 응원단 앞에서 "우리는 산드린이 무서워서 이러는 게 아니다. 협회에서 인정하지 않은 선수를 뛰게 하면 나쁜 전례가 된다"고 설명했다. 이후 약 40분의 설득 끝에 결국 연세대가 이동준을 엔트리에서 빼기로 양보하면서 경기는 극적으로 시작됐다. 하지만 날카롭게 신경이 곤두선 두 팀은 2쿼터 종료 6분 39초를 남기고 리바운드 다툼을 하다가 결국 모든 선수들이 코트로 몰려나와 서로 주먹다짐을 벌이는 볼썽사나운 모습을 보였다. 승부는 고려대가 김태술, 양희종 등 화려한 라인업을 자랑했던 연세대를 초반부터 압도하며 66 대 53으로 물리쳤지만 상처뿐인 영광이었다.

정기전 역사상 가장 뜨거웠던 종목은 농구

연세대와 고려대의 정기전 역사상 농구 경기에서 가장 뜨거운 승부를 펼쳤던 시기는 1970년대 말부터 1980년대 초였다. 1977년부터 1983년까지 5번의 정기전(80년과 83년은 정치적인 이유로 무산)은 모두 2점 차 이내 승부였다. 1977년은 86 대 86으로 비겼고, 1978년에는 연세대가 72 대 70, 2점 차로 이겼다. 1979년에는 다시 80 대 80으로 승부를 가리지 못했고, 2년 만에 열린 1981년에는 고려대가 1점 차 승리(77 대 76)를 거두자 이듬해엔 연세대가 똑같이 1점 차(81 대 80)로 되갚았다.

1970년대 후반에는 박수교, 신선우, 박인규, 조명수, 신동찬의 연세대 와 진효준, 이장수, 황유하, 임정명, 이충희의 고려대가 각축을 벌일 때였 고, 1980년대 초반에는 박종천, 김현준, 고명화, 오세웅, 조명선, 유재학의 연세대와 이민현, 김주욱, 김진, 최철권, 정재섭, 김윤호, 전창진의 고려대 가 기 싸움을 펼칠 때였다. 특히 1982년 농구 정기전은 연세대가 후반 중 반까지 20점 차이로 크게 앞서나갔다. 그런데 정기전은 실력이 아니라 정 신력이라는 말이 들어맞았다. 고려대가 야금야금 추격하더니 경기 종료 8초를 남기고 기어이 1점 차 역전에 성공했다. 게다가 공격권은 고려대가 쥐고 있었다. 이때 연세대 1학년 가드 유재학이 공을 날쌔게 가로채더니 골밑 레이업슛을 성공시켰고, 경기는 그렇게 끝났다(81 대 80 연세대 승).

지금과 같은 방식이 도입된 1965년 이후 농구 정기전 50년 역사에서 가장 인기 있었던 시기는 아마도 농구대잔치 황금세대가 등장했던 때였 을 것이다. 연세대는 문경은, 이상민, 우지원, 서장훈, 김훈의 이른바 '독수 리 5형제'가, 고려대는 전희철, 김병철, 현주엽, 양희승, 신기성의 '다섯 호 랑이'가 엄청난 인기를 구가했다. 1990년대는 한국 농구의 르네상스로 불 리며 대학농구의 인기가 절정에 달했던 시기였다. '오빠부대'를 앞세운 대 학농구 스타들의 인기는 지금의 아이돌 연예인 부럽지 않았다.

두 학교의 자존심이 걸린 승부 때문에 마치 한·일전을 방불케 하는 치 열한 승부가 펼쳐지고, 지는 팀 감독은 경질되는 일도 잦다. 이런 지나친 승부욕 때문에 부작용도 많지만 명승부와 재미있는 에피소드들도 많다. 예를 들어, 차범근이 국가대표로 활약하던 시절이던 1974년 9월 28일 한·일 정기전에서 우리나라가 일본에 1 대 4로 참패를 당한 적이 있다. 이 경기는 차범근이 유일하게 출전하지 않은 한·일전이었는데, 불참 이유는 놀랍게도 '고연전(연고전)' 때문이었다. 고려대가 연세대와 정기전을 앞두고 차범근의 국가대표 차출을 거부한 것이다.

두 학교는 우선 정기전 명칭 가지고도 논란이 있었다. 과거에는 연희전문학교와 보성전문학교를 따서 연보전, 보연전으로 불렀다. 그 뒤 두 학교의 교명이 바뀌고 1946년부터 정기전이 시작된 이후에는 주로 연고전이라는 명칭이 쓰였다. 지금도 고연전보다는 연고전이 익숙한 이유가 초창기 10여 년 동안 연고전으로 불렀기 때문이다. 그런데 1958년 고려대 측의 이의제기가 있었고, 1965년부터 주최하는 학교가 상대방의 이름을 앞에 쓰기로 했다. 고려대가 주최하면 연고전, 연세대가 주최하면 고연전으로 부르는데, 2017년은 연세대 주최라 고연전으로 불렀다.

두 학교의 정기전에 대해 좋지 않은 시각도 많다. 과거 암울했던 군사정권 시절에는 엄혹한 시기에 쾌락만 추구하고 폐쇄적인 엘리트 의식을 부추긴다는 비판이 있었다. 또 지나친 승부욕 때문에 선수들끼리 혹은 응원단끼리 충돌하는 경우도 많았고, 신촌과 안암동 일대에서 벌어지는 뒤풀이도 지나친 음주와 추태 때문에 많은 비난을 받았다. 따라서 2003년에는 고려대학교 일부 학생단체가 '안티 고연전' 운동을 벌이기도 했다.

두 학교의 정기전 전적은 2016년까지 18승 10무 18패로 똑같았다. 특히 시기별로도 팽팽하다. 1965년부터 1979년까지 4승 4무 4패(1971, 1972, 1975년 무산)를 기록했고, 1980년 무산된 뒤 1981년부터 1995년까지 7승 7

패(1983년 무산)로 팽팽히 맞섰다. 이어 1996년 한총련 사태로 다시 무산된 뒤 1997년부터 2016년까지 7승 6무 7패로 똑같았다.

2001년까지 연세대가 15승 5무 11패로 다소 앞섰지만, 고려대가 2002년부터 2016년까지 15년 동안 7승 5무 3패의 우위를 점하며 균형을 맞췄다. 하지만 역대 전적이 팽팽한 가운데 열린 2017년 정기전에서 연세대가 다섯 종목을 모두 이기면서 균형이 살짝 연세대 쪽으로 기울어졌다.

전쟁과 같은 치열한 승부. 승패가 갈린 뒤에는 승자도 패자도 눈물을 흘린다. 사나이들의 찐한 눈물이다. '영원한 맞수'의 대결은 '영원한 추억'이 된다.

고려대		연세대
20승 12무 15패	축구	15승 12무 20패
25승 6무 16패	야구	16승 6무 25패
21승 5무 21패	농구	21승 5무 21패
15승 10무 22패	아이스하키	22승 10무 15패
19승 4무 24패	럭비	24승 4무 19패
100승 37무 98패	승패 합계	98승 37무 100패
18승 10무 19패	종합 전적	19승 10무 18패

13 한 골 전쟁, 2016년판 우생순, 삼척시청 vs 서울시청

80분간 사투를 벌인 두 팀 선수들은 모두 기진맥진했다. 과연 신은 어느 편을 들어줄 것인가. 마침 장소도 '신들의 성지' 그리스 아테네였다.

아테네올림픽 폐막을 하루 앞둔 2004년 8월 29일(한국시간) 그리스 아테네 헬링코종합경기장에서 열린 한국과 덴마크의 여자핸드볼 결승전. 전반 14 대 14, 정규시간 25 대 25, 1차 연장 29 대 29, 2차 연장 34 대 34. 도대체 끝을 알 수 없는 경기가 계속해서 이어졌다. 동점만 무려 열아홉 차례를 이룬 한 편의 각본 없는 드라마였다. 두 팀은 이미 조별리그에서도 29 대 29로 비긴 바 있었다.

사실 연장에서 한국이 끝낼 수 있는 기회가 있었다. 이날 20개의 세이브를 기록하며 신들린 방어를 선보인 골키퍼 오영란이 1차 연장에서 연거푸 선방을 펼쳤고, 이상은(당시 효명건설 입단 예정)의 중앙 돌파에 이은 슈팅 성공으로 2분 30초를 남기고 29 대 27까지 앞서나가며 승기를 잡는 듯했다. 그러나 종료 2분여를 남겨두고 '수비의 핵' 허순영(당시 대구시청)이 2분간 퇴장당하면서 2골을 연속으로 내줘 29 대 29로 2차 연장에 들어간 것이다. 2차 연장에서 한국은 29 대 31, 2골 차로 밀리다가 골키퍼 오영란이 덴마크의 공격을 세 차례 연속 막아내는 사이 문필희(당시 한국체대)가 연속 3골을 터뜨리면서 32 대 31로 역전시켰고, 1골을 더 보태 33 대 31로 앞서 금메달이 눈앞에 보였다. 그러나 이후 2골을 내리 허용하고 우선희(삼척시청)가 1골을 보탰지만 경기 종료 30여 초 전, 이날 두 팀 선수 가운데 가장 많은 14득점을 올린 카트린 프루에룬드에게 통한의 동점골을 내주며 34 대 34로 승부를 가리지 못했다.

두 팀의 끝 모를 승부는 결국 페널티 스로(penalty throw, 승부던지기·축구의 승부차기)로 결판났다. 승부던지기에서 한국은 임오경(히로시마 메이플 레즈)과 문필희가 연속 실패하며 4골을 모두 성공시킨 덴마크에 2 대 4로 져, 덴마크가 금메달, 한국이 은메달로 메달 색깔이 가려졌다.

패배가 확정되자 한국 선수들은 서러운 눈물을 하염없이 흘렸다. 한국 국민들은 너무나 아쉬운 패배에 땅을 쳤지만 비인기 종목이라 찬밥 취급을 받던 선수들의 감동적인 투혼에 뜨거운 박수갈채를 보냈다. 하지만 그것도 잠시. 핸드볼 국내 대회는 관중석이 텅 빈 그들만의 리그였고, '핸드볼'을 '한데볼'이라고 자조하는 목소리까지 나왔다. 핸드볼인들은 "국내 대회에서도 2004년 아테네올림픽 같은 경기가 많이 나와야 관중들이 핸드볼에 관심을 가질 것"이라는 말도 있었다.

그런데 2016년 여자핸드볼 실업팀 삼척시청과 서울시청은 이 말을 현실로 만들었다. 두 팀은 2016년 한 해 동안 모두 7번 맞붙었는데, 만날 때마다 승부를 가리지 못하거나 승부가 나도 모두 1골 차였다. '스포츠 라이벌'을 전문적으로 취재하고 연재해온 내가 보기에도 몇 해 동안 모든 스포츠 종목을 통틀어 엄지손가락을 치켜들기에 손색없는 최고의 라이벌 매치였다.

무명 남성 지도자 이계청 vs 스타 여성 감독 임오경

두 팀의 감독은 캐릭터부터 대조적이다. 남성과 여성, 스타플레이어 출신과 무명 출신으로 대비되고 성격도 정반대다. 우선 삼척시청은 이계청 감독이 이끌고 있고, 서울시청은 임오경 감독이 사령탑을 맡고 있다.

이계청 감독은 일반인들에게 잘 알려지지 않은 인물인 반면, 임오경 감독은 원조 '우생순'으로 잘 알려져 있다. 이계청 감독은 부천공고와 경희대를 졸업했는데, 88올림픽이 끝난 뒤 잠깐 국가대표를 지냈다. 남자 핸드볼은 1988년 서울올림픽에서 은메달을 따낸 뒤 세대교체에 들어갔다. 그런데 이계청 감독은 대학 2학년이라는 어린 나이에 태극마크를 달았지만 무릎 부상 때문에 국가대표 생활은 1년도 채우지 못하고 태릉선수촌을 나와야 했다.

임오경 감독은 여자 핸드볼 스타플레이어 출신이다. 전북 정읍여고와 한국체대를 졸업했고, 1992년 바르셀로나올림픽 금메달, 1996년 애틀랜타올림픽 은메달, 그리고 '우생순 신화'를 만들었던 2004년 아테네올림픽 은메달의 주역으로 활약했다. 올림픽에 4번 출전해 금메달 1개, 은메달 2개를 일궈낸 한국 여자 핸드볼의 대표적인 스타플레이어 출신이다.

두 감독 모두 은퇴 후 신생팀 창단 감독으로 지도자 생활을 시작했다. 우선 이계청 감독은 2004년 2월, 삼척시청 창단과 함께 초대 감독을 맡아 숱하게 많은 우승을 일구면서 삼척시청을 명문 구단 반열에 올려놓았다. 핸드볼큰잔치 3번, 슈퍼리그 2번, 핸드볼코리아리그 2번 등 큰 대회에서만 7번 우승을 차지했고, 전국체전 2번 등 12년 동안 큰 대회에서만 모두 열세 차례나 정상에 올랐다. 삼척시청의 좋은 성적은 삼척시를 핸드볼의 '메카'로 만드는 기폭제가 됐다. 이 감독은 특히 2014년 세계여자주니어핸드볼선수권대회 사령탑을 맡아 여자 주니어 핸드볼 사상 처음으로 우리나라를 세계 정상으로 이끌었다.

임오경 감독도 서울시청 창단 감독이다. 2008년 7월, 서울시청 창단과 함께 초대 사령탑에 올라 2017년 현재 10년째 팀을 이끌고 있다. 신생팀의 핸디캡을 극복하고 서서히 성적을 내다가 4~5년 전부터는 정상급 팀으로 성장했다. 하지만 2015년까지는 번번이 준우승이나 3위에 머물면서 우승에 목말라 있었다.

2016년 당시 두 팀의 주축 선수들을 보면, 우선 삼척시청은 세계적인 라이트윙인 우선희 플레잉 코치를 비롯해 정지해, 유현지, 심해인 등 전·현 국가대표가 팀을 이끌었다. 서울시청은 2012년 런던올림픽 주포로 활약했던 에이스 권한나를 비롯해 2004 아테네올림픽 '우생순의 주역'인 노장 최임정과 송해림 등 역시 전·현 국가대표 선수들이 팀의 주축이었다.

두 팀 골키퍼도 라이벌이다. 삼척시청은 박미라, 서울시청은 주희가 골문을 지키고 있는데, 박미라는 1987년생으로 핸드볼코리아리그에서 2012년부터 2017년까지 6년 연속 골키퍼 부문 베스트7에 오를 만큼 국내 최정상의 골키퍼다. 하지만 2016년 리우올림픽에서는 노장 오영란에게 주전 자리를 내주고 간간이 출전했다.

주희는 1989년생으로 박미라 선수보다 2년 후배지만 2012년 런던올림픽 대표팀 주전 골키퍼로 활약했다. 하지만 국내에서는 박미라에 밀려서 아직 핸드볼코리아리그에서 골키퍼 부문 베스트7에 오르지 못했다.

2016 코리아리그 맞전적 2승 2무 2패, 148득점 148실점

두 팀의 2016시즌 맞대결 결과는 놀랍다. 핸드볼코리아리그에서 6번 맞대결을 펼쳤는데, 결과는 2승 2무 2패였다. 더욱이 승패가 갈린 4경기는 모두 1골 차로 웃고 웃었다. 6번 맞붙는 동안 두 팀의 골득실도 당연히 148득점 148실점으로 똑같다.

핸드볼코리아리그의 정규리그에서는 3번 맞붙었다. 두 팀의 2016시즌 첫 대결은 2월 12일 삼척시청의 홈코트인 삼척실내체육관에서 열렸는데, 첫 경기부터 23 대 23으로 승부를 가리지 못했다. 삼척시청은 심해인이 7골로 공격을 이끌었고, 서울시청은 권한나가 10골을 넣으며 두 팀 최다 득점을 기록했다. 삼척시청은 40퍼센트가 넘는 방어율을 기록한 골키퍼 박미라가 팀을 패배의 위기에서 구해냈다.

이때까지만 해도 두 팀이 2016시즌 이렇게 치열한 승부를 펼칠 것이라고 예상한 사람은 아무도 없었다. 이후 여자 핸드볼은 리우올림픽 때문에 한동안 경기가 없다가 정규리그 2차전과 3차전은 리우올림픽이 끝난 뒤 열렸다.

정규리그 2차전은 8월 28일 서울시청의 홈코트인 서울 SK올림픽핸드볼경기장에서 열렸는데 2차전 역시 28 대 28로 승부를 가리지 못했다. 이 경기에서는 서울시청 송해림과 권한나 쌍포가 똑같이 8골씩 넣으며 팀 공격을 이끌었고, 삼척시청은 심해인이 3골로 부진했지만 정지해가 9골을 터뜨리며 서울시청과 균형을 맞출 수 있었다.

정규리그 마지막 3차전은 2차전이 끝나고 닷새 뒤인 9월 2일 의정부 실내체육관에서 중립 경기로 펼쳐졌다. 삼척시청이 23 대 22로 이기면서 두 팀의 맞대결 3경기 만에 비로소 승패가 갈렸다. 이 경기는 두 팀 골키 퍼인 삼척시청 박미라, 서울시청 주희의 선방이 돋보였는데 박미라는 42 퍼센트, 주희는 38퍼센트의 높은 방어율로 상대 공격을 차단했다.

이로써 삼척시청은 서울시청과의 정규시즌 맞대결에서 1승 2무로 근소 하게 앞섰다. 그러면서 정규리그 성적은 삼척시청이 1위, 서울시청이 2위를 차지했다. 승점도 5점 차이에 불과했다. 삼척시청은 16승 4무 1패(승점 36 점), 서울시청은 14승 3무 4패(승점 31점)였다. 정규리그 우승팀 삼척시청은 챔피언 결정전에 직행했고, 정규리그 2위 서울시청은 3위 인천시청과의 플레이오프에서 35 대 24로 가볍게 물리치고 챔피언 결정전에 합류했다.

챔피언전은 3전 2선승제로 개천절 연휴였던 10월 1~3일 펼쳐졌다. 역 시 숨 막히는, 손에 땀을 쥐게 하는, 핸드볼 역사에 길이 남을 명승부가 사흘 내내 벌어진 것이다.

우선 1차전에서는 정규리그 2위 팀 서울시청이 정규리그 1위 팀 삼척 시청을 28 대 27로 물리치고 기선 제압에 성공했다. 그리고 그때까지 올 시즌 전적도 1승 2무 1패로 균형을 맞췄다. 이 경기는 경기 종료 1분 전까 지 27 대 27로 맞서다가 종료 30초 전 서울시청 송해림의 결승골로 서울 시청이 극적인 승리를 거뒀다.

챔피언 결정전 2차전은 벼랑 끝에 몰린 삼척시청이 반격에 성공했다. 23 대 24로 뒤지던 종료 1분여 전 서울시청 송해림과 권하나의 잇따른 2

분간 퇴장을 틈타 정지해의 동점골과 우선희의 역전골로 25 대 24, 1점 차의 극적인 역전 드라마를 완성했다.

1승 1패에서 맞선 마지막 3차전은 혈전이었다. 사실 서울시청은 2014년과 2015년 2년 연속 챔피언 결정전에서 져 준우승에 머문 한이 있었고, 삼척시청도 2013년 이후 3년 만의 우승 도전이라 두 팀 모두 우승을 양보할 수 없는 상황이었다.

3차전은 두 팀의 이런 절박함 속에 진행됐는데, 역시 또 1골 차로 희비가 엇갈렸다. 결국 서울시청이 삼척시청을 23 대 22, 1점 차로 이기고 2008년 창단 이후 아홉 시즌 만에 처음으로 정상에 올랐다. 결과적으로 삼척시청은 정규리그 우승, 서울시청은 챔피언전 우승을 나눠 가진 셈이 됐다.

이로써 두 팀은 2016년 핸드볼코리아리그에서 6번 맞대결을 펼쳐 2승 2무 2패를 기록했고, 승패가 갈린 4경기는 모두 1골 차 승부였다. 맞대결 골득실도 같을 수밖에 없는데 두 팀이 똑같이 148득점 148실점으로 똑같았다.

두 팀의 마지막 승부, 전국체전 결승전

이게 마지막이 아니었다. 2016년 10월 13일, 충남 일원에서 열린 제97회 전국체육대회에서 두 팀의 2016시즌 진짜 마지막 승부가 펼쳐졌다. 이때까지 2승 2무 2패로 맞선 두 팀이 전국체전 결승에서 '진짜 결승전'을 펼친 것이다.

천안유관순체육관에서 열린 이 경기는 정규시간까지 전후반 21 대 21

2016 SK핸드볼코리안리그 챔피언 결정전에서 삼척시청과 서울시청이 치열한 승부를 펼치고 있다. 대한핸드볼협회 사진 제공.

로 승부를 가리지 못했다. 만약 코리아리그 정규시즌처럼 연장전이 없었다면 다시 무승부로 끝날 뻔했다. 하지만 전국체전은 올림픽처럼 메달 색깔을 가려야 했다. 결국 승부는 연장전으로 접어들었고, 엄청난 접전 끝에 또다시 1골 차로 희비가 엇갈렸다. 삼척시청이 25 대 24로 앞선 종료 직전 서울시청 송해림이 동점을 노린, 2차 연장으로 갈 수 있는 마지막 슛을 날렸지만 삼척시청 골키퍼 박미라가 막아내면서 삼척시청이 극적인 승리를 거뒀다.

삼척시청은 코리아리그 챔피언 결정전 우승을 내준 마지막 3차전 패배의 아픔을 딱 열흘 만에 설욕했다. 삼척시청은 유현지가 부상으로 뛰지 못하는 악재 속에서 정지해가 두 팀 최다인 10골을 넣으며 활약했다.

이로써 2016년 두 팀의 맞대결 전적은 삼척시청이 7전 3승 2무 2패로 1번 더 이겼다. 마지막 일곱 번째 경기 연장전이 없었다면 2승 3무 2패가 될 뻔했다. 승패가 갈린 5경기는 모두 1골 차 승부였다. 득점수를 보면, 삼척시청이 173골, 서울시청이 172골로 삼척시청이 불과 1골 앞섰다.

핸드볼코리아리그는 2017년 시즌에도 SK 슈가글라이더즈와 서울시청이 명승부를 펼친 끝에 SK가 창단 첫 우승을 차지했다. 물론 2016년만큼의 역대급은 아니었지만.

핸드볼은 경기장에서 직접 관전하면 훨씬 더 박진감이 넘친다. 그것이 라이벌 대결이라면 그 어떤 영화나 드라마보다 흥미롭고 재미있다. 관중들이 국내 핸드볼 경기장을 꽉 채울 때, 다가오는 2020년 도쿄올림픽에서 다시 한 번 금빛 영광을 기대할 수 있지 않을까.

삼척시청	(2016년)	서울시청
23 대 23 무	정규리그 1차전(서울, 2월 12일)	23 대 23 무
28 대 28 무	정규리그 2차전(삼척, 8월 28일)	28 대 28 무
23 대 22 승	정규리그 3차전(의정부, 9월 2일)	22 대 23 패
27 대 28 패	챔피언전 1차전(서울, 10월 1일)	28 대 27 승
25 대 24 승	챔피언전 2차전(서울, 10월 2일)	24 대 25 패
22 대 23 패	챔피언전 3차전(서울, 10월 3일)	23 대 22 승
25 대 24(연장) 승	전국체전 결승(천안, 10월 13일)	24 대 25(연장) 패
173골	7경기 총득점	172골
3승 2무 2패	종합 전적	2승 2무 3패

• P. 23

(위) CC BY-SA 2.0

대한체육회, 〈Korea_Kim_Yuna_Free_Sochi_06〉

https://www.flickr.com/photos/koreanet/12671913444/in/photostream/

(아래) CC BY-SA 3.0

Luu, 〈2012 WFSC 05d 322 Mao Asada〉

https://commons.wikimedia.org/wiki/File:2012_WFSC_05d_322_Mao_
Asada.JPG

• P. 57

(위) CC BY-SA 2.0

Jan S0L0, 〈Cristiano Ronaldo〉

https://www.flickr.com/photos/jansolo09/5097628957

(아래) CC BY-SA 2.0

Christopher Johnson, 〈Lionel Messi Player of the Year 2, 2011〉

https://commons.wikimedia.org/wiki/File:Lionel_Messi_Player_of_the_
Year_2,_2011.jpg

• P. 69

(위) CC BY-SA 3.0

Vladimir Fedorenko, 〈Nellie Kim 1980〉

https://commons.wikimedia.org/wiki/File:Nellie_Kim_1980.jpg

(아래) Public Domain

Comitetul Olimpic si Sportiv Roman, 〈Nadia Com neci 2〉

https://commons.wikimedia.org/wiki/File:Nadia_Com%C4%83neci_2.jpg

• P. 83
(왼쪽) CC BY-SA 2.0
Christopher Johnson, 〈Frank Lampard 2012 FIFA Club World Cup〉
https://commons.wikimedia.org/wiki/File:Frank_Lampard_2012_FIFA_
    Club_World_Cup.jpg

(오른쪽) CC BY 2.0
Steve Boulton, 〈Steven Gerrard on his testimonial〉
https://commons.wikimedia.org/wiki/File:Steven_Gerrard_on_his_
    testimonial.jpg

• P. 101
(왼쪽) CC BY-SA 2.0
Bryan Horowitz, 〈Floyd Mayweather〉
https://www.flickr.com/photos/chamberoffear/5881993441

(오른쪽) Public Domain
Pixabay.com, 〈Manny Pacquiao weigh-in〉
https://commons.wikimedia.org/wiki/File:Manny_Pacquiao_weigh-in.jpg

• P. 108
(위) Public Domain
Sverigetennismuseum.com, 〈Chris Evert ha concluso per cinque volte
    l'anno al n.1〉
https://it.wikipedia.org/wiki/Lista_di_numeri_1_del_mondo_WTA#/media/
    File:ChrisEvert_Roma.jpg

(아래) CC BY-SA 3.0
Michal.Pohorelsky, 〈Navratilova-PragueOpen2006-N24〉
https://commons.wikimedia.org/wiki/File:Navratilova-PragueOpen2006

https://commons.wikimedia.org/wiki/File:Yonex_IFB_2013_-_
Quarterfinal_-_Lee_Chong_Wei_vs_Boonsak_Ponsana_11.jpg

• P. 307
CC BY-SA 2.0
Alejandro Ramos, 〈Forcejeo Real Madrid-FC Barcelona〉
https://commons.wikimedia.org/wiki/File:Forcejeo_Real_Madrid_-
_FC_Barcelona.jpg

• P. 318
CC BY 2.0
Gaston Hinostroza, 〈Scott Van Slyke〉
https://commons.wikimedia.org/wiki/File:Scott_Van_Slyke.jpg

• P. 328
CC BY-SA 3.0
Victorgrigas, 〈Red Sox Yankees Game Boston July 2012〉
https://commons.wikimedia.org/wiki/File:Red_Sox_Yankees_Game_
Boston_July_2012-11.jpg

• P. 341
CC BY-SA 2.0
Eric Kilby, 〈Opening Tip off Game 2-2008 NBA Finals〉
https://commons.wikimedia.org/wiki/File:OpeningTipoffGame2-
2008NBAFinals.jpg